本书由扬州大学出版基金资助

中国高等教育学会高等教育学优秀博士学位论文丛书

近代英国高等教育改革与发展研究

——以伦敦大学百年史（1825—1936）为个案

JINDAI YINGGUO GAODENG JIAOYU GAIGE YU FAZHAN YANJIU
—— YI LUNDUN DAXUE BAINIANSHI（1825-1936）WEI GE'AN

袁传明⊙著

广东高等教育出版社
Guangdong Higher Education Press
·广州·

图书在版编目（CIP）数据

近代英国高等教育改革与发展研究：以伦敦大学百年史（1825—1936）为个案/袁传明著. —广州：广东高等教育出版社，2017.12

（中国高等教育学会高等教育学优秀博士学位论文丛书）

ISBN 978－7－5361－6056－9

Ⅰ. ①近… Ⅱ. ①袁… Ⅲ. ①高等教育－教育史－研究－英国－1825－1936 Ⅳ. ①G649.561.9

中国版本图书馆 CIP 数据核字（2017）第 259521 号

出版发行	广东高等教育出版社 地址：广州市天河区林和西横路 邮政编码：510500　电话：（020）85250745 http://www.gdgjs.com.cn
印　　刷	佛山市浩文彩色印刷有限公司
开　　本	787 毫米×1 092 毫米　1/16
印　　张	23
字　　数	438 千字
版　　次	2017 年 12 月第 1 版
印　　次	2017 年 12 月第 1 次印刷
定　　价	65.00 元

序

五四运动前后，杜威应北京大学等方面的邀请，来华访问讲学两年有余。通过亲身观察和体验，杜威盛赞蔡元培领导的北京大学勇立改革潮头，有力地推动了中国新文化和教育的发展，并为中华民族的复兴大业做出了积极的贡献。在近现代中国思想、文化和教育史上，杜威的这一番评论曾被广为传诵，因为它把一所大学的作用与一个民族、一个国家的前途和命运紧密结合起来，在一定程度上揭示了现代大学从社会边缘逐渐走向社会中心的历史趋势。较之北京大学，伦敦大学在近代英国历史上的地位及其影响虽难以类比，但伦敦大学及其前身伦敦大学学院的创立标志着近代英国新大学运动的兴起，开启了近代英国政府改革高等教育的序幕，其实施的一系列改革措施打破了历史上牛津大学、剑桥大学长期形成的贵族精英教育的传统模式，加速了英国高等教育世俗化、科学化、大众化的进程，同时开创了近代英国女性高等教育的先河，并对英国国家和社会的发展产生了深远的影响，因而具有里程碑的意义。

我国著名的比较教育学家王承绪先生早年庚款留学英国，曾任教于伦敦大学，抗战胜利后受竺可桢校长之邀回国担任浙江大学教授，致力于比较教育学及外国教育史学科的科学研究和人才培养工作。特别是中华人民共和国成立后，王承绪先生和他培养的众多弟子以比较教育学及外国教育史学科为基地和平台，对英国教育史、英国高等教育史展开了广泛而深入的研究，并取得了突出的成就，王先生撰写的著作《伦敦大学》也已成为国内学者研究伦敦大学及英国高等教育史的必读文献。但总体而言，国内学界对英国高等教育史，特别是伦敦大学一百多年来的历史尚未予以足够的重视和充分的研讨，关于伦敦大学的研究性专著也不多见。

摆在读者面前的《近代英国高等教育改革与发展研究——以伦敦大学百年史（1825—1936）为个案》堪称一项高水平的新成果，它是在博士学位论文的基础上完成的。该书作者在华中师范大学攻读硕士学位期间师从我国著名外国教育史专家杨汉麟教授，奠定了较为扎实的专业基础。2012年考取浙江大学教育史学科外国教育史专业的博士研究生，在我及教育史学科全体教师的指导下开展学习和研究，在学期间他还选修了比较教育学、高等教育学、教育管理学等学科的博士生课程。也许是受其硕士生导师的启发，也许是接受了浙江大学研究英国教育史及英国高等教育史学术传统的熏陶，他在与我商讨后决定以伦敦大学百年史为博士学位论文的选题。综观全书，其主要特点与价值可归纳如下：

其一，勾勒出了近代伦敦大学创立与演变、改革与发展的基本轨迹。伦敦大学的创立与当时英国的经济、政治、文教背景密切相关，又受到德国大学改革的影响，并且它是在伦敦大学学院和伦敦国王学院合并的基础上成立的，在此过程中政府的改革和干预发挥了重要作用；进入维多利亚时代，伦敦大学取得了长足的发展，特别是在推行科学教育和女子教育方面成绩显著；“二战”前伦敦大学经历了重组与扩张、复苏与发展的曲折过程。鉴于上述史实，本书以前三章的篇幅介绍了伦敦大学创立的历史背景、伦敦大学的前身——伦敦大学学院和伦敦国王学院的有关情况并对两所学校做了比较考察、英国政府的改革及其对伦敦大学成立所发挥的作用；本书又在后三章中详细考察了维多利亚时代及“二战”前伦敦大学改革与发展的若干重大举措，其中重点论述了大学内部各派势力的斗争与妥协以及政府与大学之间的协调与互动。通过上述内容，本书较为全面而清晰地展现了伦敦大学百年间改革与发展的总体路径及面貌。

其二，发掘并梳理了大量第一手文献资料。历史研究离不开文献资料，而第一手文献资料则尤具珍贵的史料价值。作者在撰写本书的过程中努力发掘并梳理了大量第一手文献资料，其中不少文献资料在国内可谓首次完整地呈现给读者。举例来说，发源于中世纪的西欧大学即以其制度建设著称于世，而近代英国又是欧美“宪政”的发祥地，伦敦大学首先通过接受英国政府多次颁发的被誉为“大学宪章”的“特许状”，继而又通过颁布“大学法”而获得其合法的权益与地位，并使各项改革措施及其实施得到了制度上的保障。因此，本书充分利用了伦敦大学若干“特许状”和“大学法”的文本资料，特别是对曾产生过重大影响的《第一特许状》《第二特许状》《第三特许状》以及《1898年伦敦大学法》的形成过程、主要内容、意义及影响等问题做了细致的考察和深入的分析，遂使其研究成果建立在扎实可靠的史料的基础上，这大大提升了本书的学术价值。此外，作者还不辞辛劳地将《伦敦大学创办计划书》、四个重要的“特许状”以及《1898年伦敦大学法》全文翻译成中文，收录在本书的“附录”中，以供学界同行和广大读者参阅、研读。

其三，努力把伦敦大学百年史放在近代英国高等教育改革与发展的大背景、大进程中进行研究和考察。厘清伦敦大学百年史并非本书的唯一目标，通过考察伦敦大学百年史来了解和把握近代英国高等教育改革与发展的主要特征和基本规律，才是本书更为重要的目标。由于伦敦大学堪称近代英国高等教育改革与发展的标志性成果，也由于伦敦大学百年来在很大程度上引领了英国高等教育改革与发展的潮流，所以它足以成为研究和考察近代英国高等教育改革与发展的典型个案。基于上述研究宗旨和写作意图，本书始终将伦敦大学百年史这一个案与近代英国高等教育改革与发展的主题紧密结合起来，运用辩证唯物主义与历史唯物主义的观点及方法，较为深入地分析了伦敦大学百年史上所反映出来的英国国教教会、英国大学、英国政府及整个社会斗争与博弈、妥协与互动的复杂关系，并在最后一章将近代英国高等教育改革的特点归结为“自发性、消极性、妥协性、开放性”，又将近代英国高等教育发展的趋势归结为“实科化、多元化、大众化、集权化”，尽管这些观点仍存在着进一步完善的余地，但毕竟较为准确地阐析了近代英国高等教育改革与发展的基本特点和整体趋势。

总之，本书在一定程度上弥补了国内学界关于伦敦大学百年史及英国高等教育史研究的薄弱环节，受到专家及同行的一致好评，并荣获中国高等教育学会第十二届“高等教育学”优秀博士论文奖。作为本书作者的博士研究生导师，我对他取得的成绩深感喜悦，并乐于借此机会把这一学术成果推介给广大读者。同时，我也衷心希望本书作者未来在高校从事教学和科研的过程中，一如既往，再接再厉，争取更大的成绩。

是为序。

肖　朗

2017 年夏于浙江大学教育学院

（本序作者系中国教育学会教育史分会副理事长，浙江大学教育学院教授、博士生导师）

摘　　要

英国是近代大学的发源地之一。1826 年伦敦大学学院的诞生标志着近代英国新大学运动的兴起，而 1836 年伦敦大学的创立则开启了近代英国政府改革高等教育的序幕。伦敦大学的百年历史深刻地反映了近代英国高等教育改革与发展的基本特点和整体趋势。本书运用文献法、个案法、比较法和统计法等，通过对伦敦大学百年发展的历史考察，揭示了近代英国高等教育改革的基本特点以及发展的整体趋势。除了导论和结语之外，本书主要包括以下内容：

第一章分析了伦敦大学创立的历史背景，包括伦敦长期没有一所大学的原因和伦敦大学产生的背景及因素。伦敦长期没有一所大学的原因有三个：传统行会教育的延续、已有高等教育的支撑和自由主义思想的影响。伦敦大学产生的背景是经济、政治、文化等方面的繁荣发展，伦敦大学产生的内部动因可归结于欧洲大学改革、古典大学的内部争论等。

第二章阐述了伦敦大学最早的两个组成学院即伦敦大学学院和伦敦国王学院的成立过程。伦敦大学学院是一群功利主义者在借鉴苏格兰大学和德国大学模式的基础上建立的英国第一所纯世俗化的高等教育机构，而伦敦国王学院则是一批宗教人士在反对其世俗化的基础上建立的。两所学院的政治基础不同，对待宗教采取截然相反的态度，但在筹建方式、课程设置等方面也存在一定的相似性。

第三章论述了政府的改革与伦敦大学的创立过程。政府干预大学的发展有着悠久的历史，但到 19 世纪初才开始变得十分明显。1836 年，政府通过颁布《第一特许状》、成立伦敦大学来企图弥合两所学院在宗教教育问题上争论十余年的矛盾，但实际上政府并没有彻底解决它们的矛盾。《第一特许状》第一次反映出了英国政府改革伦敦大学的妥协性特点。

第四章描述了维多利亚时代早期和中期的伦敦大学发展状况。1837 年《第二特许状》的颁布开启了维多利亚时代政府改革伦敦大学的进程。在考试功能初显成效的同时，科学教育和女性高等教育也有重大发展。在赫胥黎等人的倡议下，1858 年伦敦大学率先设立了理学部，打破了古典大学以文、法、神、医为学部结构的知识体系。1878 年，政府颁布《增补特许状》，准许伦敦大学授予女性学位，从而开创了近代英国女性高等教育的先河。

第五章分析了维多利亚晚期伦敦大学内部关于高等教育结构的争论。1836 年成立的伦敦大学是一个纯考试机构，其教考分离的弊端在 19 世纪 70 年代以后越发明显。随之，早期学院之间世俗与宗教的矛盾被学院与大学之间教学与考试的矛盾取代，成了大学内部争论的焦点问题。政府颁布的《1898 年伦敦大学法》将纯考试功能的伦敦大学转变为教学与考试相结合且兼顾科研的联邦制大学。这一法案第二次反映了政府改革伦敦大学的妥协性特点。

第六章阐述了 20 世纪初伦敦大学的重组过程以及“二战”前伦敦大学的集权化改革趋势。20 世纪初，依据法案和相关章程，伦敦大学开始对内重组、对外扩张，同时还不断调和着新出现的矛盾与争论。《1926 年伦敦大学法》的颁布确立了“二战”前伦敦大学改革的集权化方向。

第七章揭示了近代英国高等教育改革的基本特点，如改革动力的自发性、应对改革的消极性、改革策略的妥协性和改革模式的开放性；以及发展的总体趋势，如教育内容的实科化、教育功能的多元化、教育对象的大众化、教育体制的集权化等。

关键词：近代英国　高等教育　伦敦大学学院　伦敦国王学院　伦敦大学　联邦制大学

Abstract

Britain is one of the cradles of modern university. The birth of University College London (UCL) in 1826 marks the rise of new university movement in modern Britain, while the University of London founded in 1836 opens the prelude of higher education reformed by modern British government. The history of University of London for the first hundred years reflects the basic characteristics and overall trends of the reform and development of modern British higher education. With the documentary method, comparative method, case method, statistical method and so on, this article reveals the basic characteristics of the reform and overall trends of the higher education development in modern Britain by a historical study of the first hundred years of development of University of London. In addition to the introduction and the epilogue, this article mainly include the following contents.

The first chapter analyzes the historical background on the naissance of University of London, including the reason why there was not a university in London for a long time and the background and factors of the foundation of University of London. There are three reasons contributing to the first question: the continuation of traditional education of guild; the contribution of the existing higher education; the influence of the liberalism. The background is the booming development of politics, economy, science, culture and so on. The internal motivation of the foundation may attribute to the reform of European university, the internal debates of classical university, etc.

The second chapter describes the two earliest constituent colleges of University of London, namely the creation of UCL and King's College London (KCL). UCL is the first secular higher education institution in UK created by a group of utilitarians in reference to the model of Scottish and German university, while KCL was created by a group of religious figures basing on the opposition of the secularization of UCL. This two colleges have different political basis and take two opposite attitudes towards religion education, but there are similarities in the respect of mode of construction, curriculum provision, etc.

The third chapter discusses the government's reform and the creation of University of London. There was a long history of government intervention in the development of universities, which became very obvious in the early nineteenth century. In 1836, British government issued the Fist Charter, established the University of London and attempted to settle the contradiction of religious education which have been debated more than ten years between this two colleges. But in fact, government did not completely resolve its contraction. The First Charter for the first time reflects the compromise characteristic in the process of British government reform in the University of London.

The fourth chapter describes the development situation of University of London in the early and mid Victorian era. The promulgation of Second Charter in 1837 opened the government reform process of University of London in the Victorian era. While the examing body has begun to show initial success, the scientific education and women's higher education also have achieved a significant development. Under the initiatives of T. H. Huxley, etc., the University of London in 1858 took the lead in setting up the faculty of science, and broke the knowledge system of classical university which was founded in the structure of art, law, divinity and medicine. In 1878, government issued a Supplement Charter and permitted the university to give degrees to women, thus creating the precedent of women's higher education of modern Britain.

The fifth chapter analyzes the internal debates in University concerning the structure of higher education in the late Victorian era. The University of London founded in 1836 is a pure examination institution, its drawbacks of separation of teaching and testing being more and more obvious after 70 years in the nineteenth century. Then, the argument of teaching and examing between the colleges and university replaced the early contradiction of secularity and religiosity between the two colleges, becoming the focus of debate within the university. The University of London Act promulgated by government in 1898 changed the pure examination function of London University into a Federal University combining the teaching and examining with scientific research. This act for the second time reflects the compromise characteristic in the process of government reform in the University of London.

The sixth chapter describes the restructuring process of University of London in the early twentieth century and the centralized reform trend of University of London before World War Ⅱ. At the beginning of twentieth century, according to the act and relevant status, London University began to restructure internally and expand externally, and also continued to reconcile the new emerging contradiction and controversy. The promulgation of University of London, 1926 established the centralized reform direction of University of London before the World War Ⅱ.

The seventh chapter reveals the basic characteristics of modern British higher education reform, such as, the spontaneity of reform motivation, the negativity of coping with reform, the concession of reform strategy, and the openness of reform model; and the general trend of development, for instance, the scientization of education content, the diversification of education function, the popularization of education object, the centralization of education system, etc.

Key words: Modern Britain　Higher Education　UCL　KCL　University of London　Federal University

目 录

导　论

一、选题缘由及意义

历史是人类对过去的回忆，人类的发展必须在不断回顾、总结、提升的基础上，使之臻于完善。卡尔·雅斯贝斯（Karl Jaspers）在《论历史的意义》中指出："究竟为何存在历史？因为人是暂时的、不完善并且不可完善，他必须在其经历时间的转变中领悟永恒，并且他只能以此途径做到。人的不完善及其历史性是同一事物。……没有恰当的世界安排。没有完美的人。"①历史是作为一个整体而存在的，只有通过对历史整体的认识才能理解人类存在的意义。人类存在于自身的发展和历史的发展之中，教育既是人类特有的活动，又是人类追求完善的重要手段。研究教育（包括高等教育）的历史，是了解人类过去教育经验的重要途径，亦是把握历史的整体性和统一性的必由之路。

古今中外，高等教育早已有之，如古希腊的学园、古代中国的太学等；直到中世纪，欧洲大学的诞生为高等教育的发展带来了新的生机，从组织、管理机构到教学内容与方法都发生了翻天覆地的改变。历经数百年的发展，现代大学已不再是中世纪的"工匠行会"或"学者行会"②，而是与社会、政治、经济、文化等各方面都密切联系的高等教育的主体机构。引导这一发展与历史演变过程的因素不仅有大学自身的内在逻辑的驱动，还有社会市场等外部多方力量的导向。历史是一面镜子，研究现代高等教育必须要关注历史，用历史的眼光来看问题，这对反思和提升高等教育的理论与实践都大有裨益。正如美国著名的教育改革家克拉克·克尔（Clark Kerr）所说："高等教育既不能回避历史，社会的历史也不能回避高等教育。……高等教育比过

① ［德］卡尔·雅斯贝斯著，朱更生译：《卡尔·雅斯贝斯文集》，西宁：青海人民出版社2003年版，第383页。

② 夏之莲主编：《外国教育发展史料选粹》（上册），北京：北京师范大学出版社1999年版，第156页。

去任何时候更加是社会的一部分，而且，作为一个结果，更少脱离社会，而且在将来这很可能越来越正确。”① 近代以来，高等教育与社会的联系越来越密切，高等教育创造的知识和培养的人才推动着社会的发展，社会的发展又促进高等教育的繁荣，二者相互影响、相互促进。从历史发展的角度看，高等教育史作为一个十分广泛的知识领域，其研究范围正在逐渐扩大，“既包括作为高等教育主体的大学的历史，也涉及各种类型的高等教育机构的变迁。……在实践上，高等教育史的研究已经主要是大学史的研究”②。从学科发展的角度来看，大学史研究既属于教育史学科研究的范畴，深入开展大学史研究有助于拓宽教育史研究的学术视野、增强学科发展的使命感；同时又属于高等教育学科研究的范畴，深入开展大学史研究“对于高等教育学科来说具有‘基础建设’的作用。……加强高等教育史特别是西方大学史的研究，是我国高等教育学科进一步发展面临的一项重要任务”③。

基于自身学科背景以及上述理解，本书选取西方大学史作为研究方向。为何又选取伦敦大学作为研究对象？笔者认为至少有三个方面的考虑：

第一，考虑到研究成果的启示性和借鉴性意义，研究对象必须是世界上公认的、具有领先水平的著名大学。“洋为中用”是我国外国教育史研究的重要任务之一，其意义在于要充分吸收、借鉴国外教育中先进的地方，为我国教育改革与发展所用。因此，研究西方大学史也应秉承该理念，选择优秀的大学作为研究对象，总结其成功发展的经验，为我国现代大学的改革与发展提供启示或借鉴。尽管伦敦大学的名字很少单独出现在世界各大名校榜单中，但它的若干下属学院都在世界百强之列，倘若以伦敦大学整体来排名，那必定处于世界领先水平。

第二，考虑到语言、资料、地域等因素的限制。历史研究必须要有一定量的第一手文献作为基础，只有通过对原始材料的研读才有可能得出可靠的、确切的观点，否则容易尾随他人的观点，人云亦云、受其左右。而一手文献又主要以第一语言为主，由于笔者所学的外文是英语，所以不得不以英语国家（如英国和美国）的大学为选择对象。就第一手资料而言，笔者已收集到伦敦大学改革的一些特许状、基本法案与章程以及在这些政策出台背后的一些鲜为人知的材料，如报纸、传记、议会记录等，以此作为本研究的基础。

---

① ［美］克拉克·克尔著，王承绪译：《高等教育不能回避历史——21 世纪的问题》，杭州：浙江教育出版社 2001 年版，第 273 页。

② 张斌贤：《关于大学史研究的基本构想》，《北京大学教育评论》2005 年第 3 期，第 15 页。

③ 胡建华：《大学史研究之于高等教育学科的意义——读张斌贤与贺国庆等翻译的〈欧洲大学史〉》，《高等教育研究》2009 年第 1 期，第 70 页。

第三，考虑到国内的研究现状，笔者认为应该选择一所较少受国人关注的世界知名大学。当前，我国关于西方大学史的研究主要以英、美国家为主，尤其是哈佛、耶鲁、牛津、剑桥四大名校，成果丰富，选择研究的视角也多样，因此本书不拟以这四所名校为研究对象。通过对中文文献的检索，笔者发现我国学者对伦敦大学的研究十分欠缺，只有前辈学者王承绪编著的《伦敦大学》[①] 这一本学术著作可供国人研究与参考。这是本书选取伦敦大学作为研究对象的重要原因之一。

本着上述三点考量，本书选取伦敦大学为研究对象。伦敦大学是一所世界著名的高等学府，为人类学术发展做出过举世瞩目的贡献，其成长的历程也颇有值得我们学习与借鉴的地方。长期以来，英格兰高等教育一直被牛津大学和剑桥大学所垄断，而这两所古老的大学无论是在招生对象上还是在教学内容上，都表现出强烈的宗教性、保守性和贵族性，与 19 世纪初英国社会改革和发展的趋势扞格不入。虽然剑桥大学早在 17 世纪就有了科学教育的萌芽，牛津大学的学科范围也在 18 世纪末有所扩大，但二者仍然是以古典教育为主，与工业革命和商业发展的关系甚微。英格兰、威尔士和爱尔兰的非国教徒通常远到苏格兰大学或“不信奉国教者学园”（Dissenting Academy）接受现代课程教育，包括中等教育和高等教育，但他们无法获得学位；这些机构本该发展为一种可供选择的高等教育模式，但事实上却未能实现，不久这些学园就消失了，或成为培训不信奉国教的牧师的学院。[②] 总之，直到 19 世纪初，英格兰大学还是呈现出一种脱离社会、古典气息醇厚的局面。而 1828 年伦敦大学学院（University College London）的开办则使这一局面得以打破，树立了近代英国高等教育史上的里程碑。伦敦大学学院是英国历史上第一所纯粹世俗性质的高等教育机构。[③] 正是由于它的世俗性才招致保守主义者的强烈反对，反对者随之在伦敦建立了另一所以宗教教育为基础的伦敦国王学院（King's College London）。两所学院围绕世俗与宗教的斗争开启了近代英国大学改革的序幕，直到 1836 年二校合并成立了由政府主管的伦敦大学，从此形成了与牛津大学和剑桥大学不同的办学及治理模式，开辟了一条新的大学发展之路。此后，伦敦大学继续保持着像伦敦大学学院创办伊始那样的革故鼎新、开拓进取的办学精神与理念，在英国高等教育发展史上创造了不朽的“奇迹”。美国当代著名的英国史学家谢尔顿·罗斯布莱特

---

① 王承绪编著：《伦敦大学》，长沙：湖南教育出版社 1995 年版。

② Robert Anderson. *British Universities: past and present*. London: Hambledon Continuum, 2006, p. 25.

③ Willis Rudy. *The Universities of Europe, 1100 – 1914*. London and Toronto: Associated University Presses, 1984, p. 115.

(Sheldon Rothblatt) 指出："19 世纪的伦敦大学史是一部新大学试图发现一种符合其自身独特的使命的历史，其特殊性足以使其形象在与牛津大学和剑桥大学的比较中避免遭人贬损。"[①] 1986 年，在伦敦大学建校 150 周年的庆典上，该校名誉校长安妮公主（The Princess Anne）指出："伦敦大学拥有无与伦比的'第一次'记录：在授予学位上无须宗教考试；推动实验室科学、工程和现代语言的教学与研究；准许女性获取学位并且任命女教授。"[②] 的确，伦敦大学在英国高等教育史上所做出的贡献是无与伦比的，不仅在于它创造了许多的"第一次"，引领着近代英国高等教育改革的方向，使古典大学逐渐脱去宗教、保守和贵族的外衣，与社会经济发展的需求相结合；而且在于它为国家培养和输送了大批实用型人才，满足了当时中等阶级（middle class）[③] 对高等教育的诉求，因此，它在推动近代英国高等教育的世俗化和大众化方面的意义则更为深远。英国兰卡斯特大学教授马尔科姆·泰特（Malcolm Tight）认为："近两个世纪以来，作为全国性的、帝国性的和国际性的伦敦大学以多种方式运行着，起初是通过它的考试功能，后来是通过它的外部角色。它为英国及海外的机构提供了广泛的学科与课程的教学大纲以及学位考试。它允许个体学生注册它的学位，按照自己的计划学习，选择他们认为合适的方式来学习，如自学、私人补习、远程学习或面授。……它的历史应受到广泛的理解与重视。"[④] 因此，本书以伦敦大学为个案来探索近代英国高等教育的改革与发展之路，其意义是十分明显的。

伦敦大学的创办是英国社会改革的一部分，更是近代英国高等教育改革的一部分。在社会改革的大背景下，通过对伦敦大学历史的考察，研究其创办与发展的过程并总结特点、分析成因，在宏观上能反映出英国社会发展的某些整体趋势或基本特点，因为伦敦大学是由一群热衷于社会改革的仁人志士在复杂的社会政治背景下创办的；在中观上能清晰地反映出近代英国高等

---

① ［美］谢尔顿·罗斯布莱特著，别敦荣译：《现代大学及其图新——纽曼遗产在英国和美国的命运》，北京：北京大学出版社 2013 年版，第 382 页。

② Negley Harte. *The University of London, 1836 – 1986: an illustrated history*. London: The Athlone Press, 1986, Foreword.

③ "middle class"或"middle classes"的中译文有"中等阶级""中产阶级""中等阶层""中间等级"等，与之相关的英文也有"middling sort"等，很难从中找出一一对应的中英词组。而且，其中一些词在起源、构成及含义等方面还略有不同，详见辜庆志：《英国中等阶级形成过程探析》，《史学月刊》2010 年第 2 期；胡玲、陈祖洲：《近代英国中产阶级形成中的问题》，《历史研究》2010 年第 1 期等。本书无意区别它们的本质不同，文中涉及的此类词主要指 19 世纪英国人口最多的、具有一定财富的群体，并以"中等阶级"一词使用为主，引文中除外。

④ Malcolm Tight. Re-writing History: The University of London as a Global Institution in the Nineteenth, Twentieth and Twenty-First Centuries. *International Perspectives on Higher Education Research*, Vol. 3, 2005, pp. 289 – 306.

教育改革与发展的历史脉络，因为伦敦大学改革的每一次重要举措都意味着近代英国高等教育史上一次深刻变革；在微观上能了解伦敦大学的组织机构、办学模式、规章制度等是如何形成与演变的，因为本研究在一定程度上也属于校史研究的范畴。总之，伦敦大学是一所庞大的联邦制大学，也是世界著名学府。研究这样一所世界知名学府的创办、改革与发展的历程可为我国创建“具有世界先进水平的一流大学”提供宝贵的经验和有益的启迪。

二、文献综述

如上所述，现代伦敦大学是一所庞大的联邦制大学，其下属学院有多所都是具有大学规模的学院，例如伦敦大学学院、伦敦国王学院、伦敦政治经济学院（The London School of Economics and Political Science）、伦敦大学皇家霍洛威学院（Royal Holloway, University of London）、伦敦大学女王玛丽学院（Queen Mary, University of London）、伦敦大学伯克贝克学院（Birkbeck, University of London）等。因此，本书主要围绕以下三个方面来搜集资料：一是伦敦大学的校史，二是伦敦大学下属学院的院史，三是英国高等教育史、英国教育史、外国教育史、比较教育以及其他与伦敦大学相关的资料等。

（一）国外相关研究文献

1. 关于伦敦大学的史料文献

关于伦敦大学校史，国外已出版许多著作，其中以伦敦大学学院经济史高级讲师尼格利·哈特（Negley Harte）博士的《伦敦大学史图解，1836—1986》（*The University of London, 1836 - 1986: an illustrated history*）最为突出，可以被看作是伦敦大学校史方面的代表性著作。该书运用了大量的历史图片和一手资料，描绘了伦敦大学的起源、成立、变革与发展的整体图景，为世人呈现了20世纪90年代之前伦敦大学发展的全貌，无愧为一部典型的校史类著作。全书共分为7章，包括联邦制大学；起源，1123—1836；大都市的学位，1836—1870；考试对抗教学，1870—1900；重建的大学，1900—1929；布鲁姆斯伯里（Bloomsbury）及超越，1929—1963；罗宾斯报告及以后，1963—1986。[①]伦敦大学历史研究所所长、皇家历史学会前主席 F. M. L. 汤普森（F. M. L. Thompson）的《伦敦大学与学术世界，1836—1986》（*University of London and the World of Learning, 1836 - 1986*）是了解伦敦大学

① Negley Harte. *The University of London, 1836 - 1986: an illustrated history*. London: The Athlone Press, *1986*.

学科发展的必不可少的著作。该书首先介绍了伦敦大学的建筑构造以及女性入学的情况，其次还向人们逐一展示了伦敦大学各学科的发展史及其对学术世界做出的卓越贡献。全书共分 11 章，包括建筑构造、公正的最高原则——伦敦大学与女性高等教育、人文科学、法学、理学、医学、神学、工程学、音乐、社会科学和教育学。[①] 伦敦大学前任行政长官、西澳默多克大学副校长 F. M. G. 维尔森（F. M. G. Willson）的《我们的密涅瓦：男性与伦敦大学的政治，1836—1858》（*Our Minerva*：*The Men and Politics of the University of London*，*1836 – 1858*）是研究 19 世纪上半叶伦敦大学史的重要参考文献。该书分析了大学理事会的组建及其与国务大臣、议会、律师会馆、医学院、不信奉国教者群体和毕业生的互动联系，阐述了大学当局就宗教课程、考官的地位与薪水问题而展开的激烈争吵，还涉及大学评议会、“外部学位”制度等。[②] 维尔森教授还有一本与上一本堪称姊妹篇的著作《伦敦大学，1858—1900：评议会和理事会的政治》（*The University of London*，*1858 – 1900*：*the politics of senate and convocation*），是研究 19 世纪后半叶伦敦大学发展史的重要文献。该书较为详细地分析了大学理事会和评议会在 19 世纪下半叶的政治历史变迁，全书共分 6 章，包括政治舞台、一个艰难的开始、女性学位、1886 年的议会席位、大学与中等教育、考试与教学——漫长而崎岖的妥协之道路。[③] 伦敦大学评议会主席珀西·邓希思（Percy Dunsheath）和玛格丽特·米勒（Margaret Miller）合著的《伦敦大学的评议会：第一个百年》（*Convocation in the University of London*：*the first hundred years*）是研究伦敦大学评议会的主要文献。该书探讨了评议会的创立过程，从伦敦大学内部的争论、重组、战后重建等方面剖析了评议会在伦敦大学改革与发展中所起的重要作用，并对评议会未来的发展做出了展望。[④] S. 戈登·威尔逊（S. Gordon Wilson）的《伦敦大学及其学院》（*The University of London and Its Colleges*）是了解 20 世纪初伦敦大学重组后各学院概况的基本文献。该书简明扼要地描写了 20 世纪初伦敦大学重组后，其联邦制中 39 所学院的创办历

---

① F. M. L. Thompson. *University of London and the World of Learning*，*1836 – 1986*. London：The Hambledon Press，1990.

② F. M. G. Willson. *Our Minerva*：*The Men and Politics of the University of London*，*1836 – 1858*. London：The Athlone Press，1995.

③ F. M. G. Willson. *The University of London*，*1858 – 1900*：*the politics of senate and convocation*. Suffolk：The Boydell Press，2004.

④ Percy Dunsheath and Margaret Miller. *Convocation in the University of London*：*the first hundred years*. London：The Athlone Press，1958.

史和发展概况。[①] 除了上述研究伦敦大学的经典文献之外，还有曾任伦敦大学副校长、伦敦大学学院教务长的格雷戈里·福斯特爵士[②]的《伦敦大学：历史、现在的资源与未来的可能》（*The University of London：history，present resources and future possibilities*）[③]，曾任伦敦大学副校长、皇家历史学会主席的休·黑尔·贝洛特（Hugh Hale Bellot）的《伦敦大学：一部历史》（*The University of London：a history*）[④]，1919 年来华的美国传教士葛德基（Earl Herbert Cressy）的《伦敦大学与华东基督教高等教育》（*The University of London and Christian Higher Education in East China*）[⑤]，F. G. 布鲁克（F. G. Brook）的博士论文《伦敦大学，1820—1860：特别是对高等教育发展的影响》（*The University of London，1820－1860，with Special Reference to Its Influence on the Development of Higher Education*）[⑥]，日本学者欢子·奈美惠（Yoshiko Namie）的博士论文《1900 至 1939 年间伦敦大学殖民地考试的角色：以毛里求斯、黄金海岸和锡兰为例》（*The Role of the University of London Colonial Examinations between 1900 and 1939，with Special Reference to Mauritius，the Gold Coast and Ceylon*）[⑦]，马尔科姆·泰特（Malcolm Tight）的论文《重书历史：在 19、20、21 世纪作为全球化机构的伦敦大学》（Re-writing History：The University of London as a Global Institution in the Nineteenth，Twentieth and Twenty-first Centuries）[⑧]，著名学者迈克尔·桑德森（Michael Sanderson）的论文《伦敦大学与工业进步》（The University of London and Industrial Pro-

---

① S. Gordon Wilson. *The University of London and Its Colleges*. London：University Tutorial Press，1923.

② 格雷戈里·福斯特爵士（Sir Gregory Foster，1866－1931）在法国史特拉斯堡大学获得博士学位，后任贝德福德学院英国语言文学教授，1904—1929 年任伦敦大学学院教务长（教务长相当于校长），1928—1930 年任伦敦大学副校长。

③ Sir Gregory Foster. *The University of London：history，present resources and future possibilities*. London：University of London Press，1922.

④ Hugh Hale Bellot. *The University of London：a history*. Bristol：Western Printing Services，1969.

⑤ Earl Herbert Cressy. *The University of London and Christian Higher Education in East China*. Shanghai：Christian Educational Association，1925.

⑥ F. G. Brook. *The University of London，1820－1860，with Special Reference to Its Influence on the Development of Higher Education*. University of London，Ph. D. Thesis，1958.

⑦ Yoshiko Namie. *The Role of the University of London Colonial Examinations between 1900 and 1939，with Special Reference to Mauritius，the Gold Coast and Ceylon*. University of London，Ph. D. Thesis，1989.

⑧ Malcolm Tight. Re-writing History：The University of London as a Global Institution in the Nineteenth，Twentieth and Twenty-First Centuries. *International Perspectives on Higher Education Research*，Vol. 3，2005，pp. 289－306.

gress)[1]，斯坦利·格尔比尔（Stanley Gelbier）的论文《牙科与伦敦大学》(Dentistry and the University of London)[2]，等等。

2. 关于伦敦大学下属学院的史料文献

关于伦敦大学下属学院的院史方面资料，以伦敦大学学院史最为丰富，也以尼格利·哈特博士等人的成果最为突出。但最早的伦敦大学的学院史著作却是在伦敦大学学院百年校庆之际由贝洛特所著的《伦敦大学学院，1826—1926》(*University College London, 1826 - 1926*)[3]，和在伦敦国王学院百年校庆之际由国王学院的中世纪史学家 F. J. C. 赫思肖（F. J. C. Hearnshaw）所著的《伦敦国王学院百年史，1828—1928》(*The Centenary History of King's College, London, 1828 - 1928*)[4]。1978 年，在伦敦大学学院成立 150 周年之际，哈特博士与约翰·诺思（John North）合著出版了《世界的伦敦大学学院，1828—1978》(*The World of University College London, 1828 - 1978*)[5]，1991 年他们又将此书再版为《世界的伦敦大学学院，1828—1990》(*The World of UCL, 1828 - 1990*)[6]，2004 年又再版为《世界的伦敦大学学院，1828—2004》(*The World of UCL, 1828 - 2004*)。2004 年版本的伦敦大学学院史延续了伦敦大学史的写作风格，图文并茂、史料丰富，全书共分为 9 章，描绘了伦敦大学学院的发展史，包括 175 年的 UCL；创办时期，1825—1828；伦敦大学时期，1828—1836；男性时期，1836—1878；男性与女性时期，1878—1904；格雷戈里·福斯特时期，1904—1929；战争与和平时期，1929—1951；埃文斯和安南时期，1951—1978；扩张时期，1978—2004。[7] 此外，哈特博士还在 1979 年出版了《准许女性进入伦敦大学学院：一个世纪的演讲》(*The Admission of Women to University College London: a centenary lecture*)，阐述了伦

---

① Michael Sanderson. The University of London and Industrial Progress. *Contemporary History*, Jul. 1, 1972, pp. 243 - 262.

② Stanley Gelbier. Dentistry and the University of London. *Medical History*, Vol. 49, 2005, pp. 445 - 462.

③ Hugh Hale Bellot. *University College London, 1826 - 1926*. London: University of London Press, 1929.

④ F. J. C. Hearnshaw. *The Centenary History of King's College, London, 1828 - 1928*. London: George G. Harrap & Co., 1929.

⑤ Negley Harte and John North. *The World of University College London, 1828 - 1978*. London: University College London, 1978.

⑥ Negley Harte and John North. *The World of UCL, 1828 - 1990*. London: University College London, 1991.

⑦ Negley Harte and John North. *The World of UCL, 1828 - 2004*. London: UCL Press, 2004.

敦大学学院与近代英国女子高等教育的发展史。[①] 伦敦大学学院政治思想史副教授詹姆斯·亨德森·伯恩斯（James Henderson Burns）的《杰里米·边沁与大学学院》（*Jeremy Bentham and University College*）是了解边沁与伦敦大学学院关系的必读文献。此书是1961年11月23日伯恩斯博士发表的一次午间演讲，深入剖析了人们对功利主义创始人边沁与伦敦大学学院创立之间关系的误解，并阐述了伦敦大学学院把边沁作为其精神领袖的重要原因。[②] 戈登·休林（Gordon Huelin）的《伦敦国王学院，1828—1978》（*King's College London, 1828 - 1978*）是了解伦敦国王学院历史的主要文献，主要侧重考察国王学院成立百年之后的历史。全书共分9章，前两章简要描述了国王学院的百年史，后6章着重阐述了国王学院在两次世界大战前后的发展状况，以及20世纪国王学院的变革与学术进步。[③] 还有其他一些相关院史方面的研究成果，如悉妮·凯恩（Sydney Cain）的《伦敦政治经济学院的创办史》（*The History of the Foundation of the London School of Economics and Political Science*）[④]、帝国理工学院[⑤]出版的《帝国理工学院的百年：一部学院简史，1845—1945》（*Centenary of the Imperial College of Science and Technology: a short history of the college, 1845 - 1945*）[⑥]、卡罗琳·宾厄姆（Caroline Bingham）的《皇家霍洛威学院史，1886—1986》（*The History of Royal Holloway College, 1886 - 1986*）[⑦]、玛格丽特·J. 图克（Margaret J. Tuke）的《女子贝德福德学院史，1849—1937》（*A History of Bedford College for Women, 1849 - 1937*）[⑧]、马克·尼古拉斯·彭德尔顿（Mark Nicholas Pendleton）的博士论文《"教学与研究的场所"：伦敦大学学院与英国研究型大学的起源，1890—1914》（"*A place of teaching and research*": *University College London and the ori-*

---

① Negley Harte. *The Admission of Women to University College London: a centenary lecture*. London: University College London, 1979.

② James Henderson Burns. *Jeremy Bentham and University College*. London: The Athlone Press, 1962.

③ Gordon Huelin. *King's College London, 1828 - 1978*. London: King's College London, 1978.

④ Sydney Cain. *The History of the Foundation of the London School of Economics and Political Science*. London: London School of Economics and Political Science, 1963.

⑤ 帝国理工学院于1908年加入伦敦大学联邦，2007年正式退出，不再属于伦敦大学的下属学院。

⑥ Imperial College of Science and Technology. *Centenary of the Imperial College of Science and Technology: a short history of the college, 1845 - 1945*. London: Imperial College of Science and Technology, 1945.

⑦ Caroline Bingham. *The History of Royal Holloway College, 1886 - 1986*. London: Constable, 1987.

⑧ Margaret J. Tuke. *A History of Bedford College for Women, 1849 - 1937*. Oxford: Oxford University Press, 1939.

gins of the research university in Britain 1890 – 1914)[①]，等等。由于有些学院加入伦敦大学的时间较晚，不在本书的研究范围之内，故没有全部收集。

3. **关于英国高等教育史等方面的史料文献**

在英国大学史、高等教育方面的研究成果中涉及伦敦大学的外文文献相当丰富，就笔者能力所及是无法全部获得这些资料的，故尽己所能，择其英文部分扼要述之。哈罗德·西尔弗（Harold Silver）和 S. 约翰·蒂格（S. John Teague）的《英国大学史，1800—1969：不包括牛津和剑桥，一部传记》（*The History of British Universities, 1800 – 1969: excluding Oxford and Cambridge, a bibliography*）为研究牛津与剑桥大学之外英国其他大学史的学者提供了重要的文献索引，包括基本史料文献、大学的官方出版物、杂志、学位论文等。该书介绍伦敦大学下属学院的部分占了较大篇幅，包括伦敦大学的贝德福德学院、伯克贝克学院、切尔西学院、帝国理工学院、国王学院、伦敦政治经济学院、伦敦卫生与热带医疗学院、女王伊丽莎白学院、女王玛丽学院、皇家霍洛威学院、皇家兽医学院、亚非研究所、药剂学院、大学学院、谢菲尔德学院和怀依学院。[②] 这为笔者搜集资料提供了重要帮助。美国著名的医学教育改革家、比较教育专家亚伯拉罕·弗莱克斯纳（Abraham Flexner）的《现代大学论——美英德大学研究》开辟了专章专节论述伦敦大学，批判与分析各有伯仲，涉及表里、入木三分，对伦敦大学的反面评价受到哈特博士的关注。[③] R. D. 安德森（R. D. Anderson）的《1800 年以来的英国大学与精英》（*Universities and Elites in Britain since 1800*）把大学的历史作为整体来研究它与社会发展的关系，关注性别、宗教、不同的教育传统对大学发展的影响，他认为伴随着中等阶级职业的增长，维多利亚时代的精英教育呈现自由扩展的状态；尽管教育没有失去与社会流动性的关联，且一些贫困但有天赋的男子总是能进入大学，但有关 19 世纪中等阶级控制大学教育并排斥之前从大学获利的人的说法仍然存在争议。[④] 安德森另有一本欧洲大学史的重要著作《从启蒙时期到 1914 年的欧洲大学》（*European Universities from the Enlightenment to 1914*），该书首先对现代大学起源于法国拿破仑

---

① Mark Nicholas Pendleton. "*A place of teaching and research*": *University College London and the origins of the research university in Britain 1890 – 1914*. University of London, Ph. D. Thesis, 2001.

② Harold Silver & S. John Teague. *The History of British Universities, 1800 – 1969: excluding Oxford and Cambridge, a bibliography*. London: Society for Research into Higher Education, 1970.

③ ［美］亚伯拉罕·弗莱克斯纳著，徐辉、陈晓菲译：《现代大学论——美英德大学研究》，杭州：浙江教育出版社 2001 年版。

④ R. D. Anderson. *Universities and Elites in Britain since 1800*. Cambridge: Cambridge University Press, 1995.

改革和1810年德国柏林大学建立的观点提出质疑，认为大学起源于启蒙时代，开明的统治者将高等教育视为克服经济和管理落后的有效方式；其次着重比较了对德国大学哲学院的重要性的过分关注与对法国的完全忽视，同时还探讨了首都城市新大学的建立，如伦敦大学等。① 此外，安德森还著有一本研究英国大学史的专著《英国大学：过去和现在》（*British Universities: past and present*），其中也不可避免地涉及了19世纪伦敦大学的成立与发展。该书勾勒了英国大学史的图景及其在社会中的地位演变，深入剖析了当前大学发展面临的问题，阐述了自维多利亚时代以来现代大学系统是如何发展的，侧重于“二战”后英国高等教育政策转变的视角。② 迈克尔·桑德森的《19世纪的大学》（*The Universities in the Nineteenth Century*）是研究19世纪英国大学变革的必读文献，其中收集了伦敦大学学院建校先驱们的一些通信书稿，其史料价值弥足珍贵。③ 桑德森还有研究大学与社会关系的经典之作《1850—1970年间的大学与英国工业》（*The Universities and British Industry 1850-1970*），在国内外影响范围甚广。④ 英国著名高等教育学家埃里克·阿什比（Eric Ashby）和玛丽·安德森（Mary Anderson）合著的《英国、印度、非洲的大学：高等教育的一项生态学研究》（*Universities: British, Indian, African: a study in the ecology of higher education*），运用生态学、遗传学的理论分析了印度与非洲大学的创立以及英国大学的移植、扩张与发展的历史过程。⑤ 阿什比的《科技发达时代的大学教育》也颇具影响，其中不乏对伦敦大学的论述。⑥ 由我国著名历史学家张芝联翻译的欧内斯特·巴葛爵士（Sir Ernest Burker）的《英国大学》介绍了英国大学的分布、行政、教师教学、学生生活等状况，指出了大学的三种任务：选拔英才、维持一般的文化水准和推进学术研究。⑦ 由许孟瀛译述的德国著名社会学家、经济学家阿道夫·洛（Adolf Lowe）的《演变中之大学教育》（*The Universities in Transformation*）

---

① R. D. Anderson. *European Universities from the Enlightenment to 1914*. Oxford and New York: Oxford University Press, 2004.

② Robert Anderson. *British Universities: past and present*. London: Hambledon Continuum, 2006.

③ Michael Sanderson. *The Universities in the Nineteenth Century*. London and Boston: Routledge & Kegan Paul, 1975.

④ Michael Sanderson. *The Universities and British Industry 1850-1970*. London: Routledge and Kegan Paul, 1972.

⑤ Eric Ashby and Mary Anderson. *Universities: British, Indian, African: a study in the ecology of higher education*. London: Weidenfeld and Nicolson, 1966.

⑥ ［英］阿什比著，滕大春、滕大生译：《科技发达时代的大学教育》，北京：人民教育出版社1983年版。

⑦ ［英］巴葛著，张芝联译：《英国大学》，北京：商务印书馆1948年版。

在第二章中专门论述了英国大学的伟大时代。[①] 著名学者威利斯·鲁迪（Willis Rudy）的《欧洲大学史，1100—1914》（*The Universities of Europe, 1100 - 1914*）在“第五章工业时代的大学”中介绍了英国高等教育的大众化、大学的国家主义、激进主义、女性高等教育等思想，其中涉及了伦敦大学学院和伦敦国王学院的情况，并将之与牛津、剑桥大学相比对。[②]

除了上述较为集中论述伦敦大学的文献之外，还有格雷姆·C. 穆迪（Graeme C. Moodie）和罗兰·尤斯塔斯（Rowland Eustace）的《英国大学的权力与自治》（*Power and Authority in British Universities*）[③]、查尔斯·格兰特·罗伯森爵士（Sir Charles Grant Robertson）的《英国大学》（*The British Universities*）[④]、詹姆斯·芒福德爵士（Sir James Mountford）的《英国大学》（*British Universities*）[⑤]、罗伯特·O. 伯达赫尔（Robert O. Berdahl）的《英国大学与国家》（*British Universities and the State*）[⑥]、罗伯特·E. 贝尔（Robert E. Bell）等人合著的《大不列颠和爱尔兰高等教育》（*Higher education in Great Britain and Ireland*）[⑦]、悉尼·卡因（Sydney Caine）的《英国大学：目的与前景》（*British Universities: purpose and prospects*）[⑧]、托尼·比彻（Tony Becher）的《英国高等教育》（*British Higher Education*）[⑨]、劳伦斯·斯通（Lawrence Stone）的《社会中的大学》（*The University in Society*）[⑩]、瓦尔特·吕埃格（Walter Rüegg）的《19 世纪和 20 世纪早期的大学，1800—1945》（*Universities in the Nineteenth and Early Twentieth Centuries, 1800 - 1945*）[⑪]、康拉德·雨果·雅劳施（Konrad Hugo Jarausch）的《高等教育转变，1860—1930：英格兰、德国、俄罗斯和美国的扩张、多样化、社会开放和专业化》（*The Transformation of Higher Learning, 1860 - 1930: expansion, di-*

---

① ［英］阿道夫·洛著，许孟瀛译述：《演变中之大学教育》，北京：商务印书馆 1945 年版。

② Willis Rudy. *The Universities of Europe, 1100 - 1914*. London and Toronto: Associated University Presses, 1984.

③ Graeme C. Moodie and Rowland Eustance. *Power and Authority in British Universities*. London: Routledge, 2012.

④ Sir Charles Grant Robertson. *The British Universities*. London: Ernest Ben, Limited, 1930.

⑤ Sir James Mountford. *British Universities*. Oxford: Oxford University Press, 1966.

⑥ Robert O. Berdahl. *British Universities and the State*. New York: Amo Press, 1977.

⑦ Robert E. Bell, Gerald Fowler and Kenneth Little. *Higher education in Great Britain and Ireland*. London and New York: Taylor & Francis, 1973.

⑧ Sydney Caine. *British Universities: purpose and prospects*. London: The Bodley Head, 1969.

⑨ Tony Becher. *British Higher Education*. London: Allen & Unwin, 1987.

⑩ Lawrence Stone. *The University in Society*. Princeton: Princeton University Press, 1974.

⑪ Walter Rüegg. *A History of the University in Europe: Volume 3, Universities in the Nineteenth and Early Twentieth Centuries, 1800 - 1945*. Cambridge: Cambridge University Press, 2004.

versification, social opening, and professionalization in England, Germany, Russia, and the United States)[①]、戴维·R. 琼斯（David R. Jones）的博士论文《城市大学的起源：曼彻斯特、利兹和利物浦》（*The Origins of Civic Universities: Manchester, Leeds and Liverpool*）[②] 等等。

伦敦大学的研究既属于教育史研究的范畴，也属于比较教育的范畴。因此，一般的英国教育史、西方教育史和比较教育的著作中也偶有涉及伦敦大学，如英国著名教育史学家布赖恩·西蒙（Brian Simon）的《1780—1870年的教育史研究》（*Studies in the History of Education 1780 – 1870*）[③]、H. C. 巴纳德（H. C. Barnard）的《从1760年起的英国教育史》（*A History of English Education: from 1760*）[④]、S. J. 柯蒂斯（S. J. Curtis）和 M. E. A. 鲍尔特伍德（M. E. A. Boultwood）的《1800年以来英国教育简史》（*An Introductory of English Education since 1800*）[⑤]、W. H. G. 阿米蒂奇（W. H. G. Armytage）的《英国教育四百年》（*Four Hundred Years of English Education*）[⑥]、奥尔德里奇的《简明英国教育史》[⑦]、W. O. L. 斯密斯的《英国的教育》[⑧]、邓特的《英国教育》[⑨]、诺伍德的《英国教育制度》[⑩]、W. B. 斯蒂芬斯（W. B. Stephens）的《英国教育，1750—1914》（*Education in Britain, 1750 – 1914*）[⑪]、约翰·威廉·亚当森（John William Adamson）的《英国教育，1789—1902》（*English Education, 1789 – 1902*）[⑫]、琼·西蒙（Joan Simon）的《英国教育的社

---

① Konrad Hugo Jarausch. *The Transformation of Higher Learning, 1860 – 1930: expansion, diversification, social opening, and professionalization in England, Germany, Russia, and the United States.* Chicago: University of Chicago Press, 1983.

② David R. Jones. *The Origins of Civic Universities: Manchester, Leeds and Liverpool.* Yale University, Ph. D. Thesis, 1988.

③ Brian Simon. *Studies in the History of Education 1780 – 1870.* London: Lawrence & Wishart, 1960.

④ H. C. Barnard. *A History of English Education: from 1760.* London: University of London Press, *1961.*

⑤ S. J. Curtis and M. E. A. Boultwood. *An Introductory of English Education since 1800.* London: University Tutorial Press, 1964.

⑥ W. H. G. Armytage. *Four Hundred Years of English Education.* Cambridge: The Cambridge University Press, 1964.

⑦ ［英］奥尔德里奇著，诸惠芳等译：《简明英国教育史》，北京：人民教育出版社 1987 年版。

⑧ ［英］W. O. L. 斯密斯著，夏邦俊译：《英国的教育》，台北：台湾开明书店 1968 年版。

⑨ ［英］邓特著，杭州大学教育系外国教育教研室译，王承绪校：《英国教育》，杭州：浙江教育出版社 1987 年版。

⑩ ［英］诺伍德著，李鼎声译：《英国教育制度》，北京：商务印书馆 1934 年版。

⑪ W. B. Stephens. *Education in Britain, 1750 – 1914.* New York: St. Martin's Press, 1998.

⑫ John William Adamson. *English Education, 1789 – 1902.* Cambridge: Cambridge University Press, 1930.

会起源》(*The Social Origins of English Education*)[①]、哈罗德·西尔弗的《作为历史的教育：解释19和20世纪的教育》(*Education as History: interpreting nineteenth-and twentieth-century education*)[②]、美国比较高等教育学家阿特巴赫的《比较高等教育》[③]、詹姆斯·鲍恩（James Bowen）的《西方教育史》(*A History of Western Education*)[④]、W. F. 康内尔的《二十世纪世界教育史》[⑤] 以及埃尔伍德·P. 克伯莱（Ellwood P. Cubberley）的《教育史》(*The History of Education*)[⑥] 等等。

史料的发掘与拓展是教育史研究中永无止境的工作，正所谓“上穷碧落下黄泉，动手动脚找资料”。因此，除了上述较为丰硕的研究成果之外，笔者还搜集了许多以史料汇编为主、以报刊资料为辅的一手文献作为本研究的重要基础。例如，研究英国近代史方面的必备史料《英国历史文献》(*English Historical Documents*) 第11卷[⑦]和第12卷[⑧]涵盖了18世纪末至19世纪70年代英国政治、经济、文化、教育等各个领域的绝大多数史料文献；《伦敦大学历史文献，1836—1912》(*University of London: the historical record, 1836 - 1912*) 收录了从伦敦大学创办到20世纪初改革的绝大多数特许状、法案及章程[⑨]；《伦敦国王学院特许状和章程》(*The Charter and By-laws of King's College, London*) 收录了国王学院创办之初政府颁布的特许状以及学院内部制定的相关章程与条例[⑩]；由约翰·斯图亚特·马科伦（John Stuart Ma-

---

① Joan Simon. *The Social Origins of English Education*. London: Routledge & Kegan Paul, 1970.

② Harold Silver. *Education as History: interpreting nineteenth-and twentieth-century education*. London & New York: Methuen, 1983.

③ [美] 菲利浦·G. 阿特巴赫著，符娟明、陈树清译：《比较高等教育》，北京：文化教育出版社1985年版。

④ James Bowen. *A History of Western Education (vol. 3): the Modern West (Europe and the New World)*. London: Methuen, 1981.

⑤ [澳] W. F. 康内尔著，张法琨等译：《二十世纪世界教育史》，北京：人民教育出版社1990年版。

⑥ Ellwood P. Cubberley. *The History of Education*. Boston, New York, Chicago, Dallas, San Francisco: Houghton Mifflin Company, 1920.

⑦ A. Aspinall & E. Anthony Smith. *English Historical Documents, 1783 - 1832, Vol. XI*. New York: Oxford University Press, 1969.

⑧ G. M. Young & W. D. Handcock. *English Historical Documents, 1833 - 1874, Vol. XII (Part I)*. New York: Oxford University Press, 1969; W. D. Handcock. *English Historical Documents, 1833 - 1874, Vol. XII (Part II)*. New York: Oxford University Press, 1969.

⑨ University of London. *University of London: the historical record, 1836 - 1912*. London: Hodder & Stoughton, 1912.

⑩ King's College (London). *The Charter and By-laws of King's College, London*. London: Gilbert & Rivington, 1930.

clure）编辑的《教育文献：从1816年至今的英格兰和威尔士》（*Educational Documents*：*England and Wales*，*1816 to the present day*）①；《爱丁堡评论》（*The Edinburgh Review*）②；《评论季刊》（*The Quarterly Review*）③；《威斯敏斯特评论》（*The Westminster Review*）④；《不列颠评论》（*The British Critic*）⑤；《泰晤士报》（*The Times*）⑥；等等。

综上所述，国外学者研究伦敦大学的成果非常丰富，涉及的范围也较广，无论是宏观的校史、院史的研究，还是微观的内部组织机构、学科等方面都有涉猎。总体而言，他们研究的特点主要有以下几个方面：第一，伦敦大学校史、院史的研究成果琳琅满目、争奇斗艳，并且随着大学的改革与发展定期更新校史和院史的内容。第二，注重对大学内部组织机构的研究，如理事会、评议会等，关注政治因素对伦敦大学的影响。第三，关注殖民地时期伦敦大学的扩张与移植研究，以及校外考试制度。第四，还有一部分是关注伦敦大学对近代英国高等教育的影响。在看到其成果丰硕的同时，我们也应该看到国外学者在伦敦大学的研究中还存在一些"漏洞"或"盲区"，例如对早期创办历史的重视不足，缺乏对学校创办成员与课程设置的分析，较少涉及对特许状、法案或章程的研究等，而这些内容在牛津和剑桥大学的校史研究中已得到更深入的发掘与探讨。这些内容也是本书着重探讨与努力的方向。

---

① John Stuart Maclure. *Educational Documents*：*England and Wales*，*1816 to the present day*（*4th Ed.*）. London and New York：Methuen，1979.

② 《爱丁堡评论》由著名辉格党政治家亨利·彼得·布鲁厄姆（Henry Peter Brougham，1778—1868）于1802年10月创办，是19世纪初古典自由教育（liberal education）与功利实用教育（utilitarian education）大辩论的主战场之一。从创刊起，该杂志就表现出激进改革的一面，大多发表一些抨击时事、主张改革的言论，牛津与剑桥大学的古典教育也是它经常攻击的对象之一。

③ 《评论季刊》由伦敦著名的出版公司约翰·默里（John Murray）于1809年3月创办，是托利党支持的保守主义刊物，也是捍卫古典自由教育的主要阵营之一。首任主编是由时任外交大臣、后任首相的乔治·坎宁（George Canning，1770—1827）任命的著名讽刺作家威廉·吉福德（William Gifford，1756—1826）。

④ 《威斯敏斯特评论》由功利主义创始人杰里米·边沁（Jeremy Bentham，1748—1832）于1823年创办，1914年停刊，是著名的激进主义季刊，在19世纪上半叶的教育大辩论中也扮演过重要角色。后期的主要撰稿人是功利主义思想家詹姆斯·密尔（James Mill，1773—1836）及其儿子约翰·斯图亚特·密尔（John Stuart Mill，1806—1873）。

⑤ 《不列颠评论》由一位富商乔舒亚·沃森（Joshua Watson，1771—1855）于1793年创办，他是高教会运动（High Church Movement）的领袖之一，该教会又被称为"克莱普顿宗派"（Clapton Sect）或"哈尼克教派"（Hackney Phalanx）。这是一份神学评论季刊，是在法国大革命的浪潮中英国保守主义孕育的产物，具有强烈的宗教倾向。

⑥ 《泰晤士报》创办于1785年，初名《每日环球记录报》（*The Daily Universal Register*），1788年改用现在的名称。它是民众选择阅读、了解时事的主要刊物之一，通常也是人们参与社会事务的重要渠道之一，发行量较大。它在伦敦大学学院和伦敦大学的宣传上起到过重要作用，因为它们的创办情况（如资金筹措、教授任命、理事会成员等）大多通过此平台向外公布。

（二）国内相关研究文献

19 世纪 20 年代，我国尚处于清朝闭关锁国时期，对国外高等教育的发展状况知之甚少，更遑论对一所大学进行深入研究。随着 19 世纪末 20 世纪初的西学东渐与中英教育交流的开展，才有伦敦大学的相关介绍、论述与译介出现，主要散见于外国教育史、比较教育以及高等教育等著作之中。我国近代著名教育家余家菊早年负笈英伦，先后在伦敦大学、爱丁堡大学求学，他在 1925 年出版的《英国教育要览》中就论述到英国的大学教育并提到了伦敦大学，文中写道："1826 年，伦敦产生一所新学院，于课程则实用与修养并重；于宗教则不分宗派一视同仁，盖为近代科学思想，自由主义与平民主义之结晶体也。顾成立之后，教会中人，大生妒忌，百计钻营，多方运动，于 1831 年创立国王学院（King's college），以为抵抗之具。1836 年，原立之学院由国王颁给宪章予以认可，定名为大学学院（University college）。与国王学院合为'伦敦大学'。……然就通体而言之，伦敦大学实为近代大学，无种族，男女，宗教之别，一律平等待遇。且更设校外生考试，夜课生优持法，以求因经济关系不能专心求学者亦得享受大学之利益。其以社会福利为鹄的之精神，今犹昔也。"① 余家菊较早地向国内引介了伦敦大学，并指出了伦敦大学所具有的近代大学的特征，即不分种族、宗教、性别、家庭背景等因素招收学生，设置校外考试制度，扩大了受教育者的群体及范围。更为精辟的是，他道出了创办伦敦大学的功利主义之理念——"以社会福利为鹄的"，突出强调了当时伦敦大学的社会服务功能。

1930 年，由王云五主编的"万有文库"中收有一集《欧美女子教育史》，书中写道："至 1878 年，伦敦大学首破此例（指授予女子学位——笔者注），于是他校转相模仿，女子益争自琢磨，群趋于学问之一途矣。"② 书中还论述了贝德福德学院、韦斯特菲尔德学院（Westfield College）和皇家霍洛威学院三所学院的女子教育情况。杨廉在 1930 年出版的《西洋教育史》中也略有提及："英国素来是缓进的，牛顿虽然在剑桥作过许多工作，数学和物理虽然设过讲座，但科学仍然是不大受欢迎的。直到后来各大都市的大学如伦敦、利物浦、伯明罕、曼切斯特等趋重科学各帝国专门学校兴起（1857—1907）。旧日各大学才把科学与古文给以同等待遇。"③ "万有文库"中还收有孟宪承著的《大学教育》，对 19 世纪初伦敦大学的概况进行了简要

① 余家菊著：《英国教育要览》，上海：上海中华书局 1925 年版，第 189 页。
② 王云五主编、欧阳祖经著：《欧美女子教育史》，上海：商务印书馆 1930 年版，第 41 页。
③ 杨廉著：《西洋教育史》，上海：中华书局 1930 年版，第 121 页。

介绍。[1] 在此类零星论述伦敦大学的著作中，还有雷通群的《西洋教育史》[2]、王克仁的《西洋教育史》[3] 等。此外，有关伦敦大学的信息还散见于民国时期的一些期刊或报纸之中，如在1933年的《教育周刊》中提及伦敦大学利用庚子赔款与中国互派留学生的消息[4]等等。

总体来说，这一时期的研究成果非常零散，缺乏整体性和系统性，仅仅简要提及伦敦大学的基本概况和办学特点。但随着近代中英教育交流的频繁，国内学者开始不断到英国求学深造，接触与了解伦敦大学的机会逐渐增多。除了余家菊之外，还有1908年以第一批公费留学生身份到帝国理工学院求学的王星拱，和1917年就读于伦敦政治经济学院的王世杰，两人归国后均担任过国立武汉大学校长。因此，很难说伦敦大学的办学经验对我国近代高等教育的诞生与发展毫无影响。

中华人民共和国成立后，有关英国教育和外国教育史类的著作层出不穷，其中描述伦敦大学的笔墨也日渐增多。在英国教育方面，有徐辉和郑继伟的《英国教育史》[5]、王承绪的《英国教育》[6]、张新生的《英国成人教育史》[7] 等等。在外国教育史类的著作中，比较经典的有王天一等人的《外国教育史》（上册）[8]、马骥雄的《外国教育史略》[9]、滕大春的《外国教育通史》（第四卷）[10] 和《外国近代教育史》[11]、吴式颖的《外国教育史教程》[12]、吴式颖和任钟印的《外国教育思想通史》（第八卷）[13] 等等。在外国教育史领域，涉及伦敦大学的著作一般都是将其视为新大学运动的开端，简略提及伦敦大学所创办的积极意义。此外，我国台湾学者也有成果问世，如林清江

① 瞿葆奎主编，孟宪承著：《孟宪承文集·卷三·大学教育》，上海：华东师范大学出版社2010年版。

② 雷通群著，单中惠特编：《西洋教育史》（下册），福州：福建教育出版社2011年版。

③ 王克仁著：《西洋教育史》，上海：中华书局1939年版。

④ 《伦敦大学中国会拟资助中国学生赴英》，《教育周刊》1933年第142期。

⑤ 徐辉、郑继伟编著：《英国教育史》，长春：吉林人民出版社1993年版。

⑥ 顾明远、梁忠义主编，王承绪分卷主编：《世界教育大系·英国教育》，长春：吉林教育出版社2000年版。

⑦ 张新生著：《英国成人教育史》，济南：山东教育出版社1993年版。

⑧ 王天一等编著：《外国教育史》（上册），北京：北京师范大学出版社1993年修订版。

⑨ 马骥雄著：《外国教育史略》，北京：人民教育出版社1991年版。

⑩ 滕大春主编：《外国教育通史》（第四卷），济南：山东教育出版社1992年版。

⑪ 滕大春主编、吴式颖副主编：《外国近代教育史》，北京：人民教育出版社1989年版。

⑫ 吴式颖主编：《外国教育史教程》，北京：人民教育出版社1999年版。

⑬ 吴式颖、任钟印主编：《外国教育思想通史》（第八卷），长沙：湖南教育出版社2002年版。

的《英国教育》①、周愚文的《英国教育史：近代篇（1780—1944）》② 等。其中，林清江的《英国教育》专门用一章四节的篇幅来论述英国的大学教育，包括社会变迁中的事实：大学膨胀及其因素；社会变迁中的观念：大学功能的演变；社会变迁中的大学形态：几种适应问题；一个综合性的观察：几项借镜。书中讲到伦敦大学时，指出："反对古老大学的偏狭课程，是成立伦敦大学的因素之一，可是，严格的系科制度也产生于伦敦大学。"③ 值得一提的是，该章最后还对英国大学法进行了详细的分析，并在文末留下来大量按语，为本研究在搜集资料过程中提供了有价值的帮助。

在高等教育史领域中，主要著作有蔡克勇的《高等教育简史》④、刘海峰和史静寰的《高等教育史》⑤、张慧明的《中外高等教育史研究》⑥、张泰金的《英国的高等教育历史·现状》⑦、单中惠的《外国大学教育问题史》⑧、贺国庆的《西方大学改革史略》⑨ 等。还有两本不得不提的"同名"且"同时"出版的著作：一本是贺国庆的《外国高等教育史》，另一本是黄福涛的《外国高等教育史》，两书的第一版均在2003年出版，并且分别在2006年和2008年再版。两书都以编年体的方式记录了国外高等教育史上发生过的重大事件，前者多从教育史的角度来描述历史，后者多从高等教育的角度来分析历史；前者偏重英文资料，后者偏重日文资料。总体来讲，二者的基本特点有："视野开阔，贯通古今；探微索隐，稽奥钩沉；群策群力，协同作战；和而不同，特色鲜明。"⑩ 但二者在论述到伦敦大学时却产生了"分歧"。黄福涛的书中说："1826年创立的伦敦大学（the University of London，后改为大学学院 University College）打破了传统大学垄断英国高等教育的历史。"⑪ 贺国庆的书中说："1928年伦敦大学在伦敦市高尔街创办。"⑫ 可以看出，后

---

① 林清江著：《英国教育》，台北：台湾商务印书馆1972年版。

② 周愚文著：《英国教育史：近代篇（1780—1944）》，台北：学富文化事业有限公司2008年版。

③ 林清江著：《英国教育》，台北：台湾商务印书馆1972年版，第109页。

④ 蔡克勇编：《高等教育简史》，武汉：华中工学院出版社1982年版。

⑤ 刘海峰、史静寰主编：《高等教育史》，北京：高等教育出版社2010年版。

⑥ 张慧明编著：《中外高等教育史研究》，长沙：湖南大学出版社1998年版。

⑦ 张泰金著：《英国的高等教育历史·现状》，上海：上海外语教育出版社1995年版。

⑧ 单中惠主编、杨捷副主编：《外国大学教育问题史》，济南：山东教育出版社2006年版。

⑨ 贺国庆主编：《西方大学改革史略》，石家庄：河北教育出版社2011年版。

⑩ 潘懋元、陈兴德：《高等教育理论呼唤高等教育史研究》，《教育研究》2004年第10期，第28－32页。

⑪ 黄福涛主编：《外国高等教育史》（第二版），上海：上海教育出版社2008年版，第103页。

⑫ 贺国庆等著：《外国高等教育史》（第二版），北京：人民教育出版社2006年版，第194－195页。

者在校对时出现了失误，将1828年写成了1928年。即便如此，“伦敦大学”的创办时间到底是黄福涛书中所说的1826年还是贺国庆书中想表达的1828年呢？事实上，1826年2月，伦敦大学学院的早期筹建人签订了一份详细的《协议契据》（Deed of Settlement），此时“伦敦大学”之名就已正式产生。经过两年多的筹备工作，1828年10月1日，伦敦大学学院正式开学。1836年11月28日，政府颁布《第一特许状》（First Charter）成立了新的伦敦大学，之前的“伦敦大学”改为“伦敦大学学院”。

除了以上论述之外，我国学者对伦敦大学的专题研究显得相当不足。与哈佛、耶鲁、牛津和剑桥四所名校相比，国人对伦敦大学的研究似乎缺乏足够的热情。通过检索资料发现，真正能称得上“研究”的著作唯有我国著名比较教育学家王承绪编著的《伦敦大学》。还有一本同名的著作，由彭小云主编、军事谊文出版社2007年出版，但此书是一本叙述型的故事书，系“世界名校故事丛书”之一，不能称为学术型的研究著作。① 所以，王承绪编著的《伦敦大学》是国内研究伦敦大学的一部“开山之作”。该书体系完整，内容全面，资料翔实，总结恰当，是国内了解和研究伦敦大学所不可或缺的文献，其引用量也颇高。书中详细论述了伦敦大学发展过程中各个重要的历史阶段与特点，具体包括：伦敦大学诞生前的英国高等教育；大学发展的第一种结构模式——早期伦敦大学；大学发展的第二种结构模式——作为考试机构的国立伦敦大学；大学发展的第三种结构模式——联合型大学：兼管教学科研和全英高校考试；战后伦敦大学的发展；大学现行管理体制；大学教学管理体制；伦敦大学与学术世界；伦敦大学与英王国领地的高等教育；深化改革，迎接21世纪。② 此书的首创性与研究价值自不必多言，但也存在一些值得商榷的地方。例如，书中在转译1826年的《伦敦大学创办计划书》（University of London Prospectus）时写道：“伦敦市的人口，和丹麦王国、汉诺威王国、符登堡王国的人口差不多相等，而财富远远超过它们。……目前的人口不能少于14万，其中大约40000名男子，年龄在16～21岁之间；这是通常接受学术教育的时期。”③ 追根溯源，笔者发现这份史料来自哈特博士与约翰·诺思合著的1991年版本的伦敦大学学院史，书中存有该份计划书的完整篇章。但是，通过对此份原始史料阅读并与上述译文相比对，笔者发现此段译文有两处地方不一致，一处是在丹麦王国与汉诺威王国之间遗漏了“萨克森（Saxony）王国”，另一处是“人口不能少于14万”应

---

① 彭小云主编：《伦敦大学》，北京：军事谊文出版社2007年版。

② 王承绪编著：《伦敦大学》，长沙：湖南教育出版社1995年版。

③ 王承绪编著：《伦敦大学》，长沙：湖南教育出版社1995年版，第23－24页。

为“人口不能少于140万”①。无独有偶，河北大学的刘兆宇在其博士论文《19世纪英格兰高等教育转型研究》中也从哈特博士与约翰·诺思合著的书中转译了该段译文，且出现了同样的错误。② 而南京师范大学的王宝玺在其博士论文《19世纪英国大学制度变革研究》中则转引了上述错误的译文。③ 因此，在本研究中，笔者将对原始材料进行充分研读，弥补以往研究中存在的不足，以纠正以讹传讹的现象。

就论文方面而言，研究成果颇多，选择的视角与方向主要是围绕新大学运动和校外学位制度这两点来发挥，由于篇目较多，此处仅列几篇硕士、博士学位论文和具有代表性的期刊论文。学位论文有：刘国卫的《教育移植——伦敦大学移植印度的案例分析》④、李绯的《伦敦大学教育学院发展研究》⑤、汤燕的《教育谋求最大多数人最大幸福的通途——19世纪英国功利主义伦理学家教育思想研究》⑥、左宇希的《伦敦大学组织机构及其特点研究》⑦、高志良的《19世纪中后期英国科技教育发展研究》⑧、徐继宁的《英国传统大学与工业关系发展研究》⑨ 等等。期刊论文有陈发梅和吴福光的《十九世纪英国“新大学运动”及启示》⑩、邓云清的《新大学运动与英国高等教育的近代化》⑪ 和《伦敦大学与英国高等教育的近代化》⑫、柳友荣的《英国新大学运动及其对我们应用型本科教育的启示》⑬、吴结的《英国新大学运动时期大学与政府关系的研究》⑭ 等等。

---

① 详见 Negley Harte and John North. *The World of UCL, 1828 - 1990*. London: University College London, 1991, p. 17; Negley Harte and John North. *The World of UCL, 1828 - 2004*. London: UCL Press, 2004, p. 35.

② 详见刘兆宇：《19世纪英格兰高等教育转型研究》，河北大学博士学位论文，2007年，第36页。

③ 详见王宝玺：《19世纪英国大学制度变革研究》，南京师范大学博士论文，2008年，第56页。

④ 刘国卫：《教育移植——伦敦大学移植印度的案例分析》，华中理工大学硕士学位论文，1992年。

⑤ 李绯：《伦敦大学教育学院发展研究》，华东师范大学硕士学位论文，2006年。

⑥ 汤燕：《教育谋求最大多数人最大幸福的通途——19世纪英国功利主义伦理学家教育思想研究》，河北大学硕士学位论文，2008年。

⑦ 左宇希：《伦敦大学组织机构及其特点研究》，吉林大学硕士学位论文，2009年。

⑧ 高志良：《19世纪中后期英国科技教育发展研究》，河北大学博士学位论文，2010年。

⑨ 徐继宁：《英国传统大学与工业关系发展研究》，苏州大学博士学位论文，2011年。

⑩ 陈发梅、吴福光：《十九世纪英国“新大学运动”及启示》，《高教探索》2001年第4期。

⑪ 邓云清：《新大学运动与英国高等教育的近代化》，《高等教育研究》2008年第1期。

⑫ 邓云清：《伦敦大学与英国高等教育的近代化》，《黑龙江高教研究》2008年第3期。

⑬ 柳友荣：《英国新大学运动及其对我们应用型本科教育的启示》，《高等教育研究》2011年第8期。

⑭ 吴结：《英国新大学运动时期大学与政府关系的研究》，《高教探索》2012年第4期。

综上所述，与国外异彩纷呈的研究现状相比，国内学者对伦敦大学的研究成果则比较单薄，甚至连一本这所世界著名学府的下属学院的院史研究著作或中译本都没有，这显然不利于国内学界对伦敦大学及英国近代高等教育的认识和把握。因此，这不得不说是一种遗憾。从整体来看，国人研究伦敦大学的现状主要表现为专著类成果极少、研究深度不够、以历史描述为主、实证分析较少和学科视角单一。具体而言，主要有以下几个方面：第一，在校史研究方面，仅有王承绪编著的《伦敦大学》一本，对伦敦大学联邦下属知名学院的历史研究甚少，仅有一篇关于伦敦大学教育学院的硕士论文。第二，现有研究流于表面，缺乏深度挖掘，无论是在史料的搜集还是在已有资料的解读上都有进一步拓展的空间，例如对学校创始人的统计分析、从多学科的视角来阐述学校的发展等。第三，侧重于对伦敦大学所引发的新大学运动之影响研究，关注伦敦大学的现行组织机构，忽略机构与功能的历史演变过程，例如早期伦敦大学从私立到公立的转变、校长职位的演变等。第四，由于史料欠缺，一方面导致了在研究深度上不尽如人意，侧重当代的现状描述，缺乏历史的连续性和整体性；另一方面也致使在一些重要研究领域出现"巧妇难为无米之炊"的困境，例如在大学特许状、法案及章程等方面资料的欠缺，而这些内容在本书中都将有详细的剖析与解读。

三、研究思路与方法

（一）研究思路

伦敦大学学院在创办伊始并没有得到官方的认可，不时还受到国教徒及保守势力的顽强抗击与恶语讽刺，因此，无论是在校史渊源上还是在学术声誉上，"初出茅庐"的伦敦大学学院都无法与历史悠久的牛津大学和剑桥大学相媲美。但是，伦敦大学学院的开创性是史无前例的，在长期受宗教统治的教育领域中大胆尝试不开设宗教课程，入学也不设任何宗教限制，表现出极强的世俗性，这在英国历史上尚属第一次。正统的国教派和保守主义者对这种"大逆不道"之举极为愤怒，他们认为最有效的方法就是在伦敦建立另一所大学与之抗衡，于是诞生了以宗教教育为基础的伦敦国王学院。此后，两所学校围绕世俗与宗教斗争了十余年。1836 年，政府采取妥协的策略合并了两所学校，现代意义上的伦敦大学的雏形正式诞生。伦敦大学的诞生标志着近代英国高等教育改革的开端，此后伦敦大学的每一次富有深刻意义的变革都深深地震撼着顽固而保守的老大学。因此，回顾近代英国高等教育的发展史，政府对伦敦大学的每一次改革似乎都引领着近代英国高等教育发展的方向。经过政府的多次改革之后，伦敦大学开始走向世界，逐渐发展为一所世界公认的知名学府。所以说，伦敦大学是英国政府改革的产物。

政府对伦敦大学的改革反映出了近代英国高等教育乃至整个英国现代化的某些特点。本书的主旨是以伦敦大学为个案，通过对大学特许状、法案、章程等原始文献的解读，深入分析伦敦大学学院和伦敦国王学院的创办历程以及两校的合并，详细阐述伦敦大学在改革与发展中每一次影响深远的重要举措，从而揭示近代英国高等教育改革与发展的基本特点和总体趋势，为我国创建具有中国特色的世界一流大学提供有价值的历史的启示与异域的借鉴。具体而言，本书试图通过以下几条历史线索来勾勒伦敦大学的百年发展史，厘清近代英国高等教育发展的基本脉络以及政府改革的基本策略与特点。

第一，19 世纪初既是英国社会改革的重要时期，也是世界高等教育改革的重要时期。早期工业革命带来了经济的迅速发展，同时它的负面影响也逐渐显现，阶段矛盾日益凸显，工人运动彼伏此起，政治改革甚嚣尘上……一系列重要事件深刻反映着中下层阶级的各种诉求，包括政治、生活、教育等各方面。1810 年，德国柏林大学的创办开启了近代高等教育改革的序幕，倡导“学术自由”和“教学与科研相结合”的理念，树立了现代高等教育的“完美”典范，遂成为世界各国的效仿对象。而此时，英伦半岛上的牛津和剑桥大学仍固守宗教的、保守的、贵族的传统，高等教育的内部改革举步维艰、进展缓慢。正是在这样一个政治、经济、文化、教育等因素相互杂糅的内外背景下，原有的高等教育机构不能适应社会发展的需求，最终伦敦大学学院才应运而生，随之掀起了一场兴办世俗学校的新大学运动，向英国高等教育的现代化迈出了重要一步。本书将首先分析这一时期英国社会各方面的发展状况，以此作为伦敦大学创办的历史背景。

第二，1826 年诞生的“伦敦大学”不是现代意义上的伦敦大学，现代意义上的伦敦大学在 1836 年才正式成立。伦敦大学的前身是伦敦大学学院和伦敦国王学院，它们是伦敦大学最早的加盟学院。伦敦大学学院以世俗性为显著特征，而倡导以宗教教育为基础的伦敦国王学院则是保守主义反对其世俗性的产物。二者围绕世俗与宗教的争论是 19 世纪上半叶英国近代教育大辩论的重要内容。本书将对伦敦大学前身的两所学院的创办历程、斗争经过、特许状等内容进行详细阐述，进而做出比较。

第三，英国大学素来以自治的传统而著称，但伦敦大学的成立却是政府一手操办的，政府通过《第一特许状》第一次大张旗鼓地干预高等教育的内部矛盾。伦敦大学学院和伦敦国王学院的主要矛盾是英国现代化过程中的显著特点，即宗教与世俗的矛盾，贯穿于整个 19 世纪。毫无疑问，世俗化是近代英国高等教育改革与发展的一大主旋律。1836 年，《第一特许状》的颁布似乎弥合了二者之间的冲突，用妥协的方式成立了一个新的伦敦大学。妥协、折中的路线第一次在近代英国高等教育改革中较为明显地出现。本书将对政府第一次改革伦敦大学的过程进行梳理，包括伦敦大学学院申请特许状的历程、《第一特许状》的主要内容及意义等。

第四，随着 19 世纪 50 年代科学教育思潮的兴起，政府颁布《第三特许状》（Third Charter），在伦敦大学率先建立了理学部（Faculty of Science），打破了中世纪大学中文、法、神、医一统天下的格局，极大地推动了近代科学教育的发展。与此同时，女子高等教育开始出现。1848 年，第一所女子学院——女王学院诞生，聘请伦敦国王学院的教授任职，宗教气息浓厚；1849 年，第二所女子学院——贝德福德学院诞生，聘请伦敦大学学院的教授任职，世俗气息浓厚，并于 19 世纪末并入伦敦大学。1878 年，伦敦大学获得了政府颁布的一份《增补特许状》（Supplemental Charter），第一次明确提出了准许授予女性学位。因此，本书还将对维多利亚时代伦敦大学理学部的建立和女子高等教育的出现这两个重要事件进行详细分析与探讨。

第五，1836 年颁布的《第一特许状》使伦敦大学变成了单一的考试机构，背弃了早期苏格兰大学和德国大学的发展模式。这种纯考试机构并不是大学学院和国王学院想要的，围绕教学与考试的矛盾在大学与各学院之间开始发酵，原本因宗教问题而针锋相对的大学学院和国王学院首次联合反对大学官方的办学理念，矛盾在 19 世纪最后 20 年内达到顶峰。《1898 年伦敦大学法》（University of London Act，1898）的颁布以及 1900 年伦敦大学的改组后，伦敦大学才转变为教学科研与考试相结合的发展模式。在伦敦大学结构重组的背后，政府再次选择了妥协、折中的路线，将教学与考试的矛盾引向融合，最终实现了伦敦大学的现代转型。这是本书着重分析的政府又一次重要改革。

第六，随着伦敦大学重组的展开，联邦制大学的地位得到巩固，规模逐渐扩大，组织机构日益完善，如学部扩大至 8 个、理事会人数增至 56 人、设立校外学位制度等。此外，许多新成立的学院和研究所加入到伦敦大学联邦，如伦敦政治经济学院、帝国理工学院等。这些学院的成立与加盟增强了伦敦大学在人文社科和理工科方面的教学与科研实力，为伦敦大学发展为世界一流大学奠定了重要的基础。《1926 年伦敦大学法》（University of London Act，1926）的颁布使大学的组织机构得到了进一步的完善，现代大学的管理体制趋于成熟。在 1936 年的百年校庆之际，伦敦大学校址的最终确定标志着伦敦大学的发展开始从近代转向现代。本书把伦敦大学联邦制地位的巩固作为本研究的终结，以此来为伦敦大学的百年史画上一个圆满的句号。

在伦敦大学的校史研究中，哈特博士把伦敦大学的历史分为 6 个时间阶段：1123—1836 年、1836—1870 年、1870—1900 年、1900—1929 年、1929—1963 年、1963—1986 年。[①] 王承绪在编著《伦敦大学》时并没有划分具体的时间段，而是将其分为 10 个不同的发展阶段。事实上，人为地切割历史很容易隔断史实的内在逻辑性，不能全面地、连续地反映出历史的原貌。"历史分期的本质是人们为了使自己的知识得到一种更简单的从而更有说服力的表述而把连续的历史内容依照从某种特定的角度选择的事实和一定的观念体系分为段落"，因此，它具有一种"反历史"的性质。[②] 鉴于此，本书也不以具体的时间为划分依据，但大致还是以时间为序来呈现伦敦大学各发展阶段的主题。依据本书的研究思路，笔者将研究范围限定在 1825—1936 年间，大约是伦敦大学发展的第一个百年。具体的阶段划分及原因主要有以下几个方面：

第一，关于起止时间。1825 年是伦敦大学的首倡时间，随后它才开始受到社会的广泛关注，1826 年签订《协议契据》，筹建工作渐次展开，如募集资金、建筑校舍、聘请教师等，1828 年正式开学。因此，本书以 1825 年为研究起点，从伦敦大学的首次提出和实际创办写起，梳理大学的课程设置和教师聘请状况，便于更深入地分析与探讨伦敦大学早期创办和筹建的方式与过程。研究的终点为 1936 年，缘由有三：其一，本研究范围是近代英国高等教育，一般认为"二战"后属于现代社会的发展。其二，1936 年是伦敦大学的百年校庆之年。其三，到 20 世纪 30 年代左右，伦敦大学几乎完成了近代向现代的蜕变，各类机构设置相对完善，包括理事会、评议会、研究所、学部等，它所具备的条件和潜质已经足以驱使它朝着世界一流大学的方向发展。从 1825 年至 1936 年，伦敦大学经历了三种不同的结构模式，即早期伦敦大学学院与伦敦国王学院阶段、考试机构阶段以及教学科研与考试相结合阶段，本书故选之作为主要研究对象。

第二，关于 1825—1936 年的中间分期，本书采取维多利亚时代这一说法来划分，之所以这样划分是因为伦敦大学从诞生到发展是随着 19 世纪英帝国的扩展而同步进行的，这也充分能体现出政府改革高等教育的宏观发展是受国家殖民扩张和高度意识形态影响的。维多利亚女王在位时期是从 1837 年到 1901 年，是英国史上最繁荣的时期，堪称"日不落帝国"，人们通常把这一时间段称为维多利亚时代。根据英国社会史学家阿萨·勃里格斯（Asa

① Negley Harte. *The University of London, 1836 - 1986: an illustrated history*. London: The Athlone Press, 1986.

② 赵轶峰：《历史分期的概念与历史编纂学的实践》，《史学集刊》2001 年第 4 期，第 5 页。

Briggs）的描述，“维多利亚时代”一词最早使用于1851年在伦敦举行的世界博览会，他还认为将维多利亚时代分为早、中、晚三个时期最为合适。①早期是1837年至1851年博览会的结束，中期是博览会之后至19世纪70年代以前，晚期是19世纪70年代以后至1901年。结合伦敦大学发展史的三个主要阶段，本书将维多利亚时代分为上、下两部分，上篇主要指维多利亚时代的早期和中期，涉及《第二特许状》（Second Charter）的颁布、理学部的建立和女子高等教育的发展等内容，即考试机构为主的时期；下篇主要指维多利亚晚期，涉及伦敦大学内部结构的争论、《1898年伦敦大学法》的颁布和伦敦大学的重组等内容，即教学科研与考试相结合的时期。

第三，伦敦大学重组完成后开始不断向外扩张，将多所学院纳入到自己学部的麾下，逐渐把自己建设成为一所辐射英帝国的联邦制大学。此时英国政府对高等教育的关注已呈常态化，设立专门的管理机构，如大学拨款委员会，通过提供资金这种间接干预的手段来引导大学沿着符合国家利益的方向发展。随着大学联邦制的扩大，单纯的考试机构受到削弱，大学总部建立了研究所并且招收学生，大学的教学与科研功能得到增强，自身的形象也得到了完善。此外，大学还试图用学部、学科委员会、组织考试、学位授予权等手段使各学院更加紧密地团结在大学周围，这一切都是为了加强大学当局对各下属学院的集权管理。总之，从20世纪初到“二战”前这段时间，伦敦大学改革的方向是一个集权化的趋势，不仅国家加强了对大学的宏观调控与监督，而且大学内部也在扩大联邦制，加强对下属学院的集权管理。

最后，回到本书的落脚点，从伦敦大学发展的百年史来探索近代英国高等教育改革与发展的历程，在厘清各阶段取得重大成就的前因后果和来龙去脉的基础上，总结政府在改革伦敦大学中所起的作用和所扮演的角色，以及政府所采取的措施、策略与特点。

（二）研究方法

作为一项历史研究，本书始终坚持历史唯物主义的基本原则，从伦敦大学的个案历史入手来探索近代英国高等教育的改革与发展。具体采用的研究方法以文献法和个案法为主，辅以比较法、统计法等。

文献法是本研究的主要方法之一。笔者通过多种途径和方法来搜集一手史料与二手文献，其中包括大学特许状、法规、章程、授课计划、期刊、校史研究文献等，并对之加以系统的分析、筛选与分类，力求通过客观、真实

---

① ［英］阿萨·勃里格斯著，陈叔平等译：《英国社会史》，北京：中国人民大学出版社1991年版，第279页。

的史料和文献来勾勒伦敦大学成长与发展的全貌。

个案法也是本研究的主要方法之一。从论文的副标题上就可知晓，本书是一项个案研究，通过对伦敦大学这个案例的历史考察来揭示近代英国高等教育改革与发展的基本特点与总体趋势，进而总结世界一流大学取得成功的经验，因此，个案法也是本书的主要研究方法。

除了上述两种方法外，本书还采用了比较法和统计法。例如，早期伦敦大学是由两所学院组成的，因此本书选用比较法分析了二者的异同，从而揭示了近代英国高等教育发展中所面临的冲突和矛盾。本书运用统计法描绘了伦敦大学成立时理事会的人员构成，更直观地呈现了宗教与世俗的斗争，从而清晰地反映了近代英国高等教育改革的妥协性特点。此外，本书试图从多学科的视角来呈现伦敦大学各学科在不同时期的发展中所面临的不同历史际遇。

第一章　伦敦大学创立的历史背景[①]

16 世纪 20 年代初，伦敦人口大约为 7 万人，1600 年已超过 20 万，成为欧洲第一大城市。[②] 发展至 19 世纪 20 年代，伦敦的人口早已超过百万，甚至与当时一国（如丹麦等国家）的人口相当，在经济上也远远超过了同等人口的其他国家，然而这些国家的首都至少都拥有一所大学。令人匪夷所思的是，在如此繁华、人口如此稠密的大都市竟然没有一所被外界公认的、与之地位相匹配的大学。这不能不说是一种遗憾。因此，“伦敦为何长期没有一所大学”是本书首先要回答的问题。

一、伦敦长期没有一所大学的原因

作为欧洲第一大都市的伦敦之所以长期没有一所大学，笔者分析主要有三个方面原因：第一，传统的行会教育提供了高等职业教育，例如培养律师的律师会馆（Inn of Court，又译作法学协会、律师公会、律师学院等）和培养医生的医院医学院（Hospital Medical School）。第二，古典大学满足了伦敦贵族们对大学教育的需求，此外伦敦还有格雷沙姆学院（Gresham College）和“不信奉国教者学园”，这在一定程度上满足了伦敦中下等阶级对大学教育的需求。第三，在意识形态上，英国深受自由主义思想的影响，致使政府不可能主动创办一所大学，这是伦敦长期没有一所大学的重要原因。

（一）行会教育的延续

伴随着中世纪城市的复兴，由各行各业人员组成的不同行会逐渐成为社会经济活动的主要力量，延续了几个世纪。生产力的变革及社会环境的变化推动着西欧各国行会组织的发展，我国学者认为西欧的行会组织大致经历了商人行会（gild merchant）、手工业行会（craft gild，或 gild）和公会（com-

---

① 本章所提及的“伦敦大学”均指“伦敦大学学院”，因为伦敦大学学院创办伊始就使用“伦敦大学”之名，故保留原名称。

② 钱乘旦、许洁明著：《英国通史》，上海：上海社会科学院出版社 2012 年版，第 140 页。

pany）三个阶段。[①] 新兴的资产阶层又称为市民阶层，他们是中世纪西欧繁荣城市的缔造者。在城市发展的早期阶段，以商人行会为主，大多数城市市民通过商品交换来维持生活；从13世纪下半叶至整个14世纪，从事小商品经济的手工业行会占据社会主流，各行各业的划分日趋明细；从15世纪起，公会开始进入城市经济领域，它是行会发展的最高阶段。在这三个阶段中，"手工业行会作为行会史的一个发展阶段，在商人行会和公会之间有着承上启下的作用"[②]。由于各个时期不同地区的经济发展水平不平衡，行会的发展阶段也不尽相同，商人行会与手工业行会以及手工业行会与公会在一段时间里可能会共存。

作为现代大学的起源，行会组织对教育的贡献还在于通过"师傅带徒弟"的学徒制，培养了大批各行各业的继承人和从业者。从事某种特定职业的人群聚集在一起，制定本行业的相关规章制度包括对技能、标准的划分等，以学徒制传授本行业的技能、培养自己的接班人，同时还对本行业的人数加以限制，从而达到对行业垄断的目的，这样就形成了某一特定职业的行会教育。有的行会甚至拥有政府颁布的特许状，具有某些特权和较大的自治权。行会培训学徒的地方就形成了基尔特学校。这种非正式的学校教育具有较强的实践导向、封闭性等特点，授业内容以某一行业的专有技能为主，师傅负责学徒的衣、食、住、行，直到把他们培养成技术熟练的工人为止，整个过程周期较长，但也练就了扎实的基本功。

行会在产业革命时期逐渐成为历史上消失的一页。[③] 直到19世纪，英格兰唯一有组织的工业培训形式就是行会的学徒制。[④] 近代以来，随着资本主义生产关系的变化和大机械、大工业时代的到来，行会制度呈现没落的迹象，但在19世纪初仍有不少行会或公会在特殊的行业中产生影响，行会组织"进入了成员日常生活的更小范围"[⑤]。

以学徒制为主要教学模式的行会教育是伦敦等大城市早期经济发展的重要支柱，到19世纪初仍然占有一定地位，"如果不算外作制占优势的纺织业，工匠人数最多的行业是制鞋业，成年男工的人数在1831年约为133000

---

① 金志霖著：《英国行会史》，上海：上海社会科学院出版社1996年版，第3页。

② 金志霖：《论西欧行会的组织形式和本质特征》，《东北师大学报（哲学社会科学版）》2001年第5期，第72页。

③ 金志霖著：《英国行会史》，上海：上海社会科学院出版社1996年版，第262页。

④ John Lawson and Harold Silver. *A social history of education in England*. London: Methuen & Co. Ltd., 1978, p. 73.

⑤ A. E. Dobbs. *Education and Social Movements, 1700 – 1850*. New York: Sentry Press, 1969, p. 107.

人，其次是成衣业工人，为 74000 人（这些数字包括雇主，乡村鞋匠或裁缝、外作制工匠、店铺主和真正的城市工匠在内）"[①]。因此，行会教育在一定程度上缓解了大学教育的紧缺。这是导致伦敦长期没有大学的重要原因之一。下面以律师和医生两个行业为例，来阐述行会教育在伦敦高等教育发展史上的重要贡献。

1. 伦敦四大律师会馆

英国当代著名教育史学家奥尔德里奇把英国早期高等教育分为五类，除了教堂学校、天主教修士会、寺院修士会和大学之外，就是名扬四海的伦敦四大律师会馆，即格雷律师会馆（Gray's Inn）、林肯律师会馆（Lincoln's Inn）、内殿律师会馆（Inner Temple）和中殿律师会馆（Middle Temple）。这四大律师会馆专门从事法学教育，一般而言，只有接受过大学教育之后才有资格进入律师会馆学习并获取律师资格。因此，许多牛津大学与剑桥大学的毕业生都到伦敦四大律师会馆来学习法律。严格来讲，律师会馆是具有大学后教育性质的高等教育机构，也就是现代意义上的研究生院。

12 世纪晚期，英国习惯法的奠基者国王亨利二世为扭转内战造成的混乱局面，开始着手对司法制度进行大刀阔斧的改革，形成了不同于欧洲教会法和罗马法体系的习惯法，同时出现了首批习惯法律师。教会法和罗马法以成文法典为主要形式，通常用拉丁文写成，理论性和学术性强；习惯法是在实践中总结形成的，属于经验型的非成文法典，通常用法语或英语写成，缺乏理论性和学术性。随着英国司法结构的演变，法庭逐渐从其他政府部门分化出来，趋于专职化，同时职业法官群体也逐渐形成，律师职业日趋专业化。法律职业阶层兴起后所导致的直接后果之一就是促使英国确立一套独具特色的法律教育和律师培训制度。[②] 早期律师的培养方式是一种学徒制，法律学徒首先要学习法令、法规以及相关法律著作，当时布莱克顿的《英国法律与习惯》是必读书目，其后可以出席法庭，聆听律师的辩护和法官的审判，积累实践经验，法官有时也会为学徒们讲解案件涉及的一些基本问题。由于英格兰的许多重要法庭都位于威斯敏斯特和伦敦地区，愈来愈多的法律学徒聚集到此地区，寄宿在法庭附近的小旅馆（Inn）或小客栈（Hostel）中，聘请具有丰富经验的律师讲课，传授经验，由此就形成了一批专门培养律师的法律学校或社团。著名的四大律师会馆就是从这些众多的法律学校中脱颖而出的，剩余的一些法律学校就沦为了进入四大会馆学习法律的预备学校，又被

① ［英］E. P. 汤普森著，钱乘旦等译：《英国工人阶级的形成》，南京：译林出版社 2001 年版，第 260 – 261 页。

② 程汉大主编：《英国法制史》，济南：齐鲁书社 2001 年版，第 133 页。

称为预备律师会馆。① 到14世纪，在威斯敏斯特和伦敦城之间的王室法庭附近，习惯法律师以律师会馆和预备律师会馆为中心形成了自己的教育体系。②

这些律师会馆如同工匠行会一样，有自己的等级结构，按照自己的方式培养律师。每个会馆都由完全有资格的成员（外席律师）和初级律师或学徒律师（内席律师）组成；每个会馆都由高级成员或法官管理，他们任命讲师来教授初级成员。③ 培养律师的费用是昂贵的且培养周期长，因此习惯法律师主要来自上流社会和官僚阶层。精通拉丁语是当时学习法律的必备条件，所以未来的法律学徒要花几年的时间来学习语法。学生在接受真正的法律教育前首先必须在预备律师会馆中学习一两年的基础知识，然后才能被录取为律师会馆的“内席律师”，在会馆中学习案件卷宗和年鉴，听取法律条款的解释，参加实践学习——案件整理、筛选和讨论，并参加威斯敏斯特大厅中大法院的现场庭审。所以，7年后——等同于大学中获取硕士学位的时间——才能有资格成为一名“外席律师”。训练艰苦而富有技术性，并且直接与现实中的职业实践相联系。④

伦敦四大律师会馆是英国培养律师的主要场所，“始终展现并且仍然保持着大学以中世纪的行会模式为基础的显著特点”⑤，因而它也是伦敦高等教育的主要形式之一。根据奥尔德里奇的统计，1563年，下议院420个议员中有67人在牛津或剑桥学习过，有108人在四大律师会馆学习过；1584年，460个议员中有145人在牛津或剑桥学习过，有164人在四大律师会馆学习过；1593年，在牛津或剑桥学习的人数增至161人，而在四大律师会馆学习的人数增至197人。⑥ 可见，在16世纪，四大律师会馆培养的政治家多于牛津大学和剑桥大学，这就说明律师会馆的影响也高于两所古典大学。从培养过程来看，律师会馆与古典大学有许多相似的地方，例如如果没有导师或师傅的批准，学生或学徒是不能获取学位或资格证书的，也不能从事教学或相

---

① 据统计，这样的预备律师会馆大约有10所，每所至少有100个学生。详见陈绪纲著：《法律职业与法治——以英格兰为例》，北京：清华大学出版社2007年版，第164页。

② Joan Simon. *Education and Society in Tudor England*. Cambridge: Cambridge University Press, 1966, p. 8.

③ John Lawson and Harold Silver. *A social history of education in England*. London: Methuen & Co Ltd, 1978, p. 75.

④ John Lawson and Harold Silver. *A social history of education in England*. London: Methuen & Co Ltd, 1978, p. 76.

⑤ ［英］塞西尔·黑德勒姆著，张芝梅译：《律师会馆》，上海：上海三联书店2006年版，第168页。

⑥ ［英］奥尔德里奇著，诸惠芳等译：《简明英国教育史》，北京：人民教育出版社1987年版，第144－145、159页。

关职业工作。不仅如此，在培养制度、学习环境、宗教仪式等方面，律师会馆都与大学极其相似，因此早在17世纪就有学者称英格兰有三所大学，分别在牛津、剑桥和伦敦，并把伦敦的律师会馆称为“英格兰的第三所大学”（The Third University of England）。[①] 琼·西蒙（Joan Simon）也指出：“在伊丽莎白统治时期，人们把律师会馆看作是王国的第三所大学已经是司空见惯的事情。”[②]

尽管律师会馆是一种高等教育机构甚至拥有比大学还高的地位，但在本质上仍然属于行会教育，延续着中世纪行会组织的学徒制特点。到19世纪初，除了培养律师的律师会馆外，行会教育在培养医生方面也有重要影响，当时伦敦有许多附属于医院的医学院，扮演着教书育人的医学学校职能，是培养医生的主要场所。这种附属于医院的医学院教育在本质上也属于一种行会教育。

2. 伦敦各地区的医院医学院

中世纪早期，英格兰医生职业的传承主要也是通过学徒制来实现的。医疗实践作为一种手艺或谋生手段，如同其他行业一样，被医学行会组织所控制，随着牛津大学与剑桥大学的建立，才出现以大学为基础的正规医学教育。起初，医学有三个分支，即内科、外科和药学。由于伦敦在当时还没有大学，医学教育只能由医院承担，这就形成了不同于牛津和剑桥的医学教育模式，即以医院为教育场所，在医疗实践中培训医生，当时著名的医院有皇家医院（Royal Hospital）、圣·托马斯医院（St. Thomas Hospital）、圣·巴塞洛缪医院（St. Bartholomew Hospital）和贝特莱姆医院（Bethlem Hospital）。早期的医学教育由经验丰富的医生来培训学徒，经过长期的实践学习后才能获得行医资格。例如，1123年建立的圣·巴塞洛缪医院要求外科徒生必须在医院完成7年的服务中学习，然后通过考试，授予在伦敦或附近地区行医的执照。[③] 这种注重实践的医学教育模式和牛津大学、剑桥大学侧重理论的学究式教学模式形成了鲜明对比。

随着人口的增多，传统医学教育的模式跟不上时代的发展，培养医生的周期太长且数量有限，也使得医院变得拥挤不堪，有碍于医院正常的医疗服务功能，多数医院开始建立附属于医院的医科学校，专门从事学徒医生的训练与培训工作，又称为医学院。从行会的发展史来看，医学院与律师会馆一

---

① John Stow and Edmond Howes. *Annales, or a General Chronicle of England*. London: Printed by Augustine Mathewes for Richard Meighen, 1631, pp. 1063 – 1087.

② Joan Simon. *Education and Society in Tudor England*. Cambridge: Cambridge University Press, 1966, p. 388.

③ 梅人朗主编:《中外医学教育比较》，上海：上海医科大学出版社1993年版，第79–80页。

样，都是属于各自行业的基尔特学校。这样，英格兰就形成了以医院为依托的医学院教育模式，既保证了理论教育又提供了实践教学场所，这种医学教育模式一直延续到19世纪伦敦大学的诞生，还影响了牛津大学与剑桥大学的医学教育。例如，在18世纪早期出现了一个新的趋势：许多剑桥大学的学生到伦敦的圣·托马斯医院参加理查德·米德（Richard Mead）的医学实践课。剑桥与圣·托马斯之间的这种关系一直延续到今天。[①] 到18世纪，伦敦的医院也逐渐增多，威斯敏斯特医院（Westminster Hospital）、圣·乔治医院（St. George Hospital）、盖伊医院（Guy Hospital）、伦敦医院（London Hospital）和米德尔塞克斯医院（Middlesex Hospital）相继成立，以医院为实践基地的附属医学院得到了迅速发展。医学院的教师不仅带学徒而且在医院治病救人，起初医院担心医生带学徒会影响自身的本职工作，但不久后他们就发现，随着学徒技能的提升，可以担任不计报酬的医疗助手，充当医院的后备人才。进入19世纪，伦敦各医院的徒生数量都显著增加，而且许多著名的医院为了开展医学教育、储备人才都创办自己的医学院，见表1.1。因此，依附于医院的医学院就承担起了培养医生的重要职责，进而演变成伦敦高等教育机构的又一种形式。

表1.1　伦敦地区各医学院简况表

序号	医学院名称（英文简称）	成立时间
1	圣·托马斯医院医学院（St. Thomas HMS）	1553
2	圣·巴塞洛缪医院医学院（St. Bts HMS）	1662
3	圣·乔治医院医学院（St. G's HMS ）	1751
4	盖伊医院医学院（Guy's HMS）	1769
5	伦敦医院医学院（Lond HMS）	1785
6	大学学院医院医学院（UC HMS）	1827
7	国王学院医院医学院（King's HMS）	1829
8	威斯敏斯特医院医学院（Wnstr HMS）	1834
9	查令十字医院医学院（Chx HMS）	1834

① C. D. O'Malley. *The History of Medical Education*. California: University of California Press, 1970, p. 238.

续上表

序号	医学院名称	成立时间
10	米德尔塞克斯医院医学院（Middx HMS）	1835
11	圣·玛丽医院医学院（St. My's HMS）	1854
12	皇家自由医院医学院（RF HMS）	1874

资料来源：朱潮主编：《中外医学教育史》，上海：上海医科大学出版社 1988 年版，第 332 页。其中，大学学院和国王学院医院医学院的成立时间不准确，尽管二者在创办之初就从事医学教育，但是各自医院的建立时间分别是 1832—1833 年和 1838—1839 年。

行会在西欧具有悠久的历史，它的诞生地往往是人口密集的城市，尤其是像伦敦这样的大都市。起源于中世纪末新兴市民阶层、以学徒制为培训模式的行会教育是行会得以延续的重要保证，它是现代职业技术教育的最早雏形，为英国近代工业革命的起步与发展输送了不计其数的实用型人才，在一定程度上也满足了伦敦市民对具有职业养成功能的大学教育的诉求。

（二）格雷沙姆学院和学园的支撑

除了牛津大学和剑桥大学之外，欧洲大学和苏格兰大学在一定程度上也缓解了伦敦对大学教育的渴求，但毕竟因距离太远会产生诸多不便。事实上，早在十六七世纪，伦敦就曾出现过建立类似于大学的高等教育学术机构的计划，但或中途夭折或宿命不长，到 19 世纪初大多已销声匿迹，少数仍支撑着伦敦的高等教育，以格雷沙姆学院和“不信奉国教者学园”为代表。

1. 格雷沙姆学院

1609 年，詹姆斯一世在切尔西创办一所学院，以对抗罗马天主教，只建了一半就中途夭折了，后成为皇家学会会址；1657 年，在护国主克伦威尔的支持下，达勒姆成立了一所学院，但没有学位授予权，随着 1660 年查理二世的复辟就自动解散了。成立时间较长的高等教育机构是由皇家交易所的创始人托马斯·格雷沙姆爵士（Sir Thomas Gresham）捐赠遗产创办的格雷沙姆学院，在 17 世纪伦敦的高等教育中扮演过重要角色。学院通过募捐的方式筹集资金，主要聘请牛津大学与剑桥大学毕业生或教师担任教授，教授工资每年 50 英镑，同时仿照中世纪大学的课程开设了神学、天文学、几何、音乐、法律、医学和修辞学，面向商人和平民子弟招生。首批担任各科教师的分别是剑桥大学的安东尼·沃顿（Anthony Wotton）、牛津大学的爱德华·布伦特伍德（Edward Brerewood）、剑桥大学的亨利·布里格斯（Henry Briggs）、牛津大学的约翰·布尔（John Bull）、剑桥大学的亨利·莫特洛

(Henry Mowtlow)、牛津大学的马修·格温(Matthew Gwinne)和牛津大学的迦勒·威利斯(Caleb Willis)。[①] 此后,格雷沙姆学院也不乏聘请像著名建筑师克里斯多夫·雷恩(Christopher Wren)和罗伯特·胡克(Robert Hooke)这样的知名人士担任过教授,有力地提升了学院的教学质量与学术水平。

格雷沙姆学院的教授较少受到牛津大学与剑桥大学保守主义的影响,经常发表一些新思想和新学说,不仅在启蒙运动中起到过重要作用,还为伦敦皇家学会的成立提供便利。1660 年成立的伦敦皇家学会就是在格雷沙姆学院举行了第一次会议,1663 年与皇家学会的合作取得了重大成功,此后一直是皇家学会集会的重要场所。1666 年,毁灭性的伦敦大火烧掉了大半个城市,幸存的格雷沙姆学院被伦敦市长和商人征用,皇家学会的会议地址又转移到了格雷沙姆学院教授的住所。1678 年前后,皇家学会意识到:"格雷沙姆学院不可能无限期地为他们提供使用的场地,在这个地方立足也并不完全适合学会的要求。"[②] 不久,学院就强迫皇家学会另觅活动地点。18 世纪以后,缺少皇家学会影响的格雷沙姆学院逐渐衰落,校舍又经常被征用,严重影响了正常教学,直到伦敦大学成立之后才开始重建。格雷沙姆学院在英格兰高等教育史上有过会辉煌的一页。现今格雷沙姆学院仍然存在,只不过演变成了发表演讲的地方,每年举办超过 140 场公共免费演讲。学院不招收学生也不颁发学位。[③]

2. 不信奉国教者学园

1627 年,著名哲学家弗朗西斯·培根(Francis Bacon)在《新大西岛》一书中,计划建立一个名叫"所罗门之宫"的高等教育机构,有时叫作"六日大学"[④]。目的是为了探源索隐,要获得各种原因的知识和了解事物的秘密运行;也为了扩充"人类帝国"的范围,要做成一切可能做的事情。[⑤] 捷克著名教育家夸美纽斯将培根的经验论应用到教育上,1641 年应国会之邀访问英格兰,去实现他的泛智理想。夸美纽斯在伦敦提出了建立"一所研究

---

① Iohn Ward. *The Lives of the Professors of Gresham College: to which is prefixed the life of the founder, Sir Thomas Gresham*. London: Printed by John Moore, 1740, pp. 39 – 334.

② [英] 亨利·莱昂斯著,陈先贵译,罗丽青校:《英国皇家学会史》,昆明:云南省机械工程学会和云南省学会研究会出版,出版时间不详,第 83 页。

③ Wikipedia. Gresham College [EB/OL]. http://en.wikipedia.org/wiki/Gresham_College, 2014 – 05 – 09.

④ 华东师范大学教育系、浙江大学教育系合编:《西方古代教育论著选》,北京:人民教育出版社 1999 年版,第 421 页。

⑤ [英] 班加明·法灵顿著,张景明译:《弗朗西斯·培根》,北京:生活·读书·新知三联书店 1958 年版,第 148 页。

人和神的真理的学院，帮助全人类真正认识有用的事物”[①] 的计划。培根哲学的信徒、曾在格雷沙姆学院担任教授的塞缪尔·哈特利布（Samuel Hartlib）对夸美纽斯的计划及其泛智教育极为赞赏。但因内战的影响，夸美纽斯倡议的泛智学校计划搁浅了。

1644 年，在哈特利布的建议下，约翰·弥尔顿（John Milton）出版了《论教育》（*Of Education: to master Samuel Hartlib*）一书，影响较广，多次再版。弥尔顿接受夸美纽斯的泛智教育思想，认为“一个完善的丰富的教育，它能使我们成为一个适宜于平时或战时所有公私工作的、公正的、有技能的和宽宏大量的人”[②]。他还建议在全国各地创建贯彻其教育理想，兼具中、高等教育性质的新型学校——学园（Academy）。[③] 正是在弥尔顿、约翰·洛克（John Locke）等人的倡导和影响下，1660 年至 19 世纪中叶，英格兰兴起了一批数量可观的不信奉国教者学园，为被驱逐出大学校园的“不信奉国教者”或异教徒提供高等教育。

1661—1665 年，斯图亚特王朝复辟以后，查理二世为巩固王权颁布了四项排斥性法案，即 1661 年的《市政法案》（Corporation Act）、1662 年的《宗教一致法案》（Act of Uniformity）、1664 年的《宗教集会法案》（Conventicle Act）和 1665 年的《五英里法案》（Five-Mile Act）。四项法案统称为“克拉伦登法典”（Clarendon Code），主旨是彻底粉碎清教思想，宣布国教的正统地位，清洗教会中的异教徒和政府机关中的共和主义者。其中，《宗教统一法案》和《五英里法案》是不信奉国教者和异教徒建立学园的直接动因。《宗教统一法案》要求一切神职人员（包括大学教师）必须签署声明或确认书，宣誓遵从国教的礼拜仪式，同时规定“在任何私人学堂或家庭中担任导师或教师的人想要以这样的身份指导或教授任何年轻人，必须先获得各自大主教、主教或教区长根据本王权的法律和章程颁发的许可证（仅须支付 12 便士），且递交上述声明或确认书”[④]。对于初次违反者，监禁 3 个月，不可保释；两次及以上的违反者，监禁 3 个月，不可保释，且每次要缴纳 5 英镑的罚金。《五英里法案》规定，“在英格兰王国内，凡选派议员进入国会的市，有市的特权的邑或自治市，在五英里以内禁止任何牧师传教或任何教师进行教学”，或“在任何公、私立学校任教，或接受自己或别人所教的学

---

① ［苏］克腊斯诺夫斯基著，杨岂深译：《夸美纽斯的生平和教育学说》，北京：人民教育出版社 1957 年版，第 56 页。

② 吴元训编：《中世纪教育文选》，北京：人民教育出版社 1989 年版，第 571 页。

③ 任钟印主编：《西方近代教育论著选》，北京：人民教育出版社 1999 年版，第 1 页。

④ Peter Bayne. *Documents Relating to the Settlement of the Church of England by the Act of Uniformity of 1662*. London: W. Kent and Co., 1862, p. 393.

生膳宿”，违者罚款40英镑，监禁6个月。[①]

“克拉伦登法典”给英格兰以后两百多年的政治、宗教和社会生活产生了深远影响，尤其是大学中不信奉国教和天主教的师生。即使获得主教许可证的不信奉国教者也整日生活在监禁、处罚和没收的恐惧之中，但他们更多的还是选择离开大学。据估算，大约有1760名牧师和150名大、中学教师因《宗教一致法案》而受到驱逐。[②] 从此，不信奉国教者沦为英格兰社会的二等公民。他们被从大学中驱逐出去，不得在有选举权的市区从事教学，不能参与政治和担任公职，这就迫使他们不得不走向工业和商业领域，或者到偏远的、较少受国教控制的地方继续从事教学工作。于是，最早的一批学园就产生了，规模较小，主要由被大学驱逐的不信奉国教的牧师创办，以拉丁语为主要授课语言并采取大学授课的方式，讲授神学、法律和医学等。为了逃避法律的惩罚，早期的不信奉国教者学园大多远离城镇，当引起地方当局关注时就会从一个地方迁移到另一个地方。根据艾琳·帕克（Irene Parker）的统计，在1663—1690年期间总共有23所学园。[③] 其中，位于伦敦市北部5英里[④]之外的斯托克纽因顿（Stoke Newington）有两所较为著名学园，培养了一些杰出的人才，如有“英文圣诗之父”之称的以撒·华滋（Isaac Watts）、著名作家塞缪尔·韦斯利（Samuel Wesley）和小说家丹尼尔·笛福（Daniel Defoe）。在北约克郡的偏远没落乡村拉斯梅尔（Rathmell）的学园是由被驱逐的剑桥大学牧师创立，在其存在的30年内，迁移过6次，最少的时候仅有8名学生、1位教师和2位助理，除了教授古典课程还有希伯来语、神学、哲学和科学。学生大部分成为长老会牧师，也有些人到没有宗教限制的苏格兰大学继续深造，从事医生或其他职业。

牛津大学与剑桥大学在17世纪末的衰落很大程度上给18世纪上半叶学园的发展带来了契机。光荣革命之后，在国教的抗议声下，1689年不信奉国教者获得了《宗教宽容法案》（Toleration Act），该法案规定“除了一神论者和罗马天主教徒之外所有人都拥有信仰自由”[⑤]。尽管该法案体现出的不是平

---

① ［美］E. P. 克伯雷选编，任宝祥、任钟印主译：《外国教育史料》，武汉：华中师范大学出版社1991年版，第287页。

② John Lawson and Harold Silver. *A social history of education in England*. London：Methuen & Co. Ltd.，1978，p. 164.

③ Irene Parker. *Dissenting Academies in England：their rise and progress and their place among the educational systems of the country*. Cambridge：Cambridge University Press，1914，pp. 137 – 139.

④ 1英里 = 1.609344千米。

⑤ Katharine Coman and Elizabeth Kimball Kendall. *A History of England for High Schools and Academies*. London：Macmillan & Co.，Ltd.，1899，p. 362.

等的宗教宽容而是“一项十分有限的福利”[①]，它不仅要求不信奉国教者认购国教的教义契约书还要求缴纳什一税，但对私立学园来说，《宗教宽容法案》还是给予了它公开发展的动力。据艾琳·帕克统计，在1691—1750年期间总共有34所学园。[②] 其中，最著名的是北安普敦学园（Northampton Academy），1715年由约翰·詹宁斯（John Jennings）创立于基布沃思（Kibworth）。詹宁斯是北安普顿学园的实际创办者，他对学园的管理与发展进行了一系列有突破性的改革，其中最重要的就是制订了一份学科范围十分广泛的四年制课程计划，见表1.2。

表1.2 北安普敦学园在基布沃思的课程表

学年	课程	演讲/周	学年	课程	演讲/周
第一个半年	几何学或代数学	3次	第三个半年	物理学	2次
	希伯来语	2次		希腊语诗歌	1次
	地理学	1次		英格兰史	1次
	法语	1次		解剖学	1次
	拉丁语	1次（1小时）		地球仪的使用	1次
	古典文学训练	1次（1小时）		天文学	1次
第二个半年	几何学和代数学	2次	第四个半年	年代学	1次
	逻辑学	2次		诗文杂集	1次
	公民史	2次		逻辑辩论	1次
	法语	2次		灵物学	2次
	拉丁语诗歌及其练习	1次		物理学	1次
	希伯来语	1次		诗文杂集	1次
	雄辩和阅读、演讲练习	1次		犹太古事记	2次
第三个半年	机械学	2次	第五个半年	伦理学	2次
	流体静力学	2次		评论	1次
				灵物学辩论	1次

① W. B. Selbie. *Nonconformity: its Origin and Progress*. London: Williams & Norgate, 1912, p. 143.

② Irene Parker. *Dissenting Academies in England: their rise and progress and their place among the educational systems of the country*. Cambridge: Cambridge University Press, 1914, pp. 139 – 142.

续上表

<table>
<tr><th>学年</th><th>课程</th><th>演讲/周</th><th>学年</th><th>课程</th><th>演讲/周</th></tr>
<tr><td rowspan="4">第六个半年</td><td rowspan="2">神学</td><td rowspan="2">3 次</td><td rowspan="4">第八个半年</td><td>神学</td><td>1 次</td></tr>
<tr><td>辩论史</td><td>1 次</td></tr>
<tr><td rowspan="2">基督教古事记</td><td rowspan="2">1 次</td><td>诗文杂集</td><td>1 次</td></tr>
<tr><td>神学辩论</td><td>1 次</td></tr>
<tr><td rowspan="6">第七个半年</td><td>诗文杂集</td><td>1 次</td><td rowspan="6" colspan="3"></td></tr>
<tr><td>训诫</td><td>1 次</td></tr>
<tr><td>神学</td><td>3 次</td></tr>
<tr><td>基督教会史</td><td>1 次</td></tr>
<tr><td>布道</td><td>1 次</td></tr>
<tr><td>神学辩论</td><td>1 次</td></tr>
</table>

资料来源：Irene Parker. *Dissenting Academies in England: their rise and progress and their place among the educational systems of the country*. Cambridge: Cambridge University Press, 1914, pp. 143 – 146. 原表中还附有授课使用的书目及相关教学方法，限于篇幅，笔者没有全部译出。

该学园后来迁到辛克莱（Hinkley）、哈伯勒（Harborough），1729 年又迁到北安普敦，1752 年迁到达文特里（Daventry），后又迁回北安普敦、温德利（Wymondley）、伦敦的布英广场（Byng Place），最后于 1850 年并入了伦敦新学院（New College，London）。1723 年，詹宁斯去世后，由菲利普·多德里奇（Philip Doddridge）接任校长。多德里奇把学园视为一个大家庭，1740 年他制定一份详细的规章制度，涉及学年划分、课程分类、家庭祷告、饮食、教室管理、图书馆、班级管理等诸多方面的内容，也为北安普敦学园的发展奠定了重要基础。

这一时期学园的发展不仅表现出流动性大、数量增多等特点，而且可以较为公开地招收学生。在管理上，学园不再是创办者的私人财产，开始由一些公共组织如教会、基金会等提供经费资助，其他导师和教师也参与学园的管理；在课程上，除了古典课程和宗教课程外，还出现了像机械学、物理学、解剖学这样的现代实用课程，拉丁语的使用受到限制，英语成为常见的教学用语；在教学方法上，“导师似乎并不热衷于填鸭式教学而是注重教育学生、训练他们的思维，更重要的是，训练他们用自己的方式表达自己的思想”①。

“课程的综合性尤其是受到极大欢迎的现代课程，使不信奉国教者学园成为有助于影响公众观点的一种动力，直接打破了拉丁语和希腊语的长期垄断。”② 进入18世纪下半叶，或许是学园的优越性刺激了牛津大学与剑桥大学的变革，随着牛津大学与剑桥大学的复苏，学园开始走下坡，数量锐减，影响力开始下降，但它发展的兴衰过程却表现出了近代英国高等教育发展的一些整体趋势，例如世俗化、实科化等。根据马修·默瑟（Matthew Mercer）的统计，在1750—1850年间培养世俗学生的学园有达文特里（Daventry）学园、沃灵顿（Warrington）学园、埃克塞特（Exeter Ⅱ,1760—1771）学园、豪斯顿（Hoxton）学园、曼彻斯特（Manchester）学园③、哈尼克新学园（Hackney New College）和埃克塞特（Exeter Ⅲ,1799—1805）学园。④ 其中，以1757年依靠教会和商人捐赠资金创办的沃灵顿学园培养的学生最多，虽然开学时仅有3名学生，但以后平均每年都能招收到十几名学生。在其短暂的26年生存时间里，共培养了393名学生（55名牧师和338名非牧师），具体专业分布为医学22名、法律24名、神学52名、商业98名和“不明确的专业”197名。商业课程主要培养商人、银行家和大商业公司的领导；“不明确的专业”主要培养酿酒师、店员等所有手工艺人，还包括毕业后从军的人和一些乡绅，称之为“普通”教育。⑤ 从毕业生的去向上看，学园不再是仅仅培养牧师的专门场所，它还开设现代实用课程，为世俗社会服务，培养实用型人才。

晚期学园的发展有两个重要特点：一是课程设置的变化。受到外界资金的资助，学园的培养对象分为牧师和商人，但牧师的数量大大缩减，这就说明适应社会需求的世俗化课程占主要地位，为课程改革的现代化发展指明了方向；二是授课语言的变化。约瑟夫·普里斯特利（Joseph Priestley）曾是沃灵顿学园的教师，他将英语作为通用语言纳入到课程大纲之中，最终导致教学语言从拉丁语转向了英语。19世纪以后，学园日渐完成了它的使命，开

---

① Irene Parker. *Dissenting Academies in England: their rise and progress and their place among the educational systems of the country*. Cambridge: Cambridge University Press, 1914, p. 103.

② John William Adamson. *A Guide to the History of Education*. New York: The Macmillan Company, 1920, p. 22.

③ 1786—1803年在曼彻斯特，1803—1840年在约克，1840—1853年又迁回曼彻斯特。

④ Matthew Mercer. Dissenting Academies and the Education of the Laity, 1750 – 1850. *History of Education*, Vol. 30, No. 1, 2001, p. 36.

⑤ Irene Parker. *Dissenting Academies in England: their rise and progress and their place among the educational systems of the country*. Cambridge: Cambridge University Press, 1914, p. 107.

始退出英国高等教育的历史舞台。研究学园史的著名学者赫伯特·麦克拉克伦（Herbert McLachlan）指出："在乔治三世统治时期生存的学园的历史在他死后就无需考证了，因为那时学园的特征已经形成，它在英格兰高等教育中的贡献也已被明确地定义了。"①

大学衰落，学园兴起；学园衰落，大学复兴。不信奉国教者学园在牛津大学与剑桥大学衰落的时候为英格兰的高等教育提供了重要补充，而它的衰落也预示着老大学的复兴和新大学的诞生。关于不信奉国教者学园在英国高等教育史上的地位与作用，艾琳·帕克的评价甚是经典，他说："在英格兰现实主义中保持生机，打破大学和文法学校对教育的垄断，不信奉国教者学园完成了它的使命，终止于一个明确的体制并且变成了主流教育的一部分；同时，现代课程的有效教学以及教育中民主原则的运用正等待着19世纪社会与教育的召唤。"②

（三）自由主义的传统

整个19世纪及以前，从整个世界范围内来考察各国教育的发展水平，毫无疑问，英国是处于较为落后的位置，与其迅速发展的工业革命所创造的物质财富相比是极不相称的，在很大程度上，这是由英国自古对待教育的放任主义政策所导致的。长久以来，英国人就认为教育是个人的事情，国家无权干涉，而且英国的各级各类教育几乎都是由教会控制的，大多数学校都是采取私人捐助的方式成立的，国家极少能从世俗层面上直接干预教育的发展。这种"教育与国家无关"（no-business of the state）③ 的积习起源于英国根深蒂固的自由主义传统。

自由主义（liberalism）的渊源可以追溯至古希腊时代，但一般认为，英国自由主义的理论来源首先出自17世纪著名哲学家托马斯·霍布斯（Thomas Hobbes）对个人主义的系统阐述。个人主义是自由主义的重要特征之一。我国有学者认为，个人主义是古典自由主义的精神基础。④ 西方也有学者指出，自由主义的形而上和本体论的内核是个人主义。⑤ 在自由主义思想中，

---

① Herbert McLachlan. *English Education under the Test Acts: being the history of the Nonconformist Academies, 1662 – 1820*. Manchester: Manchester University Press, 1931, p. 5.

② Irene Parker. *Dissenting Academies in England: their rise and progress and their place among the educational systems of the country*. Cambridge: Cambridge University Press, 1914, p. 136.

③ Ellwood P. Cubberley. *The History of Education*. Boston: Houghton Mifflin Company, 1920, p. 633.

④ 丛日云：《论古典自由主义的个人主义精神》，《文史哲》2002年第3期，第56页。

⑤ ［英］安东尼·阿巴拉斯特著，曹海军等译：《西方自由主义的兴衰》，长春：吉林人民出版社2004年版，第18页。

个人是目的，国家由个人组成，个人的自由才会有集体的自由；"个人及其权利是第一位的，社会和国家是第二位的"①。培根是经验主义哲学的鼻祖，霍布斯继承了培根的感觉论，他指出："'哲学'是关于结果或现象的知识，我们获得这种知识，是根据我们首先具有的对于结果或现象的原因或产生的知识，加以真实的推理。还有，哲学也是关于可能有的原因或产生的知识，这是由首先认识到它们的结果而得到的。"② 霍布斯认为哲学就是关于结果或现象的知识，是人类理性认识的结晶；他还进一步指出："哲学的目的或目标，就在于我们可以利用先前认识的结果来为我们谋利益，或者可以通过把一些物体应用到另一些物体上，在物质、力量和工业所许可的限度之内，产生出类似我们心中所设想的那些结果，来为人生谋福利。"③ 在他看来，哲学的目的是利用认知的结果为个人谋利益。这既是自由主义思想中的个人主义倾向，也是功利主义的早期雏形。受唯物主义感觉论的影响，霍布斯的自由主义思想还表现出理性主义的倾向。霍布斯将神学排除在哲学之外，他说："哲学排除一切凭神的灵感或启示得来的知识，排除一切非由理性引导我们、而是在一刹那间凭神的恩惠、也可以说凭某种超自然的感觉获得的知识。"④ 此外，哲学还应排除一切错误的和毫无论据的学说。基于自由主义的个人主义和理性主义倾向，霍布斯将哲学分为自然哲学和公民哲学。公民哲学首先是了解人们的气质、爱好和行为，从而来认识国家的特性，由此，公民哲学又分为研究人的气质与行为的伦理学和注重认识人的公民责任的政治学。

霍布斯把国家定义为人与人之间订立的一种契约，每个人都放弃自己的权利，把它集中于一个人或会议，并且认可他的一切行动，"全体真正统一于同一个人格之中"。这种集权制的国家就像基督教圣经中的巨大海兽——"利维坦"（Leviathan），"一大群人通过相互约定使他们自己每一个都成为这个人格的一切行动的主人，为的是当他认为适当的时候，可以使用他们大家的力量和工具来谋求他们的和平和公共的防御"⑤。统一人格的承担者是国家的元首、君主或议会，拥有绝对的、至高无上的权力，不受限制且不可分

---

① 王彩波、靳继东：《西方近代自由主义传统：从霍布斯到约翰·密尔》，《社会科学战线》2004年第1期，第170页。

② 北京大学哲学系外国哲学史教研室编译：《十六—十八世纪欧洲各国哲学》，北京：生活·读书·新知三联书店1958年版，第60－61页。

③ 北京大学哲学系外国哲学史教研室编译：《十六—十八世纪欧洲各国哲学》，北京：生活·读书·新知三联书店1958年版，第63页。

④ 北京大学哲学系外国哲学史教研室编译：《十六—十八世纪欧洲各国哲学》，北京：生活·读书·新知三联书店1958年版，第65页。

⑤ 北京大学哲学系外国哲学史教研室编译：《十六—十八世纪欧洲各国哲学》，北京：生活·读书·新知三联书店1958年版，第98页。

割。这就是霍布斯著名的绝对专制主义国家学说。霍布斯生活的年代处于英国资产阶级革命时期，他对革命持否定态度，其个人主义思想奠定了专制主义国家学说的理论基础，被英国当时的护国主克伦威尔采纳，给封建时代的英国社会带来了深远影响。正由于他的专制、权威思想，才有学者认为霍布斯过分强调权威而忽视了个人自由，进而否定他是一位自由主义者。[①] 霍布斯把自由定义为无障碍地根据自身自然能力而运动，但自由并不是为所欲为或免除法律和义务的自由，而是有限制的自由。他在强调自由的相对性的同时也指出"人有自由拒绝服从主权者"，在他看来，"主权来自人民，主权者的绝对权力来自被统治者的权利，是民众造出来国家，是民众造出了君王"[②]。因此，在这个意义上，霍布斯被认为是自由主义政治学说的奠基人，奠定了西方近代国家学说的基本形式。日裔美籍学者弗朗西斯·福山（Francis Fukuyama）曾指出："虽然霍布斯绝对算不上当代意义上的民主主义者，但他是地地道道的自由主义者。他的哲学是当代自由主义的奠基石，因为正是霍布斯第一个确立了政府的合法性来自被统治者的权力而不是来自君主的神权或统治者的自然优越地位的原则。"[③]

经验主义哲学以培根为鼻祖，后经霍布斯发展，到约翰·洛克这里集大成；在经验主义哲学的基础之上，霍布斯提出的"社会契约论"奠定了自由主义的理论基础，洛克发展了霍布斯的"社会契约论"，从而继承了自由主义的衣钵。关于社会契约理论，二者略有不同，霍布斯主张君主专制制度而洛克主张君主立宪制度，后者较前者更清晰地显露出现代化政治社会的两个突出特征：一是个人主义倾向；二是自由主义思想。[④] 青年时代的洛克是以霍布斯反对"君权神授"的思想和"社会契约论"为给养的，在牛津大学接受古典教育时，他还是一名正统的国教徒，既反对罗马天主教也反对不信奉国教的异教徒。直到1666年在欧洲旅行期间目睹了欧洲大陆各教派的和睦相处之后，洛克才对不信奉国教者的态度大为改观，主张宗教宽容，同时这也标志着他开始走向自由主义。

正如马克思和恩格斯所说："霍布斯把培根的学说系统化了，但他没有更详细地论证培根关于知识和观念起源于感性世界的基本原则。洛克在他论

① 详见孔新峰著：《从自然之人到公民：霍布斯政治思想新诠》，北京：国家行政学院出版社2011年版，序言，第5页。

② 胡景钊、余丽嫦著：《十七世纪英国哲学》，北京：商务印书馆2006年版，第228－229页。

③ ［美］弗朗西斯·福山著，黄胜强、许铭原译：《历史的终结者及最后之人》，北京：中国社会科学出版社2003年版，第174页。

④ 曹宪忠：《社会契约理论：霍布斯与洛克之不同》，《文史哲》1999年第1期，第109页。

人类理性的起源的著作中，论证了培根和霍布斯的原则。”① 霍布斯摒弃了培根唯物主义中有神论的偏见，洛克沿着经验主义的线路并在此基础上进一步发展、论证了唯物主义感觉论。从唯物主义感觉论出发，洛克旨在探索人类知识的起源、可靠性和范围，《人类理解论》是他探讨这些问题的主要著作。首先，洛克旗帜鲜明地提出“人心中没有天赋的原则”，反对任何的天赋观念，尤其是以笛卡儿为代表的“天赋神权”观念；洛克认为“没有天赋的实践原则”，因为没有任何实践的原则可以被人们普遍接受，所以也就不是天赋的；洛克进而又指出，观念不是天赋的，由观念产生的知识也就不是天赋的，即“各种观念，尤其是属于原则的那些观念，都不是与生俱来的”②。其次，洛克提出“观念是思维的对象”，“一切观念都是由感觉或反省来的”。③ 人一出生就不带有任何天赋观念，心灵上没有任何印迹，就如同一块白板一样，一切理性和知识方面的影响都是通过外界材料从“经验”中获得的，感觉经验是人类知识的第一个来源。这就是洛克提出的著名“白板论”(tabula rasa)。洛克把一切知识都建立在经验的基础之上，通过观察可知觉到外界的可感物，也可知觉或反省到内在的心理活动，这便是知识的第二个来源。“感觉的对象是观念的一个来源”，外界事物通过人的感官把刺激传递到人的内心，使人获得关于外界可感知的事物的性质和观念，如黄、白、热、冷、软、硬、苦、甜等，洛克把通过感官知觉到的东西传递到人的心中，称为“感觉”，亦可以称之为外部经验；“心理活动是观念的另一个来源”，这是通过人类内心的自身反省所获得的知识，是一种“内部的感官”，主要有知觉、思想、怀疑、信仰、推论、认识、意欲等，称之为内部经验。洛克把上述外部经验和内部经验当作是观念的唯一来源，他说：“总而言之，外界的物质东西，是感觉的对象，自己的心理作用是反省的对象，而且在我看来，我们的一切观念所以能发生，两者就是它们唯一的来源。”④ 洛克的经验主义哲学观对当时的天赋神权观念是一种巨大的反叛，不仅打破了传统的宿命论、赎罪论、性恶论等封建神学思想，而且提出了“一切知识都来源于经验”“白板论”等著名论断，建立了人生而自由、平等的理论基础，也“正是由于他的经验论的知识哲学才使他得以在自由主义的思想家中占领一

① ［德］马克思、恩格斯著，中共中央马克思恩格斯列宁斯大林著作编译局译：《马克思恩格斯全集》(第2卷)，北京：人民出版社1957年版，第164页。

② ［英］洛克著，关文运译：《人类理解论》，北京：商务印书馆1958年版，第47页。

③ ［英］洛克著，关文运译：《人类理解论》，北京：商务印书馆1958年版，第68页。

④ ［英］洛克著，关文运译：《人类理解论》，北京：商务印书馆1958年版，第69－70页。

席之地"[①]。然而，我们还应该看到洛克唯物主义思想的不彻底性和妥协性，例如他把内部经验或反省看作是知识的另一个独立来源，同时认为它们同外部经验或感觉一样，这就忽略了反省是由感性上升到理性的过程，由此就陷入了认识论上的二元性。也正源于此，马克思和恩格斯才把洛克称之为"英国二元论哲学家"[②]。

与霍布斯相比，洛克的哲学体系缺乏缜密的系统性，甚至出现混乱和前后矛盾的地方，有学者把洛克看成是"令人混乱的霍布斯"，这似乎折射了洛克二元论思想的出现具有一定的必然性。自洛克之后，经验主义哲学一分为二，唯物主义经验论传至欧洲大陆，对18世纪高唱"平等、博爱、自由"的启蒙运动产生了重要影响；而唯心主义经验论则被后来英国的乔治·贝克莱（George Berkeley）和大卫·休谟（David Hume）等人继承与发展，又被传至美国，构成实用主义哲学的来源之一。其中，休谟既被认为是保守主义者也被认为是自由主义者，一方面他是保守的托利党人，但另一方面他又主张自由经济，维护个人财产的权利等。有学者指出："实际上，正是在以保守主义的理论家而闻名的休谟这里，我们发现了为有限政府的自由主义体系所做出的最有力的辩护。"[③] 因此，说他是英国古典自由主义的代表人物一点也不为过。

作为"政治经济学的奠基人"[④]，亚当·斯密（Adam Smith）继承了英国自由主义传统，建立了自由主义的经济体制。他期望通过个人的自律来形成一种自发调节的社会经济秩序，从而建立一种自由放任的经济政策。斯密极力主张自由经济与自由贸易，强烈反对政府的干涉，他在其代表作《国富论》中声称："我们完全有把握相信，没有政府的任何关注，自由贸易将总是能供应我们所需要的葡萄酒；我们可以完全放心自由贸易将总是能供应我

---

① ［英］安东尼·阿巴拉斯特著，曹海军等译：《西方自由主义的兴衰》，长春：吉林人民出版社2004年版，第176页。

② ［德］马克思、恩格斯著，中共中央马克思恩格斯列宁斯大林著作编译局译：《马克思恩格斯全集》（第2卷），北京：人民出版社1957年版，第721页。我国也有学者提出不同的观点，认为以人心的认识活动和情感，以心理现象作为认识的对象，是近代哲学和科学发展的要求和进步的表现，它本身并无所谓唯物主义与唯心主义，否则认识论、心理学等便成了唯心主义的专利品，因此，"洛克对感觉和反省的一般论述还是坚持了唯物主义一元论的观点的"。详见胡景钊、余丽嫦著：《十七世纪英国哲学》，北京：商务印书馆2006年版，第309－310页。

③ ［英］约翰·格雷著，曹海军、刘训练译：《自由主义》，长春：吉林人民出版社2005年版，第36页。

④ ［英］索利著，段德智译，陈修斋校：《英国哲学史》，济南：山东人民出版社1996年版，第195页。

们在商品流通或其他用途中所需要购买或运用的金银。”① 斯密倡导的这种自由贸易是事物发展的自然过程。“在斯密看来，自然过程指的是在没有具体干预（或是政治的，或是暴力的）的情况下个人间的互动将发生什么，或事件将以什么形式出现。”② 这种自然状态的“自由”完全以市场为导向，有利于市场的发展，斯密企图通过无为而治以及市场的自身调节来满足人们的需求，从而引导政府在经济上采取自由放任的政策。不仅如此，这种自由放任的政策也影响到了教育和其他社会事业的发展。国家对教育事业置若罔闻致使家庭教育成为贵族的主要教育模式，而私人学校、慈善学校、教会学校等私人机构则成为中下等阶层获取教育的主要场所。这是伦敦大学最初以私立方式和以市场导向为原则建立起来的主要原因。

在斯密之后的 19 世纪，欧洲自由主义在英国的发展迎来了黄金时期，“其主要表现形式便是功利主义”③。功利主义学说的创始人杰里米·边沁及其追随者密尔父子，将功利主义原则巧妙地运用到自由主义之中，主张自由、平等的权利，赞成斯密的自由放任政策，反对政府的干涉和激进的革命，倡导缓慢、渐进的改革模式，把“最大多数人的最大幸福”看作是判断道德行为、社会活动和法律的根本标准，但此时的自由主义更加强调个人的利益与自由。“他们自然仍继续强调个人自由和个性发展，但认为这种自由与其说应落实到公民平等的政治权利上，倒不如说应该体现为自由贸易、自由竞争和言论的自由。唯有个人利益和自由才是最真实而根本的，国家只是这种自由的保护者。”④

密尔父子对功利主义的发扬光大使得英国根深蒂固的自由主义传统在 19 世纪获得重要发展，它的影响渗透到政府改革的方方面面。政府在教育上一贯采取的放任主义政策在自由主义的黄金时代依然占据着重要地位。这就注定了伦敦不可能早早地出现一所由政府倡办的大学。以边沁和密尔父子为代表的功利主义的兴起标志着自由主义的重心发生了转移，更侧重于对个人利益的追求。伦敦大学的建校先驱大多都是边沁主义的忠实信徒，他们把自由主义理论的最新内容——功利主义原则运用到学校的创办实践当中，来实现他们的功利主义理想。事实表明，伦敦大学的创办很大程度上就是基于私人

---

① ［英］亚当·斯密著，谢祖钧等译：《国富论——国民财富的性质和起因的研究》，长沙：中南大学出版社 2003 年版，第 280 页。

② ［英］诺尔曼·P. 巴利著，竺乾威译：《古典自由主义与自由至上主义》，上海：上海人民出版社 1999 年版，第 33 页。

③ 周敏凯著：《十九世纪英国功利主义思想比较研究》，上海：华东师范大学出版社 1991 年版，第 11 页。

④ 顾肃著：《自由主义基本理念》（修订版），南京：译林出版社 2013 年版，第 327 页。

利益或某一人群利益考虑，而非基于国家利益。但从另一个侧面来看，伦敦大学的诞生也进一步证实了政府对待教育的消极态度。

综上所述，自中世纪大学诞生以来，伦敦长期没有一所大学的原因可以从三个方面来解释：一是传统的行会教育在一定程度上可以替代大学的职业养成功能，以律师和医生这两个职业为代表，这种行会教育尤其在像伦敦这样的大城市具有强大的生命力；二是已有高等教育的支撑，例如牛津大学、剑桥大学、苏格兰大学、欧洲大学、格雷沙姆学院、不信奉国教者学园等都可以为伦敦提供与大学水平相当的教育；三是受英国自由主义传统的影响，政府对教育长期奉行放任主义政策，这就导致伦敦大学很难在政府的主导之下创办起来。

二、伦敦大学产生的背景及因素

伦敦既然有行会教育来培训律师、医生、工匠等，还可以到格雷沙姆学院和学园中学习现代课程，甚至还可远到牛津、剑桥、苏格兰或欧洲去接受大学教育，但为何到19世纪20年代急切渴望建立一所大学？这一点是本章要回答的第二个问题。尽管过去的人们曾把律师会馆冠名为英格兰的第三所“大学”，但事实上，它并不具有“大学”之名。不可否认的是，伦敦大学的诞生有其必然的历史背景与动力因素，不仅包括经济、政治、文化等社会大环境，而且也包括高等教育内部发展的小环境，涉及欧洲大学改革的影响、古典大学内部的争论等。大环境为伦敦大学的诞生提供了必不可少的沃土，小环境则为伦敦大学的诞生提供了重要的动力因素。

（一）经济、政治与文化的影响

随着工业革命的迅猛发展、法国大革命的骤然爆发、反法战争的胜利等国内外环境的变化，18世纪下半叶以后的英国开始从传统的农业国向工业化国家迈进，到19世纪二三十年代英国在政治、经济与思想文化领域都出现了异常繁荣的盛况。这是伦敦大学在诞生初期不可忽略的社会大背景。

近代以来，对英国乃至世界影响最大的非18世纪出现的工业革命莫属，它不仅创造了一个“日不落”的英帝国，而且带动了整个世界的变革与发展。工业革命的影响至深且远，研究英国工业革命史的著名学者哈孟德夫妇曾指出：“工业革命产生了各种使人们的最简单的生活都处于世界范围的各种力量的支配下的社会。”[①] 在表现形式上，工业革命是由大机器代替人类手工，传统手工制造变成了工厂的批量生产，受到高额利润的诱惑与驱使，工厂主不断改进技术，淘汰传统手工业，提高劳动生产率。蒸汽机的发明、改造与应用为工业革命发展提供了的重要动力。例如，1785 年由埃德蒙·卡特赖特（Edmund Cartwright）发明的织布机，1803 年经改良发展为整布机，后又引入蒸汽动力，大大提高了织布的效率，最终使得该行业得以扩大化再生产。据哈孟德夫妇的统计，1813 年英国有机械织布机 2400 台；1820 年有 14150 台；1829 年有 55000 台；1833 年有 100000 台。[②] 尽管 1793 年英国卷入了长达 22 年之久的国际反法战争，但战争的结果却大大地刺激了海外市场对英国国内商品的需求，加快了传统手工业的瓦解以及新兴制造业的崛起，使国民经济长期保持着快速增长的势头。据官方估算，1793 年的输出额超过 1700 万英镑；此后每年至少 2200 万英镑，通常还要比这多些；1800 年超过 3400 万英镑，1815 年相当于他们战前的两倍，那时已超过 5800 万英镑。[③] 此外，战后 25 年间，棉纺织业的发展达到高峰，产量每年递增 4.5%。[④]

纺织业的空前发展，与运输、冶炼、陶瓷、银行等行业形成了连锁反应，它们都深受技术革命的影响，反之又促进了技术的进一步革新。以运输行业为例。1750 年前，英国的私人旅行仍然是骑马为主，“从爱丁堡和埃克塞特到伦敦要花两周的时间；从曼彻斯特和利物浦到伦敦要花三天半或四天半的时间；从伯明翰到伦敦也要花两天半的时间”[⑤]。到 18 世纪下半叶，传统马车运输的能力已不能满足日益频繁的商品交换的需求，蒸汽机车的发明有效地缓解了交通运输的压力，极大地缩短了运输时间和提高了运输效率，同时运河的开凿也为煤炭等商品运输带来了巨大便利，1780—1800 年间形成了一股运河热。此外，公路的修建也起到了重要作用。英国的道路分为两大类，一类是在教区公路检查员管辖下，按法律规定由教区负责公路维修的费用；另一类是收税公路，由托拉斯负责筹款和管理。[⑥] 1748 年，收税公路开

---

① ［英］J. L. 哈孟德、L. B. 哈孟德著，韦国栋译：《近代工业的兴起》，北京：商务印书馆 1959 年版，第 1 页。

② ［英］J. L. 哈孟德、L. B. 哈孟德著，韦国栋译：《近代工业的兴起》，北京：商务印书馆 1959 年版，第 170 页。

③ H. De B. Gibbins. *The Industrial History of England* (*Twenty-Seventh Edition*). London: Methuen & Co. Ltd., 1929, p. 174.

④ 蒋孟引主编：《英国史》，北京：中国社会科学出版社 1988 年版，第 471 页。

⑤ ［英］W. H. B. 考特著，方廷钰等译：《简明英国经济史（1750 年至 1939 年）》，北京：商务印书馆 1992 年版，第 76 页。

⑥ ［英］W. H. B. 考特著，方廷钰等译：《简明英国经济史（1750 年至 1939 年）》，北京：商务印书馆 1992 年版，第 80 页。

始修建，道路状况得到巨大改善。到 1829 年，英格兰的收税公路有 18244 英里，威尔士有 2631 英里，苏格兰有 3666 英里。[①] 到 19 世纪三四十年代，铁路的兴起使运输业又上升到一个新的阶段。以运输业为代表的基础设施建设为其他各行业的发展铺平了道路，加快了商品运输与交换的速度与频率，节省了不必要的时间消耗，在提高效率的同时推动了生产力和经济的疾速发展。

技术改进带来的一连串利益是生产率提高、粮食产量增加、经济规模扩大、生活水平提高、医疗卫生条件改善等，最终导致了全国人口的大幅增长，见表 1.3。英国著名经济史学家克拉潘对工业革命给英国人生活带来的影响有过形象的描述，他说："现在廉价的布衣衫和清洁的习惯已经慢慢由上而下普及于整个社会，结果是有益健康的。伦敦的污水池会像蜂巢一样多，城市里的墓地鳞次栉比；但是生为一个伦敦人比生为一个巴黎人还要好些，生为一个 1820 年的伦敦人比生为一个 1760 年的伦敦人也要好些，生为一个普通的英国人比一个普通的法国公民，或者一个 19 世纪 20 年代时几乎完全农村型的普鲁士的公民要好得多，如果生活的好坏可以用一个公算标准来衡量的话。"[②] 可见，工业革命给人们的生活带来了巨大改观，让他们在欧洲各国面前享受着从未有过的优越感。然而，正是这种对工业革命所产生的积极后果的沾沾自喜和自鸣得意使他们忽略了环境污染、贫富差距扩大等因经济发展带来的负面影响。

表 1.3　1780—1831 年英国人口数量分布表

单位：百万

地区	1780 年（估计值）	1801 年	1831 年	1851 年
英格兰	7.1	8.3	13.1	16.92
威尔士	0.43	0.59	0.91	1.06
苏格兰	1.4	1.63	2.37	2.9
爱尔兰	4.05	5.22	7.77	6.51
联合王国总数	12.98	15.74	24.15	27.39
英格兰（占%）	54.7%	52.7%	54.2%	61.8%

资料来源：［英］克里斯托弗·哈维、科林·马修著，韩敏中译：《19 世纪英国：危机与变革》，北京：外语教学与研究出版社 2007 年版，第 11 页。其中，1801 年英国官方才开始第一次正式的人口普查。

---

① A. Aspinall & E. Anthony Smith. *English Historical Documents, 1783 – 1832, Vol. XI*. New York: Oxford University Press, 1969, pp. 537 – 538.

② ［英］克拉潘著，姚曾廙译：《现代英国经济史》（上卷·第一分册），北京：商务印书馆 1997 年版，第 83 页。

1825 年，英国出现的极其低下的经济效率以及此后周期性经济萧条都是资本主义经济发展的必然后果。人口的急剧膨胀增强了劳动力，工业革命迅速将农业和商业人员转移到工业和帝国领地，纯粹科学的复兴一如既往的缓慢但却高傲地将自己运用到社会组织和政府机构之中，创造着生活中可能的和必需的新概念并提供实现它的方式。大英帝国正在使她自己成为“世界的工厂”[①]。从工业革命发展的本质来看，工厂主为追求更多的剩余价值，对工人阶级的剥削变本加厉，贫富之间的距离日益扩大，矛盾也随之愈演愈烈，工人运动在 18 世纪末 19 世纪初彼伏此起，要求改革的呼声不绝于耳，政府也通过一系列的法案企图消弭工人阶级与工厂主的矛盾。自从 1802 年颁布的法案涉及改善学徒状况之后，1819 年又通过了一项关于纺织厂管理工作的法案，不允许 9 岁以下的儿童进入工厂，并把年龄在 9 到 16 岁之间的人每日工作时间限定为 12 小时。事实上，他们每日的工作时间是 13. 5 小时或 14 小时，因为吃饭时间没有被排除在外。1831 年又颁布法案，禁止 9 到 21 岁的人在工厂夜间工作，且 18 岁以下的人工作日每天 12 小时，星期六 9 小时。[②] 但这些法案只用于棉花厂，其他制造业仍然没有触及，情况甚至更糟糕。正如我国学者指出：“工业革命使英国当时成为经济最发达的国家，又是贫民窟最大、最多的国家。”[③] 到 19 世纪 30 年代末，工人阶级的政治、经济地位极为低下，但阶级觉悟的提升最终促使他们发起了以 1836 年伦敦工人协会的成立为标志的宪章运动。

英国工人阶级是“英国资本主义的必然产物”[④]。工业革命不仅催生了这个阶级而且使整个社会的构成发生了变化，尤其是壮大了中等阶级的力量，他们要求涉足政治领域并获取一定的政治权利。在工业革命前期和早期，中等阶级的人群主要有律师、医生、牧师、教师、各行各业的手工业主、中小地主和商人以及其他专业人员，他们对长期霸占议会的大地主和贵族的强权政治积怨已久，渴望建立自由的议会制度，但因力量薄弱和缺乏制衡上层的有效手段而无法彻底扭转这一局面。工业革命中后期，机械化时代的到来使得传统手工业面临巨大挑战，机器生产取代手工劳动解放了困于传统作坊的生产者，同时手工业主也变成了制造业主和工厂主，从而使他们在中等阶级中的地位得到增强，久而久之他们对经济发展的贡献与日俱增，直

---

① Sir Charles Grant Robertson. *The British Universities*. London: Ernest Ben, Limited, 1930, p. 23.

② H. De B. Gibbins. *The Industrial History of England* (*Twenty-Seventh Edition*). London: Methuen & Co. Ltd., 1929, p. 184.

③ 林举岱著：《英国工业革命史》，上海：上海人民出版社 1979 年版，第 82 页。

④ ［英］A. L. 莫尔顿、G. 台德著，叶周等译：《英国工人运动史，1770—1920》，北京：生活·读书·新知三联书店 1962 年版，第 1 页。

至把握着整个国民经济发展的命脉，这时他们对政治权利的呼唤已经不得不引起统治者的关注。

贵族阶级有辉格党和托利党之分：辉格党代表大地主、大贵族和殖民利益，托利党代表地方乡绅的利益；由于受到国王乔治三世的挤兑，辉格党就成了反对旧制度和倡导社会改革的支持者，还坚称自己是中等阶级利益的代言人。工业革命时期英国进入了保守主义时代，以小威廉·皮特（William Pitt the Younger）为首的托利党成了抵制变革和抱残守旧的代表，与辉格党争权夺利、相互攻击，但直到1830年前托利党都掌握着政治上的主动权。从19世纪20年代开始，辉格党的力量开始重新集结，他们拉拢庞大的中等阶级作为自己坚强的后盾，主张改革“旧制度”，力主让中等阶级在议会中占有一定比例的席位，这时，传统的贵族寡头式的议会选举毫无争议地成了众矢之的。1827年，由于“百日首相”乔治·坎宁的去世导致托利党内部分裂，不少人也加入了辉格党的改革派阵营。这样一来，主张改革的力量就占据了上风，从而酝酿了1832年的第一次议会改革。议会改革法案规定：“宜剥夺许多微不足道的选区产生议员之权利，将该项权利授予人口稠密、资源富饶之大城市；宜增加州郡之代表名额；宜扩充有权参加议员选举之人数，使陛下臣民中许多从未参与其事者得享受此项权利；并宜减少选举经费。”① 可见，改革的目的是要扩大选举的范围，让更多的人能享有选举权。

1832年的第一次议会改革法案是由当时的内阁成员、后任首相的约翰·罗素勋爵（John Russell）起草的。该法案前两次在下议院通过后均遭到上议院的否决，第三次当国王同意册封50名新贵族来增加上议院改革派人数后才使得法案得以顺利通过。我国有学者认为，第一次议会改革之所以能最终获得通过，“是议会外的群众运动和潜在的暴力倾向迫使议会内的反改革派和王权最终做出了让步”②。因此，这次议会改革是不彻底的、妥协的。统治阶级盗用了工人阶级的热情，却为中等阶级谋取了政治权利，对无产阶级而言，这次改革带有强烈的欺骗性质。马克思尖锐地揭露这一本质：罗素提出的改革议案是一种骗人的幌子，有钱的中等阶级通过议会改革获得了权利，而无钱的工人无产阶级仍然没有获得实际的权利。他说：“辉格党人屡次想通过同托利党妥协的办法来保住自己的地位，但都枉费心机，于是就无可奈何地、勉勉强强地做出了让步。他们遇到的阻碍是：人民群众的可怕行动和托利党的死不妥协。然而，当议会改革法案刚刚完成了立法手续开始实施的

---

① 张芝联选译：《1815—1870年的英国》，北京：商务印书馆1961年版，第55页。
② 许洁明：《近代英国两次议会改革之比较》，《思想战线》1994年第2期，第88页。

时候，人民就像布莱特在1849年6月6日所说的，‘感到自己受骗了’。”①

英国是第一个走上工业化道路的国家，但学界对于工业革命为何诞生在英国，历来众说纷纭，没有一致意见。有说是地理因素决定的，也有说是早期圈地运动或农奴解放引起的，还有学者指出其根本原因是“光荣革命后英国建立了一个合适的政治制度”②。当然，这里的原因是多方面的，任何单一因素都不足以圆满地解释工业革命为何发迹于英国。其中，思想文化因素在工业革命从起步到腾飞的过程中有不可低估的影响。法国启蒙思想家孟德斯鸠在工业革命刚起步时就曾说过，英国人“在三个重要方面比其他各国人民都遥遥领先，那就是虔诚、商业和自由”③。除了“商业”，孟德斯鸠提到的“虔诚”和“自由”实质上都属于思想文化层面的内容，所以说，思想文化在工业革命早期就占有重要地位。“文化观念和现代各种常用的文化一词，是在被称为工业革命的时期进入英国思想的。”④ 随着政治改革如火如荼，英国社会充斥着各种思想文化潮流，如自由主义、功利主义、世俗主义、宗教主义、科学主义、共和主义、保守主义、激进主义、社会主义、资本主义、浪漫主义、现实主义等，它们之间有的相互对立、水火不容，有的密切联系、彼此渗透。在这些“主义”当中，英国传统的自由主义思想深入人心，到19世纪初更是在各种思潮与文化中大放异彩，与之密切联系的功利主义也在伦敦大学诞生前后广泛受世人追捧，从而引起了世俗主义联姻科学主义与宗教主义的针锋相对，共和主义“体现公共利益原则、理性、公正、自由原则、普选制原则、人民主权原则和法制原则”⑤，保守主义和激进主义在政治舞台上相互博弈、争权夺利，社会主义代表无产阶级与代表资产阶级的资本主义就工资、政权等问题展开激烈抗争，浪漫主义和现实主义则在诗歌文坛崭露头角、交相辉映。

在思想文化领域百家争鸣的背景下，以亚当·斯密和大卫·李嘉图（David Ricardo）为代表建立的古典政治经济学为工业革命的持续发展和政府各项改革事业提供了重要的理论指导。古典政治经济学将国家经济政策的重商主义转变为放任主义，“每个国家都按可能需要，从那些能够生产并从

① ［德］马克思、恩格斯著，中共中央马克思恩格斯列宁斯大林著作编译局译：《马克思恩格斯全集》（第11卷），北京：人民出版社1962年版，第436－437页。

② 钱乘旦、许洁明著：《英国通史》，上海：上海社会科学院出版社2012年版，第222页。

③ ［英］C. W. 克劳利编，中国社会科学院世界历史研究所组译：《新编剑桥世界近代史》（第九卷），北京：中国社会科学出版社1992年版，第56页。

④ ［英］雷蒙德·威廉斯著，吴松江、张文定译：《文化与社会》，北京：北京大学出版社1991年版，第13页。

⑤ 王章辉著：《英国文化与现代化》，沈阳：辽宁教育出版社1999年版，第147页。

能以最低价格和最好质量运回的地方购买随便什么商品"①。英国著名自由主义史学家乔治·麦考利·屈勒味林（George Macaulay Trevelyan）认为："放任主义，或反对政府的干涉，固成为一种理论。"② 此时，放任主义不仅仅是自由主义的一种形式，它俨然已经成为国家治理的一种理论和思想基础。一方面，放任主义导致了政府不管教育，就国民教育而言，国家逃避了倡办义务教育的职责，这与欧洲国家相比，英国在教育上是落后的。这是政府一直没有创办伦敦大学的主要原因。另一方面，放任主义也给予了私人教育发展的巨大空间，教育的改革与发展以市场经济和社会需求为导向，这是自由放任时代的显著特征。从这方面来看，这也是伦敦之所以首先产生私立大学的主要原因。

（二）德国大学改革的影响

19 世纪初，德国大学的改革，尤其是 1810 年洪堡创办的柏林大学被看作是中世纪大学向近代大学转变的标志，在世界高等教育发展史上具有重要的里程碑意义。尽管人们对洪堡提出改革德国大学的观念及其发挥的历史作用存在一定的争议③，但改革后的德国大学模式在世界范围内受到广泛的效仿却是不争的事实。美国著名比较高等教育学家菲利普·G. 阿特巴赫（Philip G. Altbach）曾经指出："德国是第一个切实改变本国高等教育制度的欧洲国家，它为西欧、美国、日本以及在比较小的程度上讲也为英国和法国，提供了一种大学的模式。"④ 英国学者埃里克·阿什比（Eric Ashby）则运用比较的视角从留德人数上证明了德国大学改革对英国的影响，他说："光在十九世纪，留德的美国学生估计有 9 千人，英国学生人数至少与美国相等。"⑤ 诞生于 19 世纪 20 年代的伦敦大学，无疑是德国大学改革直接或间接影响的产物。

宗教改革之后，在启蒙运动的影响下，德国建立了两所不同于中世纪大

---

① 辜燮高等选译：《1689—1815 年的英国》（下册），北京：商务印书馆 1997 年版，第 137 页。

② ［英］屈勒味林著，钱端升译：《英国史》（下册），北京：中国社会科学出版社 2008 年版，第 684 页。

③ 传统观点认为洪堡提出的大学理念是后来德国大学取得巨大成就的主要原因，也有学者认为德国大学的成功是社会和制度因素决定的，洪堡的大学理念影响甚微。详见陈洪捷著：《德国古典大学观及其对中国的影响》（修订版），北京：北京大学出版社 2006 年版，第 3 页。

④ ［美］菲利浦·G. 阿特巴赫著，符娟明、陈树清译：《比较高等教育》，北京：文化教育出版社 1985 年版，第 29 页。陈洪捷在《德国古典大学观及其对中国的影响》（修订版）中也引用了该句话，但漏掉了"本国"二字，意思略有不同。

⑤ ［英］阿什比著，滕大春、滕大生译：《科技发达时代的大学教育》，北京：人民教育出版社 1983 年版，第 8 页。

学的近代大学——哈勒大学（1694）和哥廷根大学（1737），“它们在满足国家社会需求的同时，更从理性原则出发，排除宗教偏见的束缚，开了学术自由的先河，为学术的发展创造了条件”[①]。被誉为“自由的殿堂”的哈勒大学主张宗教宽容和思想自由，哥廷根大学则将教学和思想自由纳入大学章程，第一次在法律意义上申明了大学学术自由的权利。这两所大学主要是由政府资助创办，并都具有启蒙时代的共同特点，以学术自由而闻名遐迩。“不过，就其整个结构而言，他们仍然只是高等学校；因为教学仍然是教授的主要任务，两所大学都希望教授把科研作为次要的业务。学生方面也是如此，其主要任务是吸收教授在课堂上讲授的知识。”[②] 尽管哈勒大学和哥廷根大学倡导的学术自由此时还没有形成一个系统的大学理念，但却为19世纪初德国大学的改革指明了方向。

1807年，因普法战争失败，德国被迫签订《提尔西特合约》，同意赔款、裁军并割让大半领土给法国，随之失去了包括哈勒大学在内的七所大学，这使德国的高等教育损失惨重。面对民族士气的低落，国破山河、百废待兴，当局决意通过改革来复兴国家、振奋民族，国王威廉三世指出，“国家应以精神的力量来弥补物质上的损失”，在首都建立一所大学被提上日程。1808年10月，新人文主义代表人物威廉·冯·洪堡（Wilhelm von Humboldt）被聘为内政部文化教育司司长，统管战后的教育改革工作，筹建柏林大学是他短短16个月任期的主要工作之一。洪堡被誉为“文艺复兴时期的弗朗西斯·培根”[③]，他深刻认识到在首都建立一所大学的重要意义，并着手开建柏林大学。洪堡主要聘请在学问或科学上有杰出贡献的学者和科学家担任教师，如费希特[④]、施莱尔马赫[⑤]、萨维尼[⑥]、沃尔夫[⑦]等；同时还将柏林科学专科学校、国家天文台、植物园、博物馆和图书馆并入新成立的柏林大学。“洪堡创立大学所依据的精神和道德准则是其他人先期设想的：首先是

---

① 陈洪捷著：《德国古典大学观及其对中国的影响》（修订版），北京：北京大学出版社2006年版，第12页。

② ［德］鲍尔生著，滕大春、滕大生译：《德国教育史》，北京：人民教育出版社1986年版，第125页。

③ ［美］威尔·杜兰著，幼狮文化公司译：《世界文明史：拿破仑时代》（第11卷），北京：东方出版社1998年版，第629页。

④ 著名哲学家费希特（Johann Gottlieb Fichte,1762—1814），柏林大学的早期创始人之一，1811年被洪堡推选为第一任哲学院院长、第一任校长。

⑤ 著名神学家施莱尔马赫（Friedrich Schleiermacher,1768—1834），柏林大学的建校先驱之一，1811年被洪堡推选为第一任神学院院长，1815—1826年任柏林大学校长。

⑥ 著名法学家萨维尼（Friedrich Karl von Savigny,1779—1861），曾任慕尼黑大学的罗马法教授。

⑦ 著名古典学者沃尔夫（Friedrich August Wolf,1759—1824），曾任哈勒大学古典文学教授。

谢林、费希特和施莱尔马赫。当然洪堡本人也阐述了他自己的意见，更重要的是，他是唯一使之付诸实现的人。”① 柏林大学是洪堡一手操办的，但柏林大学所代表的德国古典大学观则是费希特、施莱尔马赫、洪堡等人思想相结合的产物，最终由洪堡付诸实施。概而言之，洪堡建立柏林大学最初的指导思想有三则：学术自由（教学自由和学习自由）、教学与科研相结合（科研重于教学）和以哲学研究为中心。我国学者陈洪捷概括了德国古典大学观的四个核心概念，即修养、科学、自由和寂寞。② 总之，柏林大学的建立拓展了大学自诞生以来除了传道授业以外的第二个功能——学术研究功能。在它的影响下，德国还仿照柏林大学的模式在布雷斯劳（Breslau，1811）、波恩（Bonn，1818）和慕尼黑（Munchen，1826）等地建立了一批新大学，同时莱比锡、海德堡等老大学也参照此模式做出了改革。德国大学改革的成功为19世纪中后期世界科学事业的发展做出了永载史册的贡献，甚至取代了法国，成了世界高等教育的学术中心。著名科学社会学家约瑟夫·本－戴维（Joseph Ben-David）曾指出：1800年前后法国是世界科学研究的中心，“40年后，世界科学家举行会议和接受训练的地点变成了德国；本世纪（指20世纪——笔者注）20年代以前，这个国家都保持着它的地位”③。

与美国、日本等国家相比，英国受到德国大学改革的冲击较小，世界范围内的学者更倾向于到德国求学，主要原因并不是牛津大学和剑桥大学的学术成就远落后于德国。史实表明，19世纪初伦敦大学的建立、19世纪50年代牛津大学和剑桥大学进行的一系列改革以及自然科学实验室的较早建立，使得英国在学术成就上都可与德国相媲美，培养的科学家和知名学者也不在少数，再加上日不落帝国的身份，英国本应该成为像德国一样的另一个备受世界学者青睐的学术中心。但事实上却没有形成这么一个学术中心，原因主要在于英国大学的保守性和贵族性：牛津大学和剑桥大学都要求国教徒身份，并且学术成就大多被少数贵族阶级垄断，宗教考试直到1871年才取消，这让国外大批的非国教徒望而却步。美国学者查尔斯·富兰克林·斯文（Charles Franklin Thwing）归纳了美国人没有选择牛津大学和剑桥大学作为他们深造之地的六个原因，其中的主要原因就是英国大学既保守又传统，而且缺乏民主，他指出：“尽管牛桥有一批知名学者，剑桥卡文迪斯实验室更

① ［德］彼得·贝格拉著，袁杰译：《威廉·冯·洪堡传》，北京：商务印书馆1994年版，第76页。

② 陈洪捷著：《德国古典大学观及其对中国的影响》（修订版），北京：北京大学出版社2006年版，第49－68页。

③ ［以色列］本－戴维著，赵佳苓译：《科学家在社会中的角色》，成都：四川人民出版社1988年版，第25页。

是全世界最好的研究机构。牛津的学术和文学成果，特别在词典领域，绝对是独一无二的，但这种环境和成就是个别的而不是学院的或集体的，是个人的而不是机构的。”[①] 鉴于此，学者们大多选择德国大学作为留学的主要对象，这就促成它向世界一流的学术中心发展。洪堡开启了德国大学改革的序幕，世界学者缔造了德国大学的学术中心地位，可见，19 世纪初德国大学的改革在世界范围内获得了成功，它引领了世界高等教育发展的方向，而且对英国大学的发展也产生过重要影响。曾在德国布雷斯劳大学任教的英国学者斯特克博士（Dr. Stirk）对此深有体会，他说：“避开德国大学来谈 19 世纪和 20 世纪初的英国大学史是不完整的、不合规矩的。许多组织完善的德国大学常常为改革和拓展我们的大学教育系统提供了模式。最显著的例子就是研究：研究的理念是大学生活的重要功能，主要体现在建立特殊的研究所和实验室中，并把合适的学位制度引入研究生课程。坦诚讲，我们欠德国大学一笔债，因为他们为我们提供了源源不断的优秀著作、参考书目、博士论文和学术期刊。尽管这些资料通常是乏味的、浮夸的，但却是英国人的学术生活所不可或缺的一部分。”[②]

居住在不列颠群岛上的英国人有去欧洲大陆旅游的传统并把它视为教育的一部分，一般由家庭教师陪伴。这种旅行教育是“上层社会的受到优待的子弟结束其高等教育的一种独特方式”[③]。正是这种旅行加强了他们之间的交流，能在较短时间内了解彼此的情况，事实上，德国大学改革的信息也就是通过这种途径传入英国的。提议建立伦敦大学的学者在欧洲旅行中深受德国大学改革的启发，从而产生了在首都伦敦建立一所大学的想法。而且，在办学模式上也借鉴了德国大学改革的某些特点。首先是吸收了德国大学宗教宽容的思想。在经历了宗教改革和 30 年战争之后，在启蒙运动的感召下，德国各教派的矛盾冲突逐渐缓和，1740 年普鲁士进入开明君主专制时代，国王弗里德里希二世采取“限制强迫加入行会、削弱农奴制、宗教上的宽容政策”[④] 等政策，为德意志民族主义的复兴奠定了基础。哈勒大学和哥廷根大学率先摒弃教派偏见，倡导宗教宽容，主张思想自由，紧接着，洪堡在为柏林大学聘请教师的过程中不以宗教信仰为依据而以学术成就为主要标准，继承并发扬了德国大学宗教宽容的传统。伦敦大学在创办过程中既不设置学生入学的宗教限制，也不要求教师的国教徒身份，充分体现了德国大学中宗教

① 贺国庆著：《德国和美国大学发达史》，北京：人民教育出版社 1998 年版，第 118 页。

② S. D. Stirk. *German Universities-Through English Eyes*. London：Victor Gollancz Press，1946，p. 21.

③ ［英］奥尔德里奇著，诸惠芳等译：《简明英国教育史》，北京：人民教育出版社 1987 年版，第 146 页。

④ 丁建弘著：《德国通史》（第二版），上海：上海社会科学院出版社 2007 年版，第 99 页。

宽容的思想。其次是学术自由。柏林大学以学术自由和教学与科研相结合而闻名，其中学术自由还包括教师的教学自由和学生的学习自由，并把哲学研究放在重要位置，以学术研究为中心，教学为辅。在早期伦敦大学中，校务委员会也聘请有学术威望的人担任教习，倡导学术自由以及教学与科研相结合，课程内容十分广泛，但不含宗教课程，直到1836年以后才转变成纯考试机构。再者，在组织机构方面，伦敦大学借鉴了德国大学的讲座制和学部制。柏林大学采取了传统大学中的学部建制，设立文学、法学、神学、医学四个学部，以教师讲授与学生研讨为主，教授有权决定学部内事务，全体教授组成评议会，共同决定校务。伦敦大学仅设置文学、法学和医学三个学部，同时也采取讲座制授课，但教授并不具有管理校务的权力，而是由校务委员会和学监管理。最后是大学与国家的关系。洪堡提倡大学独立于国家并且独立于社会经济生活，师生甘于寂寞，不问世俗事务。可是，他的教育独立思想在柏林大学中并没有实现，柏林大学是由政府资助和主导创办的，并没有完全独立国家的政府管理系统。在一定程度上，伦敦大学的创办实现了洪堡的理想，但也没有完全实现。早期伦敦大学是由私人集资创办的，不隶属于国家任何部门或机构，自主经营，但它与社会经济生活密切结合，课程设置适应社会需求，以市场为导向。

总之，柏林大学的成功创办及引起德国大学的改革，对世界高等教育的发展产生了深远影响，是世界高等教育史上的一个里程碑。它不仅提供了理论来源，指导了伦敦大学的创办，进而拉开了近代英国新大学运动的帷幕；而且对保守的古典大学也产生了不可忽视的强烈冲击，推动了19世纪英国科学教育和古典自由教育的大辩论。

（三）19世纪初的教育大辩论

工业革命带来了政治、经济、文化的大繁荣，德国大学模式树立了近代大学的典范，在国内外因素的相互夹击下，英国大学再也按捺不住了，不适应社会需求的古典课程在功利主义盛行的年代，怎能不引起沉睡的英格兰高等教育和变革的苏格兰高等教育发生争论呢？整个19世纪上半期，围绕高等教育世俗化与平民化等问题，以苏格兰为攻、英格兰为守，不列颠思想界和教育界的辩论几乎从未停止过，并形成高潮迭起的局面。[①] 伦敦大学的建校先驱们大多数都是苏格兰人，他们在这场争论中扮演着重要角色，伦敦大学就是在这场教育大辩论中产生的，是爱丁堡评论派在这场辩论中的重要“战果”。

① 宫艳丽：《教育大辩论与英国近代大学改革》，《现代大学教育》2008年第4期，第38页。

整个18世纪和19世纪上半叶，牛津大学都是公众谴责的对象，它的学院被认为“封闭的自治机构”，既古板又缺乏竞争力，在遴选研究员的过程中经常出现腐败，学院的创始人瓜分了他们的收入和其他利益。学位考试被斥责为毫无意义的宗教仪式，使所有教育内容化为泡影。[①] 尽管批评之声不断，1800年也改革了考试制度，但直到1854年前，牛津大学仍然沿用着17世纪初由劳德大主教（Archbishop Laud）制定的大学章程，并还把“七日委员会”（Hebdomadal Board）作为大学的治理机构。剑桥大学的状况较容乐观，但也受困于保守主义思想。牛津大学和剑桥大学都以传统的七艺课程为主要教学内容，牛津大学侧重于古典文学课程，剑桥大学侧重于数学课程。二者较为一致的地方还表现在毕业生的就业方向上——他们都把牧师作为自己的首选职业。尽管剑桥大学在16世纪就设立物理学教习，18世纪还设立了化学、植物学、地质学、解剖学等自然科学教习，但与地位崇高的古典七艺课程相比，自然科学课程显然没有受到应有的重视：教授水平参差不齐，薪资待遇较差，少则几十英镑，甚至没有任何报酬，学生数量也极不稳定。总之，到19世纪初，英格兰大学尽管出现了科学教育的萌芽，但仍以古典教育为主，目标就是培养牧师和政府管理人才。

在英格兰大学微弱的变革的衬托下，苏格兰大学表现出较为进步的改革特色。苏格兰在15世纪就模仿巴黎大学建立了三所由教会控制的圣·安德鲁斯大学、格拉斯哥大学和阿伯丁大学，在教学、管理、课程设置等方面与欧洲大陆的大学十分相似。1582年，苏格兰出现了一所由市政府建立的大学——爱丁堡大学，它不受教会控制，由国王詹姆斯四世批准创办。“17世纪初，苏格兰国王对大学的控制加强。四所大学分别从各自所属的教区获得经济资助。1641年成立了一个委员会来管理大学。”[②] 与英格兰合并后，苏格兰大学获得了重大发展，培养了一批杰出人才，如古典政治经济学的奠基人亚当·斯密，蒸汽机的发明者瓦特等。苏格兰大学与欧洲大陆接触更为紧密，受启蒙运动的影响较深，思想开放，较少像英格兰大学那样受到传统的束缚，到18世纪中叶教育质量有了显著提高，尤其是爱丁堡大学的医学教育更是威震一方。从19世纪初开始，在这场教育大辩论的背景下，由政府主导的大学改革进一步在苏格兰展开。

总之，苏格兰大学比英格兰大学具有明显的优越性。因此，受过苏格兰

---

① Lawrence Stone. *The University in Society* (*vol. 1 Oxford and Cambridge from the 14th to the Early 19th Century*). Princeton: Princeton University Press, 1975, p. 305.

② 张泰金著：《英国的高等教育历史·现状》，上海：上海外语教育出版社1995年版，第14页。

教育熏陶的人对英格兰大学的古典教育总是嗤之以鼻，时常在《爱丁堡评论》上发表一些抨击之词。率先发起这场高等教育内部辩论的是爱尔兰著名政治家、发明家理查德·洛弗尔·埃奇沃思（Richard Lovell Edgeworth），毕业于都柏林三一学院，后以高级自费生身份进入牛津大学基督教圣体学院学习。1809 年，埃奇沃思出版了《论职业教育》（*Essays on Professional Education*）一书，开启了这场功利教育与自由教育的大辩论。《论职业教育》共有 8 章，包括论职业的选择、论牧师职业、论军事和海军职业、论医学职业、论乡绅教育、论法律职业、论政治家的教育和论贵族教育。在当时，社会上流行的职业通常限于牧师、律师、医生和军人，但实际上是绅士、政客和王公贵族在履行着国家的最高职能，一般的职业并不涉及政府部门。埃奇沃思对这些职业进行了深入剖析，抨击老大学的古典教育，进而提出了“所有知识的价值必须最终由它的功利（Utility）决定”[①] 的标准。他认为坚定不移地借助这个标准，我们可以避免许多富有争论的问题和荒谬的雄辩。例如，让某人询问他熟悉的、具有公共特征的人：他们记得的韵律规则是什么，或者从学习拉丁诗中能获得什么；进一步询问，对于已经获得的这些知识，他们欣然舍弃的部分有多少。埃奇沃思认为，功利的比例就是诚实地回答出这些问题的平均数。[②] 很显然，埃奇沃思深受边沁功利主义思想的影响，他提出的知识价值的判断标准给予了该书的评论者攻击牛津大学古典教育的强有力的理由。

牛津大学新学院前研究员西德尼·史密斯（Sidney Smith）对埃奇沃思的观点深表赞同，他是这场辩论的主攻手之一。1809 年 10 月，史密斯在《爱丁堡评论》发文，严厉斥责牛津大学的古典教育。史密斯指出：“英格兰大学中无限的天赋每年都会被教会导师卑劣的忌妒和无知所摧毁。说我们已经在这个体制下培养了伟大人物是毫无意义的。我们在所有体制下都培养了伟大人物。每个英国人必须用他的半生来学习拉丁语和希腊语；古典教育被认为是培养天才的，不可削弱。在任何教育体制下几乎都不可能阻止我们培养出伟大人物，无论体制多么糟糕。教授鬼神学或占星术的同时你仍然有一部分原始天赋，尽管这些或其他分支是愚昧无知的。”[③] 史密斯抨击了牛津大学的古典课程，揭露了牛津大学以培养出许多伟大人物为理由来为古典教育辩护是站不住脚的，花费大部分时间在这些无用的知识上是对学生的巨大

① R. L. Edgeworth. *Essays on Professional Education*. London: Printed for J. Johnson, St. Paul's Churchyard, 1809, p. 371.

② R. L. Edgeworth. *Essays on Professional Education*. London: Printed for J. Johnson, St. Paul's Churchyard, 1809, pp. 371 – 372.

③ Sidney Smith. Utility and Anti-classicism. *The Edinburgh Review*, 1809 (10).

摧残。他接着指出："当一所大学长期做无用的事情时，再做一些有用的事情，一开始就会觉得不体面。牛津的一些政治经济学讲座并不受欢迎，可能受到轻视或禁止。讨论民众的圈地，思考进出口贸易，贴近普通生活，都会被认为是有损尊严且还会受到轻视。如果开设这些课程，帕尔①或他那时代的本特利②会反感把一所大学置于一个和中性盐的发现者一样的水平上；然而，智力劳动中体现尊严的其他评价指标是什么，不是有用性吗？大学一词的意思应该是什么？只是一个教授各种科学的地方，是自由的，同时也是对人类有用的。在我们鉴赏所有人类知识时，要矢志不渝地追求功利，才可把古典文学限制在合适的范围内。傲慢的学究将现出他本身的原形，诗歌的作者和单词的背诵者不久就会相信，越来越多的人不会被邀请至更高等级的宴会。"③ 事实上，史密斯在讨论的是关于大学的目的和本质的问题。他认为大学不应只关注古典文学知识，还要教授有用的知识，而这类知识的判断标准就是功利或有用性；大学的本质不是培养傲慢的学者而是造就适应社会的可用之才。

为捍卫牛津大学的古典教育，19 世纪初自由教育的领军人物、伦敦国王学院的创办人之一爱德华·科普尔斯顿（Edward Copleston）对《爱丁堡评论》的攻击予以了积极的回应。1810—1811 年，他连续发表了三篇文章，从批判者的功利角度论证了古典教育是了解政府管理的最恰当形式，认为自由教育本身就是有用的，有助于产生良好的结果。科普尔斯顿第一篇文章较长，共包括五章：第一章是论亚里士多德的研究和数学的忽视；第二章是批判《爱丁堡评论》第 28 期中关于福尔克纳（Falconer）编辑的斯特拉博④著作的考试；第三章是古典教育——评《爱丁堡评论》中关于埃奇沃思的职业教育一文；第四章是牛津大学追求的学习课程；第五章是论普通教育计划，特别是英国教育—功利一词的滥用—评政治经济学和道德哲学的学习—关于牛津的一些粗俗的错误—结论。科普尔斯顿在捍卫自由教育的同时对功利教育提出了批评，他说："如果首先提供这种自由教育并且用正确的逻辑学和

---

① 塞缪尔·帕尔（Samuel Parr,1747—1825），剑桥大学伊曼纽尔学院毕业，著名牧师、文法学校校长。

② 理查德·本特利（Richard Bentley,1662—1742），剑桥大学三一学院毕业，著名古典学者、神学家。

③ Sidney Smith. Utility and Anti- classicism. *The Edinburgh Review*, 1809 (10). 此段译文在国内被多次引用，如张泰金著的《英国高等教育历史·现状》第 20 页、河北大学周保利的博士论文《19 世纪剑桥大学改革研究》第 63 页、贺国庆主编的《西方大学改革史略》第 124 页、王承绪主编的《世界教育大系·英国教育》第 231 页等，但大多是选译，甚至出现漏译的情况。鉴于文本的重要意义，笔者特将该文全部译出。

④ 斯特拉博（Strabo,公元前 63 年—公元 24 年）是古希腊地理学家、历史学家。

纯粹的数学科学来充分地装备智力，那么余生事业中所需的调查与分析都在他适度理解力的范围之内。甄别的习惯、清晰明了的陈述和辩论能力要比草率地获取混杂的知识重要得多。”[①] 同年，科普尔斯顿还针对第31期《爱丁堡评论》对牛津大学的诽谤发表了一篇评论[②]；1811年又发了一篇短评。[③]正是他在维护牛津大学的古典教育和反击功利教育方面表现出的积极努力，才使他后来成为牛津大学奥利尔学院的院长（1814—1828）并担任兰达夫主教（Bishop of Llandaff）。总之，在科普尔斯顿看来，伟大哲学家的作品（即古典文学知识）是人类智慧的结晶，是他们长期艰苦努力的结果，不应仅仅沦为我们批判和诽谤的对象；古典课程应该是大学教育的主要内容，它的目标不是训练某种特定的职业或增加财富，而是陶冶学生的情操，使他们在从事任何职业中都表现出高雅、端庄和得体的一面。

保守主义刊物《评论季刊》是反击激进主义刊物《爱丁堡评论》的主要阵营之一。1811年10月，《评论季刊》刊文反驳埃奇沃思在《论职业教育》中提出的观点。例如，埃奇沃思认为父母应该尽早根据自己的智力判断为孩子选择未来的职业，该文则指出我们很难认识到孩子在早期阶段的每一种情感表达和价值追求，早期的选择可能与他们的自主意志与后期发展相违背，“埃奇沃思先生在这个事情中太过明智了以至于忽略了身体健康与强壮的缺陷或优势，或者感觉器官的健全和敏锐。他不可能把天生口吃的人培养成律师，也不可能使四肢不健全的人成为军人”[④]。该文认为职业教育追求的是片面和狭隘的教育目的，把生活限制在非常狭小的范围内，忽视和排除了更自由、更广泛的课程。总之，人的一生被他的职业剥夺了，紧紧地束缚在以技术为特征的精确模型当中。但是，除了自身的职业外，人们仍然有更大的智力空间来接受普通教育，之后便可以用一种更自然的方式来选择自己从事的行业。最后谈及功利或有用性时，该文指出：“知识因其本身就是好的；但是这种普遍的赞誉不能满足那些人的目的，他们希望在自由领地中强加入

---

① Edward Copleston. *A Reply to the Calumnies of the Edinburgh Review against Oxford, Containing an Account of Studies Pursued in that University*. Oxford: Printed for the Author; and fold by J. Cooke, and J. Parker; and J. Mackinlay, London, 1810, p. 176.

② Edward Copleston. *A Second Reply to the Calumnies of the Edinburgh Review*. Oxford: Printed for the Author; and fold by J. Cooke, and J. Parker; and J. Mackinlay, London, 1810 .

③ Edward Copleston. *A Third Reply to the Calumnies of the Edinburgh Review*. Oxford: Printed for the Author; and fold by J. Cooke, and J. Parker; and J. Mackinlay, J. Murray, and F. C. & J. Rivington, London, 1811.

④ Anon. Essay on Professional Education. *The Quarterly Review: August & December* (Vol. VI), 1811 (10), p. 172.

有用的知识。不管怎样，我们怀疑他们由于自身的逻辑问题而陷入了一个谬论。"① 有用的科学和教育计划中的其他科学依赖于同样的基础，只是它们在智力中占有不同的比例。作为国民财富目标的有用的科学，在自由教育中拥有越低的价值就会获得公共政策更多的支持，因此，它们应该受到人们的赞助，而不是侵占人们的理智。

从1809—1811年间的辩论中可以看出，双方争论的焦点是大学教育的目的和办学方向。功利教育的倡导者认为大学应该开设实用的科学课程，培养适应社会的专业人才；自由教育的维护者认为大学是培养人的理智、情感和道德的地方，古典课程是实现这个目标的最佳手段。前者为社会经济发展培养人才；后者为贵族和统治阶级培养接班人。值得关注的是，自由教育的维护者并没有否定实用科学对国民财富的增长所做出的贡献，肯定其价值的同时还运用"功利"一词为自己辩护，这为辩论的后期发展埋下伏笔。在这一时期，辩论的双方各执一词，不分伯仲，自由教育培养国家的接班人自然重要，但功利教育促进社会经济发展也不可忽略，由此争论进入"白热化"阶段。而就在此时，受到欧洲大学改革的冲击，在伦敦建立一所大学的呼声响起，爱丁堡评论派积极响应、着手筹备，终于在1826年建立了世俗化的伦敦大学。然而，英格兰的保守派也没有示弱，随即建立了以宗教教育为基础的伦敦国王学院。二者围绕世俗与宗教的争论将19世纪上半叶的教育大辩论推向了另一个高度。

由此可见，伦敦大学的诞生是19世纪初教育大辩论的结果，它将辩论的重心引向了更深层次的教育变革。这次辩论一方面刺激了苏格兰大学的进一步改革，另一方面也唤醒了在18世纪昏睡的英格兰大学，进而引发了伦敦大学的创建、新大学运动的兴起以及牛津与剑桥的著名改革。

本章小结——变革的曙光

19世纪20—30年代，英国社会的各个方面都处于不断的上升与变化当中，虽然经济出现间歇性的危机但总体还是呈上升趋势，工人运动的迭起意味着资产阶级和无产阶级的矛盾激化，社会结构的变化导致中等阶级力量的壮大，功利主义的勃兴对保守主义思想形成挑战，这一切都为伦敦大学的诞生提供了重要的社会大背景。与此同时，更重要的是高等教育的内部也发生了变化。首先是欧洲大学的改革特别是柏林大学的成立为伦敦大学的诞生提

---

① Anon. Essay on Professional Education. *The Quarterly Review: August & December* (Vol. VI), 1811 (10), p. 188.

供了重要的参照模型；其次是苏格兰大学的自由开放与英格兰大学的古典保守形成的鲜明对比激起了功利教育和自由教育的大辩论；最后是科学教育在英格兰大学中的早期萌芽为19世纪的大学改革指明了方向。这一切都为伦敦大学的诞生提供了重要的内部动力因素。尽管伦敦既有高级行会教育又有与大学水平相似的格雷沙姆学院和学园，而且老大学也在为伦敦提供大学教育，但它们大多在19世纪初也已处于衰落阶段，课程老化，不适应社会经济的迅疾发展。总之，无论是外部环境还是内部环境，英国社会的发展和英国大学的现状都昭示着新的变革的曙光，伦敦大学诞生在即。

第二章　伦敦大学的前身

现代伦敦大学最早的两个组成学院是伦敦大学学院和伦敦国王学院。前者诞生于1826年，1828年10月正式开学，原名为“伦敦大学”；后者诞生于1828年，1831年10月正式开学。1836年的《第一特许状》颁布后，两校合并成立了新的伦敦大学，原先的伦敦大学改名为伦敦大学学院。为统一起见、便于区分，除相关引文中使用“伦敦大学”，其余均用伦敦大学学院或大学学院代替1836年前的“伦敦大学”。

一、伦敦大学学院的成立

（一）吹响号角的一封信

第一位发起在伦敦建立一所大学的人是苏格兰诗人托马斯·坎贝尔（Thomas Campbell）。1777年，坎贝尔出身于格拉斯哥的一个商人家庭，8岁进入文法学校，14岁进入格拉斯哥大学，学习刻苦、成绩优异，酷爱古典文学和希腊诗歌，后又学习法律，毕业后主要从事教师、出版和编辑工作。坎贝尔的早期作品有《受伤的骠骑兵》（*Wounded Hussar*）、《华莱士的挽歌》（*Dirge of Wallace*）、《三位女士的书信》（*Epistle to Three Ladies*）等，1799年因出版《愉快的希望》（*Pleasures of Hope*）而名声大噪。19世纪初，坎贝尔多次到欧洲大陆（如德国、法国等）游弋，接触异国的文化风情，寻找创作灵感，就在此时，德国大学的改革正在如火如荼地进行着，令他深受启发，记忆犹新，最终促使他萌发出了在伦敦建立一所大学的构想。1825年2月，坎贝尔在《泰晤士报》发表了一封致国会议员布鲁厄姆的公开信，第一次明确提出在伦敦建立一所为中等阶级服务的大学的计划。他在信中说：

我亲爱的布鲁厄姆：

我对您对人民教育的实践考察以及您为社会的服务，表示十分感谢。我认为工人阶级的教育到现在还是一个成功的例子，但你已经料想到我正在评论进步不应该止步于此。当穷人在接受教育时，他们的雇主也是时候该提高教育水平了。

…………

我建议的计划是建立一所大伦敦大学（a great London University）。不是一个向不分性别的人讲演的地方（除了作为大学的一个附属机构），而是一个提供有效的且多样化的教学、考试和训练的地方，并向我们中等富裕家庭的年轻人——年龄在15或16岁到20岁之间，或者如果提出申请，年龄可放宽些——授予人文学科与科学的荣誉。我的意思是，中等富裕的人指所有在技工和富豪之间的人。在常规行业的底下还有个阶层，被称为最底层，在相当富有的人之上的人被称为最高层。但是，处于最高和最低等级的那些人的弱点中有时存在一个相似点，这似乎验证了那个谚语——物极必反。

…………

在我最近一次荣幸地见到您之前，我已经思考了这个计划的大部分内容。当我提起它的时候就会给予我无法言语的满意，想必您和其他开明人士会认为它是一个满意的和可行的计划。多久适合您和其他有强烈影响的人向公众建议这个计划，我留给您和他们决定；但同时，在您和他们获取强有力的意见的支持之前，我认为我并没有损害为我的建议提供极少帮助的理由。

我亲爱的布鲁厄姆，我是您真诚的T. 坎贝尔。①

在这封极富洞察力的建议信中，深受欧洲大学改革熏陶的坎贝尔首先对身为辉格党议员的布鲁厄姆在教育上做出的英雄事迹给予了高度赞扬，尤其肯定了他对普及教育所做出的开拓性贡献，但坎贝尔认为教育不应仅止于此，它还应该为社会上更多的人服务。在当时的社会背景下，中等阶级无疑是社会的中坚力量，他们既不是社会最底层的贫民或儿童，也不是社会最上层的富豪大亨，而是推动社会进步与发展的主要功臣。坎贝尔深刻意识到未来社会的发展需要依靠广大的中等阶级来推动，在德国大学改革获得巨大成功的启迪下，他希望借鉴德国大学改革的经验在伦敦建立一所大学，为中等阶级提供大学教育。为此，坎贝尔结合国内外实情，审时度势、奋笔疾书，要为广大的中等阶级向当时在政坛上如日中天且十分关心教育的改革派人士布鲁厄姆寻求在伦敦建立一所“大都市大学”（Metropolitan University）的政治支持。

① T. Campbell. Proposal of a Metropolitan University, in a Letter to Henry Brougham. *The Times*, 1825-2-9, (1).

其次，坎贝尔提出了一些建立这所“大都市大学”的具体计划。伦敦是英国的首都，可却没有一所与之身份相符的大学，坎贝尔指出，德国人也曾强烈反对在首都建立一所大学，但当大学建立后他们发现柏林和维也纳的学生在全国都是生活得最有规律的年轻人。坎贝尔认为，建立这所大学大概需要30万英镑，有2000个家庭各捐款150英镑就可达到这个数字。据统计，1825年前后，伦敦的人口有140万左右，因此从理论上讲，筹集建校资金并不十分艰难。关于大学教师，坎贝尔认为大学至少要聘请30名教授，大部分教授的薪水只能由学生低廉的学费提供。为了学生每天行走2英里路程就可到达学校，大学应该建立在伦敦人口最稠密的地带，且直径为4英里、周长为12英里范围内。坎贝尔指出，大多数家庭的年收入在几百到两三千英镑之间，一般家庭很难负担牛津大学和剑桥大学的高昂学费，三个儿子上一所英国大学每年至少花费750英镑，而“伦敦大学”每人每年的学费则预计不超过25或30英镑。事实上，19世纪30年代，牛津、剑桥二校每生每年学费200到250英镑，伦敦大学学院则仅为25至30英镑，高下差距巨大。[①]坎贝尔呼吁人们在伦敦捐助建立适合伦敦人自己的大学，他在信中如是说：“伦敦人应选择他们希望去的那类大学，如果这所大学不存在，那将是他们自己的错误。”[②]

此外，受古典大学长期动乱的影响，很多人认为大学并不是一个安分守己的地方，大学几乎不可能建立良好的秩序来维护教学与学习环境。对此，坎贝尔讲述了格拉斯哥大学是如何实施纪律管理的，他用自己的亲身经历证明了大学是可以通过有效的方式来管理好学生和教师，从而营造良好的学术氛围的。在格拉斯哥大学，不听话的学生或专横的教授很少，轻微的惩罚或指责可以避免迟到早退、无故缺席和不良行为，如果不奏效，他们则面临被开除的危险。坎贝尔深信，运用有效的方法，在一个班级教授500个学生可以像教授50个学生一样容易。可见，在坎贝尔看来，大学完全有能力为教师和学生营造和谐的学术环境，关键在于制定什么样的规章制度和采取何种管理方法。在这方面，新建立的“伦敦大学”可从苏格兰大学的发展中获取经验。如果他的计划被实施，坎贝尔认为捐助者应该选举一个有组织的委员会（committee），这个委员会应集结国家的所有经验和智慧，让他们建议在现存大学中最好避免什么和应该模仿什么。最后，坎贝尔还建议教师每天教授1小时，学生考试2小时，每学年9个月，每年颁发奖章以鼓励成绩优异

① 滕大春主编：《外国近代教育史》，北京：人民教育出版社1989年版，第271页。

② T. Campbell. Proposal of a Metropolitan University, in a Letter to Henry Brougham. *The Times*, 1825-2-9, (1).

的学生。

坎贝尔不仅首先发起了在伦敦建立大学的号召，而且提出了较为详细的筹建计划。事实证明，他提出的这些计划大多都被采纳，最早为伦敦大学学院的建立引入了德国大学和苏格兰大学的经验。坎贝尔对伦敦大学学院的贡献不仅仅停留在“纸上谈兵”，事后他还积极投身于大学的筹建工作。1825年9月，为了筹建伦敦大学学院提供可资借鉴的模式，坎贝尔对柏林大学做了一次特殊的访问，深入了解德国大学改革的成功之处，以帮助布鲁厄姆、约瑟夫·休谟等人进一步实现他的计划。坎贝尔把筹建伦敦大学学院看作是“在我生命的短暂历史上唯一重要的事件”[①]，这足以看出“伦敦大学”在他的一生中占有多么重要的地位。值得一提的是，坎贝尔对教育事业的殷切关注以及他创办伦敦大学学院的实践获得了母校格拉斯哥大学师生们的一致认可与称赞，并且连续三次选举他为该校的名誉校长（1826—1829）。

尽管坎贝尔在信中表达了建立“伦敦大学”的计划与党派政治和国教争论毫无关系的看法，但很显然，他是在避免向保守的托利党派和正统的国教派公开直接宣战。因为在当时很难说作为一位政客的布鲁厄姆积极投身筹建大学没有迎合辉格党派的集团利益，而且在大学筹建过程中就遭到了国教派人士的强烈攻击，遂在伦敦建立了另一所大学与之相抗衡。然而，不管怎样，都无法抹杀坎贝尔对伦敦大学学院的杰出贡献以及在近代英国高等教育史上的重要地位。因为这封信承载着坎贝尔的梦想，他将德国大学改革的成功经验和切身感受带到了英格兰，希望在此建立一所被世人认可的、符合欧洲第一大都市身份的大学，这是他游学欧洲的最重要收获，但却不一定是他当初游学欧洲的首要目的。这封信在英国高等教育史上具有重要意义，它吹响了近代英国新大学运动的号角，以伦敦大学学院的建立为始，新大学在英国各大城市如雨后春笋般地迅速出现，因此，这封信可以看作是近代英国建立新大学的倡议书。

（二）伦敦大学学院的筹建

布鲁厄姆毕业于爱丁堡大学，是著名的大法官和国会议员，也是1832年议会改革的积极推动者，热衷于教育改革和慈善救济。早在1818年布鲁厄姆就和詹姆斯·密尔建立了伦敦的第一所幼儿学校。[②] 19世纪20年代以

---

① William Beattie, ed. *Life and Letters of Thomas Campbell* (*vol. Ⅶ*). London: Hall, Virtue & Co. 25, Paternoster Row, 1850, p. 442.

② W. H. G. Armytage. *Four Hundred Years of English Education*. Cambridge: Cambridge University Press, 1964, p. 94.

后，布鲁厄姆开始步入辉格党派的政治舞台，1824 年发表了一次精彩演讲，力劝政府反抗欧洲神圣同盟①的命令，揭露法国入侵西班牙的不公正以及奥地利对意大利的暴力行径，此举确立了他在辉格党中的重要地位。辉格党支持改革、反对"腐败的旧制度"，希望通过改革而避免革命，他们希望在财产的基础上与中等阶级结成同盟，防范下层人民的革命倾向。② 中等阶级是辉格党亟须拉拢的力量，布鲁厄姆对中等阶级也有深刻认识，他曾说：中等阶级是"社会上人数最多、迄今为止又最富有"的阶级，贵族们即使把"城堡、采邑、鸟兽饲养权和狩猎权加上所有广阔的天地统统以 50 年期限出卖"，也比不上"中等阶级庞大而坚固的财富"；中等阶级还是"坚定、有正确判断力的人，特别是不会人云亦云"等等，因此中等阶级应该是社会的中坚。③

当看到坎贝尔的建议信时，布鲁厄姆于公于私都不会断然拒绝，而应表现出一种喜出望外的心情。于公，建立一所为社会中人数最多的中等阶级服务的大学，符合他的党派利益，可在与托利党的竞争中获得他们的大力支持；于私，将普及初等教育的理念扩展到高等教育领域，可满足他对教育改革的热忱之心，树立自己为公共服务的美好形象。可以说，坎贝尔的建议与布鲁厄姆的政治改革主张不谋而合，因此，布鲁厄姆随即联络了一批辉格党成员以及社会上热衷于教育改革的志士仁人，积极投身于新大学的筹建工作。除了上文提及的休谟和密尔外，还包括约翰·罗素、著名希腊史学家乔治·格罗特、慈善家戈德斯米德爵士等。布鲁厄姆多次召集这些人开会协商筹备伦敦大学学院的相关事务，终于在 1826 年 2 月 11 日签署了一份内容详细的《协议契据》，同意为"伦敦大学"以发行每股 100 英镑价格的股票来筹集 15 万到 30 万的建校资金，并从股票的认购者（又称为"业主"）中选举 24 位成员，组成大学最初的校务委员会（Council），全权负责大学的财产、教授聘请、学生管理等工作，见表 2.1。

---

① 神圣同盟（Holy Alliance）是 1815 年 9 月沙皇俄国联合奥地利、俄罗斯和普鲁士打败法国后缔结的同盟，目的是维护君主政体，反对法国大革命所传播的启蒙思想。实际上它是拿破仑帝国瓦解后欧洲各国形成的一个反动同盟。

② 钱乘旦、许杰明著：《英国通史》，上海：上海社会科学院出版社 2007 年版，第 237 页。

③ 钱乘旦著：《第一个工业化社会》，成都：四川人民出版社 1988 年版，第 245－246 页。

表 2.1 伦敦大学学院第一届委员会成员一览表

序号	姓名	爵位	教育及工作经历
1	詹姆斯·阿伯克龙比（James Abercromby,1776—1858）	第一代丹弗姆林男爵	爱丁堡皇家中学毕业，后进入林肯律师会馆学习法律。著名律师、辉格党派政治家和下议院发言人。退休后，致力于爱丁堡的公共事业，创办了联合工业学校（United Industrial School），坚持自由宗教教学和与父母的信仰相一致的原则
2	乔治·伊登（George Eden,1784—1849）	第一代奥克兰伯爵	牛津大学毕业，获得文学学士、硕士学位，后进入林肯律师会馆学习法律。著名律师、辉格党派政治家，曾担任贸易董事会主席、印度总督等。后任伦敦大学学院理事会主席
3	亚历山大·巴林（Alexander Baring,1774—1848）	第一代阿什伯顿男爵	著名金融家、托利党派政治家，曾任贸易董事会主席，坚决反对在国家之间的贸易中设置各种限制
4	乔治·伯克贝克（George Birkbeck,1776—1841）	无	爱丁堡大学毕业，获得医学博士学位，与布鲁厄姆是挚友。1823 年在伦敦创办了力学讲习所，后改名为伯克贝克学院，加入了伦敦大学联邦
5	亨利·彼得·布鲁厄姆（Henry Peter Brougham，1778—1868）	第一代布鲁厄姆和沃克斯男爵	爱丁堡大学毕业，先后学习自然科学、法律。牛津大学的荣誉法学博士、著名大法官、皇家学会会员、辉格党派政治家，议会改革的主要推动者之一
6	托马斯·坎贝尔（Thomas Campbell,1777—1844）	无	格拉斯哥大学毕业，酷爱古希腊典籍与诗文，在校荣获许多奖项，后成为苏格兰著名诗人，曾任格拉斯哥大学名誉校长
7	约翰·威廉·沃德（John William Ward,1781—1833）	第一代达德利伯爵	牛津大学毕业，获文学学士、硕士学位。曾任外交大臣，皇家学会会员、托利党派政治家，强烈支持议会改革。第四代达德利和沃德子爵
8	艾萨克·莱昂·戈德斯米德爵士（Sir Isaac Lyon Goldsmid,1778—1859）	第一代犹太男爵	著名金融家、慈善家、社会改革家，致力于犹太解放运动。其子女受到坎贝尔的教育，与布鲁厄姆、罗伯特·欧文等都是挚友。1841 年成为第一位获得男爵称号的犹太人

续上表

序号	姓名	爵位	教育及工作经历
9	奥林瑟斯·吉尔伯特·格雷戈里（Olinthus Gilbert Gregory,1774—1841）	无	阿伯丁大学毕业，获得文学硕士学位、法学博士学位。皇家天文学会的主要创办人之一，著名数学家、作家、编辑
10	乔治·格罗特（George Grote,1794—1871）	无	著名的希腊史学家、皇家学会会员、大英博物馆的托管人。一生受边沁和密尔的影响较大，长期在伦敦大学任职，并著有多卷本的《希腊史》，后任伦敦大学副校长
11	约瑟夫·休谟（Joseph Hume，1777—1855）	无	深受功利主义的影响，辉格党派的重要成员之一，曾任阿伯丁大学名誉校长，皇家学会会员、皇家亚洲学会会员、农业董事会成员
12	亨利·佩蒂－菲茨莫里斯（Henry Petty-Fitzmaurice，1780—1863）	第三代兰斯多恩侯爵、克里伯爵	爱丁堡大学和剑桥大学毕业，获得文学硕士、法学博士学位。著名的辉格党派政治家、皇家学会会员、格拉斯哥大学名誉校长。曾担任英国内政大臣、财务大臣，三次当选枢密院议长，1836 年被授予英国勋位最高的嘉德勋位爵士称号
13	扎卡里·麦考利（Zachary Macaulay，1768—1838）	无	著名的废奴运动者、统计学家、皇家学会会员。其子是著名的历史学家托马斯·巴宾顿·麦考利（Thomas Babington Macaulay）
14	詹姆斯·麦金托什爵士（Sir James Mackintosh，1765—1832）	爵士	爱丁堡大学毕业，后进入林肯律师会馆学习法律，曾任东印度公司学院的法律和哲学教授、格拉斯哥大学名誉校长。苏格兰著名律师、辉格党派政治家、哲学家、皇家学会会员
15	詹姆斯·密尔（James Mill，1773—1836）	无	著名历史学家、哲学家、经济学家、古典经济学的奠基人。与布鲁厄姆、边沁关系密切，是功利主义的忠实信徒
16	伯纳德·爱德华·霍华德（Bernard Edward Howard，1765—1842）	第十二代诺福克公爵	著名上议院议员、宫廷典礼大臣（兼任纹章院院长，为诺福克公爵世袭职位）、枢密院委员，在议会中强烈支持议会改革

续上表

序号	姓名	爵位	教育及工作经历
17	约翰·罗素（John Russell,1792—1878）	第一代罗素伯爵	曾担任下议院领袖、英国辉格党领袖、枢密院议长、外交大臣，两次出任英国首相。格拉斯哥大学名誉校长、阿伯丁大学名誉校长
18	本杰明·肖（Benjamin Shaw,生卒年不详）	无	英国慈善学校的倡导者
19	约翰·史密斯（John Smith,1767—1842）	无	著名银行家、托利党自由派政治家
20	威廉·图克（William Tooke，1777—1863）	无	著名律师、政治家、皇家学会会员、皇家文学基金学会财务主管，积极参与公共事业，推动教育发展，致力于废奴运动
21	亨利·沃伯顿（Henry Warburton，1784—1858）	无	剑桥大学毕业，获得文学学士、文学硕士学位。著名下议院议员、伦敦地质学会主席、皇家学会会员
22	亨利·维莫斯（Henry Waymouth，1791—1848）	无	金融赞助商、南澳大利亚公司主管
23	约翰·惠肖（John Whishaw，1764—1840）	无	剑桥大学毕业，获得文学学士、文学硕士学位，后进入格雷律师会馆和林肯律师会馆，成为著名律师
24	托马斯·威尔逊（Thomas Wilson，1767—1852）	无	商人、伦敦市议员

资料来源：Leonard Horner. *Statement by the Council of the University of London, Explanatory of the Nature and Objects of the Institution.* London: Printed by Richard Taylor, Red Lion Court, Fleet Street. For Longman, Rees, Orme, Brown, and Green; and John Murray, Albemarle Street, 1827; Leslie Stephen, ed. *Dictionary of National Biography*. London: Smith, Elder, & Co., 15 Waterloo Place, 1885; http://www.wikipedia.org/；［英］安迪·格林著，王春华等译，朱旭东校：《教育与国家形成：英、法、美教育体系起源之比较》，北京：教育科学出版社2004年版，第18页。

这批人大多都是边沁功利主义思想的追随者，崇尚世俗化的知识体系，积极倡导“最大多数人的最大幸福”的功利主义原则。经过多次协商与讨论，委员会一致认为新大学不应模仿贵族化的牛津大学与剑桥大学模式，而应克服它们的保守性和宗教性，满足大多数中等阶级的需求，注重对社会实用人才的培养；同时，他们还确立了“新大学的基本原则是宗教不得以任何形式成为入学要求或教学科目”①，而且也不允许委员会中有任何教派的牧师。这里需要补充说明的一个人是曾带领不信奉国教的新教徒积极参与伦敦大学学院筹建工作的弗朗西斯·奥古斯都·考克斯（Francis Augustus Cox），因为他的浸信会牧师身份而一直未能进入委员会，只能临时担任委员会的荣誉秘书，到1827年才更职为图书管理员。在考克斯的精心管理下，通过募捐、遗赠、购买等方式，图书馆第一年就收集到了6500本图书，第二年增加到9027本。

1826年2月，伦敦大学学院委员会在成立之初拟订了一份《伦敦大学创办计划书》。这份计划书第一次明确规定了伦敦大学学院的早期建制，因而在世界高等教育史上具有重要的意义。它的内容大抵有四个方面：第一，开宗明义地指出了伦敦对一所大学的渴望。在伦敦创办大学的计划已然十分成熟，“无论就智力、财富还是人口来说，伦敦都堪称文明世界中的第一流城市。同时，它既是最需要一所大学的地方，也是唯一没有一所大学的伟大首都”②。第二，旗帜鲜明地宣布了创办大学的指导思想。新创办的大学面向任何宗教信仰的年轻人开放，不设置任何宗教限制也不开设任何宗教课程。第三，简明扼要地规定了大学的一般制度。委员会聘请德才兼备的人担任教授，教授的工资由学生学费支付，教学以公共讲座的形式开展，教授组织考试并向通过考试的学生颁发荣誉证书（Certificate of Honours）。第四，十分详细地阐述了大学的课程设置。这是该计划书的主要内容，也是它在世界高等教育史上具有重要意义的主要原因。委员会在反复论证的基础上，拟定了英国第一所世俗化大学的课程表，包括语言学、数学、历史学、物理学、精神科学、道德科学、政治经济学和医学科学，总共8个门类、31个分支，见表2.2。

---

① Negley Harte and John North. *The World of UCL, 1828–2004*. London: UCL Press, 2004, p. 32.

② Negley Harte and John North. *The World of UCL, 1828–2004*. London: UCL Press, 2004, p. 35.

表 2.2　伦敦大学学院早期课程设置及教师一览表

课程			教师及简介	备注
Ⅰ. 语言学	1	希腊语言、文学和风俗习惯	乔治·朗（George Long,1800—1879），剑桥大学文学硕士，著名古典学者、皇家地理学会的创办人之一，1824 年被聘为佛杰尼亚大学古典语言教授，1828 年任大学学院希腊语言、文学和风俗习惯教授，同年 11 月 4 日（星期二）发表了该课程的入门演讲。 亨利·莫尔登（Henry Malden, 1800—1876），剑桥大学文学学士、硕士，1831—1876 年任大学学院希腊语教授	1831 年辞职，莫尔登接任
	2	罗马语言、文学和风俗习惯	托马斯·休伊特·基（Thomas Hewitt Key, 1799—1875），剑桥大学毕业，英国古典学者、皇家学会会员、语言学会主席，1825—1827 年任佛杰尼亚大学纯数学教授，1828—1842 年任大学学院拉丁语教授，1842—1875 年任比较语法教授，1831—1875 年任该学部部长	1842 年乔治·朗任大学学院拉丁语教授
	3	英国文学和写作	托马斯·戴尔（Thomas Dale, 1797—1870），剑桥大学文学学士、硕士、神学博士，圣·保罗大教堂法政牧师，1828—1830 年任大学学院英国语言与文学教授，1828 年 10 月 24 日（星期五）发表了《英文写作的原理与实践》的入门演讲	1836—1839 年在国王学院任教
	4.	东方语言（从地中海到印度河的语言和从印度河到布拉马普特拉河的语言）	海曼·赫维茨（Hyman Hurwitz, 1770—1844），著名犹太学者，1828 年任大学学院希伯来语言和文学教授，11 月 11 日（星期二）发表了该课程的入门演讲。 弗里德里克·奥古斯特·罗森（Friedrich August Rosen,1805—1837），德国东方学者、皇家亚洲学会秘书，1828—1831 年任大学学院东方文学教授，1835—1837 年任梵文教授	1831 年辞职

续上表

<table>
<tr><th colspan="3">课程</th><th>教师及简介</th><th>备注</th></tr>
<tr><td rowspan="3">Ⅰ. 语言学</td><td>5</td><td>法国语言和文学</td><td>P. F. 墨赫莱（P. F. Merlet，生卒年不详），1834 年任大学学院法语系教授</td><td></td></tr>
<tr><td>6</td><td>意大利和西班牙文学</td><td>安东尼奥·帕尼齐爵士（Sir Antonio Panizzi，1797—1879），意大利帕尔马大学毕业，大英博物馆馆长，1869 年被维多利亚女王授予骑士称号。早年流亡英国，1828 年布鲁厄姆推荐他担任大学学院意大利语教授。
唐·安东尼奥·阿尔卡拉-加里亚诺（Don Antonio Alcala - Galiano，1789—1865），西班牙著名作家、文学家、政治家，早年参军。1828 年任大学学院西班牙语言和文学教授，11 月 15 日（星期六）发表该课程的入门演讲</td><td>1831 年加里亚诺辞职后，此职位几乎没有胜任者，直到 1964 年现代学部的建立</td></tr>
<tr><td>7</td><td>德国与北方文学</td><td>路德维希·冯·米伦菲尔斯（Ludwig Von Mühlenfels，1793—1861），海德堡大学法学博士，著名法学家、历史学家、文学家，早年从德国流亡到瑞士，又到北美，1828 年任大学学院德国和北方语言和文学教授，10 月 30 日（星期四）发表了该课程的入门演讲</td><td></td></tr>
<tr><td rowspan="2">Ⅱ. 数学</td><td>8</td><td>初等数学</td><td rowspan="2">奥古斯塔斯·德·摩根（Augustus De Morgan，1806—1871），剑桥大学文学学士、硕士，著名数学家、逻辑学家、皇家天文学会会员、伦敦数学学会主席等，曾拒绝爱丁堡大学的荣誉法学博士学位。1828 年被聘为大学学院数学教授，成为早期大学学院最年轻的教授，同年 11 月 5 日发表了该课程的入门演讲。1831 年辞职，1836 年他的继任者意外溺亡，德摩根继续担任该职位，直到 1867 年再次辞职，原因是大学学院拒绝任命一神论牧师为精神哲学和逻辑学教授</td><td rowspan="2"></td></tr>
<tr><td>9</td><td>高等数学</td></tr>
<tr><td>Ⅲ. 历史学</td><td>10</td><td>历史学</td><td>本杰明·希思·马尔金（Benjamin Heath Malkin，1769—1842），剑桥大学文学硕士、博士学位，1829 年 3 月任大学学院历史学教授</td><td></td></tr>
</table>

续上表

课程			教师及简介	备注
Ⅳ. 物理学	11	数学物理	狄奥尼休斯·拉德纳（Dionysius Lardner, 1793—1859），文学学士、文学硕士、法学学士和法学博士，在逻辑学、形而上学、伦理学、数学、物理学都卓有建树，虽然担任圣职，但从事文学和科学工作，伦敦和爱丁堡皇家学会会员、皇家天文学会会员、剑桥哲学学会荣誉会员等。1827 年被聘为大学学院自然哲学和天文学教授，次年 10 月 28 日以《论作为普通教育和专业教育一部分的自然哲学与天文学之优势》为题发表了该课程的入门演讲	1831 年辞职去了美国
	12	实验物理		
	13	化学	爱德华·特纳（Edward Turner, 1798—1837），爱丁堡大学医学博士，在哥廷根大学进修，从医学转向化学。英国著名化学家、皇家学会会员，从事原子量研究，与道尔顿的原子理论并驾齐驱。1828 年任大学学院化学教授和地质学讲师，直到去世	
	14	地质学和矿物学		
	15	植物学和植物生理学	威廉·杰克森·胡克（William Jackson Hooker,1785—1865），著名植物学家、皇家学会会员，格拉斯哥大学植物学教授；1827 年被聘为大学学院植物学教授，1829 年因故辞职。 约翰·林德利（John Lindley, 1799—1865），著名植物学家，皇家学会会员、皇家园艺学会助理秘书、伦敦林奈学会会员，1829 年任大学学院植物学教授，4 月 30 日（星期四）发表了该课程的入门演讲。直到 1860 年退休	
	16	动物学和比较解剖学	罗伯特·埃德蒙·格兰特（Robert Edmond Grant,1793—1874），爱丁堡大学医学博士，著名比较解剖学家、皇家学会会员、爱丁堡皇家医学学会主席、爱丁堡普林尼自然史学会荣誉会员等，1827 年被聘为大学学院动物学与比较解剖学教授，1828 年 10 月 23 日以《动物王国研究》为题发表了该课程的入门演讲	在大学学院每周五次课，46 年没有一次缺席

续上表

课程			教师及简介	备注
Ⅳ. 物理学	17	自然科学对艺术的应用	查尔斯·维尼奥尔斯（Charles Vignoles，1793—1875），著名的铁路和土木工程师、皇家学会会员，1841 年任大学学院工程学教授	
Ⅴ. 精神科学	18	人类心理的哲学	约翰·霍普斯（John Hoppus，1789—1875），爱丁堡大学毕业，哲学博士、法学博士、皇家学会会员，英国著名公理会牧师，废奴主义者，教育改革家，1829 年下半学期开始担任大学学院心智哲学与逻辑学的首任教习，直到 1866 年	
	19	逻辑学		
Ⅵ. 道德科学	20	道德和政治哲学	托马斯·索斯伍德·史密斯（Thomas Southwood Smith，1788—1861），爱丁堡大学医学博士，著名的公共卫生改革家和内科医生，《威斯敏斯特评论》的创办人之一。他是边沁的忠实追随者，他的特殊兴趣就是将自己的哲学信念运用于医学研究。1832 年 6 月 9 日，根据边沁的遗愿，史密斯在伦敦解剖学校解剖了他的遗体，存放在大学学院。同时，他发表了重要演讲，批驳反对解剖尸体的人，力促《1832 年解剖学法案》的通过	据伯恩斯（J. H. Burns）推测，史密斯担任该课程的教师
	21	法学，包括国际法	约翰·奥斯汀（John Austin，1790—1859），著名法律哲学家，与密尔父子关系甚笃，1827 年 7 月被聘为大学学院法学教授。激情洋溢的授课风格、言辞流利的演讲口才和富有学识的讲课内容使许多学生为之倾倒	
	22	英国法，（也许）有关于宪法的讲座	安德鲁·阿莫斯（Andrew Amos，1791—1860），出生于印度，剑桥大学毕业后进入律师学院学习法律，1828 年任大学学院法学教授。其子谢尔登·阿莫斯（Sheldon Amos），1869—1878 年任大学学院法律教授；其孙莫里斯·谢尔登·阿莫斯爵士（Sir Maurice Sheldon Amos），1932—1937 年任比较法学奎恩教授	
	23	罗马法		

续上表

课程			教师及简介	备注
Ⅶ. 政治经济学	24	政治经济学	约翰·拉姆齐·麦卡洛克（John Ramsay McCulloch，1789—1864），苏格兰经济学家、作家、编辑，1828 年被聘为大学学院首任政治经济学教授	1837 年辞职
Ⅷ. 医学科学	25	解剖学	格兰维尔·夏普·帕蒂森（Granville Sharp Pattison，1791—1851），苏格兰解剖学家，医学博士，曾在美国大学任教，后与同事矛盾，1827 年回到伦敦，被聘为大学学院解剖学和外科手术学教授	1830 年辞职
	26	生理学	查尔斯·贝尔爵士（Sir Charles Bell，1774—1842），爱尔兰著名外科医生、生理学家、解剖学家，爱丁堡和伦敦皇家学会会员、皇家瑞士科学院外籍会员等，1828 年 10 月 1 日，大学学院开学第一天发表了入职演讲。	1830 年辞职去了米德尔塞克斯医学院
	27	外科学	约翰·弗雷德里克·梅克尔（John Frederick Meckel，生卒年不详），医学博士，德国萨克森的哈雷大学解剖学和生理学教授，1827 年被聘入伦敦担任医学部教授	
	28	产科学和妇幼疾病	戴维·丹尼尔·戴维斯（David Daniel Davis，1777—1841），格拉斯哥大学医学博士，夏洛特女王产科医院助产士，1827 年被聘为大学学院产科学教授	
	29	药学	安东尼·托德·汤姆森（Anthony Todd Thomson，1778—1849），爱丁堡大学医学博士，苏格兰著名医生，皮肤病学创始人，皇家医学会会员等，1828 年任大学学院药学教授，1832 年接任史密斯的法医学教授职位。 约翰·戈登·史密斯（John Gordon Smith，1792—1833），爱丁堡大学医学博士，皇家威斯敏斯特眼科医院医生，1829 年任大学学院法医学教授，5 月 11 日（星期一）以《法医学的概要》为题发表了该课程的入门演讲。去世后，继任者为汤姆森	

续上表

课程			教师及简介	备注
Ⅷ. 医学科学	30	疾病的性质和治疗	约翰·康诺利（John Conolly, 1794—1866），爱丁堡大学医学博士，牛津大学名誉民法博士，著名精神病学家，1827 年被聘为大学学院疾病的性质和治疗教授，1828 年 10 月 2 日（星期四）在大学学院发表了该课程的入门演讲，后来又将临床精神病学的教学引入大学学院课程	1831 年辞职去了哈维尔精神病院
	31	大学一联系到医院就开设临床讲座	托马斯·沃森（Thomas Watson, 1792—1882），剑桥大学医学博士，皇家学会会员、病理学会主席、伦敦临床学会主席、皇家内科医学院院长，1827 年被聘为米德尔塞克斯医院内科医生和大学学院临床医学教授，不久后任国王学院法医学教授及后来的医学原理与实践教授。1840 年从国王学院辞职，1843 年从米德尔塞克斯医院辞职，1859 年任女王的特别医生	医学实践在米德尔塞克斯医院，药房实践在大学药房

资料来源：Leonard Horner. *Statement by the Council of the University of London, Explanatory of the Nature and Objects of the Institution*. London：Printed by Richard Taylor, Red Lion Court, Fleet Street. For Longman, Rees, Orme, Brown, and Green；and John Murray, Albemarle Street, 1827；Anon. *Ten Introductory Lectures Delivered at the Opening of the University of London*. London：Printed for John Taylor, 1829；Leslie Stephen, ed. *Dictionary of National Biography*. London：Smith, Elder, & Co., 15 Waterloo Place, 1885；http：//www.wikipedia.org/；J. H. Burns. *Jeremy Bentham and University College*. London：The Athlone Press, 1962；Negley Harte and John North. *The World of UCL, 1828 – 2004*. London：UCL Press, 2004.

根据上述课程设置，委员会成员动用各自的人脉关系，通过推荐、遴选等方式，聘任了相关学科的教授，但由于资金匮乏、时间仓促等原因，导致了一些科目在大学学院正式开学的时候并没有开课，而是在后来的发展中才逐渐完善的。下面以“自然科学对艺术的应用”这门课为例来回顾当时教师的聘任情况及大学创办过程中面临的困境。

“自然科学对艺术的应用”是现代工程学的最早形态。因此，几无疑问的是，英国的第一位工程学教习建立在现在的伦敦大学学院之中，并且拥有者配得上此头衔。① 18世纪末19世纪初，工业革命的蓬勃发展孕育了铁路、公路、矿业等行业最早的实践型工程师，而且社会对这类人才的需求与日俱增，但传统学徒制培养的工程师具有周期长、人数少等缺点，往往供不应求。伦敦大学学院委员会看准社会市场对此类人才的急切需求，果断开设了工程学课程并打算聘请实践经验丰富的且有教学经历的工程师来担任教授。1818年，英国土木工程师协会（The Institution of Civil Engineers，ICE）成立，1828年获得了皇家特许状，宣称其目标是“培养和推动土木工程的艺术和科学”。1827年7月17日，根据土木工程师协会的建议，委员会决定任命约翰·米林顿（John Millington）为工程学教授，主讲力学、化学等自然科学在工艺和制造业中的应用。约翰·米林顿曾在皇家力学协会（Royal Institution of Mechanics）开设过讲座，对气体力学、声学、流体力学、蒸汽发动机等领域颇有研究，并且出版过相关著作，具备一定的教学经验。约翰·米林顿向伦敦大学学院提出了一份每年400英镑的薪水，但由于学生学费的低廉，校方根本无法承担这份“高昂”的工资。1828年6月26日，米林顿因不满工资待遇而辞职。虽然他也开设了一些工程学的讲座，但并没有形成一个有组织的工程学团体，伦敦大学学院此时还没有正式开学。直到1841年，著名的铁路和土木工程师查尔斯·维尼奥尔斯担任工程学教授为止，该门课程一直由物理学和数学教授兼任。②

从工程学学科的设置和教师的聘任情况中我们发现，伦敦大学学院的课程设置是紧密联系社会需求的，这种以市场需求为导向、以社会服务为宗旨的大学理念在伦敦大学学院的早期办学实践中就得到了体现；同时它还借鉴了德国大学学术自由、教学与研究相结合等特点，开启了英国大学新的发展模式，从而第一次引领了近代英国大学发展的方向。但伦敦大学学院的创办并不顺利，例如由于宗教、资金匮乏等原因导致了学院的师资不足。

为了回报大学的捐助者和认购股票的业主，委员会为他们制定了一些特权和优惠政策。首先，根据《协议契据》，每份股票以递减的利率每年支付，股票的利息不超过剩余收入的4%英镑（如果有的话），业主具有转让和遗赠股票的特权，这就使他们避免了各自因捐助资金和认购股票而产生的债务；其次，通过特殊会议可修订委员会的议程和实施新的条例和规定，在投票表决中，拥有1份股票享有1票权，5份股票则享有2票权，10份及以上

① F. M. L. Thompson. *University of London and the World of Learning, 1836 - 1986*. London: The Hambledon Press, 1990, pp. 161 - 162.

② 袁传明：《英国大学工程学学科创立的历史考察——以伦敦大学为例》，《高等理科教育》2014年第5期，第61页。

股票享有3票权；再者，捐助50英镑及以上的人享有业主的所有特权（除了转让和遗赠权），在任何表决中最多享有1票权；还有，业主有举荐1名学生的权利，让其减免学费；最后，捐助者和业主可私自进入图书馆和各类收藏室。①

以"英国文学"这门课程为例。该课程由毕业于剑桥大学基督圣体学院、供职于圣·保罗大教堂的著名牧师托马斯·戴尔讲授，共分为四部分：第一部分共14次讲座，主要内容是英国文学史；第二部分共14次讲座，主要内容是戏剧；第三部分共12次讲座，主要内容是诗歌；第四部分共16次讲座，涉及神学、小说、自传等。② 学生可根据自己的喜好来选择上课。对业主提名的学生而言，每部分的学费为1英镑，只需4英镑就可学完全部课程，而非提名的学生则每部分需另交7先令6便士③，或整个课程需另交1英镑10先令。④ 值得关注的一个细节是：在该门课的第四部分中，戴尔还安排了5次神学讲座。尽管委员会明文规定不设置宗教课程，但由于"英国文学"的内容本身就与宗教密切联系，而作为一名称职的牧师，戴尔无论是出于主观原因还是客观原因都无法回避宗教内容。从这一课程的教学大纲中我们可以发现，尽管"伦敦大学"以世俗化特征而著称，学校的管理层也不允许有任何教派的牧师，但某些特殊课程的教学还是由牧师来承担，所以他们很容易会将自己的宗教信仰带入课程。这一事实表明，伦敦大学学院的课程设置表虽然是由委员会负责制度的，教师也是由委员会聘请的，但具体的授课内容则由教师决定，体现了教师在教学上具有较大的自主权；同时也说明了宗教势力在当时的英国仍然占有相当重要的地位，因为"宗教的基本倾向超越了教育的标准，持续了近一个世纪"⑤。可见，伦敦大学学院在创办之初所要克服的阻力有多么巨大，虽然不可能百分之百地摆脱宗教的束缚，但它对非国教派的包容以及不单独设置宗教课程的做法在英国历史上就已经树立了里程碑，向近代英国高等教育的大众化和世俗化迈出了重要一步。

在聘请教师、设置课程的同时，委员会还在紧张地谋划着校址的选择和

---

① Negley Harte and John North. *The World of UCL, 1828－2004*. London: UCL Press, 2004, p. 37.

② Rev. Thomas Dale. *An Introductory Lecture Delivered in the University of London, on Friday, October 24, 1828 (Fourth Edition)*. London: Printed for John Taylor, Bookseller and Publisher to the University of London, so, Upper Gower Street, 1829, pp. 39－40.

③ 1英镑等于20先令，1先令等于12便士。

④ Rev. Thomas Dale. *An Introductory Lecture Delivered in the University of London, on Friday, October 24, 1828 (Fourth Edition)*. London: Printed for John Taylor, Bookseller and Publisher to the University of London, so, Upper Gower Street, 1829, p. 39.

⑤ ［英］克里斯托弗·哈维、科林·马修著，韩敏中译：《19世纪英国：危机与变革》，北京：外语教学与研究出版社2007年版，第44页。

建设工作。1825 年 8 月，委员会中的 3 名富商戈德斯米德爵士、约翰·史密斯和本杰明·肖花 3 万英镑买下了伦敦市中心的布鲁姆斯伯里约 8 英亩土地作为伦敦大学学院的校址。起初该地是各种演练的聚集地和决斗的场所，垃圾遍野、碎石横飞。负责校址设计的是英国著名建筑学家、考古学家威廉·威尔金斯（William Wilkins），他还设计了剑桥大学国王学院、英国国家美术馆等重要建筑物，伦敦大学学院的设计是他最杰出的作品。按照他的计划，走上一段宽敞的楼梯就是学校的正大门，由 10 根科林斯式圆柱组成的门廊，最高处是一个精美别致的圆屋顶。从事宗教活动的小教堂被很明显地排除在外，入口处通向三个主要房间，左边是自然历史博物馆，右边是图书馆，径直通向大礼堂。各式大小的讲座教室沿着回廊，向正门的两翼顺次深入展开，而且里面还有一些套房。[①] 但由于资金短缺，威尔金斯的宏伟设计只实现了一部分。1826 年 8 月 18 日，休谟在给布鲁厄姆的信中说："我们今天已经有 1425 股被认购了，就基金现状来看，用此就可完成工作，但是要委员会履行《协议契据》，还必须再有 75 股被认购。"[②] 尽管 1826 年冬季的天气十分恶劣，但在 1827 年 4 月 30 日，国王乔治四世的六弟苏萨克斯大公（Duke of Sussex）为伦敦大学学院的奠基加快了建校进程，他被认为是唯一一位拥有理性矫饰的皇室成员。事后，500 多人聚集在共济会酒馆共进晚餐，多次发表了重要演讲，又募集了 8000 英镑。布鲁厄姆在演讲中对"伦敦大学"的反对者给予了猛烈的还击，而坎贝尔此时正在出任格拉斯哥大学名誉校长，并没有出席此次奠基活动。据说，坎贝尔受到布鲁厄姆的排挤，他与伦敦大学学院的关系在他提议建立大学之后就终止了。[③]

委员会设立学监（Warden）一职，协助他们参与校务管理。1827 年 7 月，伦敦大学学院的学监伦纳德·霍纳（Leonard Horner）拟订了一份《伦敦大学委员会声明：大学目标与本质的解释》（Statement by the Council of the University of London, Explanatory of the Nature and Objects of the Institution），交由詹姆斯·密尔和威廉·图克修订。主要内容包括英格兰建立一所大学的必要性、伦敦大学教授的各种知识分支、不同的学习课程、大学的管理、教授、纪律、学生支付的学费、校舍、捐助者及其特权和附录（包括《创办计

---

① Negley Harte and John North. *The World of UCL, 1828 – 2004*. London: UCL Press, 2004, pp. 42 – 43.

② Michael Sanderson, ed. *The University in the Nineteenth Century*. London and Boston: Routledge & Kegan Paul, 1975, p. 58.

③ Negley Harte and John North. *The World of UCL, 1828 – 2004*. London: UCL Press, 2004, p. 41.

划书》、校务委员会的几次会议报告和奠基典礼报告）共 10 个部分。[①] 这份声明的作用主要有两个：首先是向外界宣告“伦敦大学”已经成立，并将于 1828 年 10 月正式开学；其次是就大学的目标、性质及组成向外界做进一步声明。

伦敦大学学院的正式开学时间是 1828 年 10 月 1 日。在开学典礼中，有许多公众人物参与，取得了巨大成功。最早开设的课程中医学占多数，开学的第一次讲座就是由医学部中最杰出的教授查尔斯·贝尔发表的。除了贝尔外，医学部还有著名的精神病学家约翰·康诺利、产科学教授戴维斯、解剖学家帕蒂森、药学教授汤普森以及临床医学教授沃森。这些人大多都在爱丁堡大学接受过医学教育，因此，从开学伊始他们就为伦敦大学学院的医学教育奠定了重要基础，形成了伦敦大学学院重视医学教育的传统。

（三）边沁及功利主义大学观

杰里米·边沁是英国著名法理学家，功利主义学说的创始人，出身于律师家庭，4 岁学习拉丁语，7 岁学习法语，13 岁进入牛津大学女王学院学习，16 岁获得学士学位并进入林肯律师会馆学习法律，19 岁获得文学硕士，1789 年因发表《道德与立法原理导论》（*An Introduction of the Principles of Morals and Legislation*）而声名鹊起。边沁的主要作品还有《政府片论》（*Fragment on Government*）、《为高利贷辩护》（*A Defence of Usury*）等，且大多都收藏于伦敦大学学院。边沁的教育代表作则是 1816 年发表的《有益的学习》（*Chrestomathia*），该书集中论述了他创办一所实科中学的设想。

边沁与伦敦大学学院有着不解之缘。尽管他本人没有直接参与“伦敦大学”的筹建工作，但建校先驱们大多都是边沁主义的忠实信徒，如布鲁厄姆、詹姆斯·密尔等都自称是边沁主义者。在早期筹建过程中，他们努力践行着边沁的功利主义信念，发行股票、购建校舍、聘请教师等，经过不懈的奋斗，伦敦大学学院终于在 1828 年正式开学。在这一过程中，“伦敦大学”的成功创办意味着边沁的功利主义办学理念的真正实现，他为大学的建立提供了重要的理论基础和指导思想，因此，建校先驱们“欠边沁一大笔智力债”[②]。时至今日，伦敦大学学院的后辈们依然把边沁奉为大学的“精神之

① Leonard Horner. *Statement by the Council of the University of London, Explanatory of the Nature and Objects of the Institution*. London: Printed by Richard Taylor, Red Lion Court, Fleet Street. For Longman, Rees, Orme, Brown, and Green; and John Murray, Albemarle Street, 1827.

② Negley Harte and John North. *The World of UCL, 1828 – 2004*. London: UCL Press, 2004, p. 27.

父"[1]。有学者指出："如果在公众意识中这所大学与边沁之间存在联系且如父子般亲密，那么大学自身做了许多事情来培养了这种联系。"[2] 可见，伦敦大学学院一直把边沁视为其精神支柱。在边沁及其追随者的影响下，功利主义大学观在伦敦大学学院的办学实践中得到了深刻体现。

功利主义（utilitarianism，又译乐利主义、功用主义、效用主义、效益主义等），是边沁在吸收霍布斯、大卫·休谟、洛克等人思想的基础上形成的。首先需要明确的是，在边沁功利主义思想中，实惠、好处、快乐、利益、幸福等之类词语都是同义词，损害、痛苦、祸患、不幸等也是同义词，这两组同义词组成了一对反义词组。其次，功利原理的基础是承认人类是由快乐和痛苦主宰的。大自然把人类置于快乐和痛苦之下，谁都无法摆脱快乐和痛苦的支配，它们决定着人类的行为准则、是非标准、道德规范和因果联系等。边沁认为："功利是指任何客体的这么一种性质：由此，它倾向于给利益有关者带来实惠、好处、快乐、利益或幸福（所有这些在此含义相同），或者倾向于防止利益有关者遭受损害、痛苦、祸患或不幸（这些也含义相同）；如果利益有关者是一般的共同体，那就是共同体的幸福，如果是一个具体的个人，那就是这个人的幸福。"[3] 简言之，功利就是一种趋利避害的品性；功利不仅适用于个人，而且适用于共同体。

所谓功利原理，就是"按照看来势必增大或减小利益有关者之幸福的倾向，亦即促进或妨碍此种幸福的倾向，来赞成或非难任何一项行动"[4]。根据这一原理，边沁把个人幸福作为法律改革、社会改革的最终目标，认为"最大多数人的最大幸福是衡量正确与错误的标准"[5]。就个体而言，如果一事物倾向于增大他的幸福感或减少他的痛苦，那么它就促进了个体的利益或是为了个人的利益；共同体也是这样。如果一项行动增大个体或共同体幸福感的倾向大于减小其幸福感的倾向时，那么它就是符合功利原理的。此外，边沁还提出了两个与功利原理相反的原理，即禁欲主义原理和同情与厌恶原理。

边沁主义者们借鉴了边沁的功利原理及创办实科中学的计划，将其运用到伦敦大学学院的办学实践之中，从而形成了功利主义大学观。基于功利原理的功利主义大学观在教育目的上强调教育要为广大的中等阶级服务。边沁认为，教育的最终目的是要为最大多数人的最大幸福服务，这与坎贝尔提出

---

① UCL. Bentham and UCL [EB/OL]. http://www.ucl.ac.uk/Bentham-Project/who/bentham_ucl, 2013-10-13.

② J. H. Burns. *Jeremy Bentham and University College*. London: The Athlone Press, 1962, p. 1.

③④ ［英］边沁著，时殷弘译：《道德与立法原理导论》，北京：商务印书馆2002年版，第58页。

⑤ J. Bentham. *A Fragment on Government*. Oxford: The Clarendon Press, 1891, p. 93.

的为广大中等阶级建立大学的构想是基本吻合的。边沁将他的教育理想寄托在一所“功利日学校”（Chrestomathia Day School）上。这所学校又称为“功利学校”（Chrestomathia School），它是一所教授科学知识、排斥宗教的实科中学。边沁在《有益的学习》的副标题中明确指出，该校的办学目的是“为了将教育制度扩展到学科的更高分支，供生活在中等阶级及以上的人使用”①。由此可见，从“功利学校”到伦敦大学学院，边沁的教育普及化和大众化思想得到了传承，伦敦大学学院的建立向“最大多数人的最大幸福”的理想又迈进了坚实的一步。

以边沁的功利原理为基础的功利主义大学观首先强调的是教育内容的实科化。“chrestomathic”一词来源于两个希腊单词的组合，意思是促进有益的学习。边沁的《有益的学习》主要论述了一个适用于实科中学的教育计划，这所学校将用已经改进的教学原理来教授所有学科的高级分支。该计划有两个“功利学校教学表”，第一部分包括建议在所有课程中摄入一些智力教学的分支；第二部分包括新的教学原理在高级学科分支中的应用。其中较为重要的是，边沁提出了教学课程的五阶段划分。每个阶段都是在前一个阶段原有学科的基础上增加新的学科，各个阶段课程范围相当广泛，主要涉及矿物学、植物学、动物学、地理学、几何学、历史学、静体力学、声学、光学、化学、发射学等实用学科。由功利主义者创办的激进主义刊物《威斯敏斯特评论》对边沁的“功利日学校”大加赞赏，认为“通过这个令人钦佩的教育制度，人类最有前景的希望将会实现。这个制度已经开始了它的计划，而且必将持续下去，并广为流传。我们将共享它的胜利，不会阻止它”②。虽然这个广泛的实科课程计划没有在中学中实现，但却在当时的“伦敦大学”课堂中落实了，与1826年《伦敦大学创办计划书》中规定的31个分支学科十分相似。

其次，功利主义大学观的最重要特色就是排除宗教对教育的影响，倡导教育的世俗化。无论是“功利学校”还是“伦敦大学”，宗教内容均不在课程设置的范围之内。这一点甚至连具有保守和宗教倾向的《不列颠评论》也指出：“在许多涉及形式和理念的方面，边沁先生的功利日学校都是布鲁厄姆先生和坎贝尔先生的伦敦大学的精确原型和副本。前者的计划分为五个阶段，并且包括一个十分广泛的科学目录。然而，他们主要属于力学、化学或自然哲学，并且存在一些非常显著的遗漏，即那个被我们现在所发现的、一直以来被忠诚地复制着的模型。因此，考虑到接下来的‘生命时间太短’和

---

① Jeremy Bentham. *Chrestomathia*. London: Payne and Foss, 1816.

② Anon. Bentham's Chrestomathia. *Westminster Review*, 1824 (1), p. 79.

'入学就孕育着排斥'的原因，'私人伦理或道德（争论点）'就不可能存在于任何一个阶段了。神学也因同样的原因被排斥在外。"① 通过保守主义者的比较与评论，我们发现，尽管"功利学校"和"伦敦大学"是两个不同的教育等级，但在教育内容的世俗化和实科化方面二者却是惊人的相似。

牛津大学往往以有边沁这样的名人而感到自豪，可边沁在那里生活得并不快乐，他对牛津大学中充斥着教条主义的古典课程深恶痛绝。边沁曾指出："在这些我发现的以及我长久经历的事物当中，谎言和伪善是英国大学教育和英格兰一流教会教育的必然结果，而且也是唯一的必然结果。"② 英国历史学家 F. C. 蒙塔古（F. C. Montague）在《政府片论》的导言中指出："也许，牛津大学再也没有培养出另一位像他这样不喜欢牛津的名人了。"③的确如此，边沁反感学究式古典教育，倡导功利教育。以功利原理为基础的功利主义大学观是在批评传统大学的宗教性、保守性和贵族性的基础上形成的，在这一过程中受到了保守主义势力的猛烈抵抗（如牛津运动的兴起），并对后世产生了深远的影响。"最大多数人的最大幸福"的教育目的促进了英国早期高等教育大众化的发展；教育内容的实科化和世俗化无疑是对传统大学的有力抨击，加速了宗教教育的节节衰退和科学教育的异军突起；同时，功利主义大学观在伦敦大学学院的办学实践中得到了深刻的体现，它也为近代英国高等教育世俗化和大众化进程提供了坚实的理论依据。然而，由于边沁过于强调实用学科的价值，不可避免地会使人文学科的地位与价值受到削弱。因此，这也成了反对者们攻击它的"口舌"。

二、伦敦国王学院的成立

（一）保守主义者对伦敦大学学院的攻击

如前所述，英国高等教育界在 19 世纪初爆发了一场关于古典自由教育和功利职业教育的大辩论，这场辩论的核心是大学改革的世俗化与平民化问题。伦敦大学学院作为这场辩论中苏格兰人的重要"战果"，它的建立对传统的牛津大学与剑桥大学形成了前所未有的挑战，尤其是它的世俗化特征更是史无前例的，因此，这不得不引起保守主义者的注意乃至攻击。

---

① Anon. Modern Systems of Instruction. *The British Critic*, *Quarterly Theological Review and Ecclesiastical Record*, 1827 (1), p. 188.

② J. Bentham. *Church - of - Englandism and Its Catechism Examined*. London: Effingham Wilson, Royal Exchange, 1818, p. xxi.

③ J. Bentham. *A Fragment on Government*. Oxford: The Clarendon Press, 1891, p. 4.

伦敦大学学院的建立在当时具有巨大的反传统性，仅“不设置宗教课程”这一条在欧洲历史上就未曾有过，它以实际行动率先向以牛津大学与剑桥大学为统治地位的英格兰传统高等教育发起挑战，开启了近代英国高等教育的世俗化进程。确切地说，自 1825 年 2 月坎贝尔提议在伦敦建立一所大学并授予他们人文学科与科学的荣誉之时起，反对它的势力就逐渐开始形成。从当时一些流行的保守期刊来看，如《评论季刊》《不列颠评论》《约翰牛》[①] 等，贬损伦敦大学学院的声音有“伦敦佬大学”（The Cockney University）、“激进的异教徒学院”（The Radical Infidel College）、“撒旦的犹太教堂”（Synagogue of Satan）、“高尔街不信神的机构”（The Godless Institution of Gower Street）等。苏格兰著名神学家、伦敦大公使徒教会（Catholic Apostolic Church）的主要创办者爱德华·艾文（Edward Irving）就把伦敦大学学院讥讽为抛弃耶稣的“撒旦的犹太教堂”。在著名政治家和诗人温斯罗普·麦克沃斯·普雷德（Winthrop Mackworth Praed）的笔下，伦敦大学学院被描述为臭名昭著的“激进的异教徒学院”。有一首诗曾这样写道：

伯克贝克，布鲁厄姆，格雷戈里，
和其他邪恶的人，
已经制定了一个计划来破坏教会；
如果不是教堂的塔尖！
是伦敦大学！
啊，多么令人震惊的想法；
竟想教授任何东西，
除了教会和国家信仰。[②]

1825 年 7 月，保守主义杂志《约翰牛》刊载了一篇较为聪明些的讽刺性文章：

快来吧，我的邻居，停止你的工作，
放下挖掘、勘探和搅拌；
新的希望正吸引你的注意，
并用学问填满所有人的大脑。
每位清洁工都将说拉丁语和希腊语，

---

① 《约翰牛》（*John Bull*）是由一位喜欢搞恶作剧的作曲家稀欧多尔·胡克（Theodore Hook，1788—1841）于 1820 年创办的一种周日刊发的报纸，在当时非常流行。

② Negley Harte. *The University of London, 1836 - 1986: an illustrated history*. London: The Athlone Press Ltd., 1986, p.65.

且修补匠在知识方面击败了主教——
如果富饶的部落同意认购股票，
建立一所新的伦敦佬学院。[①]

伦敦大学学院的创办不仅在英国国内引起轰动，而且它的世俗性对传统宗教教育的冲击还波及了欧洲其他地区。克莱门斯·梅特涅（Klemens von Metternich）是19世纪欧洲保守主义的巨擘，也是一位杰出的外交家，1821年任奥地利首相，他反对民主主义和自由主义，积极维护封建专制制度。在获悉伦敦将要建立一所世俗化的大学时，梅特涅立刻表示谴责。1825年9月8日，他在给驻伦敦的奥地利外交大使的指示中说："在你离开前，我请求你一件事，再一次提醒国王注意；这就是建议创办的那所伦敦大学。你用我的特权告知陛下我坚定的信念是，实施这个计划将导致英格兰的毁灭。"[②] 可以推测，虽然此时伦敦大学学院还没正式开学，但即使还在"襁褓"之中的它就已经引起了欧洲保守主义势力的密切关注，待它建成之后，势必会给欧洲高等教育带来冲击。

伦敦大学学院的建立推动了19世纪初英国世俗主义的发展，同时也遭到了宗教主义的反击。1826年7月2日，著名神学家、牛津运动的主将休·詹姆斯·罗斯（Hugh James Rose，1795—1838）在剑桥大学布道时，强烈谴责当时流行的世俗主义，他以《关于被关注知识的流行意见之趋势》（*Tendency of Prevalent Opinions about Knowledge Considered*）为题，发文驳斥功利主义者的观点，对以功利原理为判断知识价值的方法不以为然，认为"知识没有正当的目标，我们智力和道德的提升是命中注定的"。他指出："知识的真正价值必须由它涉及的目标的真正价值来决定。关于临时的便利、奢华和财富，关于厌恶的个体和世界，都不能与我们本性中高贵圣洁的部分相比较，当物质世界消逝的时候，它仍将持续。那才是最好且最合适我们的知识，它可以最大限度地增强智慧、提升观点和净化心灵。"[③] 尽管罗斯的评论并没有直接涉及"伦敦大学"，但他对把功利原理作为判断知识价值的方法以及实用教育的批判，实则指向当时渐起的世俗主义之风，尤其是以"不信神"的、崇尚世俗知识的伦敦大学学院为代表。正是在罗斯这篇布道文的影响下，伦敦才建立起了第二所大学——伦敦国王学院。

---

① Negley Harte. *The University of London, 1836 – 1986: an illustrated history*. London: The Athlone Press Ltd., 1986, p. 65.

② Negley Harte and John North. *The World of UCL, 1828 – 2004*. London: UCL Press, 2004, p. 25.

③ Hugh James Rose. *Eight Sermons Preached before the University of Cambridge*. Cambridge: Printed by J. Smith, Printer to the University, for J. & J. J. Deighton, Cambridge, and Rivingtons, London, 1831, p. 194.

对于这些难以入耳的斥责与谩骂，伦敦大学学院不仅用行动向外界证明了世俗化是大学改革的必然之路，同时也积极发文予以还击，为19世纪初的大辩论增色不少。1826年2月，托马斯·麦考利在《爱丁堡评论》刊发了《论英格兰学术教育的提升》（Thoughts on the Advancement of Academical Education in England）一文，对《约翰牛》等杂志无休止的攻击予以反驳。文章一开始就从事实做出还击，他指出："从国家的一端到另一端，工匠、车夫、农家孩童都在阅读写作。数以千计的人们参加讲座。成千上万的人阅读报纸。是赐福还是诅咒，我们现在不讨论。但这是事实。教育正在工作的人中间传播，且不能阻止教育在他们中间传播。最近20年，在这方面已经发生的变化是巨大的。没有人敢肯定地说，信息正在以同样的速度在中等阶级中的那些中、低等级人群之间增长，如农民、店主或商业公司的职员。"① 托马斯·麦考利接着又指出："坚决反对在伦敦大学中设置任何宗教教学。伦敦大学将向所有教派的基督教徒开放，甚至包括犹太教徒。但是如果缩小这个范围，采取国教派的方法，要求教义认可或神学测试，从每一个教授到每一个学生；那么，我们可以说，在神学科目中要比在其他任何学科目中产生更多争论的领域，更危险的是教条的游离不定对评论者可能是巨大的不幸。"② 伦敦大学学院的辩护者们坚信，自由放任的原则不仅在政府和贸易中而且在教育中也对人类的幸福生活至关重要。最后，麦考利指出："我们冒险给早期大学算上一卦。我们预测，攻击它的喧闹将销声匿迹。它注定要永久而华丽地矗立在那里，造福人类；当它的体制精神未变时，细节随每个时代的不同环境和需求而改变；它将成为许多未来大学的榜样；甚至现在蔑视它的那些傲慢的大学，在某种程度上也将受到其有益的影响；拥有非凡智力、才华出众的名人的支持，他们的努力做出了卓越贡献，他们赋予大学的尊严比来源于任何奢侈的赞助或夺目的仪式都更为高贵。"③ 历史告诉我们，麦考利的预言几乎完全正确，伦敦大学学院在后来获得了巨大成功，并给近代英国高等教育的改革与发展带来了福音。

伦敦大学学院之所以招致人们的攻击，哈特与诺思认为大致有三个方面的原因："部分是由于在金融投机时期以股份制公司为明显的借口来伪装一所大学；部分是由于学院呼吁社会团体来排斥两所老大学，这种呼吁使统治

---

① T. B. Macaulay. Thoughts on the Advancement of Academical Education in England. *The Edinburgh Review*（*No. LXXXVI*），1826（2），p. 317.

② T. B. Macaulay. Thoughts on the Advancement of Academical Education in England. *The Edinburgh Review*（*No. LXXXVI*），1826（2），p. 320.

③ T. B. Macaulay. Thoughts on the Advancement of Academical Education in England. *The Edinburgh Review*（*No. LXXXVI*），1826（2），p. 340.

集团无法容忍；最重要的是由于拒绝所有宗教教学和强制性的宗教统一所引起的。"[①] 从建校方式上看，伦敦大学学院是在未获得皇家特许状的情况下以股份制公司的形式成立的，只有以这种投机方式才能成立，而它的"大学"之名是自封的，并没有受到外界的广泛认可。从创办动机上看，建校先驱们是要打破代表贵族和统治集团利益的牛津大学与剑桥大学对英格兰高等教育的垄断，建立为广大中等阶级服务的新大学，从根本上说它触及了统治集团的利益，因此未能获得皇家特许状。然而，外界攻击伦敦大学学院的最主要原因还是在于它对宗教采取的抵制和宽容态度：一是抵制任何宗教课程进入大学；二是准许任何教派的人进入大学学习。

（二）伦敦国王学院的诞生与筹建

就在伦敦大学学院还处于筹建之际，抨击它的牧师们逐渐形成了统一的意见，这就是在伦敦建立另一所以宗教教育为基础的大学，以便与之抗衡。这一消息最先发表在1827年1月的《不列颠评论》上。1826年10月，身为萨福克郡哈德雷教区长的罗斯在剑桥大学发表的那篇布道文对当时兴起的世俗主义以当头一击，一时间流传甚广。1827年1月，《不列颠评论》刊文评论该篇布道文，同时比较了罗斯的布道原则与《伦敦大学创办计划书》，毫不犹豫地谴责布鲁厄姆等人的功利主义知识观以及伦敦大学学院的世俗化课程，声称它的计划书为"谬论"，随后便提议在伦敦建立第二所大学。该篇评论指出：

> 第一个争论是我们已经看到布鲁厄姆先生在他的特殊言语中使用了"入学就孕育着排斥"，即如果大学教授宗教知识，或者换句话说如果大学与基于宗教课程的特殊原则相联系并认可它，那么许多人将被排斥在外，他们本应该欣然地分享其优点。但我们质疑的事实是：我们更倾向于认为由于想要一些正统宗教知识而将远离学校的学生比例远远多于那些因公然教授国教教义而自动缺席的人数。现在，为了争论，让我们假设另一种情况：我想说，如果对一所新大学的需求如已经伪装的大学一样强烈和普遍，那么为什么两所或更多的学院机构不能在伦敦建立呢？那里不缺少教授，同一人文学科教授可在两个地方的不同时间开设讲座并且连接对所有基督教派来说都很普遍的自然宗教的一些知识分支；然而，特殊的教师可分别阐述基于每所学院或大学建立的特殊观点。我们更愿看到一

① Negley Harte and John North. *The World of UCL, 1828 - 2004*. London: UCL Press, 2004, p. 47.

所“反对者的大学”建立在伦敦，毗邻街边为教会成员服务的大学，公开、公正地反对它；或者甚至是一所以同样方式建立的“自然神论的大学”，而不是像现在的这所，声称准许所有其他成分的知识并拒绝腐败不堪的宗教。不仅如此，我们宁愿看到各种宗教信仰的教授经常参加各自适合他们的仪式——尽管我们意识到这个计划有许多严重的不便——而不是现在我们不得不评论的怪异的分歧。①

就事实而言，该篇评论认为，人们普遍希望接受宗教洗礼，而且渴望获得正统宗教教育的人数远多于背弃国教的异教徒，因此，伦敦需要的是一所为大众考虑的、以宗教教育为基础的大学而不是排斥宗教课程的“异教徒学院”。该篇评论指出，新大学与宗教无联系是无休止的激烈争论的来源，它鼓励基于愤怒、心酸或放纵之外的其他科学来提出不同的意见，而不是基于宗教。该篇评论强烈反对把宗教教育的责任推卸给父母，认为在父母监管之下灌输的宗教教育是专业学者施教的“蹩脚的替代品”。针对伦敦大学学院委员会制定的《伦敦大学创办计划书》中规定的8个门类课程，该篇评论指责他们未把宗教或神学纳入其中，认为宗教与其他科学密切联系，把宗教从人类知识中剥离出去会对其产生巨大的灾难，宗教既是希腊字母的开始也是其结束，这意味着宗教既是智慧的开始也是其结束。该篇评论赞同罗斯先生的主要观点，认为越过形而上学、道德和神学来追求机械和物理科学是不完美的，人类是由心灵和肉体、物质需求和道德能力组成的，宗教教育是陶冶心灵和养成道德的主要途径，人类知识的唯一合法目标就是道德和智力的改进，因此，神学是人类知识中不可或缺的部分且具有基础地位的作用。

该篇评论在赞成罗斯批判世俗主义的主要观点的同时并没有彻底否定功利主义，而是认为世俗主义与功利主义都是正确的，除非二者在相互排斥的时候。功利既不是人类行动的唯一指南，也不是唯一标准。它们是一个相互协调的联合体，而不是单一的最高仲裁者。即使是基于功利原理，道德和宗教知识也是所有智慧中最高尚、最真实的部分。最后，该篇评论指出：

关于建立一所新大学，如果需要这种机构，就让它建立起来，让它繁荣！……然而，我们不应被阻止陈述我们的断言，现在进行中的大学正呈现的图景宁可是松散的和野心勃勃的，也不是综合的、意义深远的；或者不应阻止声明我们真诚的信念，议会授予它

① Anon. Modern Systems of Instruction. *The British Critic*, *Quarterly Theological Review and Ecclesiastical Record*, 1827 (1), pp. 192 - 193.

任何合法的、天生具有的特权都是不明智的——直到委员会重新考虑他们的计划书为止——直到他们提出一份更成熟的计划和更少非哲学的安排为止——并且直到他们认识到提议的真理为止，即“教育除非依据宗教原则，否则将成为一个诅咒而不是祈祷；教育伴随着宗教，是人类可以给予自己的最大利益。”①

该篇评论名为《现代教育体系》（Modern Systems of Instruction），对当时较为流行的功利主义大学观进行了批驳，同时还建言献策。总体而言，该篇评论有两点值得关注：一是世俗知识与宗教知识的关系问题；二是提出在伦敦建立另一所新大学的建议。前者答案非常明确，评论认为世俗与宗教并非针尖对麦芒、不可调和，而是相互协调的联合体，教育体系中不能彻底排除宗教知识，它是人类心灵陶冶与道德养成的关键；后者虽然没有像《伦敦大学创办计划书》那样制定详细的课程设置并提出创办大学的具体计划，但却为当时反对“伦敦大学”的保守主义人士提供了一个切实可行的办法，这就是第一次明确提出在伦敦建立另一所以宗教教育为基础的大学。因此，从这一点上讲，它与计划书有着异曲同工之妙。

攻击伦敦大学学院的保守主义者对它的创办过程了如指掌，他们企图如法炮制，仿效大学学院的建校方式来筹划伦敦的第二所大学。但他们首先面临的问题就是要寻找政治依靠，他们清楚地意识到大学学院之所以遭受如此之多的责难，除了自身排斥宗教的原因外，更深层次的原因在于缺乏执政党有效的政治庇护。在这一方面，保守主义者比功利主义者拥有更大的优势，保守的托利党在当时占有较为明显的统治优势。1828 年 2 月，曼纳斯 - 塞顿（Manners - Sutton，1780—1845）大主教的牧师、罗斯的挚友乔治·多伊利（George D’Oyly，1778—1846）博士以“基督徒”（Christianus）为笔名给时任内政大臣的著名保守主义政治家罗伯特·皮尔爵士（Sir Robert Peel，1788—1850）写了一封信，信的名称为“就伦敦大学的问题致罗伯特·皮尔阁下的

---

① Anon. Modern Systems of Instruction. *The British Critic*, *Quarterly Theological Review and Ecclesiastical Record*, 1827 (1), p. 211.

一封信”（A Letter to the Right Hon. Robert Peel on the Subject of London University）①。众所周知，刚上任不久的皮尔是宗教教育的热情倡导者。因此，为了博得内政部部长的政治支持，多伊利用了 39 页的篇幅向皮尔揭露了伦敦大学学院“彻底排除与基督教相联系的一切东西”的“根本缺陷”，同时为了抵消其恶劣的影响，又提议在伦敦建议第二所以宗教教育为基础的大学，认为宗教“是教育实施的重要部分，根据这个王国已经建立的合理模式，用基督教原理来灌溉年轻人的心智；宗教服务按照我们国教的指示进行”②。一份神学月刊在评论多伊利的信中指出：

> 如果建议在这里创办一所在宗教旨趣方面与伦敦大学相抗衡的大学之计划被采纳，我们不会感到惊讶。这样，人们就会反对和斥责贫瘠的教学，直到发现它势不可挡之后，我们的神职人员才变得非常热心于“国民学校”（National School）。在其他机构可看到类似的过程。我们只为知识的提升而庆幸，而无论其过程中的动机是什么。事实上，我们看不到，道德或宗教科目或对任何重要的实践目的的指导是怎样被强加于这种如伦敦大学一样的私立机构的。没有特许状授予任何合法权利来教授学科，且校内没有住宿生（很显然仅仅是在都市创造的恶作剧），那么怎样才能塑造个体的性格和逃避父母的监护？基督徒（如果他能成功地劝说政府和教会在伦敦市民可获得的范围内尝试开展教学）可能为他的机构获得优势和权利，如果不成功的话，那对指责现存的伦敦大学（我们希望称它为一所学院，代替这个被错误描述的洪亮的名字）是毫无用处。但是，我们将问基督徒，这种强烈抗议究竟是什么意思：是否意味着可以严肃地推断，剑桥与牛津对宗教习惯及其设置的心智学科产生

① 王承绪在《伦敦大学》第 27 页中谈到这封信时指出：“1828 年 2 月，罗斯的好友曼纳斯－塞顿大主教的牧师、兰贝斯教区长陶伊利以信徒陶伊利为笔名，以伦敦大学问题为题，致函内政大臣皮尔。”笔者认为此说法值得商榷。其一，说曼纳斯－塞顿是罗斯的好友缺乏充分的证据（还有一种可能是在“友人”与“曼纳斯”之间遗漏了一个顿号）；其二，这封信的笔名是“Christianus”，是拉丁语，拉汉辞典译为“基督信徒、信奉基督者、皈依基督者”。王承绪参考的英文书目来自 Gordon Huelin. *King's College London, 1828 – 1978*. London: University of London, King's College, 1978, p. 2，现将原文摘抄如下，供参阅：There followed much activity behind the scenes in Church circles during the ensuing months, culminating in a definite step being taken in February 1828 by Dr George D'Oyly, Rector of Lambeth, Chaplain to Archbishop Manners – Sutton, and a close friend of the Reverend H. J. Rose. Under the pseudonym of 'Christianus' D'Oyly addressed 'A Letter to the Right Hon. Robert Peel on the subject of London University'.

② Gordon Huelin. *King's College London, 1828 – 1978*. London: University of London, King's College, 1978, p. 3.

了积极影响；并且，是否它们所做的一切都为那些受兴趣或真理原则支配的人提供学习知识的方法？在这个观点中，伦敦大学的唯一缺陷就是那些想学神学的人在那里找不到神学。结果将是人们求助于大学来获取它实际教学的内容，而其他资源则要参看它不提供的内容①。

多伊利还暗示皮尔，国王乔治四世经常在公众面前表现出对宗教和学术的强烈兴趣，可能愿意以他的名字命名并提供“一块场地作为校址”来赞助一所新学校。多伊利以正统国教原则建立“国王学院”的计划不仅打动了皮尔，还获得了坎特伯雷大主教查尔斯·曼纳斯-萨顿（Charles Manners-Sutton）的帮助，他们联合劝说首相威灵顿公爵（Duke of Wellington）支持这个计划。刚刚接任英国首相职位不久的威灵顿公爵亚瑟·韦尔斯利（Arthur Wellesley）是托利党派的领袖人物，对于建立这样一所具有保守主义倾向的大学的计划欣然接受。1828 年 6 月 21 日，首相韦尔斯利在伦敦共济会大厦（Freemasons' Hall）举行了一次特殊的集会，参会人员有 2 名大主教、7 名主教和许多杰出的门外汉，皮尔因故缺席。韦尔斯利陈述了此次会议的目的，强调教育应以宗教为基础，并提出了两项重要决议。第一项是在伦敦建立一所联合知识追求和宗教实践于一体的学院；第二项是恭请国王乔治四世担任这所新学院的皇家庇护人，并允许以“伦敦国王学院”来命名。这两项决议都获得了一致通过，会议还进一步同意通过募捐和认购每股面值 100 英镑的股票的方式，筹集建立学院所需的资金。坎特伯雷大主教曼纳斯-萨顿慷慨解囊，临会时果断捐助了 1000 英镑，为募集资金开了个头彩，到会议结束时就已募集到了近 2000 英镑。

不幸的是，筹建伦敦国王学院的计划刚走上正轨，1828 年 7 月 21 日曼纳斯-萨顿就逝世了，没有亲眼见证学院的正式开学。曼纳斯-萨顿为伦敦国王学院的创办做出了重要贡献，接任坎特伯雷大主教职位的人是威廉·豪利（William Howley）。威廉·豪利像曼纳斯-萨顿一样，积极投身于伦敦国王学院的筹建工作，1828 年 7 月以后，由威廉·豪利接替了曼纳斯-萨顿主持伦敦国王学院临时委员会（provisional committee）会议的任务。临时委员会的成员有多伊利、伦敦主教查尔斯·詹姆斯·布洛姆菲尔德（Charles James Blomfield）、兰达夫主教和圣·保罗大教堂主教爱德华·科普尔斯顿以及一些杰出的门外汉。临时委员会围绕制定规章、设置课程、聘请教师、筹

① A Letter to the Right Hon. Robert Peel, on the Subject of London University. By Christianus. London, 1828. *The Monthly Repository and Review of Theology and General Literature* (*New Series*, *Vol.* *II*). London: Published at the Monthly Repository Office, 3, Walbrook Building, Walbrook. 1828, p. 411.

集资金、选定校址、申请特许状等方面积极开展工作。

人们对建立新学院的兴趣和热情十分高涨，使得临时委员会一开始筹集资金的工作就进展得非常顺利，但1829年的《罗马天主教解放法案》（The Roman Catholic Relief Act）的颁布导致最终募集到的资金总额还不足17万英镑。在筹建新学院时，国王乔治四世迫于政治压力而无奈地签署了《罗马天主教解放法案》，使爱尔兰的天主教徒终于获得了为之奋斗多年的政治权利，如“罗马天主教徒宣誓后可在选举中投票也被选举”等，但这种权利也是有限的，如“罗马天主教徒不能对国王任命国教的职位提出建议”等。[①] 威灵顿公爵和皮尔推行的这一法案剥夺了其他议员的权利，激起了国教徒的强烈反对，进而影响了他们支持的国王学院的筹建工作，其中尤以温奇尔西伯爵（Earl of Winchilsea）为代表。这一法案使温彻斯特伯爵乔治·威廉·芬奇－哈顿（George William Finch-Hatton）与威灵顿公爵的关系恶化，撤销了本已答应捐助给学院的资金。芬奇－哈顿伯爵致信韦尔斯利公爵，谴责建立学院来训练年轻的耶稣会士。在芬奇－哈顿伯爵的影响下，许多新教的捐助者仿效他的行径，撤销了对国王学院的捐助。这对学院的影响是巨大的，是国王学院后来发展不景气的主要原因之一。

一些捐助者们从一开始就注意到了校址的选择问题。他们在致临时委员会的信中说：“以合理的条件（或任何条件）获取一个极其完美的校址几乎是不可能的。一方面，一个开阔空旷的校址是必不可少的；另一方面，无论位置多么适合市镇的一端，总会对另一端有所不利。因为解决这个问题是第一要务（更重要的是，一旦确立了就不能更改），所以它需要所有人来关注。”[②] 捐助者们认为选择一个绝对完美的校址是不可能的，他们列举了包括白金汉宫（Buckingham Palace）、摄政公园（Regents Park）等20多个校址供临时委员会参考。1828年7月31日，有湖畔诗人之称的罗伯特·骚赛（Robert Southey）在给多伊利博士的信中说：

> 对国王学院来说任何一个公园都是最好的地方，但我认为不在圣·詹姆斯公园，也很难在摄政公园。也许，人们认为伦敦西区要差于东区，那里主要居住着一类他们的儿子有规律地去上大学的人。我不喜欢萨默塞特府（Somerset House）的全部景色，因为学

---

① A. Aspinall & E. Anthony Smith. *English Historical Documents, 1783－1832, Vol. XI*. New York: Oxford University Press, 1969, pp. 687－689.

② A Subscriber. *Remarks on the Objects of Public Education; Respectfully Addressed to the Provisional Committee for Conducting the Intended Establishment of King's College, London*. London: Printed for C. and J. Rivington, St. Paul's Church－Yard, and Waterloo－Place, Pall－Mall, 1828, pp. 13－14.

院应该是一个坚固的大厦——而不是大建筑物的一部分。假如校址不设在摄政公园，我认为萨瑟克区是之前讨论过的最佳的地点（查令十字街没有空地方），那里有充足的空间，但此时还是一片废墟；那儿是河的正对面——河流可使那个位置碧绿空旷、景色愉悦，在拐弯处可建立学院，置于城镇各个偏远的地方容易接触的范围内。在萨里郡旁边，许多村庄（如果它们可以被这样称的话）里有稠密而富有的人口。附近有两个大医院供学生使用，而且圣·萨维尔教堂也近在咫尺，适合作为一个小教堂。①

人们对把学院建在公园中表示反对。1828 年 12 月 24 日，《泰晤士报》上刊载了一篇署名为“WXY”的文章称，出现在公园的学生要比动物园里的栖息者对附近的居民造成更大的危险！编辑还附言：“我们的作者是完全正确的，在公园中建立的学院比饲养野兽的动物园更糟糕，除非后者也允许随意的漫步。”骚赛也否定了两个公园的提案，虽然他对萨默塞特府的景色存有偏见，但临时委员会还是参考了他的意见，并请求大主教豪利向财政大臣提出选择校址这件事，不久便获得了回复。1829 年 6 月 11 日，国王乔治四世签署了一项授予（grant），同意把“位于米德尔塞克斯郡圣·玛丽·莱·斯特兰德教区（the Parish of St. Mary le Strand）的地址，在萨默塞特府东侧，西侧以萨默塞特府东侧审计税务和其他行政部门占用的大楼的旁边区域为界，北侧以斯特兰德的房子为界，东侧以斯特兰德车道为界，南部以泰晤士河为界”，即斯特兰德地区捐给国王学院作为校址。该校址的确定使学院的早期开销巨大，所以不得不放弃一些先前制订的计划。由于斯特兰德地区毗邻萨默塞特府，校舍的构造最好与建筑师威廉·钱伯斯爵士（Sir William Chambers）设计的萨默塞特府的风格相匹配，因此，临时委员会聘请擅长希腊复兴式建筑的罗伯特·斯默克爵士（Sir Robert Smirke）为总设计师。由于资金不足，临时委员会仅让斯默克爵士建造了 1 间小教堂、6 间讲座教室、8 间供教授使用的房子，以及地下室中容纳 400 名学生的教室。

在英国，一所大学是否合法存在取决于它是否拥有政府颁发的皇家特许状，因为皇家特许状有证明“身份”之作用，伦敦大学学院广受责难的重要原因之一就是它不是政府特许创办的，而是个人私自冠名的“大学”。为使国王学院成为合法存在的大学，临时委员会努力奔走，为国王学院申请特许状。由于国王学院是由保守的执政党派一手操办的，特许状的申请很快就获得了通过。1829 年 8 月 14 日，国王乔治四世颁布特许状，宣布伦敦国王学

① Gordon Huelin. *King's College London, 1828 – 1978*. London: University of London, King's College, 1978, p. 7.

院正式合法存在，但并无授予学位的权利。这个特许状对国王学院的创建与发展具有重要作用，关于它的主要内容及意义将在下一节着重论述。

经过3年多的紧张筹备，校舍即将完工，规章制度逐渐完善，相关教师的聘任工作也已到位，学院开学在即。1831年6月，委员会选举毕业于剑桥大学耶稣学院的威廉·奥特（William Otter）担任伦敦国王学院的第一任校长。同年10月8日，在坎特伯雷大主教豪利的主持下，伦敦国王学院举行开学典礼，第一任校长发表了重要演讲并宣布国王学院正式开学。除了神学课程之外，国王学院第一学期还开设的课程有植物学、化学、法律和法学体系、法国和德国文学、古典文学以及商业原理和实践，见表2.3。

表2.3　伦敦国王学院第一学期部分课程设置及教师一览表

序号	课程	教师及简介	备注
1	植物学	吉尔伯特·托马斯·伯内特（Gilbert Thomas Burnett，1800—1835），著名植物学家，15岁开始学医并对药用植物学产生浓厚兴趣。从事外科医生实践不久后，在风车大街的医学院开设讲座，被授予药用植物学协会荣誉教授。成名后，经常在皇家研究院和圣·乔治医院开设讲座。1831年任国王学院植物学教授，著有2卷本的《植物学概要》、4卷本的《图解应用于工艺和医学的有用植物》等。1835年被聘为药剂协会植物学教授，发表了30次讲座，因工作过度而逝世	
2	化学	约翰·弗雷德克里·丹尼尔（John Frederic Daniell，1790—1845），著名化学家、物理学家，23岁入选皇家学会会员，发明了湿度计、高温计、电池等，1831年任国王学院化学教授。因教学成果斐然，1836年被皇家学会授予科普利奖章（Copley medal）	
3	法律和法学体系	约翰·詹姆斯·帕克（John James Park，1795—1833），哥廷根大学法律博士，法学家、古文物研究者，1831年任国王学院法律和法学体系教授，而此时身体健康状况也欠佳，1833年6月23日因疾病并发症去世	
4	法国文学	L. T. 文托尔克（L. T. Ventouillac，1798—1834），1831年任国王学院法国文学教授	
5	德国文学	阿道弗斯·伯奈斯（Adolphus Bernays，1795—1864），出生于犹太家庭，1831年任国王学院德国文学教授，直到1863年退休，著有《德国简明语法》等	

续上表

序号	课程	教师及简介	备注
6	古典文学	约瑟夫·安斯蒂斯（Joseph Anstice,1808—1836），牛津大学文学学士、硕士，英国古典学者，1831 年任国王学院古典文学教授，10 月 17 日发表了该门课程的入门演讲	1835 年因病辞职
7	商业原理与实践	约瑟夫·洛（Joseph Lowe，出生年不详—1831），圣·安德鲁斯大学、爱丁堡大学毕业，新闻工作者、政治经济学家、统计学家，1830 年前后被聘为国王学院商业原理教授	未开学之前去世

资料来源：Gordon Huelin. *King's College London, 1828 – 1978*. London: University of London, King's College, 1978, p. 7; Leslie Stephen, ed. *Dictionary of National Biography*. London: Smith, Elder, & Co., 15 Waterloo Place, 1885; J. Anstice. An Introductory Lecture Delivered at King's College London. London: B. Fellowes. Bokkseller & Publisher to the College, 1831; http://www.kingscollections.org/catalogues/kclca/collection/p/10pa20 – 1; http://www.wikipedia.org/.

此后，为适应社会需求，国王学院还增加了绘画、矿物学、地质学、实验哲学、医学等课程。依照委员会制定的章程，将学生分为两组：一组是全日制学生，无须申报他们的宗教信仰，但平时有义务为教堂服务，每周参加一次神学讲座；另一组是临时学生，不受这些要求约束。除了科学与现代语言相联系的科目之外，教授必须是国教徒身份；学院由两个年级组成，高级班学生年龄在 16 岁以上，低级班提供给日校①学生上。高级班的课程十分紧凑，全天（包括周六）都有讲座，星期日上午还要在教堂服务，所有人必须参加，除非事先获得校长批准而缺席。学生学习这些课程每年需要 25 英镑 5 先令，如果是学院的捐助者和股票认购者提名的学生，则需要 21 英镑。医学部的课程更为严格，为了符合药剂学会和皇家外科医学院制定的从医要求，必须学习 3 年的讲座课程，学生要从早上 8 点开始，一直学到晚上 9 点结束。低级班每生每年的学费是 18 英镑 15 先令，捐助者和股票认购者提名的学生每年学费是 15 英镑 15 先令。

（三）伦敦国王学院特许状的主要内容及意义

1828 年 8 月，临时委员会要求大主教豪利询问皮尔，政府是否愿意给国

① 日校（day-school）是指走读学校或无住宿条件的学校，类似于公立中学的作息时间，学生白天上学、晚上回家。

王学院颁发一个公司特许状，在伦敦、威斯敏斯特或毗邻的地方建立一所“教授文学与科学的各种分支和英格兰与爱尔兰联合教会的基督教教义”的学院。在批准特许状之前，内政部要对学院的一些细节问题进行考察与了解，如学院的目的、构成、组织等。1829 年初，临时委员会提出了一项包含 58 个条款的特许状草案，1829 年 8 月 14 日获得议会通过，8 天后，由国王乔治四世签发的特许状到达国王学院。该特许状为伦敦国王学院的筹建起到了巨大的促进作用，现将其内容主要及意义概述如下：

第一，确立了伦敦国王学院合法存在的名称、构成以及相关权利。特许状任命了 9 名官方人士为学院的永久理事（Perpetual Governors），将股票的认购者（即股东）定义为“业主”（Proprietors），把捐助者（Donors）分为两类；同时，准许以“公司”（Corporation）名义成立一个政治法人团体，命名为“伦敦国王学院的理事和业主”（The Governors and Proprietors of King’s College, London）。该公司由学院的永久理事、业主和捐助者组成，见表 2. 4。

表 2. 4　“伦敦国王学院的理事和业主”的构成以及公司权责一览表

<table>
<tr><th>学院职位</th><th>宗教职位和官职要求</th><th>公司权责</th></tr>
<tr><td rowspan="9">永久理事（官方理事）</td><td>英国大法官或玉玺的保存者</td><td rowspan="12">1. 依据这个名字，该公司拥有一枚法团印章，具有永久的继承权；
2. 根据他们自己的决断，有权中止、改变和重新修订相关内容；
3. 在每一个法庭，依据同样的名字，有权起诉和被起诉、控告和被控告以及辩护和被辩护；
4. 有权获取、购买、占有永久资产，包括联合王国内的土地、建筑物、世袭财产和领地，但不得超过每年 5000 英镑的价值；
5. 有权授予、遗赠、转让或处理属于学院的任何资产；
6. 法人团体所享有的其他附属权利</td></tr>
<tr><td>约克大主教</td></tr>
<tr><td>伦敦主教</td></tr>
<tr><td>英格兰最高法院首席法官</td></tr>
<tr><td>下议院议长</td></tr>
<tr><td>内政部首席大臣</td></tr>
<tr><td>伦敦市长</td></tr>
<tr><td>伦敦圣・保罗大教堂教长</td></tr>
<tr><td>威斯敏斯特圣・彼得牧师团教堂教长</td></tr>
<tr><td>业主</td><td>认购 100 英镑股票及以上的股东称为“业主”</td></tr>
<tr><td>第一类捐助者</td><td>一次性或连续 4 年内，捐助 100 英镑及以上的人称为“第一类捐助者”（Donors of the First Class）</td></tr>
<tr><td>第二类捐助者</td><td>一次性或连续 3 年内，捐助 50 英镑的人称为“第二类捐助者”（Donors of the Second Class）</td></tr>
</table>

资料来源：King’s College (London). *The Charter and By-laws of King’s College, London*. London: Printed by Gilbert & Rivington, St. John’s Square, 1830.

第二，规定了教学内容。特许状规定：在校长、教授、导师以及其他领导和教师的监督下，国王学院教授“文学与科学的各种分支，以及英格兰与爱尔兰联合教会灌输的基督教信条与仪式”①。

第三，任命了视察者（Visitor）、终身理事（Life Governors）并规定了各自的相关职责。特许状任命坎特伯雷大主教为学院的视察者，拉特兰公爵等8名官方人士为学院的终身理事，见表2.5。

表2.5　伦敦国王学院的视察者、终身理事及其相关权责与定义一览表

学院职位	姓名	宗教职位、爵位、官职	相关职位的权责与定义
视察者	威廉·豪利（William Howley,1766—1848）	坎特伯雷大主教	1. 由于死亡、辞职或其他原因导致终身理事的职位产生空缺，无论何时都由视察者亲笔题名一名符合条件的人（门外汉或公司成员），代替空缺的理事； 2. 如果视察者在6个月内没有完成任命，无论何时都由理事亲笔题名一名门外汉或公司成员来填补空缺； 3. 理事会议上的所有问题由出席的大多数理事决定，如果票数相同，主席要举行第二次投票或决定性投票； 4. 在决议中，至少有3位理事出席，否则任何理事会议中不能决定任何问题
终身理事	约翰·亨利·曼纳斯（John Henry Manners,1778—1857）	第五代拉特兰公爵、莱斯特郡总督	
	休·珀西（Hugh Percy,1785—1847）	第三代诺森伯兰公爵、最尊贵的嘉德勋位骑士、爱尔兰总督	
	亚瑟·韦尔斯利（Arthur Wellesley,1769—1852）	第一代威灵顿公爵、最尊贵的嘉德勋位骑士、英国首相	
	约翰·克赖顿-斯图亚特（John Crichton-Stuart,1793—1848）	第二代比特侯爵、著名实业家、上议院议员	
	约翰·杰弗里斯·普拉特（John Jefferys Pratt,1759—1840）	第一代卡姆登侯爵、最尊贵的嘉德勋位骑士、肯特郡总督	
	弗雷德克里·威廉·赫维（Frederick William Hervey,1769—1859）	第一代布里斯托尔侯爵	

① King's College (London). *The Charter and By-laws of King's College, London*. London: Printed by Gilbert & Rivington, St. John's Square, 1830, p. 7.

续上表

学院职位	姓名	宗教职位、爵位、官职	相关职位的权责与定义
终身理事	约翰·卡斯特（John Cust，1779—1853）	第一代布朗洛伯爵、林肯郡总督	
	尼古拉斯·范西塔特（Nicholas Vansittart，1766—1851）	第一代贝克利斯男爵、英国财政大臣	

资料来源：King's College (London). *The Charter and By-laws of King's College, London*. London: Printed by Gilbert & Rivington, St. John's Square, 1830; Leslie Stephen, ed. *Dictionary of National Biography*. London: Smith, Elder, & Co., 15 Waterloo Place, 1885; http://www.wikipedia.org/.

第四，成立了委员会（Council），由理事、财务主管和公司的其他24名成员组成，任命了财务主管和委员会成员，见表2.6。特许状任命亨利·博舍（Henry Porcher）、约翰·克拉克·鲍威尔（John Clarke Powell）和威廉·沃德（William Ward）为国王学院的第一任审计员。特许状还特别声明，当签署生效后，被任命的人员随即拥有自己的职位，开始履行职责，临时委员会筹建学校的任务将转移至新组建的委员会。

表2.6　伦敦国王学院委员会第一届成员一览表

委员会职位	姓名	宗教职位、爵位	教育及工作经历
官方理事	共9名，详见表2.4		
终身理事	共8名，详见表2.5		
财务主管	威廉·汤普森（William Thompson，生卒年不详）	无	伦敦市参议员
委员会成员	罗伯特·亨利·伊登（Robert Henley Eden，1789—1841）	第二代亨利男爵	牛津大学文学学士、文学硕士毕业，后进入林肯律师会馆学习，著名律师、国会议员
	兰斯洛特·沙德韦尔爵士（Sir Lancelot Shadwell，1779—1850）	骑士	剑桥大学毕业，后进入林肯律师会馆学习，获文学学士、文学硕士、法律博士学位，英格兰副大法官
	尼古拉斯·科宁厄姆·廷德尔爵士（Sir Nicholas Conyngham Tindal，1776—1846）	骑士	剑桥大学三一学院毕业，后进入林肯律师会馆学习，著名律师、托利党议员、民诉法院首席法官

续上表

委员会职位	姓名	宗教职位、爵位	教育及工作经历
委员会成员	约翰·尼科尔爵士（Sir John Nicholl,1759—1838）	骑士	牛津大学毕业，获民法学士、民法博士学位，皇家学会会员、国会议员、大主教法院法官
	亨利·霍布豪斯（Henry Hobhouse,1776—1854）	无	牛津大学毕业，获文学学士、文学硕士和教会法规博士学位，英格兰教会委员会成员
	罗伯特·哈里·英格利斯爵士（Sir Robert Harry Inglis,1786—1855）	高教会派、男爵	牛津大学毕业，获文学学士、文学硕士和教会法规博士学位，后进入林肯律师会馆学习，皇家学会会员、保守主义政治家
	查尔斯·普莱斯爵士（Sir Charles Price，生卒年不详）	男爵	不详
	亨利·哈尔福德爵士（Sir Henry Halford, 1766—1844）	男爵	牛津大学毕业，获医学博士学位，皇家学会会员、皇家内科医学院主席、皇室御用内科医生
	阿斯特利·帕斯顿·库珀爵士（Sir Astley Paston Cooper,1768—1841）	男爵	早年在伦敦圣·托马斯医院学医，1802 年被皇家学会授予科普利奖章，皇家外科医学院比较解剖学教授、主席，著名外科医生、解剖学家
	乔治·托马斯·斯汤顿爵士（Sir George Thomas Staunton,1781—1859）	男爵	1792 年 9 月 26 日，政府任命马戛尔尼伯爵为使节出访中国，年仅 12 岁就随着时任使节秘书的父亲远到中国，归国后进入剑桥大学三一学院学习，后被任命为东印度公司驻广州的文书，作为使臣出访北京、香港等地，皇家学会会员、东方学者
	约翰·理查森爵士（Sir John Richardson,1771—1841）	骑士	牛津大学毕业，获文学学士、文学硕士学位，后进入林肯律师会馆学习，著名律师、法官

续上表

委员会职位	姓名	宗教职位、爵位	教育及工作经历
委员会成员	乔治·欧文·坎布里奇（George Owen Cambridge, 1756—1841）	米德尔萨德斯副主教	牛津大学毕业，获文学学士、文学硕士学位，坎特伯雷大主教的牧师
	乔治·多伊利（George D' Oyly, 1778—1846）	无	剑桥大学毕业，获文学学士、神学博士学位，坎特伯雷大主教的内务牧师，著名神学家、传记家
	乔治·谢泼德（George Shepherd, 生卒年不详）	无	神学博士
	克里斯多夫·班森（Christopher Benson, 1789—1868）	无	剑桥大学毕业，获文学学士、文学硕士学位，伍斯特受俸牧师、寺院住持
	约翰·朗斯代尔（John Lonsdale, 1788—1867）	利奇菲尔德主教	伊顿公学、剑桥大学毕业，后进入林肯律师会馆学习，坎特伯雷大主教的牧师、伦敦国王学院第三任校长
	威廉·阿斯特尔（William Astell, 1774—1847）	无	东印度公司杰出的董事、俄罗斯公司和大北方铁路公司主席、下议院保守党议员
	约翰·阿特金斯（John Atkins, 1754—1838）	无	西印度商人、伦敦市长、国会议员
	本杰明·柯林斯·布罗迪（Benjamin Collins Brodie, 1783—1862）	男爵	早年在圣·乔治医院学习，后任该院见习外科医生，皇家学会会员、瑞士皇家科学院外籍会员，著名生理学家、骨关节外科医生
	威廉·戈登（William Cotton, 1786—1866）	无	幼年就读于格威尔语法学校，发明了自动秤，因此被1851年伦敦世博会委员会授予奖章，著名慈善家、英格兰银行行长、皇家学会会员
	约翰·德拉蒙德（John Drummond, 生卒年不详）	无	不详

续上表

委员会职位	姓名	宗教职位、爵位	教育及工作经历
委员会成员	爱德华·霍克·洛克（Edward Hawke Locker，1777—1849）	无	水彩画家、格林尼治皇家海军医院管理员
	威廉·曼宁（William Manning，1763—1835）	无	澳大利亚农业公司副总管、英格兰银行行长、国会议员
	威廉·苏富比（William Sotheby，1757—1833）	无	早年在哈罗公学就读，翻译过荷马的《伊利亚特》和《奥德赛》等，皇家学会会员、诗人、翻译家

资料来源：King's College (London). *The Charter and By-laws of King's College, London*. London: Printed by Gilbert & Rivington, St. John's Square, 1830; Leslie Stephen, ed. *Dictionary of National Biography*. London: Smith, Elder, & Co., 15 Waterloo Place, 1885; http://www.wikipedia.org/.

第五，规定了委员会的权责。特许状任命约克大主教为委员会主席，负责主持委员会的每次会议；在他缺席或拒绝担任的情况下由伦敦主教担任，在两人都缺席或拒绝担任的情况下由出席会议的人自己任命。提交委员会的所有问题必须由出席的大部分人投票决定，如果票数相同，要举行第二次或决定性投票。在每次决议中，至少有5位委员会成员出席，否则不能决定任何问题。委员会负责保管学院的法团印章，有权使用印章处理事务。委员会有充分的自治权来指导和管理以下事务：要求接收、讨论、投资、捐出和处理所有股票、财物、资金、金钱和抵押物；订约和购买位于爱尔兰和大不列颠联合王国的家宅、土地、房屋和世袭财产以及学院使用的物品和动产；出售、遗赠、转让或其他方式处理任何不动产或属于个人的财产。在合适的情况下，委员会有权任命校长、教授、导师、院长和其他领导，以及秘书和所有官员、代理人和工作人员（除了财政主管和审计员），但校长、院长和其他领导的任命或解雇必须由理事亲笔确认。在任何情况下，非英格兰和爱尔兰联合教会的成员不能胜任理事职位，不能被提名终身理事或以终身理事身份行事，也没资格成为委员会成员，也不能胜任学院的任何官职，东方文学和现代语言教授除外。委员会必须毫无偏见地服从特许状赋予视察者、理事和常设议会（General Court）的权利，对学院的事务、重大事情和财产拥有全部的管理权和监管权；如特许状中没有规定，那么以最有利于提升学院利益的方式处理事情是合法的。委员会有充分的权利来制定、更改或修订任何章程（bye-laws）和条例（regulations），且不能与联合王国的法律或特许状的一般目的与条款相矛盾。在任何情况下，委员会制定的所有条例，关于学院追求的科目和教学课程，必须由理事亲笔批准，然后盖上法团印章；如产生关于条例的任何问题被认为是根本性的，则必须提交给视察者，他具有最后的决定权。在学生入学方面，业主和捐助者提名的人始终具有优先权。所有章程和条例编订好并盖上学院的印章后，才对学院的所有人具有约束力。此外，委员会还有权接受为促进特殊教育目的的捐赠和资助。①

第六，公司的常设议会由委员会定在每年2、3、4月的某天举行，称为"年度常设议会"（The Annual General Court）。在1831、1832和1833年的年度常设议会中，要从委员会中投票选举6名成员（理事或财务主管除外）离职，且要选举6名成员填补空缺。1833年后，每次年度常设议会都要有6名任职时间最长的委员会成员离职。离职人员有资格复选，但1833年后不具备复选资格，除非被理事提名进入备份名单。委员会的临时空缺由特殊常设议会（Extraordinary General Court）或年度常设议会选举成员填补空缺。在1831年及以后的年度常设议会中，财务主管和所有审计员将要离职，同时选举1名财务主管和1名审计员立即胜任，另外2名审计员将在来年的选举中产生。委员会中10名及以上的成员可在任何时间召集一次特殊常设议会。每次年度常设议会或特殊常设议会由出席的大多数人选举1名理事（若无理事或理事拒绝担任，则选举委员会成员）担任主席。公司有20名及以上成员出席在任何这些议会中或在任何休会期，有权通过投票从事先准备好的名册中选举委员会的成员、财务主管和审计员，同时也有权依据粗心大意、行为不检或其他合理理由，撤销委员会成员（不含理事）、财务主管和审计员。所有问题由出席的大多数人投票决定，如果票数相同，要举行第二次或决定性投票。如果在任何常设议会或特殊常设议会规定的时间和地点内有20名公司成员缺席，出席的大多数人可决定休会至另一天。②

第七，理事要准备一份公司成员名单，两倍于委员会的空缺人数，同时为出席的人员准备副本，供选举使用。在每次年度常设议会上，委员会被要求在公司成员面前报告上一年度他们计划的执行情况以及学院的现存状况；结算每年12月31日前（或年度常设议会认可的其他时间）的账目，账目必

---

① King's College (London). *The Charter and By-laws of King's College, London*. London: Printed by Gilbert & Rivington, St. John's Square, 1830, pp. 8 – 12.

② King's College (London). *The Charter and By-laws of King's College, London*. London: Printed by Gilbert & Rivington, St. John's Square, 1830, pp. 13 – 16.

须由2名以上审计员检查和签名，委员会和主席审批；并且要准备一份能显示学院信贷状况的账目摘要。每次理事会议、委员会会议和常设议会的记录由该会议的主席签署，作为充足的证据成册保存。任何终身理事、委员会成员或公司其他人发放、执行或提供的所有选票、法案、契约或其他事物将是合法的，然而那些不按规定被任命的人则全部是无效的。①

第八，现在和未来的业主在规定的时间和地点缴纳每期款项。只有缴清所有欠款或履行委员会为加强和保护股票认购而制定的所有契约和法定文书之后，才可在理事会议、委员会会议和常设议会上发言或投票、入选委员会成员以及作为业主来履行权利和享受特权。所有股息、权利和附带的特权都是悬而未决的。股票在转移前必须偿清所有欠款。现在或未来的业主或股票持有者连续3个月忽视或拒绝支付款项，将自动离职，丧失他们的所有股票、资金、利润和特权。委员会有权豁免他们丧失的东西，前提是他们支付了要求偿清的欠款，还要加上每年5%的利息。②

第九，秘书保管登记簿（Register Book），录入被委员会认可的人的姓名、类型和住址，作为入选公司成员的资格；如果是业主，要区分股票的数量；如果是捐助者，要区分等级和捐助数量。过户或遗赠给其他人的股票则以信托的方式归属于托管人，或以将来或现在的利益方式归属于托管人等，在这种情况下，股票的业主将从学院和公司的成员中被解雇出去。每人不得拥有多于1份股票或1份捐助的权利和特权，多份股票或多份捐助都不得联合获权。捐助者的特权在其一生中不可转让，第二类捐助者的特权在其死亡时终止。已故业主和第一类捐助者的遗产受赠人和最近亲属不被授权保留那些股票或捐赠，但已故业主和捐助者的遗嘱执行者或法定管理者被认为是这些股票或捐赠的持有者。任何股票的持有者如要出售这些股票，首先必须出售给委员会，委员会根据当时的均价用学院的资金支付相关费用，如不同意价格，则需第三方介入估价。秘书应将这个转让作为备忘录写入登记簿。当委员会拒绝购买股票时，持有者则可转售他人使之成为业主或捐助者。持有者应给予秘书办公室一个书面通知，关于股票或捐赠的数量及业主或捐助者的姓名和住址。书面通知还需获得委员会的同意，秘书才能将其纳入登记簿。登记簿是判断是不是公司成员的决定性证据。③

---

① King's College (London). *The Charter and By-laws of King's College, London*. London: Printed by Gilbert & Rivington, St. John's Square, 1830, pp. 16 - 18.

② King's College (London). *The Charter and By-laws of King's College, London*. London: Printed by Gilbert & Rivington, St. John's Square, 1830, pp. 18 - 20.

③ King's College (London). *The Charter and By-laws of King's College, London*. London: Printed by Gilbert & Rivington, St. John's Square, 1830, pp. 20 - 23.

众所周知，英国皇家特许状对创建一所大学的重要作用是不言而喻的，它“不仅确立了英国特许大学的独立法人地位，还对大学的自治产生了重要影响，同时特许状基本确立了特许大学内部治理机构之间的权力制衡关系，规约了大学内外部的法律制度环境”①。从内容上看，特许状在大学的建章立制过程中提供了强有力的法律依据，与一般的教育法律文本相比，具有特殊性、针对性和可操作性。1829 年的特许状是伦敦国王学院创立的重要法律文本，赋予了其独立法人的地位，指导了学院初期的筹建工作，形成了由公司和学院共管的双重管理模式。这份特许状的获取意味着在政府层面国王学院在与大学学院的竞争中已经胜出，它为国王学院后期的独立发展与学术自治提供了第一份法律依据。从严格意义上讲，1829 年的国王学院特许状是 19 世纪英国政府干预伦敦高等教育的开始，第一次颁布法令成立一个具有大学组织特点的公司。但需要指出的是，这并不是政府第一次主动颁布法案成立大学，而是为了让私立大学合法化而颁布的特许公司法。因此，该特许状本质上仍然是公司特许状，而非大学特许状。正如在该特许状的序言中所明确指出的：“建议他们（指特许状的申请者——笔者注），如果通过一个皇家公司特许状（a royal charter of incorporation）来获得我们皇家认可的保护，上述任务将被更有效地开展，且很快便就能取得圆满的成功。……我们皇家公司特许状为了前文陈述的目的，在这些条例和规则之下我们认为是正确的、恰当的。”②

三、伦敦大学学院与伦敦国王学院之比较

19 世纪 20—30 年代，伦敦同时存在两所相互竞争的学院：一所是 1828 年开学的伦敦大学学院；另一所是 1831 年开学的伦敦国王学院。前者未获特许状，后者已获特许状，二者围绕世俗与宗教的矛盾相互“厮杀”。伦敦大学学院和伦敦国王学院的争论为 19 世纪上半叶的教育大辩论起到了推波助澜的作用，同时这也是近代英国整个高等教育内部骚动不安的强烈表现。因此，比较这两所学院在创办初期的异同之处，颇有助于了解 19 世纪初英国新大学产生的特点以及高等教育内部变革的过程。

（一）筹建方式的异同

在建校缘起上，伦敦大学学院首先是由一位游学欧洲的苏格兰人发起创

---

① 孙贵聪：《英国大学特许状及其治理意义》，《比较教育研究》2006 年第 1 期，第 12 页。

② King's College (London). *The Charter and By-laws of King's College, London*. London: Printed by Gilbert & Rivington, St. John's Square, 1830, pp. 3 - 4.

办的，深受苏格兰大学和欧洲大学的影响，而国王学院则是在反对大学学院的基础上创办的，因此可以说，没有大学学院就不会有国王学院。1825 年，英国政府废除了 1720 年颁布实施的《泡沫法案》（Bubble Act），该法案又被称为《皇家交易所和伦敦保险公司法案》（Royal Exchange and London Assurance Corporation Act），旨在阻止没有获得国会法案或特许状的公司成立，严格管制股票的发行和证券交易。该法案的废止给大学学院以股份制公司的形式成立带来了契机，校务委员会通过发行股票和募捐等形式，很快筹集了建校资金。在本质上，伦敦大学学院是在金融投机时代私人组建的一家股份制公司，这种公司因未获特许状和国会法案而无法受到法律保护，具有一定的风险性。

而国王学院则不同。虽然国王学院也是通过发行股票和募捐等形式组建的股份制公司，但这一公司是获政府特许的，其股票的认购和交易是受法律保护的，风险性显然小于大学学院。国王学院的特许状对公司的名称、组成与法人地位，股票的认购、遗赠、转让等都有明确的规定，这种规定具有法律效力，在那个经济不景气的时代更能吸引投资商积极认购股票。如果不是突如其来的《罗马天主教解放法案》，那么国王学院可能就不会陷入与大学学院同样的资金紧缺的困境。因此，大学学院和国王学院都是通过发行股票和募捐等形式获得建校资金的，但由于国王学院拥有特许状，受法律保护，投资国王学院的风险小，更受股票认购者的青睐。然而，由于各种变故致使国王学院募集到的资金也不尽如人意。

（二）入学要求的异同

在伦敦大学学院成立之前，英格兰仅有两所老大学，牛津大学仅招收国教徒，尽管剑桥大学在招生方面对异教徒放松了要求，可以在那里接受教育但不能获得学位。再者，两所老大学主要培养的是皇亲贵族，而且学费昂贵，一般中等阶级的家庭往往是可望而不可即。大学学院的建立打破了国教徒和皇亲贵族对高等教育的垄断，它对学生的入学要求既不限制宗教身份，又不限制家庭背景，只需要缴纳较低的学费就可以接受高等教育。

伦敦国王学院建立之初的动机并不是要打破老大学的宗教性和贵族性，在其建校先驱看来，大学学院的无神论特点（包括不设置宗教课程、不建设教堂、不从事礼拜活动等）才是他们抨击的核心。在招生方面，国王学院也并没有对学生的家庭背景做出硬性要求，由于其低廉的学费，引致许多中等阶级家庭的子弟前来求学。但是，入学后必须要接受“英格兰和爱尔兰联合教会灌输的基督教信条与仪式”，这就间接提出了入学者的身份必须是国教徒。因此，大学学院与国王学院在入学要求上的差别主要在于是不是国教徒身份，除此之外，二者都面向广大的中等阶级招生。

（三）课程设置与教师任命的异同

伦敦大学学院创办的一个重大贡献就是设置了一份包含 8 大门类、31 个学科的科学分支表。其中涉及的内容有语言学、文学、数学、历史学、物理学、化学、矿物学、地理学、哲学、逻辑学、法学、医学、解剖学、生理学、药学、政治经济学，甚至还有工程学等，大多都是现代大学中的一级学科或二级学科，并且很多都是第一次在大学中以学科的形式出现，由此则体现出了它在世界高等教育史上所具有的重要意义。委员会为这些学科聘请的教师大多都受过大学教育，属于相关领域的杰出人才，如著名数学家奥古斯塔斯·德摩根、化学家爱德华·特纳等，他们大多都是皇家学会会员，在科学领域卓有建树。但有一点，大学学院并不限定教师必须是国教徒身份，甚至有的教师是犹太人。

伦敦国王学院在课程设置方面规定的比较广泛，即“文学与科学的各种分支”和“英格兰与爱尔兰联合教会灌输的基督教信条与仪式”。可见，国王学院也肯定了科学课程的重要作用，并且要在大学学院所有学科中增加宗教课程，把宗教课程作为其他学科的基础，这就表明国王学院并没有忽视社会急切需求的现代语言和实用学科。从第一学期开始的相关课程来看，国王学院与大学学院十分相似，聘请的教师也不乏像丹尼尔这样的著名人物，但除了科学与现代语言之外，担任其他学科的教师必须是国教徒成员。因此，在课程内容上，大学学院和国王学院几乎相同，均表现出现代性和实科化的特点；在教师聘任上，二者是都选择学科领域的杰出人才担任教授，大学学院不严格要求教师必须是国教徒，而国王学院则要求教师必须是国教徒，除了一些特殊的课程之外；在教学形式上，二者采用的是讲座制度，而且为满足成年人的需求，有时候也在晚上开设讲座。

（四）管理体制的差异

伦敦大学学院的管理体制较为简单，主要就是由购买股票的业主选出的 24 名社会人士组成的委员会，所有管理权都属于委员会。每年全体业主大会选举产生 24 名委员会成员，每年有 6 名成员离职，其中仅 3 名成员 1 年后可复选。委员会可任命教职人员，制定关于学习课程或纪律的条例。此外，委员会还任命一名学监，住在校内，除假期外，每天要正常出席在学校；委员会授予学监权利，让其在委员会的领导下负责监管大学事务，包括校址建设、教授任命、仪器购置、财务、学生入学与分类等。

伦敦国王学院的管理体制较为完备。首先，它具有两种身份：一是公司身份，即“伦敦国王学院的理事和业主”；二是学院身份，即“伦敦国王学院”。在公司层面上，它是由官方理事、业主和捐助者组成的股份制公司；在学院层面上，它是由校长、视察者、委员会和审计员组成的学院。（见图2.1）其次，国王学院的主要事务由委员会管理，此外还有常设议会、理事会议等。

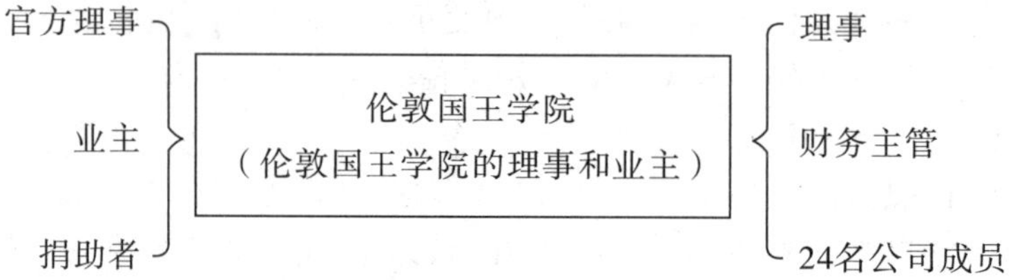

图2.1　伦敦国王学院管理体制结构示意图

（五）政治基础的不同

美国著名高等教育学家布鲁贝克曾说过：“正像我们所认识到的那样，现代高等教育合法存在的主要基础是政治论的。”[①] 从本质上看，既没有特许状也没有国会法案的大学学院是“非法”存在的，它诞生于那个年代的政治斡旋之中，建校先驱有不少是辉格党议员，如布鲁厄姆、休谟、罗素、图克等都是1832年议会改革的主要推动者。这批辉格党人建立这所为中等阶级服务的学院的政治意图非常明显，就是要拉拢广大的中等阶级到自己的一边，团结这股“中坚力量”，为未来政治仕途的发展铺平道路，打下坚实的群众基础。由此可见，从建校伊始大学学院的政治基础就已奠定了。然而，由于辉格党派不当政、保守人士的阻挠以及老大学的反对等原因，伦敦大学学院的特许状一直没能获得政府批准，直到1836年《第一特许状》的颁布。

伦敦国王学院政治靠山是当时执政的托利党。起初反对大学学院的牧师们诉诸托利党的原因主要是该党派倾向保守，对宗教教育情有独钟，而且又是执政党，获取特许状较易。托利党的领袖对牧师们的诉求自然不会拒绝，一方面支持国王学院是对辉格党支持大学学院的一个有力回击，是党派斗争的间接武器；另一方面还能获得牧师们在政治上的支持，可培养前仆后继的支持者和接班人。鉴于此，在大学学院和国王学院同时申请特许状时，政府多次拒绝前者的申请，而国王学院仅一次申请就获得了批准。在政府颁发的特许状中，有9名政府官员和主教被任命为永久理事，还有不少委员会成员也在政府担任要职，他们都为国王学院的发展奠定了重要的政治基础。

① ［美］约翰·S. 布鲁贝克著，王承绪等译：《高等教育哲学》，杭州：浙江教育出版社2002年版，第51页。

本章小结——对牛津大学和剑桥大学的挑战

伦敦大学学院和伦敦国王学院诞生于一个变革的社会年代，从它们的建校以及相互斗争的过程中能反映出社会变革的特点，即世俗与宗教的博弈。一边是以功利主义和科学主义为导向的世俗主义的兴盛，另一边则是以“书册派”古典主义为鹄的的宗教主义的复兴，双方相互抨击、彼此排斥，论战之声彼消此长，共同谱写了19世纪上半叶学术文化领域中传统与现代的双重奏。在高等教育领域，“无神论”的伦敦大学学院和“有神论”的伦敦国王学院无疑处于这场论战的风尖浪头，成为人们攻击与反攻击的焦点。然而在这里，我们不仅仅要看到二者为之争论的不同之处，更应该关注其相似之处或共同的价值取向，这就是对英格兰仅有的两所老大学构成的挑战。伦敦的这两所新学院的共同价值取向就是面向广大的中等阶级招生，传授社会急切需求的实用知识如物理学、化学、工程学、医学、现代语言等，培养专业人才。这是一种典型的以社会市场为导向的价值观。虽然此时的牛津与剑桥出现了一丝“变革”的痕迹，但仍然不敢宣称教授“科学知识的所有分支”，其根深蒂固的古典主义和贵族主义仍占主导地位。“一边是牛津与剑桥的传统，另一边是伦敦中等阶级的新学院，二者反映了一个类似的社会分化过程。”① 于是，伦敦大学学院和伦敦国王学院在教学内容中的实科化和在招生对象上的大众化对传统老大学的保守主义和精英主义提出了严峻的挑战，逼迫它们不得不加快改革的步伐，敞开象牙塔之门，向世俗与大众开放。此外，在教学模式上，二者均采用讲座制，辅以考试，学生非寄宿制，这种模式来源于苏格兰和德国大学的经验，与牛津大学、剑桥大学的学院制和导师制也迥然不同。

① John Lawson and Harold Silver. *A social history of education in England*. London: Methuen & Co. Ltd., 1978, p. 258.

第三章　政府的改革与伦敦大学的创立[①]

从19世纪前30年起，英国政府关注教育的热情日渐高涨，但各个党派对待教育改革的态度是不同的，托利党和保守的辉格党认为地方政府机构是神圣不可侵犯的，自由的辉格党和温和的改革人士认为政府的职能不是领导而是听从公众的意见，激进主义者认为一个强大的中央政府很有可能是压迫性的。与这些政治观点相关的是各种宗派信条，国教派声称对国家的青年人的教育拥有绝对的控制权，把国家干预看作是对其合法保护的侵犯。异教徒完全反对这个观点是可以理解的。此外，他们还认为自己正遭受着上述专制主义的不宽容待遇，且不希望看到政府控制教育。[②] 教会控制教育是英国历史的一个基本特点。[③] 因此，牧师的虚荣做作以及教派之间的频繁斗争严重阻碍了国家积极主动地干预大学的发展，同时也是伦敦大学学院获取特许状的一大障碍。在这些教派的斗争与世俗主义的兴起的背景下，政府为了缓解世俗与宗教的矛盾，通过颁发特许状创办了伦敦大学，从而拉开了19世纪英国政府改革高等教育的序幕。

一、国家对大学的干预与政府改革的背景

（一）国家干预老大学的历史沿革

英国大学自古享有自治的传统，这种自治是指大学内部事务的自我管理。历史告诉我们，英国大学始终是与政府保持密切联系的，国家对大学的干预有着长久的历史，且这种干预大多数都是被动的、消极的，甚至是间接

① 本章部分内容已发表，详见肖朗、袁传明：《伦敦大学建立与近代英国高等教育改革——以第一特许状为考察中心》，《现代大学教育》2013年第6期。该文被中国人民大学复印报刊资料《高等教育》2014年第4期全文转载。

② A. S. Bishop. *The Rise of a Central Authority for English Education*. Cambridge: Cambridge University Press, 1971, p. 2.

③ ［英］奥尔德里奇著，诸惠芳等译：《简明英国教育史》，北京：人民教育出版社1987年版，第38页。

的，因此常常被人们忽视。英国著名教育史学家奥尔德里奇曾指出："第一，政府对教育的干预在英国历史上贯彻始终。第二，对教育的组织和控制不仅来自法令、法律和行政领域，而且也来自专业、学术和其他方面，但并非十分明显的影响。"① 牛津大学和剑桥大学是英国最古老的两所大学，国家干预大学的历史首先发迹于这两所老大学。例如，1167 年国王亨利二世颁布法令召回巴黎大学的英国学者，是牛津大学诞生的重要因素；1264 年国王亨利三世颁布特许状成立默顿学院；在 1355 年的著名骚乱中国王爱德华三世颁布特许状赋予大学当局一定的特权；1535 年亨利八世颁布训谕，改革教学内容，停止教会法教学，加强古典语言学科；1571 年国会通过法案确定牛津大学与剑桥大学的法人地位；等等。

牛津大学诞生的时间大概是 12 世纪，虽然它的身世扑朔迷离、颇具争议，但一个较为可信的说法则是形成于 1167—1168 年间的学者迁移事件。当时，英格兰国王亨利二世与法兰西国王菲利普二世发生矛盾，英王颁布法令禁止英国学者前往巴黎大学求学并要求在巴黎大学的英格兰学者立即归国，还有一说法是法王气急之下将巴黎大学的英国学者遣返回国。这两种说法合在一起似乎更合逻辑。亨利二世的法令规定："自法令实施之日起，英国公务人员未经国王或者大法官的许可不得擅自来往于英格兰和欧洲大陆之间。除此之外，所有在英格兰拥有收入的公务员，如果'他们还热爱自己的薪俸'的话，就必须在三个月之内听从郡治安官的召唤按时返回英格兰。"② 这样，一批接受国王俸禄的教师和学者被迫载着自己的学识返回英格兰，聚集在伦敦西北部的牛津城从事学术活动，从而形成了牛津大学最早的学院。由此可见，国家在早期牛津大学的建立中并没有起到直接作用，而是两国之间的矛盾冲突导致学者迁移，间接引起了大学的萌芽。此外，学者之所以选择牛津城作为安家地点主要是因为亨利二世的寝宫就设在牛津，他们期望与国王保持密切联系以便获得政治庇护与关照，而不仅仅是获得简单的、维持生计的俸禄。

1264 年，国王亨利三世颁布特许状，授权大法官沃尔特·德·默顿（Walter de Merton）建立牛津大学的默顿学院。该特许状规定："以全能的上帝、圣父、圣子和圣灵之名，我，沃尔特·德·默顿，作为杰出的英格兰国王、约翰王之子亨利陛下的御前大法官，通过我的陛下授予我的权利，以及

① ［英］奥尔德里奇著，诸惠芳等译：《简明英国教育史》，北京：人民教育出版社 1987 年版，第 63 页。

② ［英］海斯汀·拉斯达尔著，邓磊译：《中世纪的欧洲大学——博雅教育的兴起》（第三卷），重庆：重庆大学出版社 2011 年版，第 8 页。

我对茂登（Maudon）和法利（Farlee）的庄园及其附属产业所拥有的支配权，决定将这些庄园及其所有附属产业（无论该产业是何种名称）用于建造一座屋舍，我将之命名为默顿学者屋舍（The House of the Scholars of Merton）。"[①] 默顿学院是牛津大学第一所真正意义上的独立学院，也是最古老的学院之一。从特许状的内容中，我们可以看出学院的建立必须是在国王的许可之下，只有国王授权才能保证建立的学院可以享有合法的财产权、继承权和学院内部的自治权等。

早期大学与市政当局的矛盾时有发生，大大小小的冲突事件不计其数，小则口舌谩骂、相互诋毁，大则武装械斗、学者迁移，总之，师生罢课、游行示威、武装械斗、流血死亡等事件在中世纪大学的历史上早已司空见惯。其中，有时是教会法庭解决，有时国王出面调停。1355 年，牛津发生了市民与学生的最严重冲突，"简直就是市民们在法警的纵容下对学生进行的大屠杀"[②]，手拿各式武器的市民猎杀手无寸铁的学生，许多人在此次事件中丧生，受伤者也被关进了城市监狱。事后，国王撤销市长和重要官员，颁布特许状，准许大学选派代表参与市政委员会，使大学获得了更多的特权。"到 14 世纪中叶，牛津大学通过连续几任国王的青睐而获得了对牛津城的行政管理权。王权希望牛津大学仰仗这些权力从与市民的冲突中解脱出来，不再为住房、事物、公共安全、债务等问题而烦恼。"[③] 这些特权使牛津大学在较长时期内保持着稳定发展。

亨利八世即位后，推行宗教改革，试图摆脱罗马教廷的控制，使自己成为英格兰宗教的最高领袖。而此时剑桥大学校长约翰·费舍尔（John Fisher）仍坚持教权高于王权，1535 年亨利八世一怒之下处死了费舍尔，任命国务秘书托马斯·克伦威尔（Thomas Cromwell）接任校长一职。同年，皇家巡视员奉旨考察剑桥大学，宣读皇家训谕。除责令大学当局效忠皇室之外，训谕还对教学内容和教师进行了规定，要求停止教会法的教学，加强对希腊语、拉丁语的学习等。训谕规定："我们命令并责成大学继续自费支持并提供一个公开的讲座，根据大学的自由选择权，他们可选择希腊文或希伯来文，和雇佣他们认为合适的教师。在选择这个讲座的教师和在大学内部任何地方开设讲座的其他教师时，他们应保持慎之又慎的态度来选择教师，教师必须在文学修养和道德品格上出类拔萃、正义凛然、圣洁纯真、笃信虔诚，而且要擅

① Edward France Percival, ed. *The Foundation Statutes of Merton College, Oxford*. London: William Pickering, Piccadilly, 1847, p. 5.

② ［比利时］希尔德·德·里德－西蒙斯主编，张斌贤等译，王璞等校：《欧洲大学史·中世纪大学》（第一卷），保定：河北大学出版社 2007 年版，第 110 页。

③ 周常明著：《牛津大学史》，上海：上海交通大学出版社 2012 年版，第 65 页。

长演讲，彻底摒弃与搁置所有肉体情欲或其他污言秽语。"[①] 虽然"亨利八世本人从来没有对剑桥大学产生过特别的兴趣"，但他"却向大学捐赠了5个皇家教授席位，即神学、希伯来文、希腊文、医学和民法皇家教授职位，推进了教学方法的改革，并给私人捐赠树立了良好的榜样"。[②] 这是英国历史上国家首次对大学内部事务进行干涉。

1571年，英国议会通过了《关于牛津与剑桥大学各自的法人地位及对授予二者的特许状、自由权与特权予以确认的议会法案》（Act of Parliament for the incorporation of the Universities of Oxford and Cambridge, and the confirmation of their Charters, Liberties, and Privileges, granted to either of them），批准与确认了牛津大学和剑桥大学的自由权、公民权等，认可了大学的法人地位。该法案规定："上述牛津大学校长莱斯特伯爵罗伯特阁下、永久的继任者及其教师与学生合并成法人组织；以此名义，在实质上、行动上和名义上暂时拥有永久的继承权。上述校长、教师与学生拥有一枚法团印章，用于与其相关的必要事务。同样地，上述剑桥大学现任校长伯利男爵威廉·塞西尔爵士、永久的继任者及其教师与学生……此外，牛津和剑桥大学的校长、教师学生及其继任者，可以以其名义，因任何种类、品德和性质的事故、争吵、可诉行为而控告与被控告、起诉与被起诉；同时，还可挑战与要求所有形式的自由权和特许权，并以此名义，在女王治下的任何法庭与宗教或世俗审判中，针对上述事故、争吵和行为中的任何事情，出于维护上述大学的利益与权利而为他们自己驳斥与辩护。"[③] 该法案给予了牛津与剑桥更多的特权，对大学后期的自治与发展产生了深远的影响。

17—18世纪大学的学生主体开始由平民转向贵族子弟，两所老大学也逐渐成了培养上层统治阶级人才的专有机构。不可否认的是，这一过程与国家早期对大学的干预和庇护有着一种互惠的密切联系，如果在与市政当局的争斗中没有国家的干预，大学发展的后果不堪设想。揆诸上述史实，我们发现，英国大学自始至终都与国家的最高统治者保持着一种特殊的、连续的关系。大学是国家的组成部分，不可能脱离于国家而独立存在，尽管国家对大

① James Heywood. *Collection of Statutes for the University and the Colleges of Cambridge: Including Various Early Documents; and the Letters Patent, for the Election of Two Members of Parliament for the University and Colleges*. London: William Clowes & Sons, 14, Charing Cross, 1840, p. 198.

② 刘亮著：《剑桥大学史》，上海：上海交通大学出版社2012年版，第7页。

③ James Heywood. *Collection of Statutes for the University and the Colleges of Cambridge: Including Various Early Documents; and the Letters Patent, for the Election of Two Members of Parliament for the University and Colleges*. London: William Clowes & Sons, 14, Charing Cross, 1840, pp. 344 – 346.

学的内部事务干预较少，但在大学的整体发展上却有不可忽略的作用，因为作为国家的一部分或特殊机构，如果没有最高统治者的认可，是不可能生存于世，以至延续上百年的历史的。对此，我国有学者提出："英国政府对大学的第一次干预，是1850年向牛津和剑桥大学派出皇家委员会。"① 显然，这一说法缺乏历史的考证。最后，通过分析得出，英国政府对大学的干预可分为两种不同的模式：一种是在大学与市政当局的斗争中处于劣势，或者是在大学内部的矛盾或冲突中自己无法解决时，大学求助于政府，政府再颁布特许状或法案来消解矛盾或冲突。这是一种自下而上的、被动的干预模式。另一种模式是由于政权变动、王朝更迭的缘故，新上任的统治者为了巩固政权而企图通过大学来达到清除异己、树立自己的威信的目的，通常表现为政府积极主动、自上而下地干预大学的发展。这种情况在英国历史上一般较少出现，以亨利八世对剑桥大学的改革最为典型。

（二）19世纪初期政府的教育改革

如果说英国政府在19世纪以前对教育的干预具有很大的随意性和盲目性，那么19世纪以后对教育的干预则表现得越来越有目的、有计划、有组织和有系统。"国家对教育干预的真正重要时期是1830—1869年。"② 19世纪以降，政府中的一些开明人士开始积极主动地关注教育的发展，并在30年代以后采取了一系列的教育改革措施来试图扭转长期以来形成的放任主义传统以及受教会控制的落后状况，以适应国家与社会快速发展的需求。从这一背景来看，政府创办伦敦大学不是一个孤立的现象，而是19世纪上半叶政府教育改革的浪潮席卷高等教育领域的一次成功尝试。

英国慈善学校的倡导者本杰明·肖是伦敦大学学院委员会成员，早在1817年参观完美国学校之后他就对英格兰的教育状况感慨万分："一想到我的祖国，伟大的不列颠，还有这么多人反对贫民教育事业，而且还认定我国的教育体制是无可争议地好时，我就感到羞耻。"③ 英国教育不仅落后于美国，1818年的特别委员会还宣布"英格兰的教育是欧洲最差的"。拿破仑战争以后，英国的经济与社会压力使政府意识到教育的贫乏，安德鲁·贝尔

① 于富增主编：《国际高等教育发展与改革比较》，北京：北京师范大学出版社1999年版，第176页；王建梁：《大学自治与政府干预：英国大学—政府关系的变迁历程》，《清华大学教育研究》2005年第6期，第16页。

② 徐辉、郑继伟编著：《英国教育史》，长春：吉林人民出版社1993年版，第140页。

③ ［英］安迪·格林著，王春华等译，朱旭东校：《教育与国家形成：英、法、美教育体系起源之比较》，北京：教育科学出版社2004年版，第18页。

(Andrew Bell) 和约瑟夫·兰卡斯特 (Joseph Lancaster) 二人发明的导生制(又称贝尔-兰卡斯特制) 以及全国贫民教育促进会[①]和英国与海外学校协会[②]的一系列活动引导了社会福利部分逐渐向贫困儿童和普通大众转移。政治改革论者联合了福音教派和边沁主义者，最终把迟滞的学校教育提上了政府改革的议程。

曾经游历过欧洲各国的辉格党早期领袖塞缪尔·惠特布雷德 (Samuel Whitbread)，对拿破仑的法国式革命大加赞赏，希望通过激进的方式改革英国社会。1807 年 7 月，他在借鉴苏格兰模式的基础上提出了《教区学校议案》(Parochial Schools Bill)，建议在每个教区都建立一所由地方税收资助的学校。惠特布雷德在下议院讨论该议案中驳斥了保守主义者对贫民教育存在的偏见，他说："下层社会 (Lower Orders) 的所有人都拥有一些或好或坏的教育。过去常说，可以同样教授他们拉小提琴或培养他们成为技艺精湛的拳击手。顺便告诉你，这种拳击实践作为解决纷争的方式，他认为不应该被劝阻，因为它比匕首更为安全。但是小提琴手或拳击手并不会因为会读写而变得更糟糕。在圣·吉尔斯有一种教育：教唆学生偷窃并使灵巧程度从弱到强，直到被绞死；大多数被摧毁的不幸的孩子不会读写……有人说，议案将导致增加每英镑 1 先令的额外税率。他的回答是否定的。有人说，它将损害慈善学校的利益。根本不会产生这样的结果。他的目标是在他们需要的地方提供学校和教师；在他们不需要的地方，地方法官有权中止法律的运行。这件事被委托给地方法官，他是使法案付诸实施的最恰当人选。"[③] 惠特布雷德的议案是改革贫困法案计划的唯一一部分，尽管在下议院的讨论中获得通过，但最终因国教派牧师和主教们的强烈反对而被上议院否决了。

1816 年，辉格党议员布鲁厄姆组建了一个委员会，负责调查伦敦下层社会的教育状况，此后两年又扩展至全国。该委员会从一开始就试图了解：初等教育存在的不足达到何种程度以及中等教育和起初为贫困儿童教育而建立

---

① 全国贫民教育促进会 (National Society for Promoting the Education of the Poor) 成立于1811 年，接受国教教义，由坎特伯雷大主教任会长，约克、伦敦和其他主教任副会长，连同主教管区的组织、人力和财力都在该协会的统辖之下，"基本上决定了国家最终干预教育所采取的形式"。

② 英国与海外学校协会 (British and Foreign School Society) 成立于 1814 年，前身为 1808 年成立的皇家兰卡斯特学会 (Royal Lancasterian Institution) 和兰卡斯特委员会 (Lancaster's Committee)，是一个非教派的组织团体。

③ A. Aspinall & E. Anthony Smith. *English Historical Documents, 1783 - 1832, Vol. XI*. New York: Oxford University Press, 1969, p. 714.

的捐助学校的状况。[①] 这是议会第一次真正干涉教育。[②] 该项调查揭露了英国社会中教育贫乏的现象普遍存在，同时也为其1820年的《教区学校议案》（Parish Schools Bills）提供了思路。为了"更好地推动国王陛下在英格兰和威尔士的学科教育目标"，基于1816—1818年的委员会调查报告，布鲁厄姆提出了一份国民初等教育制度议案，即建立一种由地方税收资助的教区学校。布鲁厄姆比惠特布雷德更高明之处在于，他主张教区学校的教师和课程由国教成员担任和制定。这是一种妥协的方案，布鲁厄姆在安抚国教徒的同时也无意中激起了异教徒和罗马天主教徒的强烈抗议，最终议案没能形成法律文件，以失败告终。

该法案流产之后，布鲁厄姆将他的注意力转移到了成人教育和大学教育领域，尤其是伦敦大学学院的筹建，同时英国普及教育的事业迎来了另一位忠实的拥护者约翰·亚瑟·罗巴克（John Arthur Roebuck）。罗巴克是功利主义改革家，1824年进入辉格党，参与过1832年的议会改革，主张国家建立义务教育制度。1833年，罗巴克在一次演讲中说："总而言之，我想说的是我有义务通过法律使大不列颠和爱尔兰的每个儿童都接受正规的学校教育，也许他们的年龄在6～12岁之间。如果父母能给予并且真正给予他们孩子无处不在的充分教育，那么他们就没有必要被强迫送孩子进入国民学校。但是如果他们不能或不愿意给予孩子这种教育，那么国家就要干预，并且通过强制父母送孩子进入国民学校的方式提供这种需求。"[③] 虽然罗巴克的议案也没有被议会采纳但却极大地增加了公众对教育改革的兴趣。他的这段话后来被写入了英国法律，成为教育中的永恒原则。

1832年的议会改革和特权的转变使下议院获得了大量来自全国各地的请愿，他们对教育改革的呼唤刺激了议会加强对教育的关注。1833年，第一笔2万英镑的建校拨款在下议院50票赞成26票反对的情况下通过，拨款用于资助私人捐献的学校，其中80%提供给全国贫民教育促进会、20%提供给英国与海外学校协会。尽管这一拨款在当时没有引起重视，但现在看来它在英国教育史上却具有重要意义，这是政府第一次通过拨款干预教育，开辟了政府拨款资助教育发展的先河。此后，政府拨款的金额逐年增加，到1839年已增至30万英镑。但是由于接受拨款的这两个组织都是在已建立学校的基

---

① John Stuart Maclure. *Educational Documents: England and Wales, 1816 to the present day (4th Ed.)*. London and New York: Methuen, 1979, p. 18.

② John Lawson and Harold Silver. *A social history of education in England*. London: Methuen & Co. Ltd., 1978, p. 250.

③ S. J. Curtis and M. E. A. Boultwood. *An Introductory of English Education since 1800*. London: University Tutorial Press, 1964, p. 55.

础上获得政府拨款，不在这两个组织管辖范围内的大多数贫困地区仍然无法获得政府资助，而且政府也无法实际监管这两个组织对拨款的使用情况。1839 年，政府主张建立教育管理机构来监督政府拨款的使用与分配，教育部的前身枢密院教育委员会（Committee of the Privy Council for Education）应运而生。该委员会由詹姆斯·凯－沙特尔沃思爵士（Sir James Kay-Shuttleworth）任秘书，其他成员有枢密院议长、掌玺大臣、财务大臣、内政大臣和铸币厂主管。[1] 枢密院教育委员会的设立标志着国家对教育的干预正式启动。该机构的职能主要是分配政府拨助的资金，在对学校的监督上显然不能与欧陆和美国相媲美，由于自身职能的局限性及其效率的低下，导致它在实际运作中并未受到应有的尊重与欢迎。

19 世纪 30 年代以后，政府干预教育的举措逐渐频繁、多样，包括成立调查委员会、颁布法案、拨款资助、设立教育管理部门等，这一系列的举措都表明政府对教育的干预是有组织的、有计划的，并且向着系统化的方向发展。尽管反对改革的保守势力依然顽固，经常阻挠改革的进程，但要求改革的呼声在国家政府层面上已经形成了广泛的回应。

（三）伦敦大学学院和伦敦国王学院的发展状况

在高等教育内外环境的剧烈变动之下，如德国大学改革的成功传播、英国社会改革的风起云涌等，英格兰古典大学的保守主义势力虽然强大但也出现了式微的迹象，而首都的高等教育状况则变得越发复杂。新成立的两所学院围绕世俗与宗教问题展开激烈争论，二者的斗争在更深层次上反映的是辉格党（自由党）和托利党（保守党）的政治博弈。就两所学院本身而言，斗争的结果是两败俱伤：伦敦大学学院数次申请特许状无果，办学资金紧缺，教授辞职；伦敦国王学院也陷入类似的困境，筹集资金困难，更为不幸的是许多教授英年早逝。

伦敦大学学院成立之时并没有设校长职位，只设置了学监一职，在委员会的授权下负责处理大学的日常事务。委员会的成员要么是政府要员，平日政务繁忙，无暇顾及；要么是鸿商富贾，对校务管理领域知之甚少。大学学院正式成立开学后，他们大多从事自己的工作，只有在有问题需要讨论时才会聚集到一起，平时各回各家，并不长住学校。1827 年 3 月 30 日，根据一次特殊的全体业主大会的一致意见，委员会任命爱丁堡大学毕业的著名地质学家、皇家学会会员伦纳德·霍纳为学监，顶替之前考克斯担任的委员会秘

---

① John Stuart Maclure. *Educational Documents: England and Wales, 1816 to the present day (4th Ed.)*. London and New York: Methuen, 1979, pp. 42 – 43.

书职位，并接管其相关职责。在开学前，霍纳的主要任务是协助委员会制定任命教授的初步措施，负责与候选人接洽，商谈授课、薪水等事宜；在校址建设期间，要与建筑师沟通，商讨校舍筹建问题；当教授被任命后，还要与他们共同购买实验器皿，参与博物馆的筹备等工作。除此之外，他还要监管大学的财务项目，为学生的入学以及他们入学后的分类做出必要的安排。在《伦敦大学委员会声明》中还规定："住宅一准备好，他就将住在大学内部；在这之前，他要住在学校附近。除了假期之外，他必须每天在大学出勤，以便学生的家长和监护人可以咨询到他。如果他们与教授讨论学生学费应该交给谁，那他则被认为是不称职的。在他认为大学的利益快要受到歧视的任何场合，他将向委员会报告此事，并且如果必要的话，临时进行干涉，直到获取委员会的决定。这是他的职责。"① 可见，委员会对学监一职极为重视，明确规定了霍纳的各项职责，甚至限制他必须住在校内，不仅要处理校内校务，还要维护学校的对外声誉，显然这不单单是一位"学监"所能完成的任务，甚至比"校长"的任务还要烦琐。

霍纳曾创办过爱丁堡艺术学院（School of Arts of Edinburgh，现为赫瑞瓦特大学）和爱丁堡中学（Edinburgh Academy），和布鲁厄姆等人都属于激进的教育改革派人物，所以在校务管理上具备一定的才能，否则全体业主大会也不可能一致同意让他来担任学监一职。但是，如要让一人来管理整个学校的所有事务包括教授任命、财务管理、学生入学、仪器配置等，此外还必须应付学生家长与监护人的各种咨询和任何突发事件，可以说学监一职掌管了校长、出纳员、采购员、顾问等人的所有工作，任务之多、之烦琐显然并不是一人所能及的，纵然霍纳在学校管理方面才华再出众也很难不出现管理上的失误。这就为伦敦大学学院的后期管理与发展埋下了重要隐患。

伦敦大学学院首先面临的就是资金紧缺问题。大学的经济来源主要有两个：一是业主的股票和捐助者的捐赠，以此作为学院运行的早期资本；二是学生每年 25 至 30 英镑的学费，以此作为大学的收入。先期资本在开学之前大多用于校舍筹建与仪器购置，这部分开销巨大，且又存在一些铺张浪费的现象。1830 年，法学教授约翰·奥斯汀的妻子曾写道：大学学院的"开销挥霍无度，计划的实施被大打折扣，而且在渴望受到人们欢迎和害怕不够时髦之间摇摆不定，似乎所有事情辉格党人员都要插手……"② 学生学费的这

---

① Leonard Horner. *Statement by the Council of the University of London, Explanatory of the Nature and Objects of the Institution*. London: Printed by Richard Taylor, Red Lion Court, Fleet Street. For Longman, Rees, Orme, Brown, and Green; and John Murray, Albemarle Street, 1827, p. 16.

② Negley Harte and John North. *The World of UCL, 1828 – 2004*. London: UCL Press, 2004, p. 62.

部分收入主要用于支付教授的工资，但大学学院每年的入学人数并不稳定，1828—1829学年641人，下一学年630人，有时候低至500人以下，直到1870年以后人数才显著增加，1910年后才逐渐实现建校初预计2000名学生的规模。这是起初教授薪水普遍不高的根本原因。再者，它的非宗教性和世俗化课程仍然受到当时保守势力的反对，对教授的正常教学也产生了重要影响。外界的歧视、入学人数不稳定等因素最终导致学费中教授独立的薪水部分很难保证，教授们的情绪很快就被逼到了几乎不可容忍的边缘。委员会曾许诺每位教授每年至少300英镑的并不算高的收入，随着学生的人数增加缓慢和校务开销巨大，逐渐变成了一张毫无保障的空头支票。教授们的怨愤还在于他们没有自己的正式团体和地位，无法参与学院的管理，而且还必须看学监的眼色行事。《伦敦大学委员会声明》规定："教授没有权利组成一个团体，但当他们有必要一起面见时将提供这样的场合，目的是准备关于大学事务的提案，而且是他们渴望呈交给委员会考虑的提案。"① 教授的薪水较低且无法保障，缺乏有组织的教授团体，也无法直接参与学校管理，似乎大学学院的危机一触即发，只缺那根引燃怒火的导火索。

这根导火索就是霍纳。伦敦大学学院面临的第二个问题就是组织机构不完善，缺乏大学治理的有效机制，以至于在开学后的三年内出现了许多不必要的争吵和矛盾，人员管理上出现了严重问题。考虑到校务琐碎、繁重，霍纳在接受这个学监职位之前就提出了每年1200英镑的高薪，远远高于一般教授的工资，这是引发他与教授关系恶化的重要原因之一。霍纳同许多委员会成员一样，都是来自爱丁堡的著名学者，并与他们都有着深厚的友谊，但在校务管理中经常表现出一种高高在上、盛气凌人、飞扬跋扈的姿态，有时候受到一些琐碎的校务的烦扰时就会失去理智，做出出格的事情。久而久之，霍纳在师生心目中的形象每况愈下，教授们大多也敢怒不敢言。矛盾的爆发仅缺一个合理的理由。

事情发生在1830—1831学年，也就是伦敦国王学院正式开学前夕。担任解剖学教授的是苏格兰著名解剖学家帕蒂森，他毕业于格拉斯哥大学，早期担任安德森尼亚研究所（Andersonian Institute）的解剖学和医学讲师，仅1年后就辞职去了美国费城，任马里兰大学解剖学教授，5年后因健康不佳而辞职。1827年7月回到英格兰，被聘为大学学院解剖学教授。帕蒂森本人并不善于处理与同事、学生间的关系，在格拉斯哥和费城都曾与同事产生矛

① Leonard Horner. *Statement by the Council of the University of London, Explanatory of the Nature and Objects of the Institution*. London: Printed by Richard Taylor, Red Lion Court, Fleet Street. For Longman, Rees, Orme, Brown, and Green; and John Murray, Albemarle Street, 1827, p. 18.

盾。在大学学院开设解剖学课程期间，学生对这位“海归”教授的学识和课堂表现很难认可，认为帕蒂森既不是一位称职的解剖学家也不是一位合格的教师。学生的批评意见受到了大学学院医学部的查尔斯·贝尔的支持。然而，霍纳试图解雇帕蒂森的这一笨拙做法被那些愤愤不平的教授抓住了把柄，连续给霍纳施加压力。该事件最终触发了师生之间、教授与霍纳之间积怨已久的矛盾。首先是1830年学生的游行示威，其次是渐渐地引发了教授辞职风波，其中不仅包括医学部的贝尔、康诺利和帕蒂森，还有数学教授德摩根、希腊语教授乔治·朗、东方文学教授罗森、西班牙语言文学教授阿尔卡拉－加里亚诺、自然哲学教授拉德纳。辞职的教授有的去了伦敦国王学院，有的去了其他地方。其中，贝尔曾建议在大学学院与米德尔塞克斯医院之间建立从属关系，以便开展医学实践，但此建议遭到医院官方拒绝，迫使大学学院建立自己的医院。贝尔辞职后去了米德尔塞克斯，在那里建立米德尔塞克斯医学院，直到1987年大学学院才和米德尔塞克斯医学院合并。

这场教授辞职风波给伦敦大学学院的发展带来了建校以来最大的浩劫，师资严重流失，以至多年后也很难恢复元气。经历了这场辞职风波，霍纳也深感失职，为此他引咎辞职，委员会被迫废除了学监一职，还以秘书一职复原，并以每年200英镑薪水支付给该职位的人员。除了废除学监职位，帕蒂森事件还给大学学院带来了一些其他教训与经验，如教授的权力扩大了，他们组成委员会并形成了相关的教授团体，但自此以后多年学院都没有一位全职的校长。

与伦敦大学学院相比，伦敦国王学院虽然在组织结构上较为完善，校务管理方面占有优势，但在资金和师资方面都存在着与大学学院相似的困境，即建校资金不足和教师匮乏。在建校之前的早期筹款中，本已募集到足够的资金，可却因《罗马天主教解放法案》引起了部分牧师不满，撤销了捐款，尽管勉强建立了校舍，购置了实验仪器，但教授的工资仍然难以为继，而此时有不少教授英年早逝，师资减少。比如，植物学教授伯内特任教4年后去世，年仅35岁；法学教授帕克任教2年后去世，年仅38岁；法国文学教授文托尔克任教3年后去世，年仅37岁；古典文学教授安斯蒂斯任教4年后辞职，次年去世，年仅28岁；商业原理教授约瑟夫·洛，1830年被聘，还没等到开学次年就去世了。国王学院最大的损失莫过于1833年10月第一任矿物学和地质学教授查尔斯·莱伊尔（Charles Lyell）的辞职，他是英国最杰出的地质学家，与达尔文是至交，代表作是《地理学原理》（*Principles of Geology*），曾被再版12次。莱伊尔的地质学理论对圣经故事里的神创论提出了巨大挑战，因此惹怒了正统的教会人士，学院的领导层都是正统的国教徒，他们拒绝接受圣经和神学理论的任何改变。然而，莱伊尔的辞职在很大程度上是由于委员会拒绝女性参加讲座并且认为这样“激进的”提议将会惹火烧身!①

在教授相继离世和辞职的同时，国王学院的入学人数却在逐年增加，教室已变得拥挤不堪。开学伊始高级班和低级班的人数都很少，但是依靠正统国教派的庇护以及学院课程的实用性吸引了越来越多中等阶级家庭的子弟，到第一学期末学生人数已经超过了 700 名。委员会一方面聘请新任教师，维持现有的教学；另一方面不得不采取措施限制入学，把学生人数控制在学校可以容纳的400 人之内，以缓解紧张的教学空间和匮乏的师资。即便如此，从长远角度来考虑，扩充校舍和增聘教师也是国王学院未来发展的必然之举。

1833 年底，国王学院委员会意识到他们提供给学生的学术课程并不令人满意，那些胸无大志的学生不思进取、无心念学，而那些勤奋的学生尽了最大的努力，终将也无法施展他们的才华，他们认为学院开设的课程与学生需求的知识不吻合。1834 年，委员会提出了一份新计划书，以改善这种供求矛盾。该计划书涉及学生的 3 年学习课程，包括基础的神学科目、古典文学、数学、英语和根据学生选择需求而增设的课程。学生经过 3 年学习后，必须从教师那里获得学业证明并且按时出席宗教活动、行为表现令人满意之后才能取得名为“国王学院准学士学位”（Associate of King's College，AKC）的荣誉证书。在伦敦大学学院，每个课程结束后，将向合格者颁发荣誉证书，3 年之后，完成各自学习计划的学生可以获得普通证书（General Certificate），每门课程的最优秀者还可获得金质奖章。

伦敦国王学院的医学研究条件也很落后。医学是一门需要实践的科学，对学习者的要求非常严，其课时数一般都比其他学科多出很多。国王学院在教学计划中设置了一系列周密的医学课程，但却没有可供教学使用的医学院，这使它的医学教育质量大打折扣。加之，委员会又拒绝了一批杰出的医学人士担任教授，原因是他们没有通过宗教测试。此事到 1835 年才有所转机，委员会意识到必须要在学院附近建立一所附属医院，供教学实践使用。次年，委员会聘请爱尔兰著名医生罗伯特·宾利·托德（Robert Bentley Todd）担任生理学和普通病理学教授，托德坚持宗教原则是医学教育的基础，将都柏林大学的医学实践引入了国王学院，首次倡导任命医学导师和采用学院制来联合培养医学学生，他于 1838 年建立了伦敦国王学院附属医院。正是在托德加入医学部之后不久，委员会才从该学部偶然获悉要求获得大学

---

① Gordon Huelin. *King's College London, 1828 – 1978*. London: University of London, King's College, 1978, p. 12.

学位授予权和合并伦敦大学学院与伦敦国王学院的建议，托德认为两所学院随着关系的好转应该一同举行考试和授予学位。但国王学院的委员会对此却无动于衷。

伦敦大学学院的附属医院建立于1832年，1834年11月份投入使用。在学院欠下巨额债务的情况下建立附属医院的资金都是通过公共募捐而来，由于这些资金不足7600英镑，所有建筑装饰都为了节省开支，使得医院的各项条件都很差，仍然沿用贝尔遗留下来的解剖学和病理学标本。贝尔辞职之后，他的继任者是一对兄弟——琼斯·奎恩（Jones Quain）和理查德·奎恩（Richard Quain），他们在附属医院的建立和后期发展中起了重大作用，相比而言后者的成就较大，理查德·奎恩曾任皇家外科医学院主席，创立了伦敦大学学院的奎恩教授职位。附属医院的最终落成还得归功于康诺利的继任者约翰·伊利奥特森（John Elliotson），1831年他被聘为医学理论与实践教授。伊利奥特森是一位极受学生欢迎的教授，还是一位富有创新才能的医学实践者，他发明了临床使用的听诊器，并引入了奎宁来治疗疟疾。在科学上的成就却使他早早地陷入了来自维多利亚时代迷信催眠术的丑闻，1839年被迫辞职。

总体而言，在这场世俗与宗教的博弈中，由于无神论、缺乏资金、管理不善等原因导致了伦敦大学学院的发展不尽如人意，在经历了一场严重的教授辞职风波之后元气大伤；伦敦国王学院的情况也不容乐观，虽拥有特许状能够合法存在、获得公众的认可，可不少教授英年早逝，办学资金不足，致使管理机制较为完善的国王学院也面临与大学学院相类似的困境。尽管二者的境遇如此落魄，但从学术成就与发展上看却并非乏善可陈。

在伦敦国王学院方面，化学教授丹尼尔是著名的化学家，无论是教学水平还是科研成果都受到了学界的较高评价，其最为杰出的贡献就是发明了“丹尼尔电池”。1834年国王学院还聘请到了查尔斯·惠特斯通爵士（Sir Charles Wheatstone）为实验哲学教授。惠特斯通早期对音乐器材颇有研究，到国王学院任教后，专注于物理学、电磁学、声学和光学研究，后成了著名的发明家，其杰出成就是发明了光学立体镜和有线电报。值得一提的是，惠特斯通在国王学院执教了41年之久，是国王学院成立之初任教时间最长的一位教授。

在伦敦大学学院方面，动物学和比较解剖学教授格兰特是19世纪最杰出的生物学家之一，终身执教于大学学院，1836年入选皇家学会会员，后任皇家科学院教授、大学学院医学部部长，他的生物学理论对年轻时代的达尔文产生过重要影响。法学教授安德鲁·阿莫斯不仅自己执教，而且将他的儿子谢尔登·阿莫斯、他的孙子莫里斯·谢尔登·阿莫斯都引上法学教育的行业，并供职于大学学院。心智哲学与逻辑学教授约翰·霍普斯在大学学院执教了37年，培养了不少优秀人才。还有大学学院最年轻的教授奥古斯塔斯·德摩根，他是著名的数学家、逻辑学家，发现了命题逻辑中的德·摩根定律，其一生最重要的学术成果大多产生于在大学学院的任职期间。

二、《第一特许状》与伦敦大学的成立

首都的高等教育陷入了困境，学院的发展步履艰难，从历史发展的规律来看，国家干预大学的内外条件已然成熟。伦敦大学学院申请皇室特许状，屡战屡败，身心疲惫，但仍然积极努力向上诉求，最终政府采取了一个妥协的方案：颁布《第一特许状》成立了专门组织考试和授予学位的皇家伦敦大学（Royal University of London），这标志着现代意义上的伦敦大学正式创立；同时，间接满足了伦敦大学学院对学位授予权的诉求。此外，政府还另授特许状给伦敦大学学院，证明了它的合法身份。这样，政府的干预给伦敦两所学院之间长达十余年的矛盾带来缓和，在一定程度上挽救了它们的颓势。

（一）伦敦大学学院申请特许状的历程

由于大学学院是在《泡沫法案》废除之后利用投机方式、由私人组建的股份制有限公司，在大众的心目中它是一所伪装的“大学”，缺乏公众的认可和信任。为保证公司的合法存在和良好运转，既是辉格党骨干成员又是大学学院实际创办者的布鲁厄姆深知自己身上责任重大，从建校之初他就为大学学院的特许状四处谋划，寻求政府的支持，多次试图说服议会颁布法案，但都遭到保守主义的反对和阻挠。在1829年国王学院获取特许状以及1830年辉格党上台之后，他又试图申请特许状，目的就是让“非法”的伦敦大学学院获得合法的大学身份。1831年，就在一份公司特许状即将被批准之时，两所老大学牛津与剑桥联合发表声明，要求特许状必须增加一个条款——限制大学授予学位。很显然，老大学是在担心一旦伦敦大学学院获得学位授予权就将直接威胁到它们在英格兰高等教育中的统治地位。在当时，获得学位授予权是拥有大学身份的重要标志。这也是伦敦大学学院最渴望获得的权利。相比于此，伦敦国王学院对学位授予权并不以为意。“学院并不试图建成一所拥有授予自己学位权利的大学，国王学院的任务是为商业职业或者为进入其他能从中获得学位或圣职的大学做准备。”① 因此，牛津大学与剑桥大

① Gordon Huelin. *King's College London, 1828 - 1978*. London: University of London, King's College, 1978, p. 5.

学的反对使大学学院申请特许状的计划又一次被搁浅了。

特许状的争议又持续了四年。除了两所老大学中保守势力的阻挠之外，更重要的是伦敦诸多医学院的强烈反对，它们都是具有类似规模的专科学校且无学位授予权。这些医学院极力制止大学学院获得学位授予权，并认为新成立的"自称的"（*soi-disant*）大学在没有学位（包括医学学位）授予权的情况下却声称拥有这样的权利，这是一种专横、冒昧的行为。它们还称在圣·巴塞洛缪医学院、盖伊和圣·托马斯联合学院和伦敦大学学院附近的其他医学院中，《伦敦医学公报》（*London Medial Gazette*）是其教学与学习的重要指南，堪称"内科与外科的导师"。从本质上看，没有任何事情能比让号称"大学"的"股份制公司"获得学位授予权更为荒谬、可笑的了，即使让那些私立医学院获得这样的权利也不及此。① 伦敦大学学院在开学第一学期就开设了许多医学课程，但由于资金匮乏、教授辞职等原因导致它的医学教育水平远不及同时期、同地区的其他医学院的医学教育水平，因此如果要想获得特许状、拥有学位授予权尤其是医学学位授予权，就必然会引起这些医学院的愤愤不平。1833 年 3 月 16 日的《伦敦医学公报》刊文《伦敦大学的路径与方法》（Ways and Means at the London University）指出："很明显可以看到，伦敦大学的普通科学部和文学部已经失败，所以高尔街上的那个机构作为一所大学存在的所有企图和目的，即使让它获取特许状，也必将陷入一种道德腐败的状况。"② 可见，伦敦地区的医学院是伦敦大学学院获取特许状过程中的又一阻力。

1834 年，在牛津大学与剑桥大学以及一些医学院的抗议声之下，伦敦大学学院获取特许状的申请还是被艰难地递交给了枢密院。所有内阁大臣包括格雷勋爵（Lords Grey）、布鲁厄姆、登曼（Denman）、林德赫斯特（Lyndhurst）、埃尔登（Eldon）、两名大主教和伦敦主教等，都被召集起来商讨此事。经过议会两天多的激辩，仍然没有最终定论，这令与会者倍感厌烦和疲倦。国王威廉四世认为，布鲁厄姆是一名不合格的审判长，因为他要向辩护人谈论许多内容，太过紧张而忽略了一些事情，他本应该避免谈论那些激发回应者热情的尖锐问题。③ 在讨论特许状的过程中，最引人注目的一件

① Negley Harte. *The University of London, 1836–1986: an illustrated history*. London: The Athlone Press Ltd., 1986, p. 71.

② Anon. Ways and Means at the London University. *London Medial Gazette*, 1833-3-16.

③ Henry Reeve. *A Journal of the Reigns of King George Ⅳ and King William Ⅳ, Vol. Ⅲ*. London: Longmans, Green, and Co., 1874, p. 81.

事情发生在伯格史达[①]与布鲁厄姆的对话之中。在谈到学位授予权时，布鲁厄姆说："请问伯格史达先生，现在是什么阻止了伦敦大学授予学位？"伯格史达的回答是："普遍的奚落和人们的蔑视。"[②] 布鲁厄姆不再作声，他想要的效果已经完全达到。就在特许状再次唾手可取之时，1834 年 12 月，保守党（托利党）击败辉格党上台执政，之前担任过内政大臣的、国王学院的鼎力支持者罗伯特·皮尔出任首相，导致伦敦大学学院获取特许状的夙愿又一次戛然而止。幸好保守党此次执政时间并不长，短短几个月后辉格党又再次上台。1835 年 4 月，之前担任过首相的辉格党领袖墨尔本勋爵（Melbourne Lord）再次当选首相，伦敦大学学院申请特许状的时机又再一次到来。

1835 年 3 月 26 日，既是国会议员又是大学学院建校先驱的威廉·图克在下议院提出："政府的意图是不是反对他已经关注的这项动议，即'恳请国王陛下，请求他颁发他的公司皇家特许状给伦敦大学，就如 1831 年国王的检察官认可的一样，并且不包括其他限制，除了反对授予神学和医学学位'？"[③] 吉尔本[④]并不反对图克这样的陈述，他的意图是建议修订这项动议。经过沃伯顿、吉尔本、约翰·罗素勋爵等人的激烈讨论，最终通过了这项动议，即请求国王颁发公司特许状但限制授予神学和医学学位的权利。墨尔本政府上台后，枢密院又举行了更进一步的讨论，布鲁厄姆提出一项决议，"建议国王颁发一个特许状，让申请者成立一所大学，条件和限制由今后决定"[⑤]。伦敦主教拒绝代表伦敦国王学院接受授予伦敦大学学院的任何好处，认为这将使伦敦大学学院的声誉超过国王学院。经过冗长乏味的讨论之后，"大学"一词被省略了，决议转向"颁发一个特许状"。里士满公爵（Duke of Richmond）[⑥] 表示公然反对，他反对的理由主要是伦敦大学学院即将面临破产的状态。在讨论当中，与会者似乎已经达成了某种共识，如果颁发一个特许状是明智之举，那么则需要更多的考虑来决定在什么样的条件和限制下

---

① 亨利·伯格史达（Henry Bickersteth，1783—1851），兰代尔男爵，国王法律顾问、案卷主事官、副检察长、枢密院议员等。

② Henry Reeve. *A Journal of the Reigns of King George Ⅳ and King William Ⅳ*, *Vol. Ⅲ*. London: Longmans, Green, and Co., 1874, p. 82.

③ Commons and Lords Libraries. *Hansard*, *1803 - 2005*, *Third Series*, *Vol. 27. Commons Sitting of 26 March 1835*, *cc. 279 - 301* [EB/OL]. http://hansard.millbanksystems.com/commons/1835/mar/26/london-university#column_ 280, 2014 - 05 - 10.

④ 亨利·吉尔本（Henry Goulburn，1784—1856），财政大臣、内政大臣、保守党发言人等。

⑤ Henry Reeve. *A Journal of the Reigns of King George Ⅳ and King William Ⅳ*, *Vol. Ⅲ*. London: Longmans, Green, and Co., 1874, p. 261.

⑥ 查尔斯·戈登 - 论诺克斯（Charles Gordon - Lennox，1791—1860），第五代里士满公爵、第五代论诺克斯公爵、第五代欧比尼公爵，著名保守派政治家。

做出让步。经过内阁多次商议，终于在1835年6月达成了一个妥协的方案。

为了向伦敦所有宗教派别的人毫无区别地提供一种授予学术学位的模式，不强制任何宗教考试或取消任何资格，政府打算采取以下措施：

(1) 萨默塞特公爵（Duke of Somerset）[①] 和其他人追求的特许状将予以批准，用“伦敦大学学院”（London University College）之名来组建各个部分。

(2) 类似的特许状将颁发给今后建立的任何同种类的机构。

(3) 另一个特许状将颁发给那些在文学和科学上有杰出贡献的人，他们组成一个考官委员会（Board of Examiners）并履行剑桥评议院（Senate House of Cambridge）中的考官的所有职责。这个团体的名字为“伦敦大学”（University of London）。

(4) 大学学院和国王学院的学生，凭借在两所学院修完学习课程的证书、获得被认为是一种学位的专业文凭和自己的行为举止受到两个学院的委员会满意的证明，准许参加考试并根据他们的相对成绩划分等级。

(5) 任何其他教育团体，无论是不是法人，可随时由政府指定，准许它们的学生参加学位考试。

(6) 同样的原则运用于医学学位。

(7) 授予的学位有文学学士（A. B.）、文学硕士（A. M.）、法学学士（B. L.）、法学博士（D. L.）、医学学士（B. M.）和医学博士（D. M.）。[②]

(8) 王国政府有权随时任命新的和额外的考官。

(9) 伦敦大学施行的所有章程和条例必须呈报国务大臣，因此必须由议会负责。

(10) 国王为视察者。

(11) 为了支付考官的开销，针对学位考试要收取一定的费用，但由财政部规定和批准。[③]

---

① 爱德华·阿道弗斯·圣·莫尔（Edward Adolphus St. Maur, 1775—1855），第11代萨默塞特公爵，英格兰自由教会（隶属于圣公会教派）的庇护人，著名数学家、皇家学会会员，1834—1837年伦敦林奈学会会员，1826—1842年任皇家科学院主席（Royal Institution），荣获嘉德勋位爵士。

② 王承绪在《伦敦大学》第34-35页中也引用了此段译文，但他将B. M. 和D. M. 分别译为神学学士和神学博士，笔者认为此处译法有误，应为医学学士（Bachelor of Medicine）和医学博士（Doctor of Medicine）。

③ Negley Harte. *The University of London, 1836-1986: an illustrated history*. London: The Athlone Press Ltd., 1986, pp. 72-74.

该方案是1836年《第一特许状》的早期草案，其目的是成立一所组织考试、授予学位的新型伦敦大学，将原先自己冠名的"伦敦大学"改为"伦敦大学学院"，大学学院和国王学院的学生通过伦敦大学组织的考试即可获得学位，同时另授特许状给大学学院。这就解决了大学学院一直努力奋斗的特许状及其学位授予权的问题。此外，该方案还允许其他被政府认可的机构的学生来申请伦敦大学的学位（包括医学学位）。这就消解了伦敦地区医学院反对大学学院获取学位授予权的问题。不难发现，这份方案受到牛津大学与剑桥大学的影响，借鉴了二者学院制的模式，因为"大学学院"和"国王学院"之名均来自两所老大学。新大学在一定程度上使用了剑桥大学的模式，例如在长袍和帽衫的设计上。[①] 在这个意义上，借鉴老大学的办学模式也可在一定程度上化解它们对新大学的反抗情绪。因此，从三方面来看，该方案都是相当有利的。

伦敦大学学院欣然接受了这份方案。1836年2月22日，在大学学院年度全体业主大会上，一致通过了一项决议，"在去年3月26日，在下议院呈请的基础上，国王的大臣们提出了一份授予学术学位的计划，比这份呈请预期的效果更为全面和高效的是，将计划延伸至其他所有合适的、有资格的学院，提供同等设施的教育来获取学位，包括医学学位。本次会议相信政府组建考官委员会的充分性，并且对这所大学不惧怕来自任何团体的竞争感到满意，强烈建议校务委员会接受大学特许状规定的内容"[②]。然而，伦敦国王学院则对该方案表示强烈反对，因为方案中并不包括神学学位，把神学科目排除在伦敦大学考官委员会制定的考试大纲中，所以他们试图做出反抗并修订这份方案。此时，托利党在选举中落选，辉格党是执政党，伦敦大学学院的委员们充分利用政治上的决策权，终于抑制住了国王学院的反抗，没有让法案再次流产，从而保证了《第一特许状》的顺利颁行以及伦敦大学学院特许状的获取。即便法案可以颁布实施，两所学院的关系看似得到改进，可是国王学院委员会仍然表现出一副清高超然的样子，他们更倾向于把高级班的学生送入牛津大学与剑桥大学去深造；但是，国王学院委员会的联合抵制最终还是被它们自己学生的需求战胜了，其学生更倾向于选择近在咫尺的新成立的伦敦大学学位考试。

该方案的通过、特许状的起草以及考官的聘请等得到了首相墨尔本、内政大臣罗素以及财政大臣托马斯·斯普林·赖斯（Thomas Spring Rice）等人

---

① Percy Dunsheath and Margaret Miller. *Convocation in the University of London: the first hundred years*. London: The Athlone Press, 1958, p. 4.

② Negley Harte and John North. *The World of UCL, 1828 – 2004*. London: UCL Press, 2004, p. 79.

的大力支持与帮助。墨尔本亲自审议了建议的草案，并提出了自己的看法，他认为："大学的建立和目标在形式上不是以它被构想成过分对不信奉国教者妥协为特征。"① 墨尔本对《第一特许状》的修订以及最终颁行提供了政府层面的重要帮助。赖斯被认为是新的伦敦大学的实际创办人之一，他为理事会成员的聘任工作做出了重要贡献，理事会中的大多数人都是由他和罗素聘请的。赖斯在致理事会成员一封邀请公开信中指出："陛下的政府渴望皇家特许状中任命的人员应该给予公众最充分的保证，为了有效、公正地行使他们新的最重要的职责……这些职责仅仅限于考试期间，因此不会耽误您很多时间，我知道您有许多其他事情要做。"② 罗素身为伦敦大学学院的校务委员会成员，为申请特许状而奔走劳累自不必多言。

在罗素、亨利·佩蒂－菲茨莫里斯③等人的努力下，特许状的起草与修订工作终于完成。1836 年 11 月 28 日，由国王威廉四世签署的《第一特许状》终于颁布实施，合并了伦敦大学学院和伦敦国王学院，由政府成立新的伦敦大学，又称为"皇家伦敦大学"。同时，根据萨默塞特公爵、史密斯④和勒欣顿⑤等人的请愿，政府还向伦敦大学学院颁布了一份《公司特许状》(Charter of Incorporation)。该特许状确立了伦敦大学学院的名称、独立法人地位以及与国王学院相类似的权利，规定委员会由主席、副主席和 16 ~ 24 名其他成员组成，任命布鲁厄姆为委员会第一任主席，威廉·图克为第一任财务主管，萨默塞特公爵爱德华·阿道弗斯·圣·莫尔、约翰·史密斯和斯蒂芬·勒欣顿为第一届委员会成员，副主席和其他成员将在 6 个日历月内选择产生。⑥ 此外，该特许状还规定，委员会每年至少举行一次常设会议，委员会有权制定必要的章程和条例，有权规定科学与文学的各种分支为教学内容，有权任命教授、导师和其他教学和管理人员，等等。

---

① F. M. G. Willson. *Our Minerva: The Men and Politics of the University of London, 1836 - 1858*. London: The Athlone Press, 1995, p. 37.

② Negley Harte. *The University of London, 1836 - 1986: an illustrated history*. London: The Athlone Press Ltd., 1986, p. 81.

③ 见表 2.1 伦敦大学学院第一届委员会成员一览表。

④ 约翰·史密斯（John Smith,1767—1842），著名辉格党政治家，长期担任国会议员。

⑤ 斯蒂芬·勒欣顿（Stephen Lushington,1782—1873），著名法官、辉格党政治家，支持彻底废除奴隶制度和死刑。

⑥ A Copy of the Charter of Incorporation, granted by His Majesty to University College, London. // Great Britain House of Commons. *Accounts and Papers, Vol. 15 (1), finance; debt; taxes; house of commons; pain; & c.*, Session 31 January - 17 July 1837, pp. 517 - 518.

（二）《第一特许状》的主要内容

《第一特许状》的颁布在英国高等教育史上具有重要意义，它标志着现代意义上的伦敦大学正式创立。因此，分析《第一特许状》的主要内容有助于了解伦敦大学创立初期的组织建构、人员配置、权利关系等，还对它在历史上的意义与影响能有更准确的把握和认识。从内容上来看，《第一特许状》首先声明了伦敦大学的办学目的，其次确立了伦敦大学的独立法人地位及其权利，最后还规定了人事任免、组织机构、财务管理等内容。

第一，《第一特许状》明确了创办伦敦大学的目的，即："为了宗教和道德的进步以及实用知识的提升，对于我们忠诚的所有阶级和教派的臣民，毫无区别地激励他们追求一种正规和自由的教育课程；同时考虑到许多人是在首都和我们联合王国的其他地方从事或完成他们的学业的，把这些设施提供给他们是有利的，并且授予他们这些荣誉和奖励也是公正的，因为这可以促进他们坚持这些值得称赞的追求。……目的是借助考试的方式，确定哪些人通过学习这些教育课程已经精通了文学、科学和艺术，并用学术学位（Academical Degrees）奖赏他们，以此作为各自成就和与之相称的荣誉之证明。"①

第二，《第一特许状》确立了伦敦大学的独立法人地位、构成以及相关权利。"在我们王室的意志和愿望期间，我们今后任命为校长、副校长或会员的所有人，正如下文提到的，组成一个政治法人团体，以伦敦大学命名。依据这个法人团体的名字，具有永久的继承权，拥有一枚法团印章；并且在我们、我们的继承者和继任者的每一个法庭上，有权以同样的名字起诉与被起诉、控告与被控告、辩护与被辩护。"②《第一特许状》规定，伦敦大学由校长、副校长和理事会组成，除了拥有继承权和诉讼权之外，还有如下权利："以同样的名字，他们及其继任者在法律上有能力获取、购买和拥有他们及其继任者的任何物品、动产或无论什么私人财产；虽然有《没收法》（Statute of Mortmain）③，但对他们及其继任者而言，在法律上仍然有能力获取、购买和拥有所有土地、房屋、继承财产以及为了上述大学的突发需要而时常专门使用和占有的财产，还有位于我们大不列颠及爱尔兰联合王国的任

---

① First Charter, 1836. //University of London. *University of London: the historical record, 1836–1912*. London: Hodder & Stoughton, 1912, p. 26.

② First Charter, 1836. // University of London. *University of London: the historical record, 1836–1912*. London: Hodder & Stoughton, 1912, p. 27.

③ 13 世纪，国王亨利三世颁布的《没收法》（Statute of Mortmain）规定，谁要把土地遗赠给教会，必须经君主或诸侯的许可，否则就予以没收。

何其他土地、房屋、继承财产和无论什么形式财产，不超过每年1万英镑的价值；每年在获取、购买或拥有同样的资产期间必须估算和查明其价值；同时，他们及其继任者在法律上享有准许、遗赠、转让，或者另行处理所有或部分财产、实产以及属于上述大学的私人财产的权利，也有权处理突发的或与法人团体相关的所有其他事务。”①

第三，《第一特许状》任命了校长、副校长和理事会成员，见表3.1。在财政大臣赖斯的努力下，共邀请到38名社会杰出人士担任伦敦大学的校长及第一届理事会成员（Members），又称为大学的会员（Fellows）。他们大多都是政治、科学等领域的佼佼者，其中有16名专业医生、18名皇家学会会员②，还有著名的法学家、工程师等。其中，年轻有为的威廉·卡文迪什被任命为伦敦大学第一任校长，约翰·威廉·卢伯克为第一任副校长。校长、副校长和理事会成员均由政府任命。副校长的职位通常是一年制的，但可重复当选。《第一特许状》规定：“上述大学副校长的职位是一年制的，之前任命的副校长从1837年7月1日起，一年任期满后将离开他的职位；同时，上述理事会的成员或会员将在上述职位的任期结束前一个月中的某天举行一次例会，目的是发布正式通知，选举另一位合适、恰当的人担任上述大学的副校长，所以通常是一年制的。”③

表3.1　伦敦大学校长及第一届理事会成员一览表

学院职位	姓名	宗教职位、爵位	教育及工作经历
校长	威廉·卡文迪什（William Cavendish，1808—1891）	伯灵顿伯爵④	毕业于剑桥大学，著名慈善家、政治家、皇家学会会员，1836—1856年任伦敦大学校长，1861—1891年任剑桥大学校长

① First Charter, 1836. // University of London. *University of London: the historical record, 1836 - 1912*. London: Hodder & Stoughton, 1912, p. 27.

② 哈特博士在《伦敦大学史图解，1836—1986》第85、89页中指出，理事会“至少有18名皇家学会会员”且尼尔·阿诺特、阿奇博尔德·比林和纳索·威廉·西尼尔均为皇家学会会员。笔者参照《1660—2007年皇家学会会员名录》（*List of Fellows of Royal Society*, 1660 - 2007）后发现，阿诺特是1838年入选皇家学会会员，比林是1844年入选皇家学会会员，而西尼尔并不在该名录之中。经统计，在1836年11月28日《第一特许状》颁布之时，理事会只有18名是皇家学会会员。

③ First Charter, 1836. // University of London. *University of London: the historical record, 1836 - 1912*. London: Hodder & Stoughton, 1912, pp. 27 - 28.

④ 1831—1834年为基思利卡文迪什勋爵（Lord Cavendish of Keighley），1834—1891年为伯灵顿伯爵（The Earl of Burlington），1858—1891年为第七代德文郡公爵（Duke of Devonshire）。

续上表

学院职位	姓名	宗教职位、爵位	教育及工作经历
第一届理事会成员	约翰·威廉·卢伯克爵士（Sir John William Lubbock，1803—1865）	第三代男爵	毕业于剑桥大学，著名银行家、律师、数学家、皇家天文学会会员、皇家学会会员，三次出任皇家学会副主席、两次任财务主管，1836—1842 年任伦敦大学副校长
	爱德华·莫尔特比（Edward Maltby，1770—1859）	达勒姆主教	毕业于剑桥大学，获神学博士学位，皇家学会会员、皇家古文物学会会员，泛基督教主义者，鼓吹自由政治，是上议院神职人员中唯一一名辉格党成员
	威廉·奥特（William Otter，1768—1840）	奇切斯特主教	毕业于剑桥大学，1831—1836 年任伦敦国王学院校长，善于处理与大学学院之间的矛盾，被称为辉格党派主教
	亨利·彼得·布鲁厄姆（Henry Peter Brougham，1778—1868）	无	见表 2.1
	乔治·比德尔·艾里爵士（Sir George Biddell Airy，1801—1892）	无	毕业于剑桥大学，著名数学家、天文学家、皇家学会会员、皇家天文学会会员、瑞典皇家科学院外籍会员
	安德鲁·阿莫斯（Andrew Amos，1791—1860）	无	见表 2.2
	托马斯·阿诺德（Thomas Arnold，1795—1842）	伊拉斯图派教徒	毕业于牛津大学，获历史学、神学博士学位，精于古典文学，牛津大学近代史钦定讲座教授，著名教育家、拉格比公学校长
	约翰·奥斯汀（John Austin，1790—1859）	无	见表 2.2
	尼尔·阿诺特（Neil Arnott，1788—1874）	无	毕业于阿伯丁大学，精于内科医学、自然哲学，女王的特派医生，1838 年入选皇家学会会员。终身担任理事会成员

续上表

学院职位	姓名	宗教职位、爵位	教育及工作经历
第一届理事会成员	约翰·巴科（John Bacot,生卒年不详）	无	皇家外科医学院会员
	弗朗西斯·博福特爵士（Sir Francis Beaufort,1774—1857）	无	早年辍学，自学为主，师从乔治·比德尔·艾里等著名科学家，精于航海图，著名水道专家、皇家海军上校、皇家学会会员
	阿奇博尔德·比林（Archibald Billing,1791—1881）	无	毕业于都柏林大学、牛津大学，获文学学士、医学学士、医学博士学位，著名医生、作家、皇家内科医学院会员，1844 年入选皇家学会会员。终身担任理事会成员
	威廉·托马斯·布兰德（William Thomas Brande,1788—1866）	无	毕业于威斯敏斯特学校，后师从作为药剂师的兄长学习化学，著名化学家、皇家学会会员，1812 年任药剂师学会化学教授。不仅担任理事会成员而且担任考官
	詹姆斯·克拉克爵士（Sir James Clark,1788—1870）①	第一代男爵	毕业于阿伯丁大学、爱丁堡大学，获文学学士和硕士、医学博士学位，著名内科医生、皇家学会会员、女王的特派医生
	菲利普·克兰普顿（Philip Crampton,1777—1858）②	第一代男爵③	毕业于格拉斯哥大学，荣誉民法博士学位，开设私人解剖学讲座，爱尔兰军医处处长、女王陛下的常任医生、皇家学会会员

① Sir James Clark 又写作 Sir James Clarke。

② 此处原文为 Philip Cecil Crampton，可能是勘误。经查实，Philip Cecil Crampton 是 Philip Crampton 的表弟，1837 年的《第二特许状》中将此纠正为 Philip Crampton。此外，哈特博士在《伦敦大学史图解，1836—1986》第 83 页中使用 Sir Philip Crampton；维尔森在《我们的密涅瓦：男性与伦敦大学的政治，1836—1858》第 34 页中也使用 Philip Crampton。这进一步证实了《第一特许状》中的 Philip Cecil Crampton 可能是勘误。

③ 1839 年获封男爵。

续上表

学院职位	姓名	宗教职位、爵位	教育及工作经历
第一届理事会成员	约翰·道尔顿（John Dalton，1766—1844）	无	牛津大学和爱丁堡大学荣誉民法博士学位，著名化学家、自然哲学家、皇家学会会员。理事会最老的成员（70岁）
	威廉·恩普森（William Empson，1791—1852）	无	毕业于剑桥大学，获文学学士、文学硕士学位，著名出庭律师，1824—1852年任东印度学院普通政体和英格兰法律教授
	迈克尔·法拉第（Michael Faraday，1791—1867）	无	著名化学家、皇家学会会员、瑞士皇家科学院外籍会员，拒绝授予骑士称号，两次拒绝担任皇家学会主席，是19世纪英国最杰出的科学家之一，发现了电磁感应、反磁性和电解
	斯蒂芬·洛夫·哈米克爵士（Sir Stephen Love Hammick，1777—1867）	第一代男爵	早年跟随父亲在普利茅斯的皇家海军医院学医，并在那里任助理医师、全职医师，后到圣·乔治医院深造，任国王乔治四世的特派医生，医学博士、皇家外科医学院会员
	约翰·史蒂文斯·亨斯洛（John Stevens Henslow，1796—1861）	国教牧师	毕业于剑桥大学，获文学硕士学位，著名植物学家、地质学家，是查尔斯·达尔文的导师
	康沃利斯·休伊特（Cornwallis Hewett，1787—1841）	无	毕业于剑桥大学，获得文学硕士、医学博士学位，剑桥大学医学唐宁教授，皇家内科医学院会员，国王威廉四世的特派医生
	托马斯·霍奇金（Thomas Hodgkin，1798—1866）	贵格会信徒	毕业于爱丁堡大学，获得医学博士学位，杰出的病理学家，发现了霍奇金氏病。此后一直担任理事会成员
	弗朗西斯·基尔南（Francis Kiernan，1800—1874）	无	著名解剖学家、皇家外科医学院会员、皇家学会会员，荣获科普利奖章。任伦敦大学解剖学和生理学考官

续上表

学院职位	姓名	宗教职位、爵位	教育及工作经历
第一届理事会成员	约翰·乔治·肖-勒费夫尔爵士（Sir John George Shaw Lefevre, 1797—1879）①	无	毕业于剑桥大学，后进入内殿律师会馆学习，皇家学会会员、辉格党著名政治家，任副国务卿、国会执行秘书，1842—1862年任伦敦大学副校长
	查尔斯·洛科克爵士（Sir Charles Locock, 1799—1875）	第一代男爵②	毕业于爱丁堡大学，医学博士，皇家内科医学院会员、维多利亚女王的助产师，1864年入选皇家学会会员
	詹姆斯·麦格里戈爵士（Sir James MacGrigor, 1771—1858）③	第一代男爵	毕业于阿伯丁大学和爱丁堡大学，1811年被任命为威灵顿公爵的军队的军医处处长、军队医疗总干事。著名军医、植物学家、皇家学会会员、皇家内科医学院会员
	理查德·雷尼·彭宁顿（Richard Rainy Pennington, ？—1849）	无	皇家外科医学院会员
	琼斯·奎恩（Jones Quain, 1796—1865）	无	毕业于都柏林大学，获文学学士、医学学士、医学博士学位，1831年任伦敦大学学院解剖学和生理学教授
	约翰·里道特（John Ridout, 生卒年不详）	无	皇家外科医学院会员
	彼得·马克·罗热（Peter Mark Roget, 1779—1869）	无	毕业于爱丁堡大学，获医学博士学位，皇家学会会员，任伦敦大学生理学考官，此后一直担任理事会成员

① Sir John George Shaw Lefevre 又写作 Sir John George Shaw - Lefevre。

② 1857年获封男爵。

③ Sir James MacGrigor 又写作 Sir James McGrigor、M'Grigor 或 M'Gregor。

续上表

学院职位	姓名	宗教职位、爵位	教育及工作经历
第一届理事会成员	纳索·威廉·西尼尔（Nassau William Senior,1790—1864）	无	毕业于牛津大学，获文学学士学位，后学习法律，著名大法官、经济学家，1825 年任牛津大学第一任政治经济学教授。除托马斯·阿诺德之外，西尼尔是唯一一位毕业于牛津大学的理事会成员
	约瑟夫·亨利·杰拉德（Joseph Henry Jerrard,1801—1853）	无	毕业于剑桥大学，获文学硕士、法律博士学位，布里斯托尔学院院长。担任伦敦大学古典文学和数学考官
	理查德·希普尚克斯（Richard Sheepshanks,1794—1855）	国教派牧师	毕业于剑桥大学，获文学硕士学位，成为该学院研究员，后学习法律，著名天文学家、皇家学会会员
	约翰·西姆斯（John Sims，1792—1838）	贵格会信徒	毕业于爱丁堡大学，获医学博士学位
	康诺普·瑟尔沃尔（Connop Thirlwall，1797—1875）	圣·戴维斯主教	毕业于剑桥大学，获文学学士学位，著名历史学家，在希腊史、古典文学等方面颇具造诣
	詹姆斯·沃克（James Walker,1781—1862）	无	苏格兰著名的土木工程师、皇家学会会员，1835—1845 年任土木工程师学会主席
	亨利·沃伯顿（Henry Warburton，1784—1858）	无	见表 2. 1

资料来源：First Charter, 1836. // University of London. *University of London: the historical record, 1836 – 1912*. London: Hodder & Stoughton, 1912, pp. 26 – 27; Leslie Stephen, ed. *Dictionary of National Biography*. London: Smith, Elder, & Co., 15 Waterloo Place, 1885; Wikipedia, http://en.wikipedia.org/wiki/Main_Page; The History of Parliament. http://www.historyofparliamentonline.org/; The Peerage. http://www.thepeerage.com/index.htm; 等等。

第四，《第一特许状》规定了视察者、校长、副校长和理事会的职责。国王作为伦敦大学的视察者有权做那些属于视察者的所有事情。《第一特许状》还规定："校长、副校长和会员暂时对上述大学的事务、关注点和财产拥有全部的管理权和监督权。同时，在我们这个特许状没有提及的所有事情中，校长、副校长和会员往往以最适于实现上述大学想要的目的的这种方式来处理，这应当是合法的。校长、副校长和会员享有充分的权力来时常制定和修改任何细则和条例（只要不与我们王国的法律，或是我们这个特许状的一般目的和条款不一致），关于学位考试和学位授予，关于召开校长、副校长和会员的会议的方式和时间，总之是关于上述大学的所有其他事情。编订好的所有这些细则和条例，在印上上述大学的法团印章后，就对大学的所有成员和即将被授予学位的申请者具有约束力。所有这些细则和条例必须首先呈报于我们其中的一位国务大臣，并且要得到他的同意与会签。"① 关于投票和选举，《第一特许状》规定："将来校长、副校长和会员要面对的所有问题都由出席会议的大多数成员决定，而且主席要在任何这样的会议上举行一次投票，如票数相同，还要进行第二轮或决定性投票。在表决的时候，必须要有校长或副校长和5名会员参加，或者在校长和副校长缺席的情况下至少有6名会员参加，否则在任何例会上都不能决定问题。在上述校长、副校长和会员的每一次会议上，校长或在他缺席情况下的副校长作为主席主持会议，或者在二人都缺席的情况下，主席由出席会议的成员或他们中的大部分人选举产生。"②

第五，关于组织考试和授予学位。伦敦大学内部的官员、组织考试的考官以及工作人员均由校长、副校长和理事会任命或撤销。"上述校长、副校长和会员每年至少举办一次学位申请者考试。在每次考试中，申请者由上述校长、副校长和会员从会员中专门任命的考官来考查，或者由他们任命的其他考官来考查；并且每次考试都将从普通知识的许多分支科目来考查申请者，这是上述校长、副校长和会员认为是最适合该考试的科目。"③《第一特许状》规定，伦敦大学授予的学位有文学学士、文学硕士、法律学士和法律博士。理事会制定各学位的考试大纲，通过学位考试的申请者，经伦敦大学批准授予，由校长、副校长和会员授权的机构（包括伦敦大学学院、伦敦国王学院和其他被认可的机构）颁发证书，即意味着他已经完成了由校长、副校长和理事会根据有关条例确定的学习科目。考虑到伦敦各医学院的需求，《第一特许状》还规定伦敦大学可授予医学学士和医学博士学位，开设内科、外科、助产学和药剂学四个科目的考试，任何申请者都可参加考试，同时参照其他学位考试与授予的办法。

---

①②③ First Charter, 1836. // University of London. *University of London: the historical record, 1836 - 1912*. London: Hodder & Stoughton, 1912, p. 28.

第六，关于学费和其他管理事项。《第一特许状》规定："上述授予的学位应当收取合理的学费，在我们财务委员会的批准下，时常由上述校长、副校长和会员管理；这些学费应纳入一个总的学费基金（Fee Fund），根据我们的财务委员会的指示和规定来支付上述大学的开支；上述大学的收支账目每年要向我们的财务委员会呈报一次，账目受制约于这种考试；审计由上述财务委员会管理。"①

（三）《第一特许状》的意义及影响

《第一特许状》在英国高等教育史上具有重要意义与影响，它改变了伦敦的高等教育格局，将原先两所相互斗争的学院组合在一起，成立了一所新的皇家伦敦大学，其校长、副校长和理事会成员都是政府任命的，是一所不折不扣的国立大学。从表面上看，政府成立的伦敦大学模仿了牛津与剑桥的学院制模式，即伦敦大学下面包含大学学院和国王学院两个下属学院；但在实际上，"以《第一特许状》为基础建立起来的伦敦大学，形成了与牛津和剑桥大学不同的办学及治理模式，开辟了一条新的大学发展之路，对于近代英国高等教育的改革具有划时代的意义，堪称英国高等教育史上的里程碑"②。

第一，伦敦大学的考试不仅仅面向大学学院和国王学院，还有伦敦地区的许多医学院以及联合王国其他地方的机构，只要政府批准授权该机构，它的学生就可成为伦敦大学学位的申请者，通过考试即可获得学位证书。这就使得越来越多的人不受任何宗教限制地通过伦敦大学的考试来获取学位、接受高等教育，从而扩大了高等教育的受惠范围，满足了越来越多的人对高等教育的诉求。简言之，《第一特许状》加速了近代英国高等教育的大众化进程。第二，伦敦大学学院是早期私人创办的伦敦大学，它开创了近代英国高等教育的世俗化进程，首次在课程设置中取消宗教科目，以适应市场需求的实用课程和现代语言为主，而新成立的伦敦大学并没有抛弃早期私立伦敦大学的这一开创性之举，在制定考试大纲和授予学位中，仅设置了文、法、医三个门类，将神学排斥在外，继承了伦敦大学学院的世俗性的特色。简言之，《第一特许状》加速了近代英国高等教育的世俗化进程。第三，伦敦大学学院开学不久后就面临资金紧缺、教师辞职风波、生源不稳定等内部危

---

① First Charter, 1836. // University of London. *University of London: the historical record, 1836–1912*. London: Hodder & Stoughton, 1912, p. 29.

② 肖朗、袁传明：《伦敦大学建立与近代英国高等教育改革——以第一特许状为考察中心》，《现代大学教育》2013 年第 6 期，第 38 页。

机，而且社会民众对这个以投机方式筹集的股份制公司也存有疑虑，再加上国教徒对纯世俗课程的反对，使其危机四伏。伦敦国王学院的境况也类似，资金紧缺、教师早逝等，政府颁布《第一特许状》解决了大学学院和国王学院的学位授予权问题，同时还另授特许状给大学学院，肯定其合法地位，缓解了社会对它的顾虑。简言之，《第一特许状》挽救了 19 世纪 30 年代伦敦高等教育衰败的状况。第四，伦敦大学成立的方式与两所老大学不同。1836 年成立的伦敦大学是在合并伦敦大学学院和国王学院的基础上诞生的，而两所老大学的传统是在现有大学的基础上建立学院，二者的发展方式恰好相反，前者是一种自下而上的方式，由学院申请加入大学，后者则是一种自上而下的方式，在大学之下建立学院，这就奠定了联邦制伦敦大学的发展基础。二者的建校起点和发展方式都不同。简言之，《第一特许状》开辟了不同于牛津与剑桥的新的大学发展之路。第五，伦敦大学学院在成立初期，校务委员会都是校外人士，还有一名学监参与学校管理；而国王学院的组织机构较为完善，有校长、视察者、委员会、审计员等。《第一特许状》规定大学由校长、副校长和理事会组成，而且国务大臣和财务委员会对大学也都有一定的制约权。此外，特许状任命的理事会成员中还有少数是大学学院和国王学院的教师和管理人员，如大学学院法律教授安德鲁·阿莫斯和约翰·奥斯汀、解剖学教授琼斯·裘恩，大学学院委员会成员布鲁厄姆和国王学院校长威廉·奥特。从这个角度看，伦敦大学的管理层不仅有外部社会人士，而且还有在一线从事教学与管理的人员，这是伦敦大学比大学学院和国王学院更为先进的地方。简言之，《第一特许状》形成了伦敦大学与众不同的治理模式，即理事会与政府共管的内外双重治理模式（如图 3. 1）。

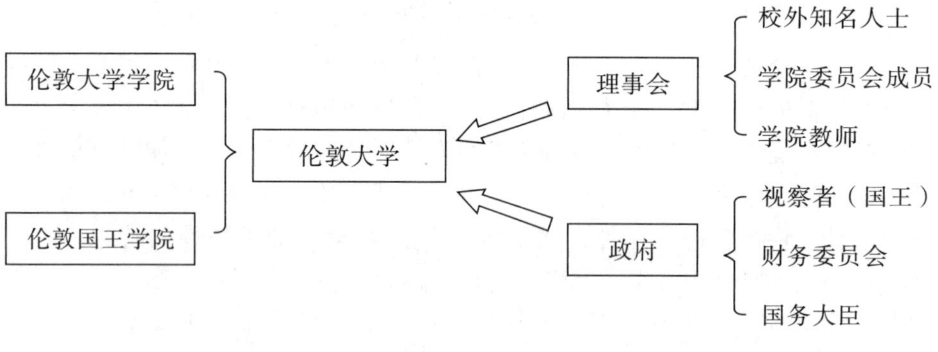

图 3. 1　伦敦大学的内外双重治理模式示意图

总之，无论是从伦敦地区高等教育发展的现实来看，还是从英国整个高等教育的发展状况来看，《第一特许状》的意义都是非凡的，包括对高等教育发展的大众化和世俗化的推动、促进高等教育的发展、开辟新的大学发展之路、形成内外兼管的治理模式等。此外，伦敦大学既是政府改革的产物也是政府“妥协的产物”①。妥协的直接后果就是使伦敦大学背离了伦敦大学学院早期发展的苏格兰和德国大学模式，彻底转变一个纯考试机构，只负责拟定考试大纲、组织考试、授予学位，伦敦大学总部不进行教学，教学活动仍在大学学院和国王学院，此后又扩展到其他一些机构，有的甚至不具备大学教学水平的机构，最终使伦敦大学遭受许多校内外有识之士的斥责。从学术发展上看，这种办学模式的转变事实上是一种倒退。由于这一考试机构是政府一手操办的，受政府的监管，用学位和考试来牵制两所学院的发展，因此，从这个层面来看，“伦敦大学实际上是一个政府机构”②。还有学者认为，“伦敦大学不是一所合格的大学”③。这种政府主导的考试机构在伦敦大学历史上影响极其深远，直到20世纪初才有所改变。

三、三个特许状的比较与分析

特许状起源于中世纪，无论是英文名还是中译名都有多种不同的表述方法，英文名有 charters、letters patent、grants、awards 等，中译名有特许状、宪章、许可证等。根据相关百科全书的定义，特许状（letter patent）是“由国王或国家授予某人或某公司实施一定行为的权利，或享受不能依他种方法获准的特权而签发的一种书面文件。英国特许状盖有国玺，并且是开封的，作为授予权力的证明（patent 意为敞开）”④。还有定义为：特许状（charter）是“由国家最高权力机构颁发给个人、法人团体、城市或其他地方组织单位的文件，目的是授予某种权利、权力、特权或职能。在《大宪章》中，国王约翰赐予英国国民某些自由。在中世纪欧洲的其他地方，君主通常颁发给城镇、同业公会、大学以及其他机构授予它们某些特权，有时还具体规定这些机构应该如何管理它们的内部事务”⑤。总之，特许状是一种“载明将国家主权权利中的某些权利、权力、特权或功能授予个人、公司、城市或其他地

① 王承绪编著：《伦敦大学》，长沙：湖南教育出版社 1995 年版，第 37 页。

② ［美］谢尔顿·罗斯布莱特著，别敦荣译：《现代大学及其图新——纽曼遗产在英国和美国的命运》，北京：北京大学出版社 2013 年版，第 250 页。

③ ［美］亚伯拉罕·弗莱克斯纳著，徐辉、陈晓菲译：《现代大学论——美英德大学研究》，杭州：浙江教育出版社 2001 年版，第 204 页。

④ ［美］美国不列颠百科全书公司编著，中国大百科全书出版社编译：《简明不列颠百科全书》（第 7 卷），北京：中国大百科全书出版社 1986 年版，第 724 页。

⑤ ［美］美国不列颠百科全书公司编著，中国大百科全书出版社编译：《不列颠百科全书》（修订版，第 3 卷），北京：中国大百科全书出版社 2011 年版，第 1663 页。

方组织机构的文件”①。因此，根据特许状的颁发对象和性质，可将其分为城市特许状、公司特许状、行会特许状、商业特许状、大学特许状等种类。1829 年，政府向伦敦国王学院颁发特许状；1836 年，政府颁布《第一特许状》的同时，另颁发特许状给伦敦大学学院。伦敦大学刚创立之时就有了三个特许状，可以说它是一所名副其实的特许状大学。但这三个特许状并非都是严格意义上的大学特许状。1829 年颁发的国王学院特许状和 1836 年颁发的大学学院特许状是一种公司特许状，而 1836 年成立伦敦大学的《第一特许状》才是真正意义上的大学特许状。通过对它们的性质与内容的比较和分析，可以得出以下异同点。

（一）相同点

关于这三个特许状的相同点可以从特许状的定义以及它们的具体内容中予以揭示和说明。通过对特许状定义的考察发现，特许状的本质特征就是授予颁发对象一定的特许权，保证其可以正常运转，不受任何其他非法势力的干涉，这些特许权包括公民自由权、自治权、赋税、服役、财产转让、遗赠、购买等等。具体的“权利、权力、特权或职能”因特许状种类不同而不同。伦敦大学的这三个特许状尽管性质和种类并不完全相同，但它们都是特许状，而且在一定意义上都属于大学特许状，因此它们必然存在一些共同点。首先，伦敦大学的这三个特许状有其他大多数特许状的共性特点，就是授予特权。特许状的颁布是一项法律行为，它规约了大学和公司合法存在的基础，即独立法人地位，与其他行会、公司或商业特许状一样都是其自身“权利、权力、特权或职能”的重要来源。具体而言，伦敦大学、大学学院和国王学院都拥有一枚法团印章，具有永久的继承权，以各自的名义在英国的任何法庭上都有权起诉与被起诉、控告与被控告、辩护与被辩护；在法律上，有权利获取、购买和持有大学和学院及其继承人的任何物品、动产和私人财产，以及英国任何地方的土地、房屋、世袭财产等，且有一定的数额限制（伦敦大学和大学学院是每年不超过 1 万英镑，国王学院是每年不超过 5000 英镑）；同时还有权给予、遗赠、转让或其他方式处理所有或部分财产、实产及属于大学和学院的任何财产；有权处理与法人团体相关的任何突发事情。其次，伦敦大学的三个特许状还有大学特许状的一些共性特点，涉及大学和学院的内部治理结构、人事任免、权力分配等。英国皇家特许状对大学的内部治理框架都做出了详细的规定，尽管三个特许状规定的治理模式

---

① ［美］美国不列颠百科全书公司编著，中国大百科全书出版社编译：《不列颠百科全书》（国际中文版，第 4 卷），北京：中国大百科全书出版社 1999 年版，第 78 页。

不完全相同，但它们在建立规章制度中所起到的作用是相同的。

此外，在类别上同属于公司特许状的国王学院和大学学院特许状也有不同于《第一特许状》的一些相同点，这就是它们对公司业主、捐助者及其相关利益的规定。1836 年，政府颁发给伦敦大学学院的特许状名称是《皇家公司特许状》（Royal Charter of Incorporation），该特许状赋予了伦敦大学学院 1826 年 2 月 11 日签订的《协议契据》以法律效力，称之为《契约》（Indenture）。伦敦大学学院特许状规定，《协议契据》中的业主和终身捐助者以及根据该特许状制定的章程中规定的业主和捐助者，组成一个法人团体，命名为"伦敦大学学院"；同时进一步规定，《契约》或《协议契据》中的条例、规则和条款以及依照上述《契约》或《协议契据》制定的现行条例（不得与本特许状的条款或我们王国的法律或章程相矛盾），成为上述法人团体的现行章程，但必须服从于修订、更改或撤销，类似于上述法人团体的其他章程依据本特许状的条款来修订、更改或撤销的方式。① 伦敦大学学院的特许状并没有对公司业主和捐助者的具体相关利益做出明确规定，因为在成立时已签署了一份《协议契据》，特许状的主要目的就是使之具有法律效力。伦敦国王学院特许状对公司的名称、构成、股票等内容都有详细的规定。（详见表 2.4 及第二章部分内容）

（二）不同点

伦敦大学的这三个特许状因是同一事物的不同分类而存在一定的相似性，但由于颁发的对象不同，在具体内容和作用方面就有很大的针对性，不同点也就显而易见。首先是公司特许状与大学特许状之间的不同。伦敦国王学院和伦敦大学学院的特许状是一种特殊的公司特许状，它以公司的名义成立并以公司的资本运营方式营利，但它所从事的业务则主要是大学的功能，因此它们既有公司特许状的特点又有大学特许状的相关功能。公司特许状由政府机构颁发，授予个人组建一个法人团体或有限责任公司。② 大学学院和国王学院分别以股份制有限公司的形式成立，通过发行股票筹集资金，更重要的是在课程设置方面，以市场需求为导向，课程均来自实用的、社会急切需求的内容（甚至包括神学在内）；在管理体制方面，主要由公司股东参与管理，也聘请少数学者管理校务，如大学学院的学监和国王学院的校长。然

---

① A Copy of the Charter of Incorporation, granted by His Majesty to University College, London. // Great Britain House of Commons. *Accounts and Papers*, *Vol. 15 (1)*, *finance*; *debt*; *taxes*; *house of commons*; *pain*; *& c.*, Session 31 January – 17 July 1837, pp. 518 – 519.

② ［美］美国不列颠百科全书公司编著，中国大百科全书出版社编译：《不列颠百科全书》（修订版，第 3 卷），北京：中国大百科全书出版社 2011 年版，第 1663 页。

而，伦敦大学的《第一特许状》并不涉及股份制有限公司的有关规定。

其次，在大学特许状这个层面上，三者虽然有一些共性特点，但在具体内容上仍差异显著，主要表现在各自的办学目的上。伦敦大学学院特许状规定，“为了普遍提升文学和科学，在伦敦附近建立一所机构，给年轻男子提供充足的机会来获得文学和科学教育，并收取合适的费用”①；伦敦国王学院特许状规定，“渴望维持正统宗教和有用知识之间永不分解的联系，高度赞同建立一所学院的计划，教授英格兰和爱尔兰联合教会灌输的基督教教义，并永远结合有用知识的其他分支”②；伦敦大学的《第一特许状》指出，为了提升宗教道德和实用知识而建立大学，用学术学位奖赏通过考试的申请者，包括文学学士、文学硕士、法律学士、法律博士、医学学士和医学博士学位。因此，可以看出，伦敦大学的《第一特许状》在办学目的上维持国王学院特许状中的宗教和实用知识，但在实际操作中却倾向于大学学院特许状中的科学和文学知识，即不组织神学考试和授予神学学位。这也是《第一特许状》的妥协性所在。

最后，在管理体制上，三个特许状规定的学院和大学的治理模式也不尽相同。伦敦国王学院特许状颁布较早，其管理体制是一种公司与学院共管的双重治理模式，在公司方面由官方理事、业主和捐助者参与管理，在学院方面由校长、视察者、委员会和审计员组成，主要由委员会管理。（见图 2.1）《第一特许状》规定伦敦大学由校长、副校长和理事会主管，此外还有视察者、国务大臣和财务委员会参与监督与管理，形成了一种理事会与政府共管的双重治理模式。（见图 3.1）然而，按照 1836 年政府颁发给伦敦大学学院特许状的规定，其治理模式仍然比较单一，仅有委员会（包括主席和副主席）和财务主管。

综上所述，不同类型的特许状决定了大学与学院的不同发展方向，但大学与学院之间又因特许状而存在相互依存的联系。一方面，大学学院和国王学院持公司特许状而获得法人地位，既然是公司，就必然受到社会市场的外部导向，二者在课程设置上都深刻地体现出了这一点；另一方面，二者的办学模式都取法苏格兰大学和德国大学，注重教学与研究。但是，1836 年政府颁布的《第一特许状》合并了大学学院和国王学院，成立新的伦敦大学，用学位授予权将两所学院控制在手中，使伦敦大学沦为纯考试机构，原先学院

---

① A Copy of the Charter of Incorporation, granted by His Majesty to University College, London. // Great Britain House of Commons. *Accounts and Papers*, *Vol. 15* (*1*), *finance*; *debt*; *taxes*; *house of commons*; *pain*; *& c.*, Session 31 January – 17 July 1837, p. 517.

② King's College (London). *The Charter and By-laws of King's College*, *London*. London: Printed by Gilbert & Rivington, St. John's Square, 1830, p. 4.

以市场为导向的科研功能受到抑制，变成以大学的考试大纲为导向。因此，《第一特许状》改变了两个公司特许状规定的两所学院的发展模式，这就是政府改革伦敦高等教育所带来的利益与弊端，即在扩大高等教育受惠范围的同时抑制了学术自由的发展。这也可以理解为《第一特许状》的两面性，在更深层次上它反映出的是政府改革高等教育的妥协性、不彻底性。

本章小结——第一次妥协

很久以来，受保守主义、自由主义等思想的影响，英国政府对教育事业都是毫不关心的，直到 19 世纪初期政府才开始真正干涉教育，引导教育向着国家需求的利益方向发展，包括对贫民教育的考察、拨款资助、设立教育机构等。在高等教育领域，伦敦大学的创立无疑是政府改革高等教育的开路先锋，以 1836 年的《第一特许状》为标志拉开了近代英国高等教育改革的帷幕。在这之前十余年中，伦敦存在两所相互斗争的学院——伦敦大学学院和伦敦国王学院，前者坚决不把宗教作为学生入学的硬性要求，也不在课程体系中植入宗教课程，后者则以宗教驯化为实科教育的基础，将宗教与有用知识紧密联系，总之，二者围绕世俗与宗教斗争得难解难分。然而在整个 19 世纪，宗教还在各个领域占据着重要地位，这是不争的事实。这就表明在宗教占主导地位的时代，世俗根本不可完全取代宗教而成为社会主流，政府在改革伦敦大学的过程中也深刻认识到这一点，即在《第一特许状》中开宗明义地就指出：为了“宗教道德和实用知识”两方面内容的提升而建立伦敦大学。在大学学院和国王学院斗争得不可开交之时，政府插手干预，企图通过《第一特许状》来缓和，甚至消解二者之间积怨已久的冲突与矛盾，但事实上政府并没有从根本上彻底解决问题，它扮演的是“调解人”的角色，调解的方式就是相互妥协，既不让宗教横行天下，也不让世俗彻底取代宗教，于是便产生了伦敦大学。所以说，伦敦大学既是政府改革的产物，也是妥协的产物。这种渐进、缓和的改革方式是近代英国社会发展的基本特点，反映在教育改革中就是世俗知识与宗教知识之间的妥协，后来又演变为科学与宗教的妥协。这种妥协、折中的处理方式利弊共存，在事物发展的某个阶段，它可能是处理问题的最佳方式。

第四章 维多利亚时代伦敦大学的发展（上）

维多利亚时代是英国历史上一个极富改革精神的时代。“要求改善工厂、监狱和学校的条件，更新武器装备，提供城市贫民生活水平的呼声在维多利亚女王漫长的一生中从未停止过。”① 正因如此，英国才在政治、经济、文化等各项事业上都达到了繁荣鼎盛，维多利亚女王在位期间不断开疆拓土，发展国民经济，创造了一个殖民地遍及全球的“日不落帝国”。在高等教育领域，英国政府更是打造了一所与“日不落帝国”形象相匹配的、教学与考试机构辐射全球的英帝国大学。

一、伦敦大学的初步发展

1837 年，维多利亚女王继位不久后，政府就颁布了《第二特许状》，这标志着维多利亚时代政府对伦敦大学的改革正式启动。本节主要阐述在《第一特许状》向《第二特许状》的过渡中理事会成员、机构的变化以及特许状新增的内容与意义，同时概述作为考试机构的伦敦大学在政府改革初期所取得的成就。

（一）理事会的集结：从《第一特许状》到《第二特许状》

1837 年 12 月 5 日，距离维多利亚女王即位不到半年，以墨尔本为首相的辉格党政府就向伦敦大学颁发了《第二特许状》，离《第一特许状》颁发的时间仅 1 年零 7 天之隔。在这短暂的时间内，作为纯考试机构的伦敦大学连第一次考试都还没有举行，是什么原因促使政府急于颁发特许状改革伦敦大学呢？从目前可获得的资料来看，并没有十足的外部证据指向政府颁发《第二特许状》的具体原因，所以在这里只能从前后两个特许状的内容上来推测。

与《第一特许状》相比，《第二特许状》中规定的大学目的、名称、法

① ［英］安德鲁·朗利著，吴静译：《艺术为证之维多利亚时代》，天津：天津教育出版社 2011 年版，第 12 页。

人地位、构成、权利、组织考试、授予学位、学费等都没有任何实质性的变动。唯一变动的地方就是关于理事会及其成员的任命上。第一，《第二特许状》撤销了《第一特许状》中的所有任命，重新任命了校长和包括副校长在内的37名会员，并对理事会做出进一步规定："在任何情况下，如果由于死亡或其他原因导致上述大学的会员人数减少至25名以下，暂时不包括校长和副校长，然而这种情况是会经常发生的；理事会成员将举行一次例会，目的是为了尽可能方便地发布正式通知，选举12名或更多合适、恰当的人成为会员，加入到剩下的会员之中；最后，直到通过这种选举方式使上述大学的会员人数达到36名，不包括上述大学的校长和副校长。"① 第二，在《第二特许状》任命的校长和包括副校长在内的37名会员中仅两名不是《第一特许状》中任命的，即诺威奇大主教爱德华·斯坦利（Edward Stanley）和解剖学督察员詹姆斯·克雷格·萨默维尔（James Craig Somerville）。第三，《第二特许状》纠正了《第一特许状》中的一些不必要的勘误，增加了一些连词、副词、标点符号，使语句更为流畅、通顺，同时还变更了理事会成员的职务、头衔等，例如将 Philip Cecil Crampton 改为 Philip Crampton、把詹姆斯·克拉克加上爵士头衔。

由此可见，《第二特许状》主要对理事会及其成员的相关条款进行了修订，因此可以推断，政府急于颁布《第二特许状》的原因可能是新成立的大学理事会的内部出现了问题。

1836年，私立的伦敦大学学院获得了皇家特许状，意味着政府认可了它的宗教宽容和世俗化的办学方针；同时，政府又颁布《第一特许状》创办了皇家伦敦大学，组织考试并授予文、法、医三种学位，唯独把神学排除在考试大纲之外，这就意味着政府在官方层面上倡导不信奉国教者在创办大学中所奉行的非国教原则以及世俗化原则。然而，此时正统国教地位虽然受到挑战，但它在国家各个领域中仍然占有重要地位并有复兴的势头，牛津运动就是那个年代的典型特征。因此，辉格党政府推行这样的高等教育改革政策是冒着很大风险的。这正是首相墨尔本所担心的，他在审订《第一特许状》的草案中就表达了这样的心声，他谨慎地说道："通览全篇后，我认为这个特许状的构思非常严密。但我可能删掉了我在序言和首次制定条款中强调的那些观点。我认为，没有必要太精确地指出它是一个有利于不信奉国教者的举

① Second Charter, 1837. // University of London. *University of London: the historical record, 1836－1912*. London: Hodder & Stoughton, 1912, p. 33.

措。依据删除后我们确定的条款，所有人都有权利用它。"① 墨尔本已经意识到了伦敦大学的政治风险可能会走得更远。当罗素因伦敦大学成功创办而感到兴奋时，就想迫使牛津大学和剑桥大学接受不信奉国教者，而墨尔本的反应是：这真的需要吗？新伦敦大学的特许状现在还不够吗？……提出这样的问题是不谨慎的。② 因此，伦敦大学是在政府的担心之下创办的，政府生怕伦敦大学的过激行为引起保守主义的更强烈反抗。事实证明，这种担心是不无道理的。

首先，在理事会成员及考官的任命上存在争议。理事会中共有 16 位医学界的知名学者，有的人还被任命为伦敦大学医学部的考官，如阿奇博尔德·比林是药学考官，斯蒂芬·洛夫·哈米克爵士和约翰·巴科是外科医学考官，弗朗西斯·基尔南是解剖学和生理学考官，彼得·马克·罗热是生理学和比较解剖学考官，查尔斯·洛科克是产科学考官，等等。作为理事会的主要成员和医学部考官的中坚力量，这些医学学者却很少受到医学界的认可，自打进入伦敦大学就饱受同行们的公开指责与谩骂。在 1836 年 12 月 16 日的《泰晤士报》上刊载了一位"执业医生"的公开信，信中尖锐地指出："在新的大都市大学的理事会名单中，我几乎可以说，许多外科医生和内科医生是不称职的。我们看不到亨利·哈尔福德爵士（Sir Henry Halford）、阿斯特利·库珀爵士（Sir Astley Cooper）、钱伯斯博士（Dr. Chambers）等人的名字。我能理解为什么其他杰出的外科医生和内科医生被排除在一个只需坐下来判断学生成绩的委员会之外，可他们才是真正从事教育那些年轻而有才华的人获取医学荣誉的人。"③ 有人认为尼尔·阿诺特和罗热是因科学知识出名的而不是医学知识，詹姆斯·克拉克爵士作为杰出的教师从来不为人们知晓，詹姆斯·麦格里戈和哈米克完全不适合医学事业这个神圣的领域，两位贵格派信徒托马斯·霍奇金和约翰·西姆斯的任命则是为了安抚教友派教徒的情绪，平庸之才迄今仍然是比林的命运，巴科和基尔南完全没有资格拥有这种荣誉。④ 皇家外科医学院的两位药剂师理查德·雷尼·彭宁顿和约翰·里道特也难逃指责，被戏称为笨拙的"老妇人"。

---

① W. M. Torrens. *Memoirs of the Rt Hon. William, 2nd Viscount Melbourne, Vol. II*. London: Macmillan and Company, 1878, p. 158.

② F. M. G. Willson. *Our Minerva: The Men and Politics of the University of London, 1836 - 1858*. London: The Athlone Press, 1995, p. 37.

③ F. M. G. Willson. *Our Minerva: The Men and Politics of the University of London, 1836 - 1858*. London: The Athlone Press, 1995, pp. 41 - 42.

④ F. M. G. Willson. *Our Minerva: The Men and Politics of the University of London, 1836 - 1858*. London: The Athlone Press, 1995, p. 42.

这些批评不仅丑化了伦敦大学的公众形象，而且使反对者的情绪更加高涨，公开扑向理事会中医学人员的指责可与经常针对政治家的谩骂相匹敌，而且这16位学者几乎都遭受到了不同程度的人身攻击。较为公正、客观地来讲，这些指责有些言过其实，例如尼尔·阿诺特、詹姆斯·克拉克等人都担任过维多利亚女王的特派医生，因此他们必定是有过硬的医学专业知识。但公众的指责犹如空穴来风，未必事出无因。从《第一特许状》的文本来看，在理事会的任命中确实有一些不光彩的事情，例如有一些理事会成员的名字出现了拼写错误，遗漏了他们拥有的荣誉和社会职务。更为严重的法律缺陷是在事实的背后，几个月后才被人尴尬地发现，特许状仅在威廉四世的有生之年才有效，这意味着它即将失效。[①] 尽管这些可以被看作是文书官的疏忽，但最重要的是在特许状的刊印之中更改了赖斯一年前声明的目标，理事会的成员将在君王的“意志和愿望”下拥有自己的职位，实际上这表示他们仅有政治任期，政府可以根据自己的意愿在任何情况下解雇理事会的成员。

其次，理事会的成员中存在一些“被任命”的现象，他们对自己的任职情况毫不知晓，有的人获悉后就拒绝出任伦敦大学的会员。1836年10月30日，罗素在会签特许状的那天致信赖斯，就特许状的任命提出了一些疑问。首先是询问赖斯是否有特殊的人来担任副校长，经首相墨尔本同意，他提名了约翰·威廉·卢伯克先生；其次是告知赖斯，如果他已经确定了其他人选，还可以更改。事实上，卢伯克对自己在理事会中的职位并不知情，直到亲眼见到特许状的任命才知道他被任命为副校长。此时的伦敦大学在政治上如履薄冰，首相担心创办伦敦大学的行为因太过激进而引起老大学的反对；在理事会内部，新任命的医学专业人员饱受同行业者的贬损，更为令人担忧的是特许状任命的会员中有人很快就拒绝了担任理事会成员。伦敦大学学院的重要创始人布鲁厄姆就是其中之一。布鲁厄姆得以出现在特许状的名录中是因为伦敦国王学院校长威廉·奥特加入了理事会，赖斯和罗素为均衡两所学院在理事会中的代表，故将与之地位相匹配的布鲁厄姆也写进名录。但布鲁厄姆本人事先并不知情。当他拿到特许状副本的时候，很快就发现了文本中严重的“技术性”错误，因而拒绝了政府的任命，同时向罗素质疑新大学的合法性。他说：“我希望，我充分、明白地表达自己对大学特许状的观点：如果你有机会颁布一个修正特许状，请你不要让我的名字进入理事会。我不能为考试做任何事情，当然我祝愿它能取得成功。但是在各自领域都卓有成

---

① F. M. G. Willson. *Our Minerva: The Men and Politics of the University of London, 1836 - 1858*. London: The Athlone Press, 1995, p. 39.

就的这些人中间，我认为自己没有任何资格能担任这个职位和被任命授予学位或监督学位的授予。我与伦敦大学（也就是伦敦大学学院）还有联系，并且非常不适合隶属于普通大学（General Institution）——不是因为它在重大的物质层面取代和接替了我们，而是由于那些和我们相关的偏见……此外，我对新大学的构成一无所知，没有必要花时间去了解它，因此我不应该作为代表来获取大学的任命。……如果颁发一个新的特许状，你的任务就是将我从中彻底剔除。"① 罗素也发现了《第一特许状》在细节方面出现了一些瑕疵，须制定新的特许状来纠正谬误。他告知布鲁厄姆，进入特许状名单并不意味着一定要参加理事会活动，并明确希望布鲁厄姆能忘记此事，继续担任理事会成员。但是布鲁厄姆对外界对伦敦大学学院的批评耿耿于怀，毅然拒绝了邀请，不再参与伦敦大学的工作。伦敦大学校长伯灵顿伯爵也因此认为布鲁厄姆是一位不靠谱的同事。

如果布鲁厄姆的退出有充分的政治供词的话，那么正统国教派牧师理查德·希普尚克斯拒绝服务于理事会则是出于一贯的学术傲慢。他拒绝了赖斯的邀请，并向罗素解释道："当我第一次同意斯普林·赖斯先生的请求时，没有人提醒我，而且我也没有想到在那些被选为指导学术教育课程和考查学生成绩的绅士中间我会发现皇家海军上校 F. 博福特，甚至国会议员沃伯顿先生，直到名单公布出来为止。两三年前，那些绅士曾带给我许多非常不必要的、不友好的麻烦，关于一件在我看来是极为简单、平凡的事情。我花费了几个月时间来缓和心情，因为他们不能或不会解决一个普通语法问题和最低可能的数学问题，但是却爱管闲事。所以，我决定避免未来与他们所有的、完全不必要的交往。"② 虽然目前还没有相关证据显示博福特和沃伯顿与希普尚克斯关系不和的真正原因，但这可以折射出希普尚克斯是一个心胸狭隘、缺乏气量之人。所以，罗素和赖斯两人都没有表示要试图挽留希普尚克斯的意思。

除了布鲁厄姆和希普尚克斯，急于脱离伦敦大学理事会的人还有理查德·雷尼·彭宁顿。由于不堪公众的恶语凌辱，彭宁顿强烈要求将自己从理事会名单中除去。而事实上，他的名字一直保留在理事会名单中，直到1849年去世前他都未收到任命书，也从来没有参与理事会的任何会议。

在《第一特许状》颁布后不久，理事会就有三人提出主动辞职，但理事

---

① F. M. G. Willson. *Our Minerva: The Men and Politics of the University of London, 1836 – 1858.* London: The Athlone Press, 1995, pp. 42 – 43.

② F. M. G. Willson. *Our Minerva: The Men and Politics of the University of London, 1836 – 1858.* London: The Athlone Press, 1995, pp. 43 – 44.

会人数的小幅缩减并没有产生许多特殊的影响。随着布鲁厄姆和希普尚克斯的离开，接替他们的分别是刚刚上任诺威奇主教的爱德华·斯坦利和医学博士萨默维尔。斯坦利是一位热衷于教育事业的教会人士，主张在学校教育中开设世俗化课程；倡导宗教宽容，支持任何教派的传教活动；在政治上他是一个自由主义者，积极关心教育问题。萨默维尔是1832年《解剖学法案》（Anatomy Act）的实际草拟人，他创立了一个公平分配的体系，打破了少数寡头的垄断，因而遭受医学界中有权有势的公司和个人的敌意。早在《第一特许状》颁布前，沃伯顿就曾向罗素举荐他进入伦敦大学理事会，但赖斯以理事会的名单已经确定为由拒绝了萨默维尔的加入，同时欣然承认萨默维尔"今后肯定是栋梁之材，为人热情，工作效率高"。1836年12月，《第一特许状》颁布后，沃伯顿和罗素又极力推荐萨默维尔担任新大学的注册员（Registrar），但也有人认为萨默维尔是"最不恰当的人"，指责他犯有严重的职业不良行为。最终，理事会成员的辞职使得萨默维尔顺利进入理事会。

总之，从《第一特许状》到《第二特许状》，在副校长和理事会成员的任命上，罗素、赖斯、沃伯顿等人的工作是草率的、不成熟的，一些理事会成员对自己的任命并不知情，对自己将从事的工作也知之甚少，并且在特许状最后颁行之际也缺乏严格的审定和校对，进而导致了理事会成员辞职和特许状出现了一些本不应该出现的粗心错误，这是《第二特许状》颁布的主要原因。理事会成员辞职后，他们发现在制度上还出现了漏洞——理事会成员退出、补进的规定，因此，《第二特许状》还对理事会的准入制度进行了补充规定。

《第二特许状》修订了《第一特许状》中的一些谬误，增补了理事会成员及其相关规定，从而开启了维多利亚时代政府改革伦敦大学的序幕。随后一系列的《增补特许状》、《第三特许状》、《第四特许状》（Fourth Charter）以及《1898年伦敦大学法》都是政府改革伦敦大学的重要措施和法律保障，它们深刻地反映着这个时代政府对高等教育的持续关注。

（二）考试功能初显成效：1837年至19世纪70年代末

确切地说，理事会成员的补充在《第二特许状》颁布前半年就已经完成，之后他们便着手忙于制定考试大纲，组织第一次学位考试。1837年3月4日，伦敦大学校长威廉·卡文迪什在萨默塞特府宴请新组建的理事会，召开了伦敦大学理事会官方的第一次全体大会。会议商讨了伦敦大学今后150年中可能遇到的问题，并最终将校址临时设在萨默塞特府。第一次理事会会议最先关心的就是创办大学的资金问题。校址和资金问题从一开始就被意识到可能是今后大学发展面临的主要问题。为了保证理事会能顺利举行会议和履行职能，他们立即向政府申请1000英镑来支付起初的各种开支，包括理事会成员和考官的薪水、考试的费用等。政府随即就在英格兰银行开了个账户，并将申请的资金在月底前全部打到该账户上，供其使用。政府对这一申请的反应是极不寻常的，很少有教育机构能这么顺利地从政府获得经费，可见政府对新创办的伦敦大学的重视。

政府第一年提供给伦敦大学的经费来自"民用应急费"，以后每年都要进行一次评估，专门由下议院投票决定。从第二年开始，大学的收入还包括学生考试所缴纳的费用以及一些捐赠、出版物等。由于申请伦敦大学学位的人数逐年增多，学费也随之增加，但政府拨款的金额自1842年以后就再没有超出4000英镑。至19世纪50年代中期，学生的学费总额已经超过了1600英镑，几乎占大学总收入的1/3，见表4.1。

表4.1　伦敦大学早期收入与开支一览表

单位：英镑

年度	收入				开支
	财政部	学费	其他	总额	
1837—1838	1000	—	0	1000	522
1838—1839	2000	44	1	2045	2498
1839—1840	4700	405	2	5107	4563
1840—1841	4000	783	36	4819	5061
1841—1842	4442	988	0	5430	5288
1842—1843	4000	652	0	4652	4681
1843—1844	4000	725	0	4725	4578
1844—1845	4000	868	100	4968	4751
1845—1846	4000	911	0	4911	4953
1846—1847	4000	843	60	4903	4782
1847—1848	4000	1022	41	5063	4659
1848—1849	4000	1297	27	5324	4604
1849—1850	2000	1412	54	3466	3539
1850—1851	3000	1585	105	4690	4652
1851—1852	3000	1453	217	4670	4856

续上表

年度	收入				开支
	财政部	学费	其他	总额	
1852—1853	3000	1514	185	4699	4961
1853—1854	3000	1601	118	4719	4804
1854—1855	4000	1653	0	5653	5388
1855—1856	3000	1513	60	4573	4842
1856—1857	3000	1638	57	4695	5341

资料来源：F. M. G. Willson. *Our Minerva: The Men and Politics of the University of London, 1836 - 1858*. London: The Athlone Press, 1995, p. 180.

理事会的主要任务是制订考试计划。为保证学位的高水平，理事会从一开始就坚决反对任何可供学生选择的“菜单式”考试大纲；同时他们认为，在申请参加大学的学位考试前必须先进行入学考试，通过入学考试后才可参加学位考试。入学考试的科目有四门，包括古典文学、数学、自然哲学以及化学、植物学和动物学中的一门。1838 年 11 月，伦敦大学举行了第一次入学考试，共 23 人参加，有 22 人通过，通过率为 95.65%。

理事会还向英国的驻外大使寻求国外大学的详细资料，在借鉴德国大学的结构模式基础上，将大学分为文、法和医三个学部，分别制订考试计划。文学部主要由英国近代教育家托马斯·阿诺德领衔。1835 年 9 月，阿诺德在接受赖斯的邀请时说：“我接受文学考官的职位不是没有一点犹豫的，计划的成功存在许多疑点，但是如果可能的话，我希望在方法上施加一些影响，在我看来，这对善或恶都充满非常重要的影响。”① 阿诺德是古典文学的倡导者，尽管他接受了赖斯的请求担任伦敦大学文学部的考官，但在本质上他是反对没有宗教的教育的，他意识到政府在特许状把“宗教和道德知识的进步”放在了“实用知识的提升”的前面，感觉自己有努力的方向与可能，出任考官的目的就是要试图加强宗教在伦敦大学古典教育中的地位。阿诺德担心的是无信仰者利用不信奉国教者作为工具，鼓吹无神论和削弱古典学科的价值，所以他努力使自己可以影响到伦敦大学没有神学学位的考试大纲，从而增加古典学科在文学部考试中的比重。伦敦大学学院对待宗教的观点更为苛刻——尽可能排斥所有宗教课程，1838 年 1 月，大学学院向大学官方提

① Arthur Penrhyn Stanley. *The Life and Correspondence of Thomas Arnold, Vol. Ⅱ*. Boston: Ticknor and Fields, 1846, p. 24.

出交涉，称其考试内容中含有希腊圣约和教会史，他们认为："大力推行这种考试看似限于希腊语言和客观史实知识，但可能会使学生为他的宗教信仰而辩护或致歉。"① 此时，阿诺德发现自己是理事会中唯一一位相信授予犹太人学位是不正确的会员。1838 年底，阿诺德义无反顾地辞去了考官的职务，离开了伦敦大学。像阿诺德辞职这样的不祥征兆，表现出的是伦敦大学理事会内部的不和谐，制订的任何计划在实施过程中都会受到很大阻力，这使伦敦大学从建校起步时就陷入困境，常常成为人们茶余饭后的"笑柄"。

受阿诺德的影响，文学学士学位考试设有四门必考科目，即（1）古典文学（包括希腊和罗马史，17 世纪前的英格兰史，法语或德语互译）；（2）逻辑和道德哲学；（3）数学和自然哲学（包括力学、静体力学、水力学、气体力学和天文学）；（4）动物和植物生理学和结构植物学。1839 年 5 月，伦敦大学举行了第一次文学学士学位考试，共有 17 人参加，全部通过。② 其中，13 名来自伦敦大学学院，4 名来自伦敦国王学院。

在大学成立的前两年中，法学部仅仅用三次会议就提出了一份毫无争议的考试大纲，规定只有获得文学学士的人才可申请法学学士且年龄不低于 20 岁。而医学部对申请者的资格则进行了更深入的调查。医学部不希望像法学部一样将医学教育的门槛仅设置在文学学士之上，尽管这类申请者很受欢迎，但它们认为医学教育资格应该是要求入学者参加文学硕士考试，并且还要求医学学生花数个月的时间来研习一门特殊的文学考试。显然，这些要求与文学学士申请者的入学考试大纲是相重复的。经过沃伯顿等人的协商，对入学考试大纲进行了细微的修订，最终被文学部和医学部的申请者接受了。医学学生的年龄不低于 18 岁，对伦敦医学院而言，入学考试首先被定义为普通教育标准（即一级医学学士），通过一、二级医学学位考试的申请者才可获得学位。1839 年底，伦敦大学举行了第一次法学学士、医学学士和医学博士学位考试，共 14 人获得学位；1840 年，举行了第一次文学硕士学位考试，3 人获得学位；1843 年，举行了第一次法学博士学位考试，1 人获得学位，见表 4.2。

---

① Negley Harte. *The University of London, 1836 – 1986: an illustrated history*. London: The Athlone Press, 1986, p. 91.

② 王承绪在《伦敦大学》第 41 页指出："1839 年 5 月举行第一次文学学士学位考试，考生 7 人，全部通过。"此说法可能有误。按照 F. M. G. 维尔森的记载，第一次文学学士学位考试共 17 人。

表 4.2　伦敦大学入学考试和学位考试的申请人数（C）及通过人数（P）简况

年份	入学考试		文学学士学位考试		文学硕士学位考试		法学学士学位考试		法学博士学位考试		一级医学学士学位考试		二级医学学士学位考试		医学博士学位考试	
	C	P	C	P	C	P	C	P	C	P	C	P	C	P	C	P
1838	23	22	0	0	0	0	0	0	0	0	0	0	0	0	0	0
1839	31	30	17	17	0	0	3	3	0	0	25	16	10	9	2	2
1840	77	69	32	30	4	3	3	2	0	0	49	38	20	19	1	1
1841	89	64	40	35	1	1	10	9	0	0	80	50	21	18	7	7
1842	82	66	33	20	4	3	2	2	0	0	38	25	23	19	5	5
1843	96	80	29	28	1	0	1	1	2	1	41	21	22	21	4	4
1844	95	79	33	30	3	3	1	1	1	0	35	26	22	20	14	14
1845	113	104	40	37	1	1	2	2	0	0	33	25	17	16	10	10
1846	110	99	32	30	2	2	2	2	0	0	31	26	14	13	13	11
1847	161	151	44	36	3	3	2	2	0	0	33	24	21	20	9	9
1848	171	161	47	41	4	4	4	4	2	2	41	27	24	20	12	11
1849	181	167	63	53	7	7	2	2	1	1	32	25	17	13	9	8
1850	206	190	70	58	10	10	3	3	1	1	31	23	18	12	16	13
1851	241	214	67	49	2	2	5	5	0	0	34	27	21	19	9	8
1852	244	206	62	49	8	6	7	7	1	1	27	21	14	13	11	10
1853	218	201	81	64	10	8	6	6	0	0	30	23	17	10	8	8
1854	241	199	93	73	8	8	6	6	0	0	30	28	17	12	5	5
1855	209	172	75	63	3	3	5	5	0	0	36	30	18	14	12	12
1856	255	209	71	58	10	10	12	11	1	1	45	26	12	9	5	5
1857	266	224	75	66	5	5	6	6	1	1	43	35	31	30	12	12

资料来源：F. M. G. Willson. *Our Minerva*：*The Men and Politics of the University of London*, *1836 – 1858*. London：The Athlone Press，1995，p. 179.

需要指明的是，理事会的成员并非都是考官，考官也并非全部来自理事会。事实上，有超过2/3的考官不是理事会成员。法庭上的律师也经常被任命来协助法学考官，考查专业知识和更高的学位考试。从表4.2中可以看出，获文学学士和文学硕士学位的毕业生人数呈上升趋势，而医学学位的获得者人数维持在较低且不稳定的水平。获得法律学位的人数最少，但该专业申请者的通过率极高，大约90%。此外，该表还揭示了申请伦敦大学学位的人数大抵呈现出增长的趋势，尤其是19世纪50年代后，这与政府改革伦敦大学的政策密切相关。

《第一特许状》和《第二特许状》都规定，伦敦大学的学位申请者必须持有大学学院、国王学院或其他被政府认可的机构提供完成规定课程学习的结业证书。被认可的机构即可成为伦敦大学的附属学院。第一所渴望成为伦敦大学附属学院的是皇家贝尔法斯特专科学院（Royal Belfast Academical Institution），但却被告知，批准任何一所学院成为伦敦大学附属学院的权力在于政府而不在于大学。除了大学学院和国王学院，第一所被政府认可的机构是成立于1832年的达勒姆大学（University of Durham）。1838年，政府批准了一项皇室授权书，准许达勒姆大学同大学学院和国王学院一样，可以提供课程结业证书，申请伦敦大学学位。后来，牛津大学和剑桥大学也加入其中。达勒姆大学是典型的牛津和剑桥模式，1837年就获得皇家特许状，拥有自己的学位授予权，但没有像伦敦大学那样广泛的教育目标，因此它的不少学生会选择攻读伦敦大学的学位。像达勒姆大学、牛津大学、剑桥大学等古典大学可为学生提供伦敦大学认可的课程结业证书，由于它们是已具有学位授予权的正规大学，因而拒绝成为伦敦大学的附属学院。

伦敦大学的第一批附属学院是伦敦医院、米德尔塞克斯医院和圣·乔治医院的医学院。到1840年初，英格兰、苏格兰和爱尔兰共有36所医学院与伦敦大学建立联系。到1853年，伦敦大学共有68所医学院，还有32所非医疗机构（包括大学学院和国王学院，但不包括其他大学）。因此，有人声称：伦敦大学的毕业生代表了"上述100所机构的精英"，但不得不承认的是，伦敦大学是一个极其庞杂的混合体。① 事实上，19世纪伦敦大学各附属学院的教学质量参差不齐，像大学学院和国王学院这样的机构都具有高等教育的性质，也有像私立中学那样具有中等教育性质的机构，还有介乎二者之间的天主教学校和不信奉国教者的学园。起初，伦敦大学总部设在萨默塞特府，考试场所是租用的；1853年，大学总部从萨默塞特府迁至玛堡府（Marlborough House），考场就设在玛堡府的西侧，可容纳180人；由于考试人数越来

① Negley Harte. *The University of London, 1836 – 1986: an illustrated history*. London: The Athlone Press, 1986, p. 96.

越多，原来的校址变得拥挤不堪，1856 年又迁至伯林顿府（Burlington House），考场还须另行租用。直到 1870 年，伦敦大学才在伯林顿花园建立起自己的校舍，4 月 11 日由维多利亚女王亲自主持新校址的落成仪式，她说："华丽宽敞的校舍的开放标志着伦敦大学史开始了一个新的时代。"她还指出，"大学不断增长的有用知识"与她统治时代的需求相符合。[①]

伦敦大学的第一次扩张是从伦敦向英国本土延伸，随着铁路时代的到来，人口流动加快，使得第一次扩张得以迅速实现，到 19 世纪 50 年代，伦敦大学已经从地方性大学转变为一所全国性大学。与此同时，英国的海外殖民地也要求能够申请伦敦大学学位考试，随之学位考试开始向殖民地延伸，这标志着伦敦大学的第二次扩张，即从全国性大学扩张为帝国性大学。

1841 年，一些人希望通过修改《第二特许状》来允许联合王国之外的机构附属于伦敦大学。1846 年，新南威尔士悉尼学院院长表达了澳大利亚殖民地对伦敦大学学位的渴求，并指出为了参加伦敦大学考试，他们不得不运送申请者到 17000 英里外的英国本土，长途跋涉，极为不便。他希望把伦敦大学的入学考试向殖民地的申请者开放，且"考试的标准不是由教授和导师决定，而是由英格兰有学问的团体的智慧来决定"[②]。

英属海外殖民地对高等教育的诉求引起了政府的关注。1850 年，政府向伦敦大学颁发了《增补特许状》，规定：所有人被准许为伦敦大学学位的申请者，但必须完成相关的教学课程，提供教学课程的机构有权颁发结业证书，这些机构包括"牛津与剑桥大学以及各自的一些学院和学堂、达勒姆大学、爱丁堡大学、格拉斯哥大学、圣·安德鲁斯大学、阿伯丁国王学院、阿伯丁马歇尔学院和都柏林大学，还有其他法人的或非法人的机构，它们是为了教育目的而现在或今后在我们联合王国、任何殖民地或海外属地、东印度公司管辖下的领地中建立的机构"[③]。从此，伦敦大学的学位考试向所有英属殖民地开放，殖民地的高等教育获得了重要发展，伦敦大学的办学模式也因此得以在海外传播。到 1858 年，英国内政部接受了全国 37 所学院，除了联合王国的所有大学，还有悉尼和多伦多大学的学生也可以申请伦敦大学的文学或法律学位。

1865 年，伦敦大学在英属殖民地毛里求斯（Mauritius）举行第一次入学

① Negley Harte. *The University of London, 1836 – 1986: an illustrated history*. London: The Athlone Press, 1986, p. 120.

② Negley Harte. *The University of London, 1836 – 1986: an illustrated history*. London: The Athlone Press, 1986, pp. 96 – 98.

③ Supplemental Charter, 1850. // University of London. *University of London: the historical record, 1836 – 1912*. London: Hodder & Stoughton, 1912, p. 37.

考试。考试各方面的要求与英国本土的考试相同，在殖民地总督任命的考官监管下像地方考试一样进行，考卷经殖民地办公室送至总督保管，用英国本土类似的方式批改考卷，但毛里求斯的申请者不允许竞争英国的奖学金和荣誉。毛里求斯的考试模式被其他殖民地效仿，加拿大也在1868年夏天举行了第一次殖民地考试。到1870年，殖民地考试仅在毛里求斯和加拿大举行，共有45人参加考试，其中43人参加6月的入学考试、2人参加文学学士学位考试，26人通过入学考试、2人通过文学学士学位考试。从1870—1879年，参加伦敦大学殖民地考试的殖民地数量逐渐增加，申请者人数从45人增加至272人，成功通过考试的人数也从28人增加至140人。[①] 这些殖民地包括澳大利亚塔斯马尼亚岛、巴巴多斯、西印度群岛、开普殖民地等。到1900年，殖民地累计参加伦敦大学考试的人数已超过2000人。

英国向海外输出大学教育的历史与其海外殖民的历史是一致的，是英国早期知识殖民意识的具体体现。[②] 经过19世纪的这两次扩张，伦敦大学从一所地方性的大都市大学发展成为一所全国性、帝国性的大学，使所有英属殖民地都可以享受到首都的高等教育，极大地推动了高等教育的大众化进程，树立了良好的“日不落”帝国形象。伦敦大学的办学规模在当时是任何大学都不能匹敌的，在它的影响下，各殖民地不仅满足了学生参加伦敦大学学位考试的需求，而且建立起了自己的“伦敦大学”。最早建立的印度大学采用的是伦敦大学的模式，许多学院并没有与创造性的学术机构紧密联系，而是与那些在很大程度上已变成只接纳会员或只主办考试的团体紧紧地联系在一起。[③] 可以说，伦敦大学的学位考试向殖民地开放在英国历史上尚属首次，它开创了近代英国海外办学的先河。所以，伦敦大学是世界上最早实施海外办学的大学。

---

① Yoshiko Namie. *The role of the University of London Colonial Examinations between 1900 and 1939, with special reference to Mauritius, the Gold Coast and Ceylon*. University of London, Ph. D. Thesis, 1989, pp. 116－117.

② 张湘洛：《英国大学海外办学实践及启示》，《高等教育研究》2008年第5期，第99－100页。

③［美］菲利浦·G. 阿特巴赫著，符娟明、陈树清译：《比较高等教育》，北京：文化教育出版社1985年版，第33页。有关伦敦大学模式向印度的移植，可参见刘国卫：《教育移植——伦敦大学移植印度的案例分析》，华中理工大学硕士学位论文，1992年；Anne Sliwka. *Transplanting Liberal Education: The foundation and development of Liberal Arts Colleges in Western India*. Frankfurt am Main: Peter Lang GmbH, 2004；等。

二、伦敦大学与科学教育

在伦敦大学创办初期，理事会仅设立文、法、医三个学部，无论是从考试科目还是从考试人数上看，法学部和医学部都远小于学科庞杂的文学部。从获得学位的人数上看，文学部也远大于其他两个学部的总和。学部不均衡的发展是学部分化与改革的内部动因。在19世纪科学教育思想的影响下以及牛津大学与剑桥大学改革的推动下，1858年英国政府向伦敦大学颁布了《第三特许状》，设置了理学部和理学学位。伦敦大学的学部和学位制度改革促进了19世纪50年代以后科学教育的发展。本节主要探讨伦敦大学理学部建立的背景因素及其过程，同时介绍《第三特许状》的其他重要内容。

（一）科学教育思想的兴起

19世纪中叶，科学教育思想的兴起是伦敦大学理学部建立的重要历史背景和外部因素。科学教育思想产生于16世纪的英国，以“近代科学之父”弗朗西斯·培根为代表；到19世纪初，经边沁功利主义思想的推动，在19世纪50年代前后逐渐兴起，以赫伯特·斯宾塞（Herbert Spencer）和托马斯·亨利·赫胥黎（Thomas Henry Huxley）为代表。

早期科学教育思想崇尚人的理性，以唯物主义经验论为基础，倡导实验法和归纳法，注重批判精神，但由于时代的局限性，不可避免地带有一些空想的成分。尽管培根设想的高等教育机构——“所罗门之宫”没有实现，但他所倡导的早期科学教育思想却在后来兴起的不信奉国教者学园中有了一定的体现；同时他的唯物主义思想也为19世纪科学教育的复兴提供了重要的理论源泉。在边沁功利主义思想的影响下，19世纪上半叶英国爆发了一场围绕实用的功利教育和古典的自由教育而展开的争论，被称为“第一次教育大辩论”。在这次辩论的第一次高潮之后便产生了伦敦大学学院，同时由于它的世俗性又激起了此次教育大辩论的第二个高潮。

科学教育与古典教育的论战，在英国是自19世纪三四十年代开始的。[①]这一时期正是第一次大辩论的第二个高潮期。1831年，苏格兰著名哲学家威廉·汉密尔顿爵士（Sir William Hamilton）在《爱丁堡评论》发表了《论英国大学的状况》（On the State of the English Universities）一文，抨击牛津大学教授制和导师制的腐朽和退化，谴责“牛津大学不是一所公开的大学，而

---

① 单中惠：《试析十九世纪英国科学教育与古典教育的论战》，《清华大学教育研究》2000年第2期，第95页。

仅仅是许多私立学院的一个集合”①。1835 年，剑桥大学三一学院的著名学者威廉·休厄尔（William Whewell）发表了《关于作为自由教育一部分的数学学习的思考》（Thoughts on the Study of Mathematics as a Part of a Liberal Education）一文，为剑桥大学以数学为基础的自由教育进行辩护，他认为自由教育就是发展人的全部心智，人的全部心智文化又由许多要素组成，数学、逻辑等古典学科的学习是自由教育的重要基础。② 1836 年 1 月，汉密尔顿又在《爱丁堡评论》发表了《论数学学习》（On the Study of Mathematics），以回应休厄尔的辩护。汉密尔顿将批判的矛头指向了剑桥大学的数学学习，他认为数学是建立在其他学科上的肤浅科学，其原则并不是自己的；哲学则不然，不祈求于任何学科。片面强调数学则会忽略自由教育的其他分支，汉密尔顿指出最好的学科应该具备以下四个条件：能在更高层次上培养更多的高贵品质；能影响和吸引大部分青年学生；对事业或业余生活有更普遍的用处；独立于自身重要性之外的能成为通向其他重要学科的渠道。③ 而数学在这些方面均显得捉襟见肘。1837 年，休厄尔又发表了《论英国大学教育的原则》（On the Principles of English University Education），对汉密尔顿的驳斥进行了回击，再次强调自由教育必须以数学为基础。④ 从这一阶段来看，随着辩论的深入，争论的焦点开始从教育目标转向教育内容，科学知识的作用受到重视，并被要求在大学中拥有独立的地位。这样，科学教育与自由教育的争论成了第二次大辩论的主题，科学教育思想随之兴起。

伦敦大学学院开学不久后，英格兰的古典大学就发起了史上著名的“牛津运动”，又称“书册派运动”，打着古典自由教育的旗帜，掀起了一场声势浩大的复古主义运动。作为英国古典主义大学观的代表人物约翰·亨利·纽曼（John Henry Newman）参与并领导了这场运动，1852 年他在新创办的都柏林大学发表了一系列关于大学教育的演讲，汇集而成高等教育理论中一部经典著作《大学的理想》。面对社会经济发展对功利教育和职业教育的偏爱，纽曼极力捍卫古典大学中的自由教育传统，认为“知识本身即为目的”，为知识本身的目的而追求知识，是进行自由教育的重要途径；大学教育应为

---

① Michael Sanderson. *The Universities in the Nineteenth Century*. London and Boston: Routledge & Kegan Paul, 1975, p. 66.

② Michael Sanderson. *The Universities in the Nineteenth Century*. London and Boston: Routledge & Kegan Paul, 1975, p. 68.

③ Michael Sanderson. *The Universities in the Nineteenth Century*. London and Boston: Routledge & Kegan Paul, 1975, pp. 70 – 71.

④ Michael Sanderson. *The Universities in the Nineteenth Century*. London and Boston: Routledge & Kegan Paul, 1975, pp. 72 – 73.

自由教育而设立，“通过这种教育，理智不是用来造成或屈从于某种特殊的或偶然的目的、某种具体的行业或职业抑或是学科或科学，而是为了理智自身进行训练，为了对其自身固有的对象的认识，也是为了其自身的最高修养”①。纽曼巧妙地运用“好”与“实用”的关系论证了自由教育与专业教育之间的关系。他指出：“实用的并不总是好的，但好的却必定是实用的。”由于自由教育的目的是理智培养，而“理智培养本身是好事，并且是其自身的目的”，因而也是一种实用的教育。②

纽曼的观点遭到了斯宾塞、赫胥黎等人的强烈反对。1854 年 5 月至 1859 年 7 月，斯宾塞分别在《北不列颠评论》（*The North British Review*）③、《不列颠季刊评论》（*The British Quarterly Review*）④ 和《威斯敏斯特评论》上发表了一系列评论文章，论述了他的科学教育思想。这些文章于 1861 年汇编出版为《教育论：智育、德育和体育》（*Education：Intellectual，Moral and Physical*）。人的一生大部分时间被用来学习拉丁文和希腊文，而习得这些知识仅仅是为了“不丢脸”、获得尊敬或某种社会地位，斯宾塞尖锐地抨击这种以古典学科为基础的绅士教育，认为它是华而不实的，不能满足人们社会生活的需求。斯宾塞指出：“最重要的问题并不在于这个或那个知识有没有价值，而在于它的比较价值。”⑤ 针对古典教育的空洞和浮夸，斯宾塞回答了“怎样生活?”的问题，他说：“为我们的完满生活作准备是教育应尽的职责；而评判一门教学科目的唯一合理办法就是看它对这个职责尽到什么程度。”⑥ 这就是著名的“教育生活预备说”。由此，他把人类的生活分为五种活动：（1）直接有助于自我保全的活动；（2）从获得生活必需品而间接有助于自我保全的活动；（3）目的在于抚养和教育子女的活动；（4）维持正常的社会和政治关系的活动；5. 在生活中的闲暇时间用于满足爱好和感

---

① ［英］约翰·亨利·纽曼著，徐辉等译：《大学的理想》（节本），杭州：浙江教育出版社 2001 年版，第 72 页。

② ［英］约翰·亨利·纽曼著，徐辉等译：《大学的理想》（节本），杭州：浙江教育出版社 2001 年版，译者前言，第 4 页。

③ 《北不列颠评论》是一份苏格兰期刊，创办于 1844 年，担任苏格兰新自由教会组织的角色，第一任编辑是大卫·韦尔什（David Welsh，1793—1845）。1871 年停刊。

④ 《不列颠季刊评论》是由公理会牧师罗伯特·沃恩（Robert Vaughan，1795—1868）创办于 1845—1886 年。沃恩在 1833—1843 年担任伦敦大学学院历史学教授，因辉格党的影响而小有名气。

⑤ ［英］斯宾塞著，胡毅、王承绪译：《斯宾塞教育论著选》，北京：人民教育出版社 2004 年版，第 10 页。

⑥ ［英］斯宾塞著，胡毅、王承绪译：《斯宾塞教育论著选》，北京：人民教育出版社 2004 年版，第 11 页。

情的各种活动。[①] 基于知识的比较价值，对应人类的五种生活，斯宾塞提出了以科学知识为核心的五大类课程体系：（1）生理学和解剖学；（2）数学、逻辑学、几何学、力学、物理学、化学、天文学、地质学、生物学、社会学等；（3）心理学和教育学；（4）历史；（5）艺术、绘画、雕刻、诗歌等。最后，斯宾塞指出："什么知识最有价值，一致的答案就是科学。"[②] 学习科学知识是所有活动的最好准备。

边沁功利主义思想的接班人约翰·密尔也参与这场科学教育与自由教育的论战，他的观点更倾向于一种折中的思想。1867 年 2 月，密尔在就任圣·安德鲁斯大学名誉校长的典礼上说："对高等教育的争论，我只能回答大家为何对这两方面不兼收并蓄呢。因为我认为不包括文学和科学两方面的教育都不能称作优秀的教育。科学教育是教我们如何思考，文学教育是教我们如何表达思想——假如您对此没有任何异议的话，怎么会说这两者中任一方没有必要呢？如果某人欠缺两者中某一方，那么此人在人性上必定贫弱、畸形和发育不全。"[③]

赫胥黎是继斯宾塞之后科学教育思想的另一位重要代表人物。他是达尔文进化论的拥护者，在抨击古典教育的同时提出了富有新意的"自由教育"，即包括智育、体育、德育和美育等多方面的自由教育；在提倡科学与科学教育的同时也提出了文理沟通的观点。赫胥黎十分强调把科学教育引进学校里。[④] 他曾担任皇家矿业学院讲师、皇家学院生理学教授、皇家外科学院教授、伦敦教育委员会委员、皇家学会会长等社会职务，大力宣传科学教育思想。此外有关赫胥黎的科学教育实践在伦敦大学理学部的建立过程中也有重要体现，这在后面将有进一步的介绍。

纵观 19 世纪科学教育思想的发展，1858 年伦敦大学理学部的建立是在科学教育思想的影响下实现的，同时它也促进了 19 世纪后半叶科学教育思想的进一步发展。

（二）牛津大学与剑桥大学的改革

19 世纪上半叶的教育大辩论以及伦敦大学的功利主义教育倾向，可以被

---

① ［英］斯宾塞著，胡毅、王承绪译：《斯宾塞教育论著选》，北京：人民教育出版社 2004 年版，第 12 页。

② ［英］斯宾塞著，胡毅、王承绪译：《斯宾塞教育论著选》，北京：人民教育出版社 2004 年版，第 44 页。

③ ［英］约翰·密尔著，孙传钊、王晨译：《密尔论大学》，北京：商务印书馆 2013 年版，第 20 页。

④ ［英］托·亨·赫胥黎著，单中惠、平波译：《科学与教育》，北京：人民教育出版社 2004 年版，第 19 页。

视为唤醒英格兰古典大学改革的外部因素，它对古典大学的未来发展形成了巨大挑战。而且，古典大学内部改革的呼声也不绝于耳，例如牛津大学林肯学院研究员马克·帕蒂森（Mark Pattison）热衷于大学改革，倡导德国大学的讲座制等[①]；但内部的改革却遭遇了强大的阻力，内部矛盾的激化使得大学根本无法自行解决问题。古典大学内部改革举步维艰，政府外部介入不可避免。1849 年，改革的请愿书被递至了首相约翰·罗素，政府随即成立一个由两所大学成员和一些皇家学会会员组成的皇家委员会，负责对两所大学的入学、课程和税收等状况进行调查，并督促二者做出改革。

经过两年的考察与随访，皇家委员会于 1852 年分别提出《牛津大学报告》[②] 和《剑桥大学报告》[③]。在这过程中，两所老大学对皇家委员会干预大学内部事务都表现出了强烈的抵制情绪：在皇家委员会调查牛津大学时，校方质疑皇家委员会的合法性，许多学院的院长也拒绝提供任何帮助，不配合调查工作；在剑桥大学调查时也遭到反对，但由于阿尔伯特亲王（Prince Consort Albert）的帮助，使得校方的抵制有所缓解，皇家委员会受到了一定的礼遇。因此，《牛津大学报告》要比《剑桥大学报告》更严厉。[④]

在调查牛津大学的过程中，皇家委员会发现受访者对大学的管理层极为不满，尤其是内部寡头政治的垄断；尽管 1800 年考试改革取得一定效果，但考试课程单一、狭隘，不在考试范围的科目鲜有人学习。针对大学的种种弊端，皇家委员会共提出了 46 条建议。其中，有关大学本部的具体建议主要有：（1）大学如超越权限修改《劳德法典》应获保障，并有充分权力去制定、废除或修改规章，但少数基本条款，未经国王或某些最高当局同意不得变更。（2）起草新措施之权应交付一团体负责，其成员包括教授、其他学术人员及“七日委员会”成员。（3）负责管理大学事务而具执行功能的各常设小组（Standing Delegacies），应部分由官方成员组成，部分由副校长及

---

① H. C. Barnard. *A History of English Education: from 1760*. London: University of London Press, 1961, p. 122.

② 该报告的全称是《女王陛下任命的委员会调查牛津大学及各学院的状况、训导、课程和收入之报告以及证据和附录》（*Report of Her Majesty's Commissioners Appointed to Inquire into the State, Discipline, Studies, and Revenues of University and Colleges of Oxford with the Evidence, and An Appendix*），简称《牛津大学报告》。

③ 该报告的全称是《女王陛下任命的委员会调查剑桥大学及各学院的状况、训导、课程和收入之报告以及证据和附录》（*Report of Her Majesty's Commissioners Appointed to Inquire into the State, Discipline, Studies, and Revenues of University and Colleges of Cambridge with the Evidence, and An Appendix*），简称《剑桥大学报告》。

④ S. J. Curtis and M. E. A. Boultwood. *An Introductory of English Education since 1800*. London: University Tutorial Press, 1964, p. 343.

学监提名后经教职员大会同意。(4) 副校长完全是由校长从各学院院长及学斋斋长中任命，并取消原《劳德法典》中，校友大会有否决任命的规定。(5) 学监的任期延长为两年，其中一位每年年底离职，至于身份的限制不再维持；学监改由教职员大会选派，而不管国王查理一世所提出的范围，得连任之。(6) 对于所有学术职责表现所加诸的约定誓言应加以禁止。(7) 所有对于成员贵族、绅士自费生及自费生的品格应加以停止。(8) 所有年轻人在参加大学入学考试前，应先有一公共考试。(9) 教授应按学术专长分属四个委员会：神学、心灵哲学与语言学、法学与历史及数学与物理科学。(10) 对于任命教授的限制应取消。(11) 创立新讲座教授的任命权，应留给国王；然现任讲座则依现行规定，而那些由校友大会、神学毕业生及各学斋斋长任命者，则应转移给教职员大会。(12) 为协助教授、助理教授或讲师，应完全由教授所组成的委员会任命，再由教师大会同意。(13) 应允许教授及讲师收学费。(14) 所有奖学金及奖项的限制取消。(15) 包德林图书馆应改由教授管理。(16) 大学每年收支平衡表应印送校友会备查，账册应接受查阅。[①] 关于牛津大学各学院的建议有：研究员候选人的限制取消神职要求，增加学生奖学金名额，鼓励设置新科目的研究员，等等。

《剑桥大学报告》的主要内容有：(1) 凡欲攻读文学士学位者的最低住校年限由现行的十学季，缩短为九学季，但每学季至少住校时间由一学季的一半，增长到三分之二。(2) 文学考试第一次初试的时间与内容维持不变，但是第二次的后试应考时限由在住校满五学季，改为四学季。(3) 原民法学院应改为法学院，研究范围包括英格兰法及罗马法。(4) 大学的公共教学制度分为教授负责和公共讲师负责两类，现有教授分为七个学科委员会，即神学、法学、医学、数学、古典学科、自然科学及道德科学。(5) 各学院古代的院规应尽快加以修正。(6) 恢复古代大学对所属成员学院学习的视导。(7) 所有对于选拔研究员奖助金及奖学金的限制都应取消，而研究员的职位应采取公开竞争方式。[②]

皇家委员会的报告提出不久，国会便根据建议的内容先后颁布了《1854年牛津大学法》(Oxford University Act, 1854) 和《1856年剑桥大学法》(Cambridge University Act, 1856)。两个法案的目的是扫除现存的弊端，给予

---

① 周愚文著：《英国教育史：近代篇（1780—1944）》，台北：学富文化事业有限公司2008年版，第246－247页。

② 周愚文著：《英国教育史：近代篇（1780—1944）》，台北：学富文化事业有限公司2008年版，第248－249页。

一片新空间，让大学不受国家干涉地发展自己的道路。[①] 从 19 世纪以来，两所老大学的改革日渐频繁，例如在学位授予上，牛津大学于 1807 年设立古典科荣誉学位和数学科荣誉学位，1853 年设立自然科学、法学、历史学等学科的荣誉学位。[②] 但两所老大学的现代改革到 19 世纪 50 年代才正式拉开帷幕。然而，伦敦大学从建校伊始就担任改革先锋的角色，牛津大学与剑桥大学的这次改革深刻地触动了那批以科学精英为代表的伦敦大学理事会成员，他们意识到伦敦大学的科学教育改革势在必行。

（三）赫胥黎与《第三特许状》中理学部的设立

赫胥黎是一位杰出的科学家，其研究领域涉及医学、生物学、人类学等；同时他也是一位有影响力的教育家，尤其在普及科学教育方面功不可没。“赫胥黎不但是一位科学普及工作者，还是一个科学事业上的十字军战士。有没有一些先进的科学工作者还没有得到人们的公认？赫胥黎就想办法让他们得到人们的公认。有没有人敢对一个合理的学说提出挑战？赫胥黎就卷起双袖，准备用全副聪明才智投入战斗。”[③] 在为达尔文进化论的辩护中以及科学与神学的论战中，赫胥黎就扮演着这样的角色。

赫胥黎与伦敦大学也有着十分密切的关系。1841 年，赫胥黎开始为伦敦大学的入学考试复习，1845 年通过伦敦大学一级医学学位考试，获解剖学和生理学优质奖章，但他没有参加接下来的二级医学学位考试，而是选择了当一名海军军医。因此，赫胥黎并没有获得伦敦大学的医学学位。[④] 1856—1868 年，赫胥黎担任伦敦大学生理学和比较解剖学的主考官；1860 年，创建了伦敦大学第一个理学学位；1883—1895 年，担任伦敦大学评议会成员。此外，赫胥黎还在许多公开演讲中提及伦敦大学，尤其是他亲身经历的医学部考试。1869 年 4 月 7 日，他在利物浦数学爱好者协会上的演讲中说：“我作为一位过去的主考人，曾在伦敦大学的那个职位上服务了大约 11 或 12 年

---

① H. C. Barnard. *A History of English Education*: *from 1760*. London: University of London Press, 1961, p. 123.

② 王保星著:《西方教育十二讲》，重庆：重庆出版社 2008 年版，第 150 页。

③ ［美］亨·托马斯、达·李·托马斯著，陈仁炳译:《伟大科学家的生活传记》，南京：江苏科学技术出版社 1980 年版，第 159 页。

④ ［英］托·亨·赫胥黎著，单中惠、平波译:《科学与教育》，北京：人民教育出版社 2004 年版，第 292 页的“赫胥黎的生平与著作年表”中，指出“1845 年获得伦敦大学医学士学位”。笔者认为此说法不准确。可参见 Leonard Huxley. *The Life and Letters of Thomas Henry Huxley*, *Vol. 1*. London: Macmillan, 1900.

时间，所以，对于那门学科能够有实际的了解。”① 可以说，自成年以来，赫胥黎就一直与伦敦大学保持着紧密的联系。除了担任考官以外，赫胥黎为伦敦大学做出的最重要贡献就是建议政府在《第三特许状》中设立理学部和理学学位。

建校之初，伦敦大学就按照德国大学组建了文、法、医三个学部来组织相应的学位考试，并将神学排除在外，在考试大纲中增加数学、物理学、化学、自然史、法语、德语、政治经济学等实用科学知识。这些科目少数被划分在医学部，大部分被划分在文学部，而且均没有相应的学位与之匹配，只能以文学学位替代。工业革命的勃兴推动了近代自然科学的发展，19 世纪中叶科学教育思想在大学的兴起使大学的学科体系越来越丰富，然而它却没有受到大学应有的尊重，既没有单独的学部也没有相应的学位。这导致原本就包含“七艺”知识的文学部变得更为庞杂，与法学部和医学部的规模形成极大反差。作为高等教育世俗化的引路人，伦敦大学也经历着学部和学位制度的不平衡发展，并深刻意识到了改革的必要性和紧迫性。

1857 年 7 月，以生理学和比较解剖学主考官托马斯·赫胥黎为代表的一批科学精英联名致信伦敦大学理事会，要求在考试中增加更多的实验科学科目。这批人包括皇家化学学院的德国化学家 A. W. 霍夫曼（A. W. Hofmann）、皇家学院的物理学家约翰·廷德尔（John Tyndall）、科学与艺术署②的化学家和自由党政治家莱昂·普莱费尔（Lyon Playfair）、伦敦大学学院的解剖学家和生理学家威廉·沙比（William Sharpey）和化学家 A. W. 威廉姆森（A. W. Williamson）、伦敦国王学院的物理学家惠特斯通爵士和地质学家查尔斯·莱尔爵士（Sir Charles Lyell）等 24 名科学界的知名人士。他们虽然不是理事会成员，但大多都与伦敦大学有着密切的关系，例如科学与艺术署的莱昂·普莱费尔曾担任伦敦大学学院私人实验室的助理，威廉·沙比是伦敦大学解剖学和生理学主考官等。

为了建议修改特许状，一些理事会成员组成了一个重要的委员会。除了校长、副校长和注册官之外，该理事会还有尼尔·阿诺特、威廉·托马斯·布兰德、詹姆斯·克拉克爵士、迈克尔·法拉第、乔治·格罗特和詹姆斯·沃克，他们不仅是理事会成员，还是皇家学会会员，大多在各自研究领域都

---

① ［英］托·亨·赫胥黎著，单中惠、平波译：《科学与教育》，北京：人民教育出版社 2004 年版，第 84 页。

② 科学与艺术署（Department of Science and Art）是政府资助和干预教育的机构，成立于 1853 年，科学秘书是普莱费尔，艺术秘书是发明家亨利·科尔（Henry Cole，1808—1882）。前者负责初等教育，后者负责中等教育和技术教育。1857 年隶属于贸易部，后并入新成立的教育署（Education Development），隶属于枢密院教育委员会的下属机构。

卓有建树。委员会通过一系列会议搜集证词，向大学提交了一份由20名科学家签名的强有力的请愿书，这些人有的也是上述联名致信理事会的24名科学家成员。该请愿书由赫胥黎执笔，是19世纪大学学科知识体系重组的重要文献，在伦敦大学这次的学部和学位制度改革中起着关键作用。

中世纪以来，文、法、神、医这四个分支一直统治着大学的知识分类，伦敦大学摒弃神学是时代的进步。夹杂在其他学部中的科学知识受到了抑制，与科学教育思想的兴起极不相符，这显然不能适合社会发展的需求，科学成为独立的第五个知识分支已经成为社会发展的必然趋势。赫胥黎在请愿书中写道：

> 现在，人类知识在学术上被认可的分类是文学、神学、法学和医学。尽管这四个分支可能满足大学诞生的那个时代，但是它们已经不能完全满足人们对知识巨大分类的认识，且不能促进现今个体心智的训练或提升人类的幸福。事实上，知识的第五个分支——科学——研究赖以支配自然现象的法则之结果，除去这种法则对艺术的直接应用——已经逐渐增长，但并没有被作为一个整体来对待，变得支离破碎。由数学组成的一些碎片和能够进行数学处理的一些物理学分支，隶属于文学；其他像比较解剖学、生理学和植物学，依附于医学。……当构成科学的本质、区别于文学和医学的电学、热学、磁学、有机化学、组织学、发展学、地质学、古生物学等知识分支还不存在的时候，对一个世纪前不发达的科学来说，这种分类没有产生任何恶果。但是现在，精通这些科学中的任何一门都被认为是一生劳动的有价值的目标；同时，社会认识到这些成果在缓解人类需求方面是有价值的，尤其是把追求这些科学当作专业，并且尊重从事这种专业的那些人。①

赫胥黎认为，科学是经过整理和系统化的常识，“通过科学方法获得的巨大成果既不是通过神奇的能力获得的也不是通过心理过程获得的，且不同于我们每个人通过实践获得的那些成果”②。科学作为一个独立的知识分支受到普遍的忽视，作为满足社会需求而创办的伦敦大学却不能授予一流的化学家和物理学家学位，除非在古典文学考试中达到中等以上水平。委员会认为这种事态不仅本身就是荒谬的，而且在最大程度上损害了科学的进步，因为由于科学不被认可为一种专业导致了许多青年放弃了对它的追求。补救这些

① Negley Harte. *The University of London, 1836 - 1986: an illustrated history*. London: The Athlone Press, 1986, p. 109.

② Cyril Bibby. *T. H. Huxley on Education*. Cambridge: At the University Press, 1971, p. 53.

弊端的最好方法是：英国的学术团体像法国和德国那样，承认“科学”是一门学科和一种职业，并且把它置于和文学、医学和法学同等重要的地位上。委员会的意见在很大程度上受到了赫胥黎科学教育思想的影响。赫胥黎在给委员会所作的证词中说：“我认为，关注当今知识进步的任何人肯定会看到科学正在世界事务中承担越来越重要的角色。同时，时代正在快速发展，不适度地了解科学进展的人不能参与日常的交谈，并且不能认为自己是一个有教养的人。”①

在赫胥黎等科学人士的推动下，委员会建议设置一种与文学学位同等地位的新学位，旨在增加科学专业的学生，为那些勤奋而又杂乱的学生提供具有更好的指导和明确的条理顺序的学科，同时为学术成就开放新的渠道，以适应快速发展的知识社会。委员会的建议被理事会和政府采纳。1858 年，政府向伦敦大学颁发了《第三特许状》，规定：“上述校长、副校长和理事会有权在考试结束后授予一些学士、硕士和博士学位，包括文学、法律、科学、医学、音乐和其他门类的学科，除了神学。”② 在政府的许可下，伦敦大学建立了第四个学部——理学部，并且设置了新的学位——理学学士（Bachelor of Science，BSc）和理学博士或科学博士（Doctor of Science，DSc）。需要指明的是，尽管《第三特许状》规定可以授予音乐和其他学科的学位，但伦敦大学的音乐学部直到 1877 年才建立起来，第一次音乐学士考试在 1880 年举行。其他学部的建立时间则更晚，如工程学部和政治经济学部建于 1900 年、教育学部建于 1967 年。

根据理事会制定的相关条例规定，顺利获取理学学士学位要通过两次考试，第一次考试包括数学、力学、自然哲学、化学和生物学的基本原理，第二次考试包括五门必考科目：机械和自然哲学；有机和无机化学、理论和实践化学；动物生理学；地质学和古生物学；逻辑学和道德哲学。此外，参加荣誉学位考试的学生还要加试几门额外科目。添设新学位就意味着要聘请新的考官，组织相关学科的考试，增加大学的考试开支，因此，国家财政部也批准了新学位考试的额外费用。1860 年秋天，第一位荣誉理学学士的获得者是爱丁堡大学的文学硕士、化学与自然哲学金质奖章获得者亚历山大·克拉姆·布朗（Alexander Crum Brown），他后来成为苏格兰著名的有机化学家，并入选了皇家学会会员。1862 年，布朗又通过了新的博士学位考试，成为第

① Negley Harte. *The University of London, 1836 – 1986: an illustrated history.* London: The Athlone Press, 1986, p. 110.

② Third Charter, 1858. // University of London. *University of London: the historical record, 1836 – 1912.* London: Hodder & Stoughton, 1912, p. 46.

一位理学博士。

伦敦大学理学部以及理学学位的设置对近代英国高等教育的发展和科学教育思想的演进具有重要意义。一方面，打破了自大学诞生以来文、法、神、医的四大知识分类，将科学从中独立出来，单独成科，给予了科学发展的强大空间；另一方面，伦敦大学提供的理学学位吸引了越来越多有志于从事科学研究的青年才俊加入其中，在培养科学精英方面的贡献也不容忽视，同时它还促进了科学教育思想的大力发展。总之，1858 年特许状给予科学教育的鼓励必须看作伦敦大学对人类的巨大贡献。①

（四）《第三特许状》的其他主要内容

除了设置理学部和理学学位促进了科学教育发展之外，1858 年的《第三特许状》还有两个重要贡献：第一，开放学位考试，修订学位考试制度，在推动高等教育早期大众化方面也功不可没；第二，成立大学的评议会，吸引校外人士参与大学管理，在高等教育的民主化管理方面成就突出。

根据《第一特许状》的规定，参加伦敦大学的学位考试必须持有伦敦大学学院、伦敦国王学院以及其他被政府认可的机构提供的课程结业证明。政府控制着伦敦大学的学位授予权以及学术标准，出于现实的需要，政府渴望扩大高等教育受惠范围。因此，一方面与更多的机构建立联系，使其成为被认可的机构；另一方面放松考试限制，提升学术标准。政府在 1858 年的《第三特许状》中建立了伦敦大学与牛津大学和剑桥大学以及各学院和学堂、爱丁堡大学、格拉斯哥大学、都柏林大学等 51 所院校的联系，允许这些院校的学生攻读伦敦大学的学位；同时，《第三特许状》还规定，“没有在与上述大学相联系的任何机构中受过教育的人被准许为入学考试的申请者，申请由上述伦敦大学在此批准授予的任何学位，医学学位除外”②。这就意味着除了医学学位考试之外，无须在政府认可的机构修完规定的课程就可申请伦敦大学的学位考试，即考试向所有人开放。政府的这一决策受到了具有大学规模的伦敦大学学院和伦敦国王学院的质疑，他们认为没有修完规定的课程就可申请大学学位是一种不合格的教育方式，危害正规的、有系统的教育，不仅降低了英国大学学位的价值，而且改变英国大学学位的意义，使之变成通过考试之象征而不是学术水平之证明。大学学院认为，这一政策背叛了 1836 年建立伦敦大学的妥协性的基础。面对两所学院的质疑，大学官方做出

---

① 王承绪编著：《伦敦大学》，长沙：湖南教育出版社 1995 年版，第 52 页。

② Third Charter, 1858. // University of London. *University of London: the historical record, 1836 – 1912*. London: Hodder & Stoughton, 1912, p. 46.

了辩解。首先，他们声明，决定机构是否附属于大学的是政府而不是大学，特许状中规定的院校就是最好的证明。其次，他们认为，有些机构颁发的课程结业证书事实上是具有欺骗性的，大学并不具有视察或控制教学水平的权力。理事会承认，早期建立的学院制度徒有虚名，很多学院不具备大学的教学水平；但同时他们也认为，最好的办法就是宣称“综合性原则”，取消各种限制，在教育中采取自由贸易的原则。

为了保证较高的学术水平，理事会还对学位考试制度进行了相应修订，增加考试次数的同时提高了考试难度。大学入学考试每年举行两次，分别在1月和7月，考试科目为古典文学；英语、英国史和近代地理学；数学和自然哲学；化学；法语和德语任选其一。考试共耗时约5天、28小时。文学学士学位考试共有两部分：第一部分在入学至少1年后举行，考试科目包括拉丁语和罗马史；英语、文学和历史；数学；在法语和德语中任选其一。第二部分在通过第一部分考试后的至少1年后举行，考试科目包括古典文学；希腊史；自然哲学；动物生理学；逻辑学、心智和道德哲学。任何人只需支付不可退还的5英镑学费，就可参加伦敦大学的第一部分文学学位考试；参加第二部分考试还须支付5英镑。尽管申请大学的学位不再需要相关院校的课程结业证明，但大学的考试范围仍然十分广泛，考试难度也没有降低。很多教师指责伦敦大学的考试要求过于严格，可是理事会中没有一人是教师，他们坚持认为：“作为学术学位的条件和代价，要求学生在科学和文学方面获得最大量和最广泛的良好指导的学习，并且保持和尽可能提高自由教育的实际标准，是特许状交给大学的任务。”① 实际上，随着报考伦敦大学学位人数的增多，严格的考试制度将半数学生拒之门外，考试通过率逐年降低，因此，在扩大高等教育入学机会的同时伦敦大学的学术标准是提高了而不是降低了。

伦敦大学发展初期与牛津大学和剑桥大学的一个显著不同点就是老大学的毕业生可以参与大学的管理，这种权力来自于作为大学重要组成部分的学院；而通过考试获取伦敦大学学位的学生在身份认同上存在困惑，提供课程结业证书的是教学学院，组织考试和授予学位的是伦敦大学，可他们既没有参与学院的管理也没有参与大学的管理，最终，他们仅能依据学位的来源提请大学理事会成立毕业生团体，参与伦敦大学的校务管理。1858年的《第三特许状》取消了课程结业证书的要求，解决了毕业生的身份认同问题，同时成立了一个毕业生团体——评议会（Convocation）作为大学的组成部分。

① Negley Harte. *The University of London, 1836 - 1986: an illustrated history*. London: The Athlone Press, 1986, p. 106.

《第三特许状》规定："大学的评议会有如下权利，即为每位理事会成员提名3位候选人的权利，以评议会之前提名的名单中提及的方式任命，这是由我们这个特许状规定的；讨论关于大学的所有事务以及针对任何问题发表评议会的意见的权利；接受大学任何新的特许状的权利，或者同意放弃我们这个特许状或任何新特许状的权利；不过，在任何情况下，对新特许状的接受或我们这个特许状的放弃，理事会的同意也是必需的；对管理和记录评议会议程的模式具有决定权；任命和撤销评议会职员并规定他的职责的权利；除了已经明确提出的，评议会不被授权干涉或控制大学的事务。"① 简言之，评议会的权力有：提名理事会成员；参与讨论大学事务；在理事会的同意下，接受或拒绝新特许状；决定评议会内部事务，但不能决定大学事务。

特许状不仅明确了评议会的权力，而且对评议会的活动议程做出了详细规定。根据《第三特许状》，理事会每年至少组织召开一次评议会会议，并为其提供会议场所。评议会的议程应递交理事会审核。至少有30名成员出席，否则在任何评议会会议上都不能决定任何问题。如果有20名及以上的评议会成员，通过书面申请，要求评议会主席来召开一次特殊评议会的会议，这被认为是合法的。理事会任命1人主持第一次评议会会议，并由出席这次会议的成员或他们中的大部分人选举产生评议会的常任主席。评议会主席的职位是3年制的，除非由于死亡、辞职或其他原因而更早地被终止：但主席有资格被重复选任。将来评议会要面对的所有问题都由出席会议的大多数人投票决定，如票数相同，还要进行第二轮或决定性的投票。此外，评议会的成员还须缴纳一定会费，年费是10先令6便士或终身会费是3几尼②，年费从伦敦大学创办日期11月28日算起。根据相关条例，评议会每年有两次固定的普通年会，一个是每年5月的第二个星期二，还有一个是公开授予学位的那天。③ 评议会的第一位常任主席是法学博士查尔斯·詹姆斯·福斯特（Charles James Foster）。

评议会的成立在伦敦大学史上具有重要意义。自1858年以后，评议会积极参与大学的日常事务，他们在准许女性申请学位、音乐学位的设立、学生会的成立等过程中都扮演着重要角色，尤其是在1898年和1926年的伦敦大学改革中更是起到了无可替代的作用。

---

① Third Charter, 1858. // University of London. *University of London: the historical record, 1836 - 1912*. London: Hodder & Stoughton, 1912, p. 44.

② 几尼（guineas）是英国旧时货币，1几尼=21先令。

③ Percy Dunsheath and Margaret Miller. *Convocation in the University of London: the first hundred years*. London: The Athlone Press, 1958, p. 32.

三、伦敦大学与女子教育

根据1836年的《第一特许状》规定，伦敦大学的学位考试是面向所有阶级和教派的人开放，但由于当时的女性角色还没有真正崛起，女子接受高等教育的事宜尚未真正提上日程。直到维多利亚时代中期，在工业革命转型期间民主运动的影响下，女性的自我意识才逐渐觉醒，进而引发了一场声势浩大的女权运动。1848年国教派支持成立了女王学院，1849年不信奉国教者创办了贝德福德学院（后来加入了伦敦大学联邦），二者重复着20年前伦敦大学学院和国王学院围绕世俗与宗教的争论。在第一次女性主义思潮的影响下，1878年政府颁发了《增补特许状》，同意伦敦大学授予女子学位，这标志着伦敦大学从此开创了近代英国女子高等教育的新局面。

（一）第一次女权运动

工业革命解放了传统手工业中的男人和女人们，极大地改变了原有的社会经济结构和他们的生活面貌。女性生活的变化集中表现为：中产阶级妇女从社会生产和劳动领域离开，成为囿限在家庭天地里的“家庭天使”；而广大的下层妇女为了弥补家庭生计的不足，或受雇于工厂、农庄充当产业工人，或进入富裕家庭做女佣。[①] 在工业革命早期阶段，女性走出家庭、参与工厂劳动并没有实质性地改变她们的社会地位，直到18世纪末19世纪初，随着社会各方面改革的日渐深入和女性自我意识的慢慢觉醒，倡导男女平等的女权主义思潮由此萌芽，进而引发了近代第一次波澜壮阔的女权运动（又称“女性主义运动”）。

玛丽·阿斯特尔（Mary Astell）是最早的真正女权主义者之一，或许也是第一个探究并维护关于女性的思想的英国作家。[②] 阿斯特尔是一位虔诚的宗教信徒，终身追随保王党和高教会派。在坎特伯雷大主教的资助下，1694年她完成了《对女士们的严肃提议》（*A Serious Proposal to the Ladies*），此后还有《对教育的思考》（*Thoughts on Education*）、《对婚姻的一些沉思》（*Some Reflections Upon Marriage*）等著作。阿斯特尔认为，神赋予了男人和女人同样智慧的灵魂，但女人所缺少的仅是“培养、提高自身”的严格训练；女孩子必须学会独立思考，清晰而理性地做出判断，而不是把时间都浪费在

① 裔昭印等著：《西方妇女史》，北京：商务印书馆2009年版，第323页。

② ［英］玛格丽特·沃特斯著，朱刚、麻晓蓉译：《女权主义简史》，北京：外语教学与研究出版社2008年版，第188页。

掌握优雅的社交技巧和才艺上。[①] 阿斯特尔强调女子接受教育的紧迫性，主张建立女子大学为已婚的和未婚的女性提供全面的教育，使她们不必依赖男性而生活。她的这些观点无疑遭到了传统男权思想的极力反对和嘲讽，但她对女权主义的真正贡献则在于呼吁女性正视自己、相信自己，通过教育使自己成为生活的主人。

阿斯特尔的早期女权主义思想在近代欧洲启蒙运动的推动下得到了大力发展，并在19世纪中叶形成了第一次女权运动的高潮。启蒙运动第一次明确提出了"天赋人权""人生而自由平等"等口号，这是女性争取男女平权的重要理论基础。工业革命的蓬勃发展，女性生活的困境日益加重，以玛丽·沃斯通克拉夫特（Mary Wollstonecraft）、约翰·密尔等人为代表的女权主义者和政治家开始重新审视女性的社会地位，为她们获取与男性平等的权利而辩护和呐喊，刺激了女性自我意识的觉醒。

1790年，英国著名的女历史学家凯瑟琳·麦考利（Catherine Macaulay）发表了《教育信札》（*Letters on Education*），声称女性表面的软弱并不是天生的，而是教育误导所致的。麦考利还抨击了性问题上的双重标准，坚称一次性经验并不会把一个处女变成荡妇。她坚决反对那种把女性当作"仅仅是男人财产"而无权支配自身的观念。[②] 麦考利与沃斯通克拉夫特的关系甚笃，后者将自己的代表作《女权辩护》（*A Vindication of the Rights of Women*）寄给了麦考利，并在信中说："你是唯一一位与我不谋而合的女性作者，我们都尊重我们这个性别所应该努力争取的在这个世界上的地位。"[③] 沃斯通克拉夫特1792年出版的《女权辩护》一书在女权运动史上具有重要地位。在书中，沃斯通克拉夫特尖锐地批评了卢梭等人对女性的偏见，例如卢梭认为女性不是独立自主的，天生具有狡猾的才能，而且只有在恐惧心理的支配下才能发挥出来，她注定成为一个风骚的奴隶，服从是女性首先要学会的。沃斯通克拉夫特对此极为不满："真是胡说！……如果妇女在体力上不如男人，那么她们的品德，即使在程度上和男人有差别，在性质上一定还是相同的（否则品德将成为一种相对的观念），因此她们的行为应当以同样的原则为基

---

① ［英］玛格丽特·沃特斯著，朱刚、麻晓蓉译：《女权主义简史》，北京：外语教学与研究出版社2008年版，第190页。

② ［英］玛格丽特·沃特斯著，朱刚、麻晓蓉译：《女权主义简史》，北京：外语教学与研究出版社2008年版，第192页。

③ ［英］玛格丽特·沃特斯著，朱刚、麻晓蓉译：《女权主义简史》，北京：外语教学与研究出版社2008年版，第193页。

础并具有同样的目的。"① 沃斯通克拉夫特认为两性尽管在体力上有区别，但在智力和品德方面天生就是相同的，后天的差异主要是人的传统观念和教育上的歧视导致的。按照当时的教育方针所培养起来的对享乐的爱好，在多数情况下，使她们的行为趋向于琐碎的事物。例如，她们总是关心那些次要的事情，并且总是注意那些稀奇的事情而不去尽自己的职责。② 沃斯通克拉夫特认为："文明社会的妇女由于错误的教养而变得如此软弱，以至于在道德方面，她们的情况还远不如听其自然所能达到的程度。"③

沃斯通克拉夫特重视教育在改善妇女地位中的重要作用，希望通过实施男女同等的教育来实现男女平等的权利。她还提出女性应有推选国会代表、参政议政的权利。但在18世纪末的那些年代，产业革命面临重要转型，政治改革尚未提上日程，沃斯通克拉夫特的这些想法根本无法付诸实践。直到进入19世纪上半叶，各项社会改革如火如荼，一些进步的男性思想家（以约翰·密尔为代表）加入女权运动的行列，使女权运动达到第一次高潮。

约翰·密尔深受爱妻哈丽雅特·泰勒（Harriet Taylor）的影响。泰勒是著名的女权运动者，曾在《威斯敏斯特评论》上发表为争取女性选举权的文章，此外她还写过一些抨击婚姻法的文章，揭露婚姻法给予男性控制女性的不平等性。密尔是泰勒的第二任丈夫，泰勒直到前夫去世两年后才与密尔结为伉俪，之前二人保持了近20年的友谊。密尔曾创办过世界上第一个妇女参政促进会，1861年他完成了《妇女的屈从地位》（*The Subjection of Women*）一书，集中论述了妇女选举权和参政权的合理性、必要性和可能性。在书中，密尔开篇即声明两性的平等性原则，他说："我确认，规范两性之间的社会关系的原则——一个性别法定地从属于另一性别——其本身是错误的，而且现在成了人类进步的主要障碍之一。我认为这个原则应代之以完全平等的原则，不承认一方享有权力或特权，也不承认另一方无资格。"④ 基于两性平等性的原则，密尔批判了那些把女性限于"妻子和母亲"的天然职业的传统偏见，他说："所谓的妇女的天然职业是所有事情中同她们的天性最不调和的；不调和至如此程度，如果她们可以自由地去做其他事情——如果有其

① ［英］玛丽·沃斯通克拉夫特著，王蓁译：《女权辩护》，北京：商务印书馆2007年版，第36页。

② ［英］玛丽·沃斯通克拉夫特著，王蓁译：《女权辩护》，北京：商务印书馆2007年版，第86页。

③ ［英］玛丽·沃斯通克拉夫特著，王蓁译：《女权辩护》，北京：商务印书馆2007年版，第86－87页。

④ ［英］约翰·斯图尔特·穆勒著，汪溪译：《妇女的屈从地位》，北京：商务印书馆2007年版，第285页。

他的生活手段或占用她们的时间和才能的职业是开放的，又有机会对她们显得是合意的——她们中并没有多少人愿意接受所谓的对她们是自然的条件。”[①] 密尔认为男女应受同样的教育，从事同样的职业：“妇女一般将同同一社会阶级的男人平等地成长，能够懂得商业、公共事务以及运用较高级思维的事情。……通过把妇女的教育提高到男子的水平并使之参与男人中的一切改进工作，扩展妇女活动的范围就可以顺利地进行下去。”[②] 女性有权根据自己的意志挑选任何职业。

关于选举权，密尔认为应该给予男性和女性同等条件的选举权，他指出：“在无论什么样的情况下，在无论什么限制内，允许男人有选举权，在同样情况下，不允许妇女有选举权是毫无理由的。”[③] 限制女性当医生、律师或国会议员，不仅剥夺了大批女性的权利，而且伤害了雇佣这些职业的所有人，使他们囿于狭隘的用人范围之内。拥有选举权是女性获得公正、平等待遇的重要保障。密尔论证了女性选举权的适宜性、重要性和可能性，他说：“即使每位妇女都是妻子，并且如果每个妻子都应是奴隶，这些奴隶更加需要法律的保护，而我们知道，当法律是由她们的主子制定时，奴隶享有什么样的法律保护。”[④]他还举王室的例子来论证女性选举权的合理性。不仅如此，密尔还对女性选举权有过实质性的重要贡献，1866 年他将第一份女性选举权议案递交至议会，使得 1867 年的《改革法案》做出了对女性有利的修正。

18—19 世纪的女权思想，从要求男女教育的平等到要求财产的平等，继而发展到要求政治权利的平等，其基本内容就是要求男女平权。[⑤] 男女教育平等是男女平权的基础，享受同等的教育才可在平等的环境下成长与发展，才能进一步获取财产权、继承权、选举权等。因此，从英国第一次女权运动的历程来看，争取平等的受教育权是女权运动的第一步。女子争取与男子享有同样的高等教育的权利是男女教育平等的重要内容，而伦敦大学在英国女子高等教育的发展中所起到的重要作用就是第一次授予女性学位。

（二）女王学院和贝德福德学院

1. 女王学院

女子争取高等教育的权利是女权运动的重要内容之一，首先发迹于 19

① ［英］约翰·斯图尔特·穆勒著，汪溪译：《妇女的屈从地位》，北京：商务印书馆 2007 年版，第 313 页。

② ［英］约翰·斯图尔特·穆勒著，汪溪译：《妇女的屈从地位》，北京：商务印书馆 2007 年版，第 375 页。

③④ ［英］约翰·斯图尔特·穆勒著，汪溪译：《妇女的屈从地位》，北京：商务印书馆 2007 年版，第 340 页。

⑤ 裔昭印等著：《西方妇女史》，北京：商务印书馆 2009 年版，第 400 页。

世纪中叶女性家庭教师的培养上。起初，女性家庭教师没有正规的教育机构，与男性相比，她们从父母那里获取的知识贮备远低于男性从正规学校获得的知识，在教学质量方面女性也逊于男性。为提高女性家庭教师的培养质量，女性家庭教师慈善协会（Governesses' Benevolent Institution）于 1841 年成立。两年后，该协会的秘书大卫·莱恩（David Laing）牧师对其进行了改革，设立专门的登记处和教育委员会，聘请伦敦国王学院的教授任教，同时邀请有志于服务女性教育的人加入其中。在莱恩等人的倡议下，1848 年 5 月，伦敦国王学院的英国历史与文学教授 F. D. 莫里斯（F. D. Maurice）和他的一批同事创办了英国第一所女子学院——女王学院，主要招收 12 岁以上的中等阶级女性，并收取一定的学费。该学院在 1851 年获得皇家特许状，成了一所独立的学院，并且有权颁发女性家庭教师资格证书。

莫里斯受女性教育哲学的影响，认为男女接受的教育有实质性的不同，因此，在学院的管理中并没有完全地模仿传统的男子教育模式，而是采取学院教育和家庭教育相结合的模式。[①] 莫里斯将系统的知识作为主要教学内容，注重不同学科之间的联系，同时关注学生家庭教育的内容及宝贵经验。学院起初开设的课程有算术、绘画、英国文学、法语、德语、英文文法和拉丁语、地理和历史、数学、神学、意大利语、力学、教学法、自然地理学和地质学。[②] 后来还开设了道德哲学、生物学、化学、阅读、政治经济学等，旨在增加科学和艺术课程。学院采取班级授课制，每个班级约 20 人，学生可根据自己的兴趣随意选择班级，所以班级的人数不是固定的。[③] 1849 年，为 9 岁和超过 9 岁的女孩开办了单独的预备班。[④] 允许她们每天上午学习 4 小时。此外，学院还聘请了一位女性监管员（Lady Superintendent），辅助男性教师的教学工作。为不耽误女性家庭教师白天的工作，学院在晚上也开设一些广泛的基础课程，而且第一学期的课程都是免费的。这些课程包括算术、英文文法和文学、地理、历史、拉丁语、心智和道德哲学以及神学。[⑤] 后来，晚间课程也增加了一些现代语言、绘画、圣经、教会史、方法论、自然哲

---

① 杨阳：《英国女性高等教育的起源与发展（1848—1948）》，南京大学硕士学位论文，2008 年，第 19 页。

② Shirley C. Gorden. Studies at Queen's College, Harley Street, 1848 – 1868. *British Journal of Educational Studies*, Vol. 3, No. 2, May, 1955, p. 145.

③ Patricia Hollis. *Women in Public: documents of the Victorian Women's Movement, 1850 – 1900*. London: G. Allen & Unwin, 1979, p. 136.

④ ［英］奥尔德里奇著，诸惠芳等译：《简明英国教育史》，北京：人民教育出版社 1987 年版，第 117 页。

⑤ Shirley C. Gorden. Studies at Queen's College, Harley Street, 1848 – 1868. *British Journal of Educational Studies*, Vol. 3, No. 2, May, 1955, p. 150.

学、化学等，同时收取少量的费用。晚间课程深受学生们的喜爱，体现了女王学院以生为本的特点；而它提供的科学课程也体现了与时俱进的特色，顺应了19世纪中叶科学教育发展的潮流。

女王学院与以宗教教育为基础的伦敦国王学院的关系十分密切。莫里斯是女王学院的主要创办者，除了他之外，法语、德语、自然哲学、音乐、数学等课程的教师均来自国王学院，神学课程是由莫里斯亲自讲授。从课程设置上看，女王学院和国王学院并无二致，既有宗教课程也有现代语言课程；从招收学生上看，大多都来自中等阶级家庭，唯一不同的就是性别之差。因此，国王学院和女王学院可以看作是一对"孪生兄妹"，二者都具有浓厚的宗教色彩。

莫里斯认为女孩是"所有无知受害者中最可怜的"，他在19世纪60年代的女权运动中扮演重要角色。[①] 由他创办的第一所女子学院在西方女性教育史上具有重要意义，继承教会办学传统的同时开创了女子教育的新模式，使女性家庭教师教育转向专业学校发展，进而培养了许多杰出的女士。其中包括著名的女性教育家弗朗西斯·玛丽·巴斯（Frances Mary Buss），她于1850年创办了北伦敦学院，该校打破了传统女子寄宿制学校教育模式，以走读生为主，招收对象不分等级，开创了女子全日制教育模式。[②] 还有切尔滕纳姆学院的校长多萝西娅·比尔（Dorothea Beale）、著名作家和政治家格特鲁德·贝尔（Gertrude Bell）等。

2. **贝德福德学院**

与此同时，能称得上和女王学院并驾齐驱的另一所学院是1849年由伊丽莎白·杰西·里德（Elisabeth Jesser Reid）创办的贝德福德学院。里德夫人是一位富有的一神论教派寡妇，从小受过良好的教育，对女性教育情有独钟，致力于改善女性教育的落后现状。在日渐兴起的女权运动的影响下，受莫里斯创办的女王学院的启发，里德夫人利用丈夫去世后为她留下的大笔资金，于1849年在贝德福德广场创办了伦敦另一所女子学院——贝德福德学院。由于既是非国教派身份又是杰出的废奴运动者，里德夫人为女性办学的实践活动获得了一些开明绅士和不信奉国教者的支持与帮助。

在一定程度上，女王学院早期发展取得的重大成就为贝德福德学院的创办提供了样板。但作为坚定的一神论教派成员，里德夫人对女王学院浓厚的

---

① John Lawson and Harold Silver. *A social history of education in England*. London：Methuen & Co. Ltd.，1978，p. 306.

② 顾明远、梁忠义主编，史静寰分卷主编：《世界教育大系·妇女教育》，长春：吉林教育出版社2000年版，第118页。

宗教色彩极为不满，她认为教育内容应该世俗化，不应以宗教教育为主，而且招收对象也不应仅限于国教徒身份。因此，贝德福德学院在创办伊始就标榜不属于任何教派，入学也不设宗教限制，并把世俗化作为办学方针与指南。学院的世俗化特征主要表现在课程设置上。

与女王学院相比，贝德福德学院的招收人数较少，第一学期仅 68 人，以中等阶级家庭的女性为主，且大多数是成年女性。此后，入学人数常维持在 100 人左右，直到 20 世纪初获得皇家特许状之后才超过 200 人并开始稳定增长。在借鉴女王学院的基础上，贝德福德学院一方面允许学生根据自己的兴趣选择课程，另一方面聘请女性监管员，辅助教学。第一学期开设的课程有道德哲学、德语、绘画、数学、英国文学和古代历史，前两门课程的选修人数都在 20 人以上，后四门课程的选修人数在 10 人以上。大多数学生只选修了一门课，少数学生选修多门课。后来，学院还相继开设了现代法语、荷兰语、植物学、细菌学、生理学、动物学、卫生学、化学等课程，学生的选修课数量也随之增多，要求至少两门以上。值得关注的是，这些课程中唯独没有宗教课程。贝德福德学院从女王学院引进了陪媪制度，聘请女性监管员，主要负责监督学生的学习与生活，具有要求包括：保持端庄得体，言行谨慎，巩固学生专心和准时；关注教室和房间的空气流通和舒适度，促进学生健康发展；与学生结为同伴，可为她们提供指导与帮助。①

在师资方面，贝德福德学院大多从伦敦大学学院聘请教授讲课，这与女王学院的做法也形成鲜明对比。据统计，贝德福德学院最初从伦敦大学学院共聘请了 13 位教授，其中包括著名的无脊椎动物学家和生理学家 W. B. 卡彭特（W. B. Carpenter），后来成了伦敦大学的注册员。但开学不久，6 位教授就辞职了，部分原因是他们无法适应给 12 岁以上的女性授课，精神受到压抑，但大部分原因还是由于学院提供的薪水太低。② 教授的工资常常维持在每小时 10 先令左右。办学资金的不足导致教授的辞职，这使学院一开始就陷入了师资紧缺的困境，一些教师不得不身兼数门课的教授，幸好还有两位教师是无偿授课的。里德夫人显然是高估了教授们对女性教育的无私奉献之情，为留住教师，保证正常的教学工作，里德夫人不惜自掏腰包为教师涨工资。1853 年，学院聘请了女王学院的一位毕业生创办了初级学校，招收 9～15 岁的女生，开设的课程主要有历史、写作、算术、地理、法语、拉丁

① Margaret J. Tuke. *A History of Bedford College for Women 1849 - 1937*. Oxford: Oxford University Press, 1939, p. 47.

② Margaret J. Tuke. *A History of Bedford College for Women 1849 - 1937*. Oxford: Oxford University Press, 1939, p. 68.

语、德语、地方音乐、绘画等。这个初级学校类似于女王学院的预备班。

19 世纪 50 年代末，贝德福德学院取得了重大发展。初级学校的人数在 60 人左右，每年为学院增加 1000～1200 英镑的收入。此外，学院每年还能从政府和社会各界获得不菲的捐助，尤其是 1895 年政府首次拨款 700 英镑后逐年增加，到 1922 年已经增至 20000 英镑。学院利用这些资金设立了奖学金，扩建了校舍，同时也聘请了许多优秀教师加入到女性教育的行列。1866 年，里德夫人去世后，留下了 16400 英镑信托基金，学院利用这笔资金获得了政府的认可，顺利成为伦敦大学的附属学院，为女性申请伦敦大学的学位开辟了一片新天地。

贝德福德学院与伦敦大学学院的关系也十分密切。在办学宗旨上，二者都标榜世俗化的特征，不设置任何宗教课程，也不设置任何入学限制；在招收对象上，都倾向于中等阶级家庭的子女；在课程设置上也几乎相同，甚至聘请的教师都一样。唯一不同的就是在学生的性别上。因此，二者是继国王学院和女王学院之后，又一对“孪生兄妹”。

贝德福德学院和女王学院是英国早期女性高等教育的典型代表，尽管她们的入学年龄偏低，甚至具有中等教育的性质，但她们为女性申请伦敦大学的学位做了充分的准备工作。需要指明的是，贝德福德学院和女王学院在世俗化、宗教等问题上因与伦敦大学学院和国王学院的关系以及自身的特色而不可避免地发生一些摩擦和争论。两所女子学院复制了 19 世纪二三十年代伦敦大学学院和国王学院的争论，经过 20 余年后二者的对抗才逐渐削弱。[①]

（三）第一次授予女性学位

女王学院、贝德福德学院、巴斯的北伦敦学院、比尔的切尔滕纳姆学院等一批女子学院的创办推动了当时女性高等教育的发展，尽管其中有些还不具备高等教育机构的性质。1869 年，当贝德福德学院获取特许状时，剑桥大学设立了高级地方考试，仅向 18 岁以上的女性申请者开放。[②] 高级地方考试的设立使这些女子学院的学生有了努力的方向，但是学位仍然没有向女性开放。真正向女性开放学位考试的是伦敦大学。保守势力的顽强反抗注定了伦敦大学向女性开放学位考试的过程不可能是一帆风顺的。

第一位申请参加伦敦大学考试的女性是杰西·梅里顿·怀特（Jessie

① Margaret J. Tuke. *A History of Bedford College for Women 1849 – 1937*. Oxford: Oxford University Press, 1939, pp. 22 – 29.

② H. C. Barnard. *A History of English Education: from 1760*. London: University of London Press, 1961, p. 158.

Meriton White)。1856 年 5 月，怀特小姐写了一封信给伦敦大学理事会，请求获得入学许可。她在信中说："如果一名女学生在申请考试时能提供所有必要的来自伦敦大学认可的一所机构的品格、能力和学业证书，那么她能成为医学文凭的申请者吗?" 此时，伦敦大学的《第三特许状》还未颁布，评议会也没有形成，申请伦敦大学的入学考试必须要持有相关机构的课程结业证明。尽管有毕业生同情怀特小姐申请医学学士学位的诉求，同时还向大学理事会施压，希望理事会能给予女性申请伦敦大学学位的机会，但是怀特小姐得到的通知却是："基于法律顾问的意见，理事会认为自身无权准许女性成为学位的申请者。"① 怀特小姐没能在伦敦大学历史上留下自己浓重的一笔，继而嫁给了一位意大利伯爵，在法国大革命期间与一批妇女在那不勒斯医院从事护理工作并成为其中的领袖。

1862 年，当一位医学专业的申请者伊丽莎白·加勒特（Elizabeth Garrett）要求参加伦敦大学入学考试的时候，机会再次来到了伦敦大学理事会的面前。可在理事会的投票表决中，加勒特以一票之差无缘成为伦敦大学第一位女性入学者。在一些渴望提升女性教育水平的人的支持下，加勒特的父亲向大学申辩："由于大学并不要求住校而且考试丝毫不损害女性学生的储备，因此，我们相信，答应我们的要求，你们将受益匪浅。"② 同年 5 月，理事会提出修改特许状的想法，希望使女性可以和男性一样申请伦敦大学学位。不幸的是，争论的本质无从考究，理事会的投票结果是平局。但在校长的决定性一票中，按照惯例应该维持现状，这意味着伦敦大学再次与女性教育事业擦肩而过。

1863 年 3 月，在评议会的年会上，有人认为评议会应该要求理事会考虑"给予女性资格考试是否不会促进特许状中规定的大学目的"。这项提议只有通过评议会主席的投票才可实施，但在 5 月份的表决中遗憾地被否决了。两年后，评议会的意见有所改善，转变为接受一项动议，即如果有的话，评议会应该考虑和提出什么样的措施来为女性设立考试。大学之外发生的事情促进了议会提出了这个更为进步的意见。一些女生报考了牛津与剑桥的地方考试，但地方考试委员会告知她们必须向大学申请。全国社会科学促进协会（National Association for the Promotion of Social Science）的一个委员会向大学询问，女生是否能使用大学的考卷并且考卷是否要递交给大学的考官。大学

① Percy Dunsheath and Margaret Miller. *Convocation in the University of London: the first hundred years*. London: The Athlone Press, 1958, pp. 52 – 53.

② Negley Harte. *The University of London, 1836 – 1986: an illustrated history*. London: The Athlone Press, 1986, p. 114.

官方同意提供考卷的额外复印本，但必须委员会自己安排考官。1863 年，一场试验性的考试在英国艺术家协会（Society of British Artists）的房间里举行，共有 83 名女生参加，现场的考官曾记录道："她们的普遍表现是在表达上更为流畅，在语法和写作上更为精确，但是在思想的精确性上要逊于男生，经常带着巨大的痛苦回答问题，而且正确性不是问题的根本而是同一科目的其他方面。"[①] 她们的失利特别是在算术上的薄弱，归结于教学质量的低下、课程学习的不足以及缺乏外部评价的标准。考试由全国社会科学促进协会监管，试验性考试的结果并不令人满意，协会内部开始质疑女性受教育的能力，甚至认为女性不应该学习数学，而应该精于音乐和刺绣。总之，牛津与剑桥的地方考试的经验为伦敦大学评议会建议设立女性考试提供了重要启示。

1866 年 5 月，评议会提出了关于建立女性考试的明确的建议，即大学应该为女生设立一种特殊的考试且考试难度不能低于入学考试；为了避免申请者不必要的紧张，考生的年龄在 16 岁以上。理事会以一种极不寻常的速度采纳了评议会的意见。同年 6 月 20 日，理事会通过了一项决议，"在大学为女性设立一种考试，特别是从它的本质上来说是合适的"，并且要求文学部、法学部和理学部制订相关考试计划。为了设立这种特殊的女性考试，理事会还特意向女王陛下的法律顾问征求了意见，但他们认为大学在现行的特许状下无权设立这种考试。因此，理事会决议提请国务大臣，渴望政府颁发一个《增补特许状》，准许大学为女性建立这种特殊的考试。1867 年 8 月 27 日，政府颁布《增补特许状》，批准了大学的请求。该《增补特许状》规定，校长、副校长和理事会有权在他们认为合适的情况下举行一种特殊的女性考试并为通过者颁发能力证书（Certification of Proficiency）；在每场这样的考试中，女性申请者的考官由校长、副校长和理事会任命；女生可以申请参加文学、科学和艺术学科的考试，考试内容由校长、副校长和理事会根据相关条例制定；男生不能参加此类考试；理事会成员不能担任考官，连续四年任职的考官不可再次当选。[②]

尽管伦敦大学设立了专门的女性考试并向考试通过者颁发能力证书，但女性对高等教育的诉求并没有获得巨大的同情，一方面女生仍不能申请学位考试，另一方面考试也有普通考试和高级能力考试之分。1869 年 5 月，伦敦

---

① Percy Dunsheath and Margaret Miller. *Convocation in the University of London: the first hundred years*. London: The Athlone Press, 1958, pp. 53 – 54.

② Supplemental Charter, 1867. // University of London. *University of London: the historical record, 1836 – 1912*. London: Hodder & Stoughton, 1912, pp. 58 – 59.

大学举行了第一次女性普通考试，有 9 名女生参加，选考科目不低于 6 门，其中包括拉丁文（语法、历史和地理）；英语、英国史和地理（自然地理和地质学）；数学；自然哲学；希腊语、法语、德语和意大利语中选两门；化学和生物学中选一门。最终，经过不少于 17 名男性考官的面试，有 6 名女生顺利通过普通考试。1870 年，6 名女生参加了高级能力证书考试，但考试的结果却不令人满意。参加考试的女生并不精于那些被认为适合女性的特殊科目，反而在古典文学、数学和科学方面表现出众。1874 年 5 月，评议会再次提出一项动议，认为女性申请伦敦大学学位是合适的。来自伦敦妇女教育协会（Ladies' Educational Association, London）和伦敦女教师协会（London Association of Schoolmistresses）的请愿书支持了评议会的这项动议，并使之得以在 6 月 17 日的理事会会议上讨论。理事会也肯定准许女性申请伦敦大学学位是合适的，渴望拓展大学提供给女性教育的优势，但他们认为还没有做好申请新特许状的准备，以便使女性可以申请大学的学位。1875 年 2 月，理事会实施了一项决议，废除特殊的女性普通考试，允许她们参加伦敦大学正常的入学考试。这项决议向女性申请伦敦大学学位迈出了重要的一步。

1876 年，一项新的法案在议会通过，旨在取消在医学法下以性别为理由授予注册资格的限制。这给女性获取医学教育提供了机会，同时也意味着医学部的学位考试率先向女性开放，理事会有权向合格的女性授予伦敦大学学位。1877 年 2 月，理事会决定行使这项权利。此后，理事会又投票赞成将这项权利扩展到其他学部的学位考试。1878 年 5 月 4 日，政府正式颁布《增补特许状》，准许伦敦大学授予女性学位。该特许状的成功颁布受到社会上大批女性的广泛好评，在理事会和评议会投票通过后不久，1960 名女性联名致信伦敦大学理事会和评议会，声称："我们代表我们国家中关心女性教育的广大女性同胞们，渴望用这些只言片语表达对伦敦大学衷心的感激。它伟大的贡献是在大不列颠的大学中率先挺身而出，建议向女性开放它的所有学位，从而使她们置于长期梦寐以求的自由智力活动上，就像不受错误保护的阻碍和古老偏见的束缚一样。"①

1879 年，68 名女生参加了伦敦大学第一次没有性别之分的入学考试，51 人通过；12 名女生参加了文学部期中考试，9 人通过。1880 年，4 名女生通过了文学学士学位的最终考试，成为伦敦大学第一届女性毕业生。1881 年，2 名女生获得理学学士学位；1882 年，2 名女生获得医学学士学位。1884 年，一位名叫索菲·布莱恩特（Sophie Bryant）的女生获得理学博士学

① Percy Dunsheath and Margaret Miller. *Convocation in the University of London: the first hundred years*. London: The Athlone Press, 1958, p. 60.

位，成为英国第一个获得该学位的女性，后成为著名的数学家、教育家和女权运动者。布莱恩特的父亲是伦敦大学的几何学教授，她 16 岁进入贝德福德学院学习，1875 年担任巴斯的北伦敦学院的教师，获得博士学位后担任该校校长，1900—1907 年担任伦敦大学理事会成员，是理事会中第一位女性。伦敦大学开放的女性学位考试取得了巨大成功，申请女性学位的人数逐年攀升。1885 年，10% 以上的毕业生为女性；1895 年，20% 以上的毕业生为女性；1900 年，536 名毕业生中有 169 名为女性，超过了 30%。①

除了贝德福德学院，还有几所女子学院提供伦敦大学的学位考试训练，如 1874 年成立的伦敦女子医学院等，它们先后成为伦敦大学的组成部分。19 世纪 80 年代创办的两所女子学院是现代伦敦大学女王玛丽学院和皇家霍洛威学院的前身。一所是韦斯特菲尔德学院，由安·杜金·布朗（Ann Dudin Brown）1882 年捐资 1 万英镑创办，是一所按宗教原则开办的女子高等教育学院。还有一所是皇家霍洛威学院，由著名药商和慈善家托马斯·霍洛威（Thomas Holloway）花巨资创办，其目的是"为中等及以上阶级的女性提供适合她们的最好教育"，1886 年维多利亚女王为该学院主持了开学典礼。这两所学院日后都加入了伦敦大学联邦，经过多次合并和整合，现成为伦敦大学女性高等教育的主要机构。

1878 年，伦敦大学是英国女性高等教育改革的开路先锋，第一次向女性开放学位考试。在这之前，它的一些学院就默默地为女性教育做贡献，推动女权运动的发展，这一重大改革树立了伦敦大学在女性高等教育史上的里程碑。"在过去的 150 年中，依据一种'公正的最高原则'的强烈意识，伦敦大学以及贝德福德和皇家霍洛威学院在挑战阻止女性获取高等教育权利的许多障碍的过程中创造了非凡的成就。"②

本章小结——改革的利弊

在维多利亚时代早期和中期，英国政府通过《第二特许状》《第三特许状》以及两个《增补特许状》对伦敦大学进行改革并取得了巨大成就。理事会迅速集结，考试功能初显成效；科学教育蓬勃发展，人才辈出；女性高等教育也有了新的突破，性别歧视得到改善。这些成就集中体现在教育内容

① Negley Harte. *The University of London, 1836 - 1986: an illustrated history*. London: The Athlone Press, 1986, p. 128.

② F. M. L. Thompson. *University of London and the World of Learning, 1836 - 1986*. London: The Hambledon Press, 1990, p. 51.

上的世俗化和在教育对象上的大众化，从另一个侧面也折射出了政府改革伦敦大学的科学化和大众化的方向。在这些辉煌的成就面前，政府改革的弊端也同样不容忽视。正如前一章所指出的，伦敦大学既是政府改革的产物也是其妥协的产物。这种妥协性使伦敦大学走向了另一条不同于早期以德国大学和苏格兰大学为模式的办学道路，演变成一个纯考试机构，这就意味着下属学院的教学只能根据大学制定的考试大纲来确定，因此，这在很大程度上就抑制了下属学院的自主发展。政府改革伦敦大学的这一弊端在 19 世纪 70 年代末开始显现，大学学院和国王学院是受这种弊端影响最为严重的两所学院，它们首次联合起来反对伦敦大学的考试功能，要求建立一所教学与考试相结合兼顾科研的新大学。

第五章　维多利亚时代伦敦大学的发展（下）[①]

作为妥协之产物的伦敦大学仅具“大学之名”而无“大学之实”，单一的考试功能割裂了大学功能的多元化发展，由此引发的学术危机在维多利亚晚期终于爆发了。创办之初就具有大学规模的下属学院对1836年的妥协产生了怀疑，要求改革的呼声频繁且强烈，政府出于对高等教育的关注也不得不转向这所辐射英帝国的大都市大学。就此，伦敦大学史上第一次轰轰烈烈的改革与重组被提上日程。正如兰开夏中央大学的基斯·弗农（Keith Vernon）所说：“在世纪之交，官方主要关注的高等教育机构可能是伦敦大学，并且它的重组证实了对于进一步加强大学教育十分关键。”[②]

一、伦敦大学结构与功能的争论

（一）考试制度的盛行

英国的考试制度有着悠久的历史。早在中世纪的行会教育中就蕴含着实践考试的部分，年轻的工匠必须展现他们制作的符合行会标准的作品，才可获得行会的执业资格。随着中世纪大学的诞生，考试制度被引入大学，成为检测学生知识水平的重要工具。起初，中世纪大学几乎是不设置任何入学标准的，没有国籍、社会地位、智力、语言、年龄等的限制，甚至注册或开学的日期也是不确定的。唯一的入学标准似乎就是道德品质：这是一种每个人在原则上都能够达到的标准。[③] 但想要获取学位，经过一定的考试是必不可少的，考试方式以口试考查为主。根据拉斯达尔的考证，在牛津大学，无论

---

① 本章部分内容已发表，详见袁传明：《英国大学章程的世纪演变——〈1900年伦敦大学章程〉与〈2008年伦敦大学章程〉之比较》，《比较教育研究》2014年第7期。该文被中国人民大学复印报刊资料《高等教育》2014年第9期全文转载。

② K. Vernon, Calling the Tune: British Universities and the State, 1880 – 1914. *History of Education: Journal of the History of Education Society*, 2010, vol. 30, no. 2, p. 261.

③ ［比利时］希尔德·德·里德－西蒙斯主编，张斌贤等译：《欧洲大学史·中世纪大学》（第一卷），保定：河北大学出版社2007年版，第187页。

是入学抑或学位授予，大学章程关于任何考试制度的表述都是一片空白。[①]尽管章程中没有明确规定考试制度，但学位申请者必须接受教师的考查，其方式是一位教师或多位教师就学生应该掌握的课本知识与学生进行自由讨论。这就是拉斯达尔所说的："在牛津和剑桥的人文学科，似乎存在着一种与当时所有的其他大学都完全不同的'先验否证（a priori improbability）'检测法。"[②] 随后，大学的特权增多，学生出身背景提升，入学限制也相应提高，通过相关测试也成为进入大学学习的必要程序。口试的固定形式是质疑和答辩，质疑者通常是教师、高年级同学等，而且辩论还是公开的，便于低年级学生了解辩论的过程和学习辩论的技巧。这种口试考查方式延续了几个世纪，是当时评价学生学业成绩的唯一方式。在16世纪，英格兰大学的考试是在学术团体的参与下，公开地以拉丁语进行口试的。[③]

牛津大学与剑桥大学的口头辩论形式一直延续到19世纪，在笔试出现的同时仍然采取口试的方式。根据克里斯多夫·斯特雷（Christopher Stray）的考证，最早的笔试出现在1560年剑桥大学三一学院的研究员考试中。[④] 笔试是一种长期延续的习俗，它的出现是一个自然演变的过程。笔试出现在学生的考试中得益于牛顿的学术贡献，先是剑桥大学的参议院考试（Senate House Examination），后来又是数学荣誉学位考试（Mathematical Tripos）的设立。1730年剑桥大学参议院竣工，1748年设立数学荣誉学位考试。在校参议院考试中，"全体学生须到校参议院楼按照其临时班级的形式就座，并按要求笔头回答主考官口述的道德哲学以及比重越来越大的数学问题"[⑤]。有学者指出："大约到1772年之后，参加考试的学生才在答题纸上回答主考官口述的问题。……书面印制的试卷到18世纪90年代才出现，但当时也只是用于附加试题的测试。直到1828年，参议院考试才开始全面采取书面的形式。"[⑥] 可见，笔试在18世纪晚期得到了重要发展，且数学考试的比重最多。牛津大学也试图模仿剑桥大学的考试模式，于1800年颁布了《公开考试章

---

① ［英］海斯汀·拉斯达尔著，邓磊译：《中世纪的欧洲大学——博雅教育的兴起》（第三卷），重庆：重庆大学出版社2011年版，第89-90页。

② ［英］海斯汀·拉斯达尔著，邓磊译：《中世纪的欧洲大学——博雅教育的兴起》（第三卷），重庆：重庆大学出版社2011年版，第90页。

③ Christopher Stray. The Shift from Oral to Written Examination: Cambridge and Oxford, 1700-1900. *Assessment in Education: Principles, Policy & Practice*, Vol. 8, No. 1, 2001, p. 33.

④ Christopher Stray. The Shift from Oral to Written Examination: Cambridge and Oxford, 1700-1900. *Assessment in Education: Principles, Policy & Practice*, Vol. 8, No. 1, 2001, p. 36.

⑤ ［英］伊丽莎白·里德姆-格林著，李子修译：《剑桥大学简史》，济南：山东画报出版社2007年版，第121页。

⑥ 周保利：《19世纪剑桥大学改革研究》，河北大学博士学位论文，2008年，第42页。

程》（Of Examining Candidates for Degrees），从而迈向了19世纪考试改革的第一步。总的来说，受到学生人数增多以及大学内外环境的影响，大学考试的方式逐渐从口试向笔试过渡，这标志着学生学业成绩的评价方式在18世纪末由群体社会道德评价转向了个体认知评价，但口试仍然存在于一些特殊科目的考试中。

进入19世纪尤其是到了维多利亚时代，人们对考试极为推崇，考试制度迎来了蓬勃发展时期。无论是在大学之内还是之外，考试已经成为人们生活中不可缺少的一部分。牛津大学在刚进入19世纪就加强了考试制度改革，增设了数学、法律、现代历史、神学等考试科目；剑桥大学也在数学学位考试的基础上，增设了古典文学、自然科学、神学等考试科目。到19世纪50年代，牛津与剑桥分别颁布考试改革条例，设立了地方考试，校外人员（包括女性）也可参加学校的考试，这是英国大规模的公共考试的开端，促使选拔性考试的范围得到了进一步扩大。到19世纪70年代，牛津与剑桥的地方考试合并，成立了联合学校考试委员会，旨在扩大公共考试的范围，深化考试制度的改革与发展。值得一提的是，19世纪70年代以后，口试在剑桥大学考试中的应用范围已经变得非常有限，通常仅用于第二年的初级考试。总之，严格的考试制度深刻地影响着学院的教学和荣誉感，"关于这些考试的准备，仍然主要依靠学院……此外，学院的兴趣和荣誉很明显是由考试的结果决定"①。可以说，严格的考试制度保证了学术标准的高水平，帮助了英格兰古典大学走出了18世纪的阴霾，为19世纪50年代以后的变革起到了重要的推动作用。

19世纪下半叶，文官考试制度（Civil Service Examination System）的兴起是英国大学之外考试制度发展的重要内容。公共考试是19世纪英国人的最伟大的发明之一，它的出现为社会各项政策的制定与实施提供了重要的评价和测试工具。政府利用考试招募合格的男性为其服务，大学利用考试招收最优秀的学生，考试是中等教育评价的唯一方式，考试结果还指导着政府对初等教育与科学研究的拨款资助。1936年，E. E. 凯利特（E. E. Kellett）在自传中说："如果有人问我，事实上确实有人问过我，在我看来，维多利亚时代信仰的基本信条是什么，我会说，'我相信是考试'。"② 显然，考试制度已经渗透到人们公共生活的各个部分。

---

① Michael Sanderson. *The Universities in the Nineteenth Century*. London and Boston: Routledge & Kegan Paul, 1975, p. 51.

② John Roach. *Public Examinations in England, 1850 - 1900*. Cambridge: Cambridge University Press, 1971, p. 3.

"文官"这一概念出现在19世纪初，但自王室确立之初就有专门处理公共事务的人员。[①] 早期文官完全根据王室的个人喜爱随意任命，长期发展成了一种如同中国古代"任人唯亲"的、弊端丛生的恩赐选官制度。君主立宪后，党派控制实权，文官选聘工作由议会中得势的、占主导地位的党派决定。为了巩固政权，每个上台的执政党都会利用便利排除异己、安插亲信，这样，文官的选聘就演变成了另一种新的腐败形式——政党分肥制。1832年的第一次议会改革扩大了选举权，推动了文官聘任制度的改革与发展，广大中等阶级对传统的文官恩赐制和分肥制表示强烈不满，渴望通过公平、公正的方式进入政府阶层工作，考试制度开始在文官的聘任中出现。1853年，受印度文官考试制度确立的影响，英国议会成立考试选拔委员会，由威廉·爱华特·格莱斯顿（William Ewart Gladstone）负责调查当时的文官选聘状况。次年，委员会发表了《诺斯科特－特里维廉报告》（Northcote-Trevelyan Report）[②]，从而确立了近代英国文官考试制度。该报告揭露了传统恩赐制和分肥制引发的弊端，关系户在政府部门中居要职，有才能的员工很难得到升迁的机会；同时还建议采用公开竞争性的考试制度来选拔优秀的文官，并且要在考试过程中不遗余力地贯彻公平、公正的原则。[③] 在1870年6月4日的枢密院令中，由格莱斯顿最终将公开竞争性考试引入了文官的选拔制度。[④] 经过一系列的改革，到19世纪末，英国文官考试制度逐渐完善，朝着公平、公正的路线发展，一直沿用至今。

伦敦大学作为一所名副其实的公立大学，甚至是一个主管学位授予工作的政府机构，它所履行的考试职能自然属于公共考试的范畴。伦敦大学考试对大学学院在英国各地的发展起了特别重要的作用。[⑤] 新大学运动兴起的一批学院大多没有学位授予权，伦敦大学考试满足了他们的需求，为远在伦敦之外的、有潜力的学生提供了进入大学学习的机会。据统计，从1870年至1900年，参加伦敦大学入学考试的人数从845人（其中429人通过，录取率为50.77%）增至4341人（其中1917人通过，录取率为44.16%），参加伦敦大学所有考试的总人数从1459人（其中750人通过，通过率为51.41%）

---

① 马桦著：《英国文官考试制度研究》，成都：四川大学出版社2013年版，第13页。

② G. M. Young & W. D. Handcock. *English Historical Documents*, *1833－1874*, *Vol. XII* (*Part I*). New York: Oxford University Press, 1969, pp. 567－574.

③ 我国有学者提出，英国的文官考试制度借鉴了中国科举制的"公平竞争、平等择优"原则。详见刘海峰：《科举制对西方考试制度影响新探》，《中国社会科学》2001年第5期。

④ John Roach. *Public Examinations in England*, *1850－1900*. Cambridge: Cambridge University Press, 1971, p. 210.

⑤ 王立科著：《英国高校招生考试制度研究》，武汉：华中师范大学出版社2008年版，第95页。

增至7130人（其中3316人通过，通过率为46.51%）。① 由此可见，在19世纪最后30年里，参加伦敦大学考试的人数逐年攀升，顺利通过考试的人数增加了4倍至5倍，但考试的标准却始终没有降低，考试的通过率一直维持在50%左右。这说明，在保证学术标准不降低的情况下，政府通过一系列的改革措施扩大了高等教育的受惠范围，将伦敦大学的考试功能发挥得淋漓尽致，不仅在国内深受广大中等阶级青睐，在国外也被高等教育匮乏的地区广泛效仿。正如有学者指出："1836年成立的得到政府财政援助的伦敦大学，作为一个进行考试和授予学位的团体，成为世界范围的考试制度的中心。"② 随着英国海外殖民地的不断扩张，高等教育的需求量也随之增大，许多殖民地看到了伦敦大学的成功之处以及它所带来的普惠性，并试图借鉴这种办学模式，在殖民地创办类似的大学机构。因此，作为考试机构的典型代表，伦敦大学的这种考试模式开始在世界范围内被广泛推崇和借鉴。1850年，爱尔兰模仿伦敦大学的模式建立了女王大学（Queen's University），为贝尔法斯特（Belfast）、考克（Cork）和戈尔韦（Galway）等地学院的学生提供学位考试。1853年，英属北美洲殖民地加拿大明确以伦敦大学为模型建立了多伦多大学（University of Toronto），实施考教分离的政策，大学管考试，学院管教学。1857年，在英属印度殖民地马德拉斯（Madras）、加尔各答（Calcutta）和孟买（Bombay）建立的三所大学都是以伦敦大学为模型创办的，印度大学创办的目的就是检查在各学院获取教育的情况，而不是直接从事教学活动。1874年，新西兰大学（University of New Zealand）的建立同样也是以伦敦大学为模型。

可见，19世纪中叶是一个考试疾速扩张的年代。③ 在自由贸易时代，人们希望通过竞争来降低价格；1859年达尔文发表了《物种起源》，阐述了适者生存的原理。考试制度适合这个时代的精神，所以它获得了繁荣发展。政府和独立机构为成千上万的考试通过者颁发证书，极大地满足了社会与考生的需求。史实证明，无论是就考试制度本身还是就高等教育的发展来说，伦敦大学在那个年代中都扮演着重要角色。总之，作为一个纯考试机构，19世纪的伦敦大学在努力地履行着基本职能，为所有人提供它的学位考试。

---

① Negley Harte. *The University of London, 1836 – 1986: an illustrated history*. London: The Athlone Press, 1986, p. 139.

② ［英］奥尔德里奇著，诸惠芳等译：《简明英国教育史》，北京：人民教育出版社1987年版，第59–60页。

③ Robert Montgomery. *A New Examination of Examinations*. London, Henley and Boston: Routledge and Kegan Paul, 1978, p. 3.

（二）教学与考试的争论

考试制度的盛行也越发暴露了自身的缺陷。考试是教学的指挥棒，考试决定教学，教授的课程根据考试大纲拟定，最终导致课程的僵化和单一，缺乏灵活性和创造性。牛津大学与剑桥大学试图通过拓展学科范围来缓解由考试带来的越来越严重的弊端。作为纯考试机构的伦敦大学对考试制度的推崇，与牛津和剑桥相比，有过之而无不及。但是，名为“大学”却不从事教学与科研，这与当时欧美各国注重教学与研究、致力于创办研究型大学的局面形成鲜明对比，加之考试弊端丛生，一场关于教学与考试的大辩论在伦敦大学内部逐渐形成。

伦敦大学被指责迷信考试，但它却仍然坚持教学与考试的分离。1864年，评议会曾建议大学方面开设一些讲座，但却引起了理事会强烈的反驳，他们认为“大学与讲座建立联系是不可取的”。1870 年，大学迁入新址伯林顿花园后，大学的阶梯教室由皇家地理学会来组织讲座，大学自身并不从事教学，也不企图与任何讲座建立联系。这更激起了人们对考试这个单一功能的指责。这场争论从 19 世纪 70 年代开始，一直持续到 19 世纪末。

早期批评伦敦大学考试功能的重要代表是莱昂·普莱费尔教授，他曾参与伦敦大学理学部的建立，是苏格兰著名科学家、爱丁堡大学和圣·安德鲁斯大学议员。财政大臣罗伯特·洛（Robert Lowe）是当时伦敦大学在政府议会中的代表，1873 年他在哈利法克斯（Halifax）发表演讲时指出，“在我看来，一所大学就是一个考试委员会”，并且“国家应该为大学所做的事情是决定它的课程是由什么组成，或者列入考试要求的科目有哪些”①。洛认为，国家的职责不是帮助高等教育机构，而是控制和规范它的考试职能。由于洛的演讲被普遍认为是为将教学型的爱尔兰大学和苏格兰大学转变为考试委员会做铺垫，有扩大考试型大学的发展之趋势，这激起了普莱费尔的公开反对。从反对“大学是一个考试委员会”开始，普莱费尔认为大学从诞生之初它的教学和考试功能就是联合在一起的，并引用 13 世纪的官方文件论证了中世纪巴黎大学教师与学生的亲密合作。普莱费尔指出：

> 在巴黎大学的早期历史中，当教学与考试功能联合时，在近 600 年的时间里，培养了许多天才和实干家，他们使法国成了一个令人敬佩和惊奇的国家。法国的各省模仿巴黎大学，在大革命之前，有 23 所大学遍布在法国，每一所都有独立的自治权，大大增

---

① W. H. Allchin. *An Account of the Reconstruction of the University of London*（*Part* Ⅰ）. London: H. K. Lewis, 1905, p. 55.

加了它的智力生产力。但是，这些地方性大学受到了大革命的破坏。1808 年，拿破仑重建了巴黎大学，使之成为唯一的法国大学，现在变成了国家教育部且包括各类教育，初等、中等和大学教育。在法国，国家正以最高级的形式践行洛先生所宣称的国家职责的大学功能——课程的听写和教师的考试。法国持续实施这种双重功能有60 多年，但结果却被法国最杰出的人才（如巴斯德、克莱尔·德维尔、国利伐、大仲马、洛林以及观点被引用的其他人）认为是它的实行比其他任何原因更导致了法国作为一个民族而蒙羞。①

普莱费尔还进一步指出了一所教学与考试相结合的大学的基本目标以及培养和教育学生的问题。他说：

一所联合了教学与考试功能的大学，当管理良好时，它的目标和成功在于培养出有教养的人；一个考试委员会唯一能保证的就是能培养出死记硬背的人。教育人的是大学的课程而不是考试……很显然，由考试决定的科目没有任何协调性，通过课程很可能以死记硬背的方式讲授。考试委员会只把知识当作结果，不管如何获取知识；但是真正的大学很少以那样的眼光来看待，更多的是表现为学生成功地注意到为了他们心智训练和发展的且是必修的学习课程。鉴于这个目标，教学课程应是多样化的，并且应根据学生智力的自然演进而渐渐增多。如同合理地抚育年轻人一样，获取和保持真知的模式是通过一个按照自然顺序发展的过程来实现的；不分皂白的获取是填鸭式的。显然，当你从获取知识的过程中分离了知识的考试时，你就助长了填鸭式的趋势。②

尽管大学学院和国王学院对理事会之前的一些荒谬做法忍气吞声，表面上保持沉默，但私下里两所学院对大学单一的考试功能的不满情绪却与日俱增。他们认为考试大纲与教学课程之间缺乏协调性，大大降低了杰出教授们的高质量教学活动；教师在制定考试大纲和设定考试范围的过程中没有发言权，因为政府任命的理事会成员中学院教师的代表极少。一些教授抱怨他们的教学受到了限制，不得不与大学的考试要求保持一致。课程的困难主要出现在文学部和理学部的教学中；虽然大学考试的一些科目与学院的教学极不

① W. H. Allchin. *An Account of the Reconstruction of the University of London* (*Part Ⅰ*). London: H. K. Lewis, 1905, p. 56.

② W. H. Allchin. *An Account of the Reconstruction of the University of London* (*Part Ⅰ*). London: H. K. Lewis, 1905, p. 57.

吻合，但医学课程较为明确，较少出现差异，所以各医学院的指责之声也就相对较弱。1876 年，大学学院心理哲学教授乔治·克鲁姆·罗伯森（George Croom Robertson）认为应该控告伦敦大学，因为它所有精心设计的考试制度对学院的教学工作丝毫没有帮助，反而阻碍了学生获取人类最精要的思想文化；一个完全脱离教学工作的考试委员会不可能在传播人类所有的智力文化中占有重要地位。

就在人们为伦敦大学的考试与教学功能展开争论的同时，英格兰北部成立了以维多利亚命名的联合大学，曼彻斯特的欧文斯学院成为其中一员，并且获得了皇家特许状。从此，曼彻斯特拥有了学位授予权，无须再申请伦敦大学的学位。这进一步激发了大学学院和国王学院的不满情绪，因为它们都比欧文斯学院的规模大，欧文斯学院所拥有的特权正是它们所缺少的。1877 年 6 月 22 日，大学学院委员会成员乔治·扬爵士（Sir George Young）在文、法和理学部的颁奖典礼上，就上述学位授予权的问题发表了演讲。他说：

> 事实上，我们之前的呼吁是要求建立一所以上的大学；我们不得不考虑的问题是是否需求更多的大学——更多的大学存在是否是有利的。毫无疑问的是，拥有太多的大学可能会降低学位标准，并且因此导致教育的衰败；但同样正确的是，拥有更少的大学将导致教育的枯竭，或无论如何都将阻止大学在一个人口与财富不断增长的国家中发展。因此，我认为以下是我们义不容辞的职责：不仅仅准许欧文斯学院，如果他们能建立自己在北英格兰一流的教学机构的地位，那么他们就有资格获取学位授予权；而且要细心调查这个问题——是否我们自己要求同样的特权和荣誉是不利的。①

19 世纪 70 年代末，评议会迅速加入这场争论。1877 年 11 月 25 日，后来担任伦敦大学副校长的菲利普·亨利·派伊 - 斯密斯（Philip Henry Pye-Smith）等人向评议会提出了一项动议：要求“评议会恭敬地邀请理事会考虑应该采取什么措施来加强大学与附属学院之间的联系，并且什么样的大学目标在促进良好的学习和自由教育中能够被获取”②。1878 年 5 月 14 日，该项动议获得通过，评议会正式向大学提出申请，迫切要求大学对学院施加一些更为强烈的、相互有利的影响。评议会的报告要求大学自身承担一些教学任务并且充分利用这个机会推动学术发展，但理事会并没有针对该报告采取

---

① W. H. Allchin. *An Account of the Reconstruction of the University of London* (*Part Ⅰ*). London: H. K. Lewis, 1905, pp. 62 -63.

② Percy Dunsheath and Margaret Miller. *Convocation in the University of London: the first hundred years.* London: The Athlone Press, 1958, p. 66.

任何行动。

伦敦大学医学考试的标准是相当严格的，曾经担任伦敦大学医学考官10余年的赫胥黎对此深有感慨，他说："就当时乃至以后12年里伦敦大学的要求而言，我觉得，那是相当高的标准；那时候，我曾是医学院的主考人之一，然而尽管标准如此之高，但并没有被认为比现在更像样，实际上在许多方面还是很不完善的。"① 1879年，一位优秀的医学毕业生托里斯托博士（Dr. Bristowe）致信校长格兰维尔伯爵（Earl Granville），申诉在伦敦的学生比在其他地方的学生更难获得医学学位，同时谴责伦敦大学的考试制度，要求大学与医学院建立更紧密的联系。他指出："错误不在于学生或教师；这依赖于大学提供的制度和设施。……伦敦大学为我们提供了什么？它是一个值得尊敬的大学，认为必须教育学生获得一个高的标准，并且随着时间的推移，这个观点变得越来越狭隘。它已经在学生即将毕业的道路上设置了障碍，阻止了高等学位。……不是因为医学考试太难；而是因为初级考试太难、太不确定了。应该设立一个学科委员会（Boards of Studies）来监督和建议学院的教学和考试，且委员会一部分由大学选举，一部分由医学院选举。"② 可以看出，托里斯托博士的建议是想大学与医学院之间建立更紧密的关系。此外，他所提出的设置学科委员会的想法后来被《1898年伦敦大学法》采纳。

1883年1月，古德温（Goodwin）教授也对伦敦大学培养出的学生素质和授予学位的质量表示担忧。他说："伦敦大学现在授予的文学学位具有很少的价值。一个实际性的例子就是公立学校的校长不愿意接受这个学位作为一名助理的资格。我的经验事实是我班级的学生获得了古典文学硕士学位，在语法上犯了低级错误，且完全不能翻译先前毫无准备的材料。"③ 进入19世纪80年代，对伦敦大学的批评逐渐增多，最显著的特点就是形成了许多主张改革伦敦大学的不同群体，而且提出了不同的改革方案。

1. 促进会的计划

1884年5月3日，一些批评伦敦大学的教师成立了一个私人组织——伦敦教学型大学促进会（Association for Promoting a Teaching University for London），起初共有12名成员，大多是来自大学学院、国王学院和伦敦一些医

---

① ［英］托·亨·赫胥黎著，单中惠、平波译：《科学与教育》，北京：人民教育出版社2004年版，第214页。

② Percy Dunsheath and Margaret Miller. *Convocation in the University of London: the first hundred years*. London: The Athlone Press, 1958, p. 69.

③ W. H. Allchin. *An Account of the Reconstruction of the University of London (Part I)*. London: H. K. Lewis, 1905, p. 59.

学院的教师和校长，见表5.1。雷伊勋爵在第一次会议上指出，会议的目标是“考虑是否应该采取措施和什么措施来促进更好地组织伦敦的教学型大学，并讨论组织一个委员会（Committee）向公众表明我们的想法”①。派伊-斯密斯向促进会汇报了评议会讨论的结果以及提交给大学理事会的报告，其中包括伦敦应该建立一所教学型大学、为了联合教师和大学的考官组建一个若干学科委员会、大学与学院之间建立更亲密的联系等。乔治·扬认为作为一所大学，伦敦大学的组织缺陷是大学教育中的弊端引起的，伦敦正落后于英国的其他大城市；韦斯博士认为在推动伦敦教学型大学发展的同时，必须要关注伦敦两所大的教学型学院之间的相互友好以及国王学院的利益；威廉森教授认为联合教师和考官的重要性被普遍认可，这种联合对考试和教学同样都是必要的；李斯特教授认为将伦敦大学转变为一所教学型大学存在许多困难，佩吉特则对这样的观点持有异议；鲍恩大法官认为在任何情况下，律师会馆必须保持法律教育的中心地位，实施任何干涉到律师会馆法官的权力和职责的计划都会遇到阻力；仪力信认为应该关注皇家内科医学院和外科医学院工作的重要性。不难发现，促进会的成员大多是站在自身的立场来考虑自己的利益，认为改革应该在不损害各自利益的情况下进行，尽管他们的意见不一致，但最终还是组建了一个委员会并确立了促进会的五个目标：第一，在伦敦建立一所教学型大学，以文、理、医和法组建学部；第二，联合大学的考试与教学功能，由官方统一领导；第三，在大学管理中给予从事大学教学和考试工作的人以实质性的权力；第四，不废除或忽视现存的伦敦大学，但是作为大学的基础或组成部分，以最小限度的内部改革来部分或全部地合并；第五，大学和专业公司、代表律师会馆的法律教育委员会以及伦敦的皇家内科医学院和外科医学院建立联盟。②

表5.1　伦敦教学型大学促进会成员

序号	姓名	简介
1	唐纳德·麦凯（Donald Mackay，1839—1921），第11代雷伊勋爵	大学学院委员会主席（1897—1921）③、自由党政治家、孟买总督等

① W. H. Allchin. *An Account of the Reconstruction of the University of London* (*Part Ⅰ*). London: H. K. Lewis, 1905, p. 64.

② W. H. Allchin. *An Account of the Reconstruction of the University of London* (*Part Ⅰ*). London: H. K. Lewis, 1905, p. 65.

③ 伦敦大学学院一直没有校长，仅设委员会主席一职，直到1900年才出现第一任校长。

续上表

序号	姓名	简介
2	查尔斯·鲍恩（Charles Bowen, 1835—1894）	著名大法官
3	约翰·埃里克·仪力信（John Eric Erichsen, 1818—1896）	大学学院外科医学教授（1850—1877）、大学学院委员会主席（1887—1896）
4	法勒·赫舍尔爵士（Sir Farrer Herschell, 1837—1899）	副检察长，大学学院毕业生、学生会发言人，伦敦大学校长（1893—1899）
5	约瑟夫·李斯特爵士（Sir Joseph Lister, 1827—1912）	伦敦临床医学学会主席、国王学院医学院教授
6	詹姆斯·佩吉特爵士（Sir James Paget, 1814—1899）	著名外科医生、病理学家，伦敦大学副校长（1883—1895）
7	乔治·克鲁姆·罗伯森（George Croom Robertson, 1842—1892）	大学学院心理哲学教授
8	菲利普·亨利·派伊–斯密斯（Philip Henry Pye-Smith, 1839—1914）	著名内科医生，伦敦大学副校长（1903—1905）
9	亨利·韦斯（Henry Wace, 1836—1924）	神学博士，国王学院校长（1883—1897）
10	G. C. W. 沃尔（G. C. W. Warr，生卒年不详）	国王学院古典文学教授
11	A. W. 威廉森（A. W. Williamson, 1824—1904）	大学学院化学教授
12	乔治·扬爵士（Sir George Young, 1837—1930）	大学学院理事会主席

资料来源：W. H. Allchin. *An Account of the Reconstruction of the University of London*（Part *I*）. London：H. K. Lewis, 1905, p. 64.

1884 年 11 月 10 日，促进会组建了一个小组委员会，由雷伊勋爵任主席，其他人还包括大学学院解剖学教授约翰·马歇尔（John Marshall）、奥德博士（Dr. Ord）、出庭律师 F. 波洛克（F. Pollock）、大英博物馆的 R. S. 普尔（R. S. Poole）、派伊-斯密斯博士、国王学院的沃尔教授、大学学院的威廉森教授以及乔治·扬爵士。小组委员会负责根据上述促进会的五个目标，起草了建立教学型大学的计划，将现存大学联合起来，作为额外的教学机构，由代表理事会的校长统一管理。12 月 15 日，小组委员会的计划一经公布，便引起了广泛关注。整个计划为大学的未来发展提供了巨大的潜力，但它的可行性仍然悬而未决。虽然新的教学型大学的考试功能与专业公司合并的可能性是经过深思熟虑的，可这并不意味着经过冗长的讨论之后就已经为大学的改革提出了非常全面的计划，许多未知的因素仍需要解决。

接下来促进会要做的就是将委员会的计划提交给致力于大学改革的群体。在短短的一年内，促进会的人数急剧增多，至 1885 年 7 月已达到约 250 人。其间，促进会的成员要求建立一个执行委员会（Executive Committee）来开展促进会的工作——为实现促进会的目标，与大学理事会、评议会、教学机构的管理组织以及法律和医学专业的权威人士相互交流，讨论小组委员会提出的建立教学型大学的计划，并向促进会汇报他们的意见。1885 年 2 月 5 日，执行委员会成立，由促进会主席、J. W. 坎宁安（J. W. Cunningham）、凯里·福斯特（Carey Foster）教授、约翰·马歇尔、纽曼·摩尔（Norman Moore）博士、奥德博士、F. 波洛克、R. S. 普尔、派伊-斯密斯博士、韦斯博士、沃尔教授、威廉森教授和乔治·扬组成。由于雷伊勋爵去孟买担任总督，促进会邀请罗斯伯里伯爵（Earl of Rosebery）① 担任主席，但遭到了拒绝，后由约翰·马歇尔任促进会主席。年底，执行委员会召开会议，邀请伦敦一些机构的教师参与大学的建设，同时阐述了促进会的目标与计划。此后，大学评议会、大学学院、国王学院、伦敦一些医学院等科学机构纷纷加入到促进会的讨论工作，召开的会议不计其数。这些会议最终形成的一致意见是赞成促进会提出的五大目标及其计划，并且进一步修订和发展了建立一所教学型大学的设想。例如，会议阐述了学科委员会和学部的构成与功能，让教师及其相关团体成为大学管理中的预期代表。大学的管理团体被称为委员会（Council）或理事会（Senate），不超过 30 人，包括律师会馆、合并的法律学会、皇家内科医学院和外科医学院等机构的代表。

促进会的工作取得了重要进展。1886 年 3 月 31 日，促进会的计划被递交至理事会。但该计划的致命缺陷在于它的合法性问题以及过分夸大了教学

---

① 阿奇博尔德·菲利普·普里姆罗斯（Archibald Philip Primrose，1847—1929），第五代罗斯伯里伯爵、自由党政治家，曾任伦敦郡议会主席（1889—1890、1892）、首相（1894—1895）、上议院领袖（1894—1895）、阿伯丁大学校长（1878—1881）、爱丁堡大学校长（1880—1883）、格拉斯哥大学校长（1899—1902、1908—1929）、伦敦大学校长（1902—1929）、圣·安德鲁斯大学校长（1910—1913）等职。

功能。1884年12月27日，大学学院的数学教授卡尔·皮尔森（Karl Pearson）在与《学术》（*The Academy*）杂志的交流中，就曾一针见血地指出：

> 伦敦始终没有任何大学。最接近这样一种机构的是大学学院和国王学院，还有一些医学院。把在伯林顿举行考试的机构称为一所大学是语言的一种颠倒，议会的任何特许状或法案不会真正批准它。新计划的推动者通过使用“教学”一词来散布谬论——大学可以是除了教学团体之外的任何事物。一所大学在本质上是一个教学和学习团体，并且它的考试功能只不过是次要的。……每一所真正的大学在本质上都代表一个学习行会。它不仅教育低年级的学生而且也促进自己的进步。知识和独创研究的提升是大学生活的特有部分……学习的连续性、为共同进步而联合多样化的心智以及知识的传播是现代大学的特殊功能。①

伦敦大学前副校长乔治·热塞尔爵士（Sir George Jessel）认为设置学科委员会与大学特许状的内容相违背。尽管新上任的副校长詹姆斯·佩吉特对促进会的计划深表同情，但争论的主要力量已经退却，改革的重任转向了政府任命的皇家委员会，伦敦大学内部错过了和平改革的良机。促进会在19世纪末伦敦大学的改革中起到了重要作用。虽然计划失败了，但可以说：“它的行动是非常重要的和有价值的，不仅引起了公众对伦敦大学的关注，而且提出了迄今为止最详细、最高水平的计划。”②

2. 评议会的计划

受促进会的影响，1885年1月6日，评议会通过一项决议，同意组建一个40人的特殊委员会，考虑促进会提出的在伦敦建立一所教学型大学的计划。特殊委员会成员包括大法官爱德华·弗赖伊爵士（Sir Edward Fry）、派伊-斯密斯博士、未来的评议会主席爱德华·亨利·巴斯克爵士（Sir Edward Henry Busk）、约瑟夫·李斯特爵士、凯里·福斯特教授等，由弗赖伊担任特殊委员会主席。评议会与促进会有着密切的关系，促进会的大多数成员都是伦敦大学的毕业生。评议会组建特殊委员会的目的是与促进会协商，为实现促进会建立教学型大学的目标而提出一项草案，同时还要与理事会协商。5月1日，理事会关注了评议会的行动，并且对他们提出的任何确切的计划都表示欢迎。此后不久，由弗赖伊主持的特殊委员会就提出了一项

---

① W. H. Allchin. *An Account of the Reconstruction of the University of London* (*Part I*). London: H. K. Lewis, 1905, pp. 60-61.

② W. H. Allchin. *An Account of the Reconstruction of the University of London* (*Part I*). London: H. K. Lewis, 1905, p. 80.

草案，建议大学由理事会、评议会、组成学院、学部和学科委员会5个部分组成，同时女王作为大学的视察者。[①] 理事会由校长、副校长、评议会主席和最多35名普通成员（含副校长）组成。评议会维持不变。组成学院的资格由理事会和评议会组成的联合委员会决定。学部分为文、法、理和医学，每个学部由3名理事会成员和若干学科委员会成员组成。每个学部都有一个学科委员会。每个学部的考官可向学科委员会和学部提出建议。

评议会提出的这份草案与促进会的计划有许多不同。首先，促进会的计划准许与现存大学建立联系，如果这个情况不适合，可以在伦敦建立第二所独立的大学；而评议会的草案在本质上是改革现存的大学且并不打算建立另一所与之竞争。其次，把它称为一所联邦制大学是经过慎重考虑的，即组成学院的认可工作直接由管理团体决定而不是由学院教师通过学部代表私自决定。二者最大的不同在于管理团体的构成上，在评议会的草案中，政府和评议会是理事会的全权代表，但在促进会的计划中无此内容。最重要的是，教师的影响和权力在两个计划中也有所不同。促进会给予教师在大学的管理、教学和考试中以主导地位，而评议会考虑到大学的现状，给予教师在理事会中占足够多数，但其他利益方面控制教师代表的数量。因此，可以推断，二者观点的不同也是评议会最终反对促进会的计划使之流产的重要原因之一。

1885年7月28日，评议会召开了一次特殊会议，讨论特殊委员会的这项草案。经过长时间的内部讨论，尽管弗赖伊等人极力说服评议会接受该草案，但由于不少人对该计划持有异议，导致评议会一直没有达成一致意见，最终不得不进行休会处理。除了一些顽固分子反对改革之外，有些人担心教师权力的提升会威胁到评议会在大学中的地位，也有人认为这套方案降低了伦敦大学学位的价值，而且由J. W. 博恩（J. W. Bone）和菲利普·马格纳斯（Philip Magnus）提出的修正草案也没有被采纳。西尔瓦诺斯·汤普森（Silvanus Thompson）教授反对特殊委员会提出的该项计划，理由是它忽略了这样一个事实：大学是一个发展良好的而不是稚嫩的机构。汤普森还认为评议会选举的理事会人数太少。J. G. 菲奇（J. G. Fitch）反对用零碎的方式来处理这种大刀阔斧的改革；而安斯蒂（Anstie）则认为只有少数人反对该计划，西塞尔顿·戴尔（Thiselton Dyer）也表示如果该计划被否决，他将对大学很失望。

会议一直延期到11月3日。但在10月份，马格纳斯还组织了一批毕业生召开了一次会议，讨论之前提出的计划。在给评议会的通知中，他们表达

---

① Percy Dunsheath and Margaret Miller. *Convocation in the University of London: the first hundred years.* London: The Athlone Press, 1958, p. 73.

了对评议会提出的决议的认可，坚持一般原则，即教师与考官应建立更紧密的联系；但要求重新组建特殊委员会来进一步考虑该计划。以马格纳斯为首的这批毕业生认为任何改革的目的都是使教师、考官和理事会建立更紧密的关系。在11月3日的会议上，弗赖伊请求评议会在原则上接受它并在细节上修正它。此时，马格纳斯仍然反对实施弗赖伊的计划，他本打算为重组50人的特殊委员会重新提出计划，但由于前特殊委员会的成员拒绝服务而被搁浅了。经过3小时的辩论，会议又再次被延期了。

不久，马格纳斯的观点发生了微妙的转变。11月14日，他在给医学杂志《柳叶刀》（*The Lancet*）的信中，对之前反对弗赖伊的计划的做法表达了歉意，认为彻底改革大学的管理需要暂缓几周时间。同时，马格纳斯还指出："我还希望，设想的计划不干涉大学现在履行的功能，但应给予伦敦一个教学组织，可以恰当地称之为教学型大学；我对评议会有充分的信心，相信如果这个计划被提交给他们，提升大学地位的愿望将促使他们采纳它。"① 派伊-斯密斯博士回复了这封信，建议马格纳斯和曾经阻碍弗赖伊计划的他的那些朋友提出一项更好的计划。12月8日，评议会再次召开会议，进一步讨论大学改革的计划。经过4小时的激辩，评议会同意将弗赖伊的计划提交给一个25人的委员会。新委员会的主席是马格纳斯，其他成员有派伊-斯密斯、安斯蒂等主张改革的人士。

1886年初，新委员会召开了7次会议，最终由马格纳斯等人提出了一份新计划。新计划认为大学由理事会、评议会、组成学院和教育委员会（Council of Education）构成；理事会是大学的管理和控制机构，由校长、副校长、评议会主席、教育委员会主席、四个学科委员会的主席、政府和各组成学院的相关代表等构成；评议会的构成不变，权力有所增加；组成学院是指伦敦或伦敦附近的教育机构，是否成为大学的组成学院由理事会和评议会与教育委员会的联合委员会决定；教育委员会由评议会代表、组成学院代表和大学考官组成；理事会有权任命各个学科的教授、讲师、考官，有权授予荣誉学位，等等。② 除了这份新计划外，新委员会还有一份冗长的报告，该报告是针对前一份计划提出的特殊条款。例如，建立独立的"学部"团体，不包括大学毕业生；限制大学对伦敦及其附近学院的工作；限制评议会在理事会和学科委员会中的代表，等等。从内容上看，新计划充分考虑到了评议

---

① Percy Dunsheath and Margaret Miller. *Convocation in the University of London: the first hundred years*. London: The Athlone Press, 1958, p. 75.

② W. H. Allchin. *An Account of the Reconstruction of the University of London (Part Ⅰ)*. London: H. K. Lewis, 1905, pp. 117-119.

会自身在大学改革中的权力，将其渗透至大学的各个组成部分当中。

同年5月25日，评议会召开特殊会议讨论该新计划。经过激烈讨论，6月29日，新计划艰难获得通过，评议会接受了建立一所教学与考试型大学的基本原则，但删除了建议授权理事会颁发荣誉学位的条款。随后，评议会重新任命了一个特殊委员会，与理事会协商新计划。

3. 理事会的计划

1886年，理事会由弗赖伊爵士组建了一个委员会，与促进会的执行委员会和评议会的特殊委员会相互交流、沟通，商讨伦敦大学的改革事宜。在讨论过程中，各方代表似乎都更倾向于考虑自己的利益，但对只履行考试职能的伦敦大学的不满是一个共识，且改革伦敦大学的决议也已深入人心。1887年3月，在各方力量的推动下，理事会终于提出了改革伦敦大学的第四个具体方案。该计划认为大学由理事会、评议会、关联学院（Associated Colleges）、学部和学科委员会构成，女王为视察者；理事会由校长和政府、评议会与四大学部任命的37名理事组成，且评议会主席是当然成员；评议会的所有选举通过选票进行；关联学院从联合王国任何地方的学院和教学机构中选择，由理事会的一个委员会负责选择，且要与评议会的委员会协商；学部分为文、法、理和医学部，每个学部设一个学科委员会；在校长和副校长的同意下，理事会有权授予荣誉学位；等等。[①] 该计划主要有四个突出的特点：第一，扩大学部成员中伦敦之外的学院教师的代表；第二，建立由学部选举（不包括大学的当然考官）的学科委员会；第三，评议会在理事会中的代表由自己直接选举；第四，为了设置教授席位和促进原创性研究，授权大学接受捐赠。

该计划被提交至理事会3月23日的一次特殊会议上，得到广泛热议，各类成员都发表了意见，其中派伊－斯密斯的观点尤为重要。派伊－斯密斯认为计划中缺少学院代表的职位，理事会中也没有学院的代表，因此他要求理事会充分考虑大学学院、国王学院、皇家外科医学院和内科医学院、法律教育委员会和合并法律学会的利益。但派伊－斯密斯的意见并没有被采纳。5月，评议会也对该计划进行了评议，认为该计划在许多重要方面与他们的第二份计划一致。最终，理事会的计划被递交给了枢密院和塞尔伯恩皇家委员会。

至此，19世纪末伦敦大学的内部改革出现了四份计划：促进会提出的计划；弗赖伊提出的评议会第一份计划；马格纳斯提出的评议会第二份计划；

---

① W. H. Allchin. *An Account of the Reconstruction of the University of London* (*Part Ⅰ*). London: H. K. Lewis, 1905, pp. 160 – 165.

理事会提出的计划。首先，这四份计划的主要目标就是改革纯考试机构的伦敦大学，增加那些从事教学和担任考官的人在大学管理中的权力，但各自把握的程度不一样。促进会的计划着重关注教学型大学的组织以及为伦敦建立一所教学型大学，紧密联系大学的教学和考试功能，建议设立理事会或委员会、学部和学科委员会等。评议会的第一份计划与此相似，但第二份计划规定学科委员会仅有十分有限的职责，教师的权力受到很大限制。评议会的第二份计划还提议设立教育委员会，但教育委员会中缺乏足够的教师代表。理事会的计划明显受到了弗赖伊的影响，对学部给予重要关注，将理事会的37个名额分8个给学部，同时还给予政府16个名额和评议会13个名额。此外，这四份计划都认可组成学院或关联学院的原则。促进会的计划和评议会的第一份计划都认可在伦敦及其附近的学院；评议会的第二份计划认可其他地方的、不附属于任何大学的机构；理事会的计划则声明为了推动整个国家特别是大都市及其附近的正规的自由教育的发展，认可联合王国任何地方的机构。可以说，这四份计划各有特色，考虑问题的立场不一样，促进会看到大学管理过程中教考分离的弊端，评议会更关注的是自身权力，而理事会则在更高的层面上考虑整个国家的教育发展。尽管这四份计划没有成为伦敦大学改革的最终方案，但却为最终方案提供了重要参照，《1898年伦敦大学法》的大多数内容均来自这些计划。

事实上，除了促进会、评议会、理事会参与了19世纪末这场争论之外，还有大学学院、国王学院、皇家内科医学院和外科医学院等机构也是改革的重要推动者，它们都是一线的教学机构，对大学教考分离的弊端更是深有感触，渴望增加教师在大学管理中的发言权。1887年3月，大学学院和国王学院组织联合委员会，摒弃前嫌，联合向政府申请特许状，要求文学、理学和医学学位的授予权，但遭到两所学院内部人士（主要是大学理事会成员）的强烈反对，并导致了大学学院主席金伯利勋爵（Lord Kimberley）、副主席和财务主管朱利安·戈德斯米德（Julian Goldsmid）等人的辞职。7月份，促进会和联合委员会的请愿书都递交至枢密院，但前者没有形成像之前那些详细的计划或草案，后者提出的建立《伦敦阿尔伯特大学的特许状草案》（Draft Charter of the Albert University of London）使争论的焦点转向了是建立第二所独立的大学还是在现存机构的基础上进行改革的问题。这无疑遭到了理事会的强烈反对。1888年1月，评议会也表达了对联合委员会的反对意见。2月，理事会通过决议反对该特许状草案，并组建了一个警戒委员会（Watching Committee），阻挠联合委员会计划的实施。

总起来说，大学内部无法形成改革的一致意见，最终问题被提交给了枢密院。面对各类团体要求改革伦敦大学的请愿书和计划，而且观点不一、异议较多，枢密院显然是无力解决。因此，由政府出面组建皇家委员会负责改革伦敦大学成了最终的必然选择。

二、政府的改革与《1898 年伦敦大学法》的颁布

（一）两个皇家委员会的考察

1. 塞尔伯恩委员会

邀请政府组建皇家委员会改革伦敦大学的这一想法在皇家委员会正式组建前一年就有学者提出过。1887 年 3 月 4 日，评议会第一份计划的起草者大法官爱德华·弗赖伊爵士在致促进会成员、伦敦大学副校长詹姆斯·佩吉特爵士的一封公开信中明确指出：

> 当今流传着各种各样关于伦敦高等教育的计划，使我们不可能预测最近、甚至未来的教育，而且即使这个计划被大学采纳，我们也不可能充满信心期待着它被接受或是取得成功。就我自己而言，我相信如果我提到的一些竞争性计划也被实施的话，它将增加大学的压力；我认为毫无疑问的是，在讨论整个计划过程中，如果能拿出改革的详细方案并与这个计划的方向一致，那将大大地提升大学的地位。
>
> 我深信，为了大学的发展，任命一个皇家委员会来调查伦敦高等教育的状况，并且提出一些有益于改进的措施，那么，它对于处理各种各样冲突的观点和正处于讨论过程中的利益来说，将是非常便捷的方式。①

面对纷至沓来的请愿与计划，有些方案并不十分合理，而且各方力量相互交织，涉及利益的角逐，枢密院很难取舍并做出正确的决断，政府最终决定成立皇家委员会负责改组伦敦大学。1888 年 3 月 12 日，枢密院议长克兰布鲁克勋爵（Lord Cranbrook）通知上议院议员赫舍尔勋爵（Lord Herschell）②，政府已经决定任命一个皇家委员会负责调查并汇报各种发展伦敦高等教育的计划。此举一出，虽有些委员会对自己的方案没能被采纳表示遗憾，但伦敦大多数高等教育机构还是比较认可枢密院的这一做法的。

---

① W. H. Allchin. *An Account of the Reconstruction of the University of London* (*Part* Ⅰ). London: H. K. Lewis, 1905, p. 168.

② 法勒·赫舍尔（Farrer Herschell, 1837—1899），第一代赫舍尔男爵，英国著名大法官，上议院议员，1893—1899 年担任伦敦大学校长。

5月2日，政府正式任命以塞尔伯恩勋爵（Lord Selborne）为主席的皇家委员会，负责调查伦敦“是否需要任何类型的新大学或需要何种权力来提升伦敦的高等教育”①。该皇家委员会共7人，其中有4名律师和3名教师，但他们都与伦敦大学没有任何联系，见表5.2。

表5.2　塞尔伯恩皇家委员会成员

序号	姓名	简介
1	朗德尔·帕尔默（Roundell Palmer，1812—1895），第1代塞尔伯恩伯爵	毕业于牛津大学，著名政治家、大法官，两次出任上议院大法官（1872—1874，1880—1885），圣·安德鲁斯大学校长（1877—1880）等
2	J. T. 鲍尔（J. T. Ball）	爱尔兰大法官、都柏林大学副校长
3	詹姆斯·汉嫩爵士（Sir James Hannen，1821—1894），汉嫩男爵	毕业于德国海德堡大学，英国法官、牧师
4	G. C. 布罗德里克（G. C. Brodrick）	牛津大学默顿学院学监
5	威廉·汤姆森爵士（Sir William Thomson，1824—1907），第1代凯尔文男爵	格拉斯哥大学自然哲学教授
6	乔治·斯托克斯爵士（Sir George Stokes，1819—1903）	剑桥大学卢卡斯数学教授、皇家学会主席
7	詹姆斯·爱德华·考埃尔·惠尔顿（James Edward Cowell Welldon，1854—1937）	毕业于剑桥大学，哈罗公学校长，加尔各答主教

资料来源：W. H. Allchin. *An Account of the Reconstruction of the University of London*（*Part II*）. London：H. K. Lewis，1911，p. 1.

塞尔伯恩皇家委员会初到伦敦大学的前几天就听取了各个委员会和相关组织机构共45名代表的报告，其中布罗德里克仅参加了第一次会议后就退出了皇家委员会，实际成员只有6人。理事会的代表有弗赖伊、副校长佩吉特爵士、赫舍尔勋爵、伦敦大学议员约翰·卢伯克爵士以及大学的注册官；评议会的代表有主席弗雷德里克·伍德博士（Dr Frederick Wood）、菲利普·

① Anon. Reconstruction of the University of London. *Nature*, vol. 86, no. 2160, 1911, p. 115.

马格纳斯和威廉·乔布·柯林斯[①]；最强势的代表是大学学院委员会的乔治·扬爵士和国王学院的校长韦斯博士，还包括8名教授，他们强烈要求实施《伦敦阿尔伯特特许状草案》，但该特许状草案是遭到理事会和评议会一致反对的。经过一个暑假的调查与访问，塞尔伯恩委员会终于提出了他们的意见，并于1889年出版报告。该报告认为，理事会应由校长和37位理事会成员组成，包括9名政府代表、10名评议会代表、12名四个学部代表、大学学院和国王学院的校长，以及4名皇家内科医学院和外科医学院、法律教育委员会和法律学会的代表；允许大学理事会和评议会有合理的时间来考虑是否向女王陛下申请新的特许状，扩展大学的功能与职责到教学领域，联合教学学院与机构，并且改造理事会的构成；确立教师组织以及关联学院和机构在一些文、理、法和医学部中的选举团体；建立学科委员会；另外授予大学新的权力，与该报告中包含的意见相一致。

塞尔伯恩委员会的报告一经出版，大学学院和国王学院就深感自己的计划实施无望，于是先发制人，向枢密院议长重申要求建立一所独立的大学，为了教育和知识的提升而不是考试。尽管《伦敦阿尔伯特特许状草案》的支持者们反复向枢密院申请，但计划仍然没有任何进展。皇家内科医学院和外科医学院代表医学界的利益，要求学位授予权也被彻底拒绝了，之后便迅速倒向皇家委员会，寻求解决伦敦医学学生面临的困境的合作。医学院代表提出了三项要求：医学学士学位考试由大学和两所皇家医学院的联合委员会控制；医学学士学位的入学考试和初级科学考试由大学自己组织；一些医学院应成为大学的组成学院。

1890年5月7日，理事会友善地讨论了两所皇家医学院的建议，两所皇家医学院罗列了联合授予学位的各种好处，但大学坚决独立控制学位授予权。两所皇家医学院还强调并不希望降低学位标准，相信提出的改革计划，如设立学科委员会和加强教学与考试的联系，将使学位更易获得且还能满足长期以来的需求。通过医学学士学位考试的申请者无须进一步的考试就可自动获得皇家内科医学院和外科医学院的文凭。两所皇家医学院对理事会把联合委员会理解为考官委员会代替行政管理委员会表示愤怒，而且其在理事会中的代表也引起了两所皇家医学院的质疑，因此许多人要求针对新的问题修订塞尔伯恩委员会的报告。

值得一提的是，一些地方性学院并没有获得机会向皇家委员会提交他们

---

① 威廉·约伯·柯林斯爵士（Sir William Job Collins，1859—1946），著名的自由党政治家和外科医生，毕业于圣·巴塞洛缪医院，曾获伦敦大学的卫生科学和产科学金质奖章，1907—1909年和1911—1912年两次担任伦敦大学副校长。

的意见与报告，从一开始起就处于被忽视的边缘。所以，地方性学院将反对的矛头直指枢密院议长，声称自己在大都市学位的数量和标准上都有过重要贡献，但却没有获得应有的重视。地方性学院认为塞尔伯恩委员会的报告增加了伦敦地区各学院的荣誉，而大学在伦敦和地方学院之间维持已久的公平即将消失殆尽。1890 年 7 月 15 日，北爱尔兰的班格尔大学学院校长和 8 位教授联名在《泰晤士报》上发表公开信，指出："计划致力于把两个不相容的体系融合成一个机构，一个是为帝国服务的考试型大学，还有一个是为伦敦服务的教学型大学。这两种机构履行的功能是完全不同的，不可能制定出任何计划来同时满足一个真实的教学型大学和一个公平的考试委员会。"①

由此可见，塞尔伯恩报告从提出开始就受到大学组成机构的普遍质疑，尤其是大学学院和国王学院，二者一直对其联手制定的《伦敦阿尔伯特特许状草案》抱有信心，反复请愿枢密院，要求获得建立一所独立的大学的支持。即便是两所皇家医学院和其他一些医学院在 1891 年 3 月接受了修订后的报告，大学学院和国王学院仍然没有做出让步，坚持主张建立阿尔伯特大学的计划，它们深刻意识到 1836 年的妥协剥夺了自己已有的大学地位。此时，评议会也拒绝了理事会因修订塞尔伯恩报告所导致的妥协。事实上，塞尔伯恩委员会提出的考察报告中并没有指出具体如何实施改革，且委员会的内部成员对改革伦敦大学的看法也不一致。其中，帕尔默、鲍尔和汉嫩认为大学需要重组，使之与教学机构保持更亲密的联系，尽可能将现存大学和教学机构的所有力量与经验集中在一个大的机构中；而汤姆森、斯托克斯和惠尔顿则对此持有异议，他们怀疑将教学功能有效地联合在现存的考试型伦敦大学的可能性，相反地他们希望在伦敦建立另一所新的教学型大学，让伦敦大学继续履行现在的职能。② 很显然，委员会内部也没有达成改组伦敦大学的一致意见。所以说，塞尔伯恩报告对伦敦大学的改革很少有实质性的影响，正如《自然》（*Nature*）杂志所言："报告是令人沮丧的，三位杰出律师以卓越的法律视角审视问题，三位教师则以教育视角看问题，他们的表现富有启发性又令人惊叹，但却是毫无成效的。"③

2. 考珀委员会

1891 年底至 1892 年初，伦敦大学的改革问题变得越发复杂，大学学院

① Percy Dunsheath and Margaret Miller. *Convocation in the University of London: the first hundred years*. London: The Athlone Press, 1958, p. 87.

② Negley Harte. *The University of London, 1836 – 1986: an illustrated history*. London: The Athlone Press, 1986, pp. 147 – 148.

③ W. H. Allchin. *An Account of the Reconstruction of the University of London (Part II)*. London: H. K. Lewis, 1911, p. 161.

和国王学院计划组建的阿尔伯特大学由于伦敦格雷沙姆学院的加入而改名为格雷沙姆大学（Gresham University）。1892 年 3 月，枢密院建议政府暂缓同意格雷沙姆大学特许状的申请。面对改革的各种不同意见和塞尔伯恩委员会的碌碌无为，政府决定重新组建以考珀勋爵（Lord Cowper）为主席的新的皇家委员会，负责调查《格雷沙姆大学特许状草案》，因此考珀委员会又被称为格雷沙姆委员会（Gresham Commissioners）。新的皇家委员会共有 13 人，其中考珀勋爵与伦敦大学毫无关系，另有 7 人对伦敦的高等教育状况十分熟悉，见表 5.3。此外，还包括剑桥大学的道德哲学教授亨利·西奇威克（Henry Sidgwick）、利物浦大学学院的校长等。因此，从委员会成员构成上来看，塞尔伯恩委员会全是伦敦大学之外的人员，并不了解大学的内部情况，这是其失败的重要原因之一。而考珀委员会无论在智力上还是在执行力和决策力上都强于塞尔伯恩委员会，这是其达成一些富有重要意义的共识的关键。

表 5.3　考珀皇家委员会部分成员

序号	姓名	简介
1	弗朗西斯·考珀（Francis Cowper，1834—1905），第 7 代考珀伯爵	毕业于哈罗公学、牛津大学，著名自由党政治家、上议院议员、爱尔兰总督（1880—1882）等
2	唐纳德·麦凯（Donald Mackay，1839—1921），第 11 代雷伊勋爵	大学学院委员会主席（1897—1921）、自由党政治家、孟买总督等
3	艾尔弗雷德·巴里（Alfred Barry，1826—1910）	悉尼大主教、国王学院校长（1868—1883）
4	莱昂·普莱费尔爵士（Sir Lyon Playfair，1818—1898），第 1 代普莱费尔男爵	毕业于大学学院，著名科学家、爱丁堡大学教授和议员、皇家矿冶学院教授、教育委员会副主席等
5	威廉·萨沃里爵士（Sir William Savory，1826—1895）	伦敦圣·巴塞洛缪学校著名外科医学教授、皇家学会会员
6	乔治·汉弗莱爵士（Sir George Humphrey，生卒年不详）	毕业于伦敦圣·巴塞洛缪学校，1866 年起担任剑桥大学医学教授
7	约翰·伯登·桑德森（John Burdon Sanderson，1828—1905）	毕业于爱丁堡大学，大学学院生理学教授（1870—1883），后进入牛津大学

续上表

序号	姓名	简介
8	詹姆斯·安斯蒂（James Anstie，生卒年不详）	评议会计划的推动者之一

资料来源：Negley Harte. *The University of London, 1836－1986: an illustrated history*. London: The Athlone Press, 1986, p. 154.

从1892年4月至1893年3月，考珀委员会花了68天的时间听取了150多位代表的各种各样计划与意见，提出了不少于25594个问题，虽然很少能获得明确答案，但却形成了1500页的议会草纸。据说，除了伦敦大学，世界上没有任何大学的改革或重组能有如此卷帙浩繁的文档材料。①

经过大约两年的考察与访问，考珀委员会于1894年1月提出了一个比塞尔伯恩委员会更明确、更详细的报告。该报告认为伦敦应该仅有一所大学而非两所，将现存的伦敦大学改组为一所教学型大学，同时维持现有的考试功能。大学应促进研究与教学，特别是那些被国家忽视或严重缺乏的科学研究，这是伦敦教学型大学理应提供的教学内容。改组后的伦敦大学既要保持现有的权力和特权，全面而有效地完成伦敦教学型大学所要求的工作，且不阻挠为英帝国各个地方考生提供考试服务的重要职能。学生也随之分为两类：一类是在大学内部学习课程并参加考试，称为“内部生”；另一类是在其他地方接受教学，与此前一样，仅参加伦敦大学的考试，称为“外部生”。对于大学所属学院的“内部生”，与其他只是来考试的“外部生”的考试标准一致。② 在伦敦的各类教学机构统称为大学的学院（School），保留它们的独立身份，其教师由整个大学来任命或认可。考珀委员会建议，大学的学院应包括大学学院、国王学院、皇家科学院、贝德福德学院、伯克贝克学院、伦敦政治经济学院、皇家霍洛威学院、9所医学院等24个学院和附属学校。大学的构成应包括理事会、学术委员会、学部、学科委员会和评议会，其中理事会是大学的最高管理层，要坚决向财政部建议增加拨款。该报告还指出：“需要的变化和新的创造不应在一个特许状下执行，而是依据立法权通过任命具有法定权力的委员会来执行。”③ 这为《1898年伦敦大学法》的诞

① Negley Harte. *The University of London, 1836－1986: an illustrated history*. London: The Athlone Press, 1986, p. 154.

② Hugh Hale Bellot. *The University of London: a history*. Bristol: Western Printing Services, 1969, pp. 21－22.

③ Anon. Report of the Royal Commission on University Education in London (Gresham University). *The British Medical Journal*, 1894－2－10, p. 305.

生奠定了重要的法理基础。

1894 年提出的考珀报告是富有重要意义的，委员会达成的一些共识成为后来伦敦大学改革的重要内容，如在现有结构的基础上进行改组、设立校内生与校外生、通过法案来实施改革等。尽管如此，考珀委员会的内部也存在不同的意见，其中主要的异议就是对校内生和校外生制度的质疑。国王学院校长艾尔弗雷德·巴里认为伦敦大学的校外生制和校内生制是不相容的，不应为联合王国所有地方的学生提供考试。剑桥大学的亨利·西奇威克教授尖锐地指出："虽然我已经签署了这份报告，但我坚决反对其构架的根本原则，即联合一所大学的普通工作和——现在（所谓的）伦敦大学所履行的——为来自联合王国所有地方的考生提供考试的重要的功能。"① 虽然有人对大学的基本框架提出质疑，但与塞尔伯恩报告相比，考珀报告还是受到较为一致的赞同。

考珀报告大大削弱了评议会的权力，例如取消了评议会的否决权，但出于对大学未来的考虑，评议会在 1895 年 1 月 22 日的会议上还是正式表达了对考珀报告的认可，强调皇家委员会有权更改计划的细节，同时要求在报告形成议案之前要递交理事会和评议会商议。考珀委员会明智地要求政府颁布法案而不是特许状来改革大学，此后四年，许多人开始说服议会并希望赋予 1894 年的提案法律效力，其中以国会议员理查德·伯登·霍尔丹（Richard Burdon Haldane）的贡献最大。正是霍尔丹等人的不懈努力才促使政府颁布了《1898 年伦敦大学法》，进而保证了 20 世纪初伦敦大学的重组顺利进行，哈特博士也因此认为"没有人对伦敦大学的影响能如霍尔丹的影响之大或之全面的了"②。

（二）霍尔丹与《1898 年伦敦大学法》的颁布

理查德·伯登·霍尔丹于 1856 年出生在爱丁堡，是苏格兰独立教会领袖詹姆斯·亚历山大·霍尔丹（James Alexander Haldane）的孙子，曾先后在哥廷根大学和爱丁堡大学求学，深受德国哲学的影响，翻译过叔本华、笛卡儿、黑格尔等人的著作，是一名新黑格尔主义者。1879 年，进入林肯律师会馆学习，后成为女王陛下的法律顾问。1885 年，入选国会议员，参与过伦敦政治经济学院和帝国理工学院的筹建工作，担任过陆军大臣（1905—1912）、上议院大法官（1912—1915）、爱丁堡大学校长（1905—1908）、布

① Negley Harte. *The University of London, 1836 - 1986: an illustrated history*. London: The Athlone Press, 1986, p. 155.

② Negley Harte. *The University of London, 1836 - 1986: an illustrated history*. London: The Athlone Press, 1986, p. 156.

里斯托尔大学校长（1912—1928）、圣·安德鲁斯大学校长（1928）等。

霍尔丹不仅是杰出的哲学家、军事家和政治家，还是一位热衷于高等教育的改革家。他在19世纪末20世纪初伦敦大学的改革中扮演着重要角色，既是《1898年伦敦大学法》的主要推动者，又是20世纪初伦敦大学重组的关键人物，其高等教育思想主要体现在1912年他在布里斯托尔大学发表的题目为《城市大学》（The Civic University）的就职演讲中。霍尔丹深受德国大学改革的启发，对英国城市大学的未来发展给予了高度评价，而对脱离社会需求的英格兰古典大学则不以为然。同时，霍尔丹还否定了高等教育扩张带来学位质量降低的谬论，认为大学数量的增多可以促进大学的竞争，提高学位质量。他举例说："德国拥有与其人口相称的大学，数量远多于我们，而且肯定没有理由说他们的数量降低了那个国家的大学教育的标准，或者说柏林、慕尼黑、莱比锡或布雷斯劳表现出大学不可能在大城市极度繁荣的一丝迹象。此外，经验已经证明，大学特有的竞争引发了维持高标准的一种良性竞争。"①

霍尔丹重视初等教育，主张普及教育；倡导男女平等，主张给予男女平等的大学入学机会。霍尔丹是城市大学理想的早期追随者，他反对像维多利亚大学的那种联邦制结构，它的解体也是霍尔丹在枢密院一手推动的。霍尔丹还十分强调大学精神，认为大学精神是教授与学生的合作。他指出："亚里士多德很早就说过，智慧的建立就是好奇心之唤醒，因此大学的精神是教授与学生在共同努力学习中的合作。"② 教授比学生超前，可以激发和指导学生，但他们同样都是真理的探寻者。教授的教学必须具有启发性。如果教授想在群体中表现得出类拔萃，那他就必须拥有博爱精神并使他的教学富有启发性，这样，一方面能唤起学生的学习灵感，另一方面还能在学生的道德精神生活上施加影响。取得成功的前提是在教授的活动中付出爱的代价。如果一位教授被认为是伟大的教师，那他肯定是对学生的学习、生活、品德等全方面都产生了重要影响。因此，大学是学生最有价值的优势与一个富有启发性的人格相联系的地方。这就是为什么教授群体中有最高水平的人就足以保证成功的答案。③

霍尔丹对整个不列颠高等教育的发展状况了如指掌，他说："在苏格兰，

---

① Viscount Haldane. *The Conduct of Life and Other Addresses*. Toronto: The Musson Book Company Limited, 1914, pp. 66 – 67.

② Viscount Haldane. *The Conduct of Life and Other Addresses*. Toronto: The Musson Book Company Limited, 1914, p. 78.

③ Viscount Haldane. *The Conduct of Life and Other Addresses*. Toronto: The Musson Book Company Limited, 1914, p. 79.

几个世纪前爱丁堡、格拉斯哥和阿伯丁就拥有大学，它们为自己和苏格兰民族带来了巨大利益。邓迪[①]最近也以它们为榜样，开始与圣·安德鲁斯建立联系。在爱尔兰，都柏林最近建立了第二所教学型大学，贝尔法斯特也有了自己的大学。在英格兰，最近取得了快速发展——在1898年的法案下伦敦建立一所教学型大学。伯明翰也照着做，且又迅速被曼彻斯特、利物浦、利兹和谢菲尔德效仿，后来就是布里斯托尔。纽卡斯尔认同了邓迪的做法，开始与达勒姆建立合作联系。"[②] 霍尔丹以极具洞见的演讲给各地城市大学的发展注入了新的活力，他介绍了德国大学改革的成功经验，极力倡导教学与科研相结合的大学发展模式，为早期大学学院顺利转型为城市大学做出了重要贡献。其中，霍尔丹对20世纪前后伦敦大学的改革与重组更是功不可没。有评论指出："他为1898年法案所做的工作就是为了在伦敦创造一所城市大学。"[③]

1884—1898年间，关于伦敦大学未来的发展有过很多长期的激烈争论，各类团体召开过各种大小会议，难计其数，而且很多问题不可能被明确阐述。但从1888年政府组建塞尔伯恩委员会开始，再到1892年的考珀委员会，人们在争论中逐渐达成了一些多数人认可的共识，例如主张伦敦应该仅有一所大学，通过对现有大学的重组，使之具有教学与考试的双重功能，更为重要的一点是希望政府能通过立法而不是颁发特许状的方式来改革大学。霍尔丹在这场争论中不仅拥有国会议员身份而且还是伦敦大学学院委员会的成员，深谙改革中各方力量的博弈，在考珀委员会提出报告后，他与韦伯[④]一同修订该报告、起草法案，希望政府赋予1894年的报告以法律效力。霍尔丹和韦伯都同意考珀委员会的看法，认为改革的第一步就是通过立法扩大现有的伦敦大学，改变单一的考试功能，增加大学强有力的教学功能。但大学学院一些教授的观点则是希望政府能够批准格雷沙姆大学特许状草案，在伦敦另建立一所教学型大学，由于观点的根本分歧导致霍尔丹不得不从大学学院委员会辞职离开。霍尔丹明确表态政府不可能再建立第二所大学，也不可以让以教授占主导的地方性的大学代替现有的伦敦大学。

为说服反对者，使法案顺利通过，霍尔丹和韦伯四处奔走，在议会中积极辩论，同时参照考珀委员会报告，修改法案，均衡各方利益。霍尔丹在自

---

① 邓迪（Dundee），苏格兰东部海港城市。

② Viscount Haldane. *The Conduct of Life and Other Addresses*. Toronto: The Musson Book Company Limited, 1914, pp. 65 – 66.

③ Anon. A Life of Lord Haldane. *Nature*, 1937 – 12 – 11, p. 990.

④ 悉尼·韦伯（Sidney Webb, 1859—1947），毕业于伦敦国王学院，英国著名社会学家、经济学家，是伦敦政治经济学院的主要创始人。

传中回忆道：

> 悉尼·韦伯和我共同商讨。他是一位干练、精力充沛的人。我们围攻要塞。他挨个走访现存大学的行政主管，有些人虚心倾听，但有些人则完全无视我们，甚至拒不接见。最后，我们制定出的实际上就是《1898 年伦敦大学法》的方案。该方案远非一个理想方案。它是通过妥协的方式提出的，理事会如果太大，就不能成为新组建的大学的真正有效的最高权力机构，且它还有一些我们意识到的其他缺陷。尽管具有外部控制权的评议会的权力仍然过大，但它确实建立了一所教学型大学。可见，在公众对伦敦高等教育议论纷纷的情况下形成的方案是我们目前希望实施的最可能的方案。①

从皇家委员会的报告到大学法案的最终形成是一个艰难的过程，需要调和各方利益，赫胥黎认为从报告到法案的整个工作就是原始方案和被赋予的利益之间竞争的完美结合。1892 年，赫胥黎担任枢密院顾问一职，积极投入到伦敦大学的改革当中，是伦敦大学法案的主要推动者之一。赫胥黎认为这所大都市大学应由从属于联邦体制的教学机构组成，教授内容包括普通教育（文学）、专业教育（法律、医学、工业专业、学术专业以及绘画、雕刻与建筑、音乐）、各学院的研究。② 赫胥黎按照德国大学教学与科研的模式建议改组伦敦大学，提出了许多计划。当然，赫胥黎的计划并没有被全部采纳，但这足以使他成为联合代表团的一名领袖，便于他在 1894 年 12 月向首相请求获得相关的所有利益，进而为伟大的新的联邦制伦敦大学的诞生扫清了障碍。③

1895—1897 年间，霍尔丹和韦伯提出的三个有关伦敦大学改革的法案由于受到反对势力的阻挠而均以失败告终。1898 年，机会再次来到了霍尔丹面前，他一鼓作气将法案顺利拿下。据霍尔丹回忆，他在议会中舌战群雄，激烈争辩，当法案还有一线生机时，他抓住时机，终于说服了法案的反对者，使伦敦大学法通过生效。他回忆道：

> 在辩论的过程中，有一段时间没有一个人赞成，法案的前景渺茫。当机会最后来临时，我一跃而起，像是受了启发一样作了一次发言。我向下议院讲述了一个丑闻——帝国的首都没有一所教学型

---

① Negley Harte. *The University of London, 1836 – 1986: an illustrated history*. London: The Athlone Press, 1986, p. 157.

② Cyril Bibby. *T. H. Huxley on Education*. Cambridge: At the University Press, 1971, p. 51.

③ Cyril Bibby. *T. H. Huxley on Education*. Cambridge: At the University Press, 1971, p. 52.

大学，供遥远地区的学生来到帝国的中心接受教育。我指出了我们落后于大陆国家有多远，以及这对我们未来的科学和工业前景是多么大的威胁。我对伦敦大学了如指掌，并揭示了它的不良状况。我们已经远离了那个年代，那时我们成立一个名叫伦敦大学的考试机构，取得了前进一步。通过考试授予那些旧时被教会排除在大学之外的人以学位，这是一个创造。改革在那时是对国家最有价值的服务，但是根据大学教育中急需的新标准，这种服务要被替代了。①

霍尔丹的这次演讲取得了重大成功，受到约瑟夫·张伯伦②和赫伯特·亨利·阿斯奎斯③的一致称赞。后来，此次演讲还被出版重印了，“这次演讲完全转变了议会的氛围，当他的朋友巴尔弗（Balfour）赶过来帮助他，呼吁反对者撤销他们的反对的时候，反对议会法案的二读已经被撤销了”④。阿斯奎斯在给霍尔丹的祝贺信中说：“这是我在下议院听到过的最成功的辩论。在我的经验中，我还从未在下议院见过，一场独自的演讲就扭转了敌对的局面，并且感动了那些持有漠不关心的意见的人。这个结果必定对你长年累月、吃力不讨好的工作有一定的补偿。”⑤

事实上，这是一份妥协的法案，霍尔丹对此并不十分满意。他曾在自传中回忆，该法案远没有实现他的理想。在这一代议会结束前，伦敦大学的问题又再次出现了，霍尔丹告知上议院，1898 年的法案“完全是二流水准的”；而且在另一个场合，霍尔丹还解释道：它是我们当时能做的最大可能，使教学功能融入大学。⑥ 但不可否认的是，霍尔丹对伦敦大学的贡献是巨大的。法案通过后，霍尔丹随即投身于伦敦大学重组与改革的工作，并努力为伦敦大学在南肯辛顿的帝国协会争取到充足的办公校舍。这份“不满意的”法案为霍尔丹 20 世纪初再次改革伦敦大学埋下了伏笔。

---

① Negley Harte. *The University of London, 1836 – 1986: an illustrated history*. London: The Athlone Press, 1986, p. 157.

② 约瑟夫·张伯伦（Joseph Chamberlain，1836—1914），下议院反对党领袖，曾任贸易董事会主席（1880—1885）、殖民地大臣（1895—1903）、格拉斯哥大学校长（1896—1899）、伯明翰大学校长（1900—1914）等。

③ 赫伯特·亨利·阿斯奎斯（Herbert Henry Asquith，1852—1928），曾任内政大臣（1892—1895）、财政大臣（1905—1908）、英国首相（1908—1916）、下议院领袖（1908—1916）、反对党领袖（1916—1918、1920—1922）、格拉斯哥大学校长（1905—1908）等。

④ Anon. A Life of Lord Haldane. *Nature*, 1937 – 12 – 11, p. 990.

⑤ Negley Harte. *The University of London, 1836 – 1986: an illustrated history*. London: The Athlone Press, 1986, p. 157.

⑥ Eric Ashby and Mary Anderson. *Portrait of Haldane at Work on Education*. London and Basingstoke: The Macmillan Press, 1974, p. 40.

（三）《1898 年伦敦大学法》及相关章程与条例的主要内容及意义

英国大学自古就有依据特许状或法案制定大学章程的传统，特许状和法案主要是任命制定章程的委员会并规定其相关职责，提出改革的纲领性要求，章程规定的则是改革的具体内容。《1898 年伦敦大学法》于 1898 年 8 月 12 日颁布，共有 11 章和 1 个附属一览表。法案的 11 章内容主要是政府任命了一个伦敦大学委员会（University of London Commissioners），负责制定改革伦敦大学的章程与条例。附属一览表则明确了伦敦大学重组的基本框架，为伦敦大学委员会制定章程与条例提供了重要的纲领和行动指南。1900 年 2 月 13 日，伦敦大学委员会根据《1898 年伦敦大学法》中的附属一览表如期制定出了相应的伦敦大学章程与条例，后来又对相关条款进行了修订。

《1898 年伦敦大学法》规定伦敦大学委员会由 7 名成员组成，包括维多利亚晚期最伟大的律师贺拉斯·戴维（Horace Davey）、伦敦大主教曼德尔（Mandell）、欧文·罗伯茨爵士（Sir Owen Roberts）、剑桥大学希腊语钦定讲座教授理查德·克拉弗豪斯·杰布（Richard Claverhouse Jebb）、剑桥大学生理学教授迈克尔·福斯特（Michael Foster）和伦敦大学评议会主席爱德华·亨利·巴斯克（Edward Henry Busk）组成，还有一位女王陛下任命的秘书。[①] 其中，霍尔丹最敬佩的律师戴维勋爵是委员会的主席。委员会及其相关工作人员的薪水和所有开支由议会提供、财务大臣分配。委员会成员的任期不得超过 1900 年末，每次会议至少有 3 名成员出席才可行使权力，但在决议中至少要有 5 名成员出席。

委员会拥有一枚法团印章，凭借这枚印章按照附属一览表中的内容制定相关章程与条例，且不受其他议会法案、宪章、契据或法律文件的制约。章程与条例一经制定就得在伦敦公报（London Gazette）上发布通知，公告章程与条例已制定及可获得副本的地方；同时递交议会两院，40 天内提出修改或认可意见，经女王陛下会同枢密院审批之后才能生效。其他团体如理事会或评议会则可在公告发布后的 3 个月内，请求女王陛下撤销相关内容。委员会可取证和处理任何事件，并在合适的情况下有权向女王陛下递交任何建议。委员会任期满后，大学的理事会将有权制定章程和条例，修订或增加委员会制定的任何章程或条例。理事会在制定或修订的章程和条例前，必须将草案交与评议会商议，如在 2 个月内反馈至理事会则必须考虑评议会的意见，但

① University of London Act, 1898. // University of London. *University of London: the historical record, 1836 – 1912*. London: Hodder & Stoughton, 1912, pp. 62 – 63.

8、9月不在2个月的计算时间内。委员会是伦敦大学章程制定的临时主体，待重组完成之后，制定章程的权利将转移至大学的最高管理机构，即理事会。

《1898年伦敦大学法》还规定怀依东南农业学院（South-Eastern Agricultural College at Wye）拥有这些特权，因为它坐落于伦敦的行政郡县之内；要求本法案不得影响或授权干涉律师会馆或合并的法律学会的权利或特权；此外，还声明保留现任会员的身份至终身，但不再同时兼任理事会成员。

伦敦大学委员会制定的章程包含了《1898年伦敦大学法》中附属一览表的内容，因此以下着重介绍伦敦大学章程的内容。该章程的名称为《由〈1898年伦敦大学法〉任命的委员会为伦敦大学制定的章程》（Statutes Made for the University of London by the Commissioners Appointed under the University of London Act，1898），共20章、136条。此外，伦敦大学委员会还制定了《由〈1898年伦敦大学法〉任命的委员会为伦敦大学制定的条例》（Regulations Made for the University of London by the Commissioners Appointed under the University of London Act，1898），共5章，主要是对章程中的相关条款做进一步说明。以下将从6个方面来介绍该章程与条例的主要内容。

第一，伦敦大学的目的与组成。伦敦大学的目的是“为联合王国及其他任何地方的所有阶级和教派提供教育，鼓励追求一种正规的和自由的教育课程；推动研究和提升科学与知识；并在指定的范围内组织、改善和扩大高等教育”；伦敦大学由“校长、会员、理事会、被认可的和被任命的教师、毕业生和学生”组成。[①] 会同枢密院的女王陛下是大学的视察者。校长由评议会选举，实行终身制；是大学的领导和首席行政长官，是理事会、评议会和三个常务委员会等组织的成员，主持理事会的所有会议，如遇缺席则由副校长代理。副校长由理事会选举，任期1年且可重复当选。

第二，理事会的构成及权利与义务。理事会共56名成员，包括校长、评议会主席、女王陛下会同枢密院4名、评议会16名（即在大学注册的毕业生，包括文学6名、法律1名、音乐1名、药学和外科2名、理学6名）、伦敦皇家物理学院2名、英格兰皇家外科医学院2名、伦敦大学学院2名、伦敦国王学院2名、林肯律师会馆1名、内殿律师会馆1名、中殿律师会馆1名、格雷律师会馆1名、联合王国合并法的学会2名、伦敦城市公司1名、伦敦郡管理委员会2名、伦敦同业公会促进技术教育学院1名和学部16名（神学部1名、文学部4名、法学部1名、音乐学部1名、医学部3名、理学

① Statutes Made for the University of London by the Commissioners Appointed under the University of London Act，1898. // University of London. *University of London：the historical record，1836－1912*. London：Hodder & Stoughton，1912，p. 70.

部4名、工程学部1名、政治经济学部1名）。理事会是大学的最高管理机构和执行机构，负责大学公章的监管和使用，拥有大学的全部管理权（包括制定和修改章程的权利），统管大学事务、重大事件和财产，并采取最有利于促进所有阶级学生的利益的方式，普遍推广大学的目的。理事会有3个具有咨议功能的常务委员会，即学术委员会、外部学生委员会和促进大学教学扩展委员会，校长、副校长和评议会主席是常务委员会的当然成员。学术委员会共20名成员，包括3名当然成员、学部任命的16名理事会成员和理事会任命的1名理事会成员，主要负责分配资金、批准合格的机构成为大学的学院、任命大学的教授、助理教授、高级讲师和讲师并规定其职责、组织管理校内生考试和任命考官等。外部学生委员会共28名成员，包括3名当然成员、评议会任命的16名理事会成员（不包括评议会主席）、理事会任命的9名理事会成员，主要负责外部学生考试，任命外部学生考官，建议外部学生的学习课程，在合适条件下允许外部学生学习大学的教学课程，进入大学的图书馆、博物馆、实验室或享有大学的其他类似特权等。促进大学教学扩展委员会包括3名当然成员以及理事会任命的若干理事会成员，主要向理事会建议扩展大学教学标准的最合适的方法以及从教学中获利而被录取的学生的特权、建议大学扩展的内容以及教学与学习课程的关系等。①

第三，有关评议会的规定。评议会成员包括校长、副校长、现任评议会成员以及所有注册为评议会成员的其他人。有资格注册成为评议会成员的人有三类：一是根据伦敦大学的现行条例，在本章程实施生效前的毕业生无须注册就可成为评议会成员；二是所有三年制的毕业生或获得高于学士学位的毕业生；三是3个常务委员会的成员在任期内不是评议会成员的所有人。获得理事会授予的荣誉学位或同等学位的人不能成为评议会成员，除非得到评议会的同意。评议会内部选举1名主席和1名副主席，在主席缺席的情况下，由副主席代替主席职务。评议会履行职责的法定人数是30人。② 主席主持评议会的所有会议，当会议开始半小时后，出席人数不足法定人数时，主席将延期召开会议。③

第四，学部及学部成员。在原来文学部、法学部、理学部、医学部和音乐学部的基础上，增设了神学部、工程学部和政治经济学部。学部的成员有

① Statutes Made for the University of London by the Commissioners Appointed under the University of London Act, 1898. // University of London. *University of London: the historical record, 1836 – 1912*. London: Hodder & Stoughton, 1912, pp. 71 – 78.

② 1909年10月18日，章程修订实施时法定人数改为50人。

③ Statutes Made for the University of London by the Commissioners Appointed under the University of London Act, 1898. // University of London. *University of London: the historical record, 1836 – 1912*. London: Hodder & Stoughton, 1912, pp. 79 – 80.

三类：一是各学部的现任成员；二是大学的教师——被理事会指定的“被任命的教师”；三是经常被理事会批准进入学部的大学其他教师。[①] 上述学部成员应由理事会来分配至各学部，1 名教师可以被分配至多个学部，但 1 名学部成员不能在 1 个以上学部投票。每个学部选举自己的部长，任期 2 年，可以重复当选，但要卸任 4 年后才可重复当选。部长可在任何时间召开学部会议，要求至少书面通知学部 10 名或 1/3 成员。[②] 学部会议可以讨论涉及它们的任何事务，例如选举学部的理事会代表、提供教学或研究的学习课程、考试或学位授予等。

第五，学院（Schools）及大学教师。伦敦大学的学院是位于伦敦郡行政管辖范围内的公共教育机构，经理事会考察符合条件后才可被批准成为其学院。伦敦大学的教师分为两类：一类是大学的教授、助理教授、高级讲师和讲师，被理事会任命为大学的官员，称为“被任命的教师”；另一类是公共教育机构的教学人员，被理事会认可为大学的教师，称为“被认可的教师”。理事会负责“被任命的教师”的任命与解雇、讲课地点、工资与退休金等；1 名教师可以被多所公共教育机构认可，理事会设立一个“被认可的教师”的注册簿，登记他们的详细信息。在任命或认可大学的教师过程中，理事会应关注他们充分地呈现大学学习的所有科目，同时不反对任命或认可那些仅在晚上开设教学课程的大学教师。[③]

关于一所学院是否有资格成为大学的学院，理事会可以从以下几个方面来考察：机构的一般特征与财政状况、教学人员的数量和资质、教学标准、实验室及教学过程必备的仪器、学生的年龄与成绩、攻读大学学位的学生数量、机构与其他大学的关系。大学的所有学院向大学开放访问，但理事会不得干涉任何学生的学习课程，除了大学内部的学生。所有学院的教师只有被理事会单独认可才能成为大学的教师。在学院主管部门的许可下，理事会可提名学院的任何教师永久地或暂时地成为“被任命的教师”；根据相关条例，可给学院的校舍建筑、被任命或被认可的教师薪水、仪器购置等分配资金。考虑到高效和节约的原则，理事会与学院的主管部门达成协议，在学院，由大学认可的或任命的教师为被录取的学生提供普通课程教学，并且为了方便

---

① 1907 年 1 月 1 日章程修订实施时，前两条被改为被伦敦大学委员会提名为各学部成员的那些大学教师；大学任命的教师。

② Statutes Made for the University of London by the Commissioners Appointed under the University of London Act, 1898. // University of London. *University of London*: *the historical record*, *1836 – 1912*. London: Hodder & Stoughton, 1912, pp. 81 – 82.

③ Statutes Made for the University of London by the Commissioners Appointed under the University of London Act, 1898. // University of London. *University of London*: *the historical record*, *1836 – 1912*. London: Hodder & Stoughton, 1912, pp. 86 – 88.

教学，让这些学院互换被录取的学生。根据法案规定，伦敦大学的第一批学院包括属于所有学部的大学学院和国王学院；属于神学部的汉普斯特德的哈克尼学院和新学院、摄政公园学院、柴斯罕特学院、里士满的卫斯理学院、海布里的伦敦神学院（通常称为圣·约翰学堂）；属于文学部和理学部的埃格姆的皇家霍洛威学院、贝德福德学院；属于理学部的伦敦皇家科学院、怀依东南农学院；属于医学部的共有 10 所位于伦敦的医学院；属于工程学部的中央技术学院；属于政治经济学部的伦敦政治经济学院。①

第六，学科委员会、学位与考试。学科委员会是由大学各个学科的教师组成的委员会，负责向学术委员会、外部学生委员会、理事会等提供关于教学与研究、考试、考官任命、学位授予、证书等事务的建议或报告。每个学科委员会的人数由理事会决定，每年从学部中从事该科目教学或考试的成员中任命，也可任命其他人，但人数不得超过总数的 1/4。在任命学科委员会成员的过程中，理事会要考虑到不属于学院的大学教师应占充分比例，且理事会可在不同的学科委员会任命 1 名教师。② 每个学科委员会选举各自的主席来主持相关会议。大学可授予 6 类学位：神学学士和博士；文学学士、硕士和博士；法律学士和博士；音乐学士和博士；医学学士和博士、外科医学学士和硕士；理学学士和博士。③ 工程学部和政治经济学部的学生可被授予理学学位，但这种学位文凭要声明该生精通工程学或政治经济学。大学的内部学生和外部学生都有资格申请上述所有学位，但医学和外科医学学位必须持有理事会认可的医学院的课程结业证明。为了推动大学教学的扩展，大学也可授予相关科目的精通证书，但证书中要声明通过考试者是大学的内部生还是外部生。除了荣誉学位和同等学位外，不通过考试者不能获得学位，低学位是获得高学位的必备条件。所有学生都要参加大学的入学考试，理事会组建一个委员会，为学生入学的所有问题提供建议。委员会由校长、副校长、评议会主席和理事会每年提名的若干成员组成，其中 1/3 是学术委员会成员，1/3 是评议会任命的外部学生委员会成员。内部生和外部生还必须参加期中考试和学位考试，入学至少 3 年后才可参加最终的学位考试。内部生

---

① Statutes Made for the University of London by the Commissioners Appointed under the University of London Act, 1898. // University of London. *University of London*: *the historical record*, *1836 – 1912*. London: Hodder & Stoughton, 1912, pp. 83 – 86.

② Statutes Made for the University of London by the Commissioners Appointed under the University of London Act, 1898. // University of London. *University of London*: *the historical record*, *1836 – 1912*. London: Hodder & Stoughton, 1912, pp. 88 – 89.

③ Statutes Made for the University of London by the Commissioners Appointed under the University of London Act, 1898. // University of London. *University of London*: *the historical record*, *1836 – 1912*. London: Hodder & Stoughton, 1912, p. 89.

和外部生的考试分开单独进行，但授予学位的标准一致。理事会根据学科委员会的意见任命考官，每门学科的考试至少有1名考官不是大学的教师。

《1898年伦敦大学法》及相应的伦敦大学章程与条例在伦敦大学史上具有重要作用与意义，可以从以下几个方面来理解。

第一，缓解了教学与考试的矛盾，建立了一所教学与考试相结合兼管科研的大学。教考分离是伦敦大学诞生之初的传统，但在19世纪后20年内却发展为愈演愈烈的一组矛盾。《1898年伦敦大学法》在原来大学的基础上增加了教学与科研功能，确立了大学新的基本构架，通过成立促进大学教学扩展委员会来着力推行大学教学功能的发展；法案相应的章程则开宗明义地确立了新大学的目的——推动研究和提升科学知识，从而形成了教学、科研相结合的结构与功能。这样就改变了1836年《第一特许状》建立的纯考试机构，使之成为一所具有考试、教学与科研的多功能大学，顺应了世界高等教育改革与发展的趋势。

第二，神学部的设立平息了旧日里宗教与世俗的争论，消解了伦敦国王学院长期存在的尴尬处境，同时还吸纳了几所不信奉国教者的学院。众所周知，伦敦国王学院的创办是以宗教教育为基础的，但1836年的妥协并没有给予神学发展的空间，国王学院的学生甚至都到牛津与剑桥去获取学位。此后，国王学院努力说服政府，希望通过设立神学部与神学位来解决自身发展的困境。这一夙愿直到《1898年伦敦大学法》颁布后才得以实现。神学部的设立满足了国王学院的诉求，但也表明政府背叛了1836年妥协的基础，同时也更清楚地体现了政府对伦敦大学改革的不彻底性和妥协性。

第三，形成了具有内外双重特征的新型联邦制大学。伦敦大学的联邦制原则可以说是在1836年确立的，伦敦大学学院和伦敦国王学院是其最早的两个加盟学院，此后加盟的学院逐渐增多，联邦制原则不断增强。《1898年伦敦大学法》的颁布使这种联邦制结构得到了进一步加强与巩固，同时形成了一种对内、对外的双重特征——对外继续扩展考试规模，为伦敦之外的考生组织考试，授予伦敦大学校外学位；对内重组伦敦的高等教育资源，扩大教学范围，授予学生校内学位。这一方面满足了伦敦高等教育对教学的需求，另一方面又没有失去长期备受期待的独立的外部考试职能。此外，大学本部还成立了专门的研究所，加强了大学的科研职能，使它的“大学”之名实至名归。

第四，构建了趋于合理的现代大学治理模式。1836年伦敦大学的最高管理机构也是唯一的管理机构是理事会，1858年增设了评议会。《1898年伦敦大学法》规定在理事会中设立3个常务委员会，分管校内外不同的学生事务以及科研、教学与考试等工作，将理事会的工作不断分类、细化，提高效率使之趋于合理化。理事会成员也从以专家、学者、官员为主转变为由毕业生、学院教授、校外人士、政府官员等共同组成，而且教授成分有所扩大。可见，在大学的治理中充分考虑到了更广泛的利益群体，吸收他们参与大学的管理。此外，为加强学院教学与大学考试的联系，还成立了学科委员会，负责向理事会提供与考试内容、学位授予等问题相关的建议。

第五，转变了传统的考试机构，加强了大学的教学与科研功能，完善了大学的内外形象，为现代大学制度的发展奠定了基础。《1898 年伦敦大学法》及相应章程与条例，是 20 世纪初伦敦大学重组的法律依据和行动指南，规定了联邦制大学的基本构架，明确了大学的目的以及教师与学生的身份与地位，厘清了大学与政府的关系，使其不再是政府中某个颁发学位的“部门”，而是教师、学生、政府的共同体，即更像一所现代大学。因此，从这个层面上来看，《1898 年伦敦大学法》及相应章程与条例，建立了伦敦大学发展的现代模式，与世界高等教育改革与发展的趋势相吻合，实现了伦敦大学由传统向现代的转型，从而向世界一流大学迈出了坚实的一步。

本章小结——第二次妥协

因《1898 年伦敦大学法》而诞生的联邦制伦敦大学也是妥协的产物，政府在改革伦敦大学中所扮演的角色和所采取的策略与 1836 年的改革如出一辙。伦敦大学曾经引以为傲的考试功能在 19 世纪最后 20 年内遭受了人们的普遍攻击，考试难度太大、脱离教学活动、教师无法参与考纲制定等弊端成了阻碍大学发展的重要羁绊，教授组织、评议会、理事会纷纷提出改革伦敦大学的具体方案，但各方意见相左，难以达成共识，虽然大学内部改革的呼声不断，但所达成的共识却十分有限，分歧远大于一致，由此大学的内部改革陷入停顿。此时，请求政府改革大学成了最终的必然选择。政府的改革是渐进的，并未一开始就形成统一意见。当政府第一次委派皇家委员会考察伦敦大学时，大学各学院对皇家委员会的报告拒不接受，表示强烈反对，虽然皇家委员会已经意识到了改革的必然性，但至于如何改革才能均衡各方利益，仍然悬而未决。当政府第二次组建皇家委员会考察伦敦大学时，取得了一些实质性的进展，如“伦敦只建立一所大学”，在原来基础上建立教学型大学，通过法案而不是特许状来改革大学，等等。直到 1898 年法案正式通过时，政府的妥协性策略才最终形成。在考试与教学的矛盾斗争中，大学官方与下属学院各持一端，从自己的利益出发设计改革方案，由于互不妥协导致方案搁浅，就在双方争执得难解难分之时，政府涉足干预，扮演调解人的角色，采取妥协的方案，将争论 20 余年的教学与考试矛盾融合在一起，同时兼顾科研，从而构建了一所名副其实的现代大学。显然，这次妥协比 1836 年的妥协意义更大。

第六章 “二战”前伦敦大学的进一步发展与扩张

《1898年伦敦大学法》颁布后，伦敦大学按照联邦制大学的模式重组内部结构，扩大理事会成员、增设新学部和新学位、成立学科委员会等，将伦敦地区的许多学院纳入到自己的内部学位制度之下，而在伦敦之外想要申请伦敦大学学位的学生则要通过外部学位考试制度。随着政府加强对高等教育的控制如设立大学拨款委员会（University Grants Committee，简称UGC）等，伦敦大学也逐步加强对其下属学院的集权管理，颁布法案，改革领导体制，设立研究所，提升大学形象。在1936年的百年校庆之际，伦敦大学校址的最终确立以及理事会大厦的即将落成，标志着伦敦大学的发展进入了新的历史阶段。

一、20世纪初伦敦大学的重组与扩张

依据《1898年伦敦大学法》及其相应章程与条例，政府在20世纪初对伦敦大学进行了大刀阔斧的改革，首先是重组伦敦的高等教育结构，如扩大理事会和学部、设置学科委员会等；其次是对外扩张，设置校外学位制度，在世界各地设立伦敦大学校外学位考试中心。重组的过程注定不是一帆风顺的，新的问题总会相伴而生。大学不断地调试着内部结构，完善自身的形象；大学校址问题成了此时各种矛盾的焦点。

（一）对内重组

1. 扩充伦敦大学的联邦制，统一于校内学位制度

1900年2月，伦敦大学委员会公布了依据《1898年伦敦大学法》制定的章程及条例，开始接受女王陛下会同枢密院的审议，相关条款又经过修订并付诸实施，20世纪初伦敦大学的重组便随之渐次展开。政府着手整顿伦敦的高等教育结构与布局，将附属于伦敦大学的“学院”全部纳入到它的联邦制体系之中，组成一个联合的校内学位制度，其学生称之为“内部生”，通过规定考试者，由伦敦大学统一颁发校内学位。“内部生”正式入学后，至少要通过三年的学习，并且全部通过大学认可的课程，才可申请伦敦大学第

一个学位的期末考试。

依据法案和章程，伦敦大学的“学院”除了有伦敦大学学院和国王学院之外，还有三所女子学院——贝德福德学院、韦斯特菲尔德学院①和皇家霍洛威学院；以及皇家科学院、中央技术学院、怀依东南农学院、伦敦政治经济学院、伦敦市区的10所医学院和6所小的神学院。在神学院中，哈尼克学院和新学院培养公理会牧师，摄政公园学院培养浸理会牧师，卫斯理学院培养循道宗信徒，圣·约翰学堂培养圣公会信徒，柴斯罕特学院②则培养其他非国教派牧师。

在1851年伦敦世界博览会的影响下，英国的科学技术教育获得了重要发展，工业中的矿业和其他分支行业的技术学校纷纷建立，其中尤以1851年成立的皇家矿业学院最具代表性，它把化学品制造业与实用地质学紧密联系在一起，有效地将科学研究运用到工艺领域。1853年，创办于1845年、以实践化学为主要教学内容的皇家化学学院并入皇家矿业学院，1872年又迁入南肯辛顿。1881年，很多理科专业被应用于矿业和其他工艺，经过重组后更名为“皇家矿业学院和理科师范学校”（Normal School of Science and Royal School of Mines），托马斯·赫胥黎担任该校第一任校长。赫胥黎取此怪异的名字源于法国的“师范学校”模式，但不可避免地会受到英国本土的影响，1890年他又将该校更名为“皇家科学院”（Royal College of Science）。

1878年，伦敦同业公会联合公司成立了“伦敦同业公会促进技术教育学院”，其目的是想建立一所中央技术学院（Central Technical College），提供应用于生产性行业的高等技术教育。③ 1881年，威尔士亲王艾伯特·爱德华（Albert Edward）为建于南肯辛顿的中央技术学院奠基，1884年该学院正式开学。中央技术学院为那些想要成为土木工程师、机械工程师或电气工程师的人或者工艺性药剂师提供系统化的教学课程，它比在芬斯伯里（Finsbury）的同业公会学院更具专业性特征。20世纪初，在霍尔丹的推动下，政府于1907年7月8日颁发皇家特许状，合并了皇家科学院（包括皇家矿业学院）和中央技术学院，同时在南肯辛顿成立了帝国理工学院。从此，南肯辛顿成了英国自然科学与技术研究的重镇。1908年7月22日，帝国理工学院（又称“帝国学院”，Imperial College）正式成为伦敦大学的一所学院，它在理学和工程学领域的卓越成就将伦敦大学的科学事业推向了另一个

---

① 1902年6月25日，韦斯特菲尔德学院成为伦敦大学的一个学院，隶属于文学部。

② 1906年6月26日，柴斯罕特学院退出伦敦大学联邦，成为剑桥大学的一部分。

③ S. Gordon Wilson. *The University of London and Its Colleges*. London: University Tutorial Press, 1923, p. 58.

高度。

1431 年 2 月 27 日，约翰 · 肯普（John Kempe）获得亨利六世的许可，在怀依建立一所世俗牧师的学院。学院起初的名称叫“S. 格雷戈里和 S. 马丁学院”（College of S. Gregory and S. Martin），据说按规定，学院的“教师或教务长和专职教士以及他们的继任者应努力使其他人在精神和现世职责两方面都感到满意”①。1447 年，怀依学院正式成立，共有 12 名世俗牧师。一开始肯普就把怀依学院定位为一所文法中学，他曾指出：“文法知识是所有自由艺术与科学的基础。”② 当时，怀依是坎特伯雷主教教区的最大地区之一，但学院的声望日渐衰弱，从原先辉煌的皇家领地演变成了一个落魄的修道院的附属物。17 世纪，怀依学院出了一位著名的自然史学者和化学家罗伯特 · 普洛特（Robert Plot），他是牛津大学第一位化学教授、阿什莫林博物馆第一任馆长。1893 年，为推动技术教育的发展，肯特郡和萨里郡委员会希望从国库的拨款中抽出一部分建立一所农学院，5 月 16 日该计划获得女王陛下的批准，肯普建立的怀依学院迎来了现代发展。老的怀依学院作为一所农学院于 1894 年 11 月 28 日正式开学，共有 13 名学生入学。1900 年成为伦敦大学的一所学院，它是唯一一所超出伦敦大学总部 30 英里之外的学院。

有关经济学的讲座主要在大学学院、国王学院以及伦敦的伯克贝克学院开设，韦伯既是那里的学生又是教师，深谙伦敦社会科学的薄弱现状——除了宪法和宪政史外，在伦敦没有关于政治科学的正规的公共教学。当时，政治经济科学的各个分支在法国巴黎正蓬勃发展，然而它们在英格兰却没有立足之地。1894 年 8 月，韦伯试图仿照法国巴黎政治学院，在伦敦建立一所以社会科学为研究中心的全新的学院。1895 年，费边社③的一名律师亨利 · 亨特 · 哈钦森（Henry Hunt Hutchinson）捐助给费边社 2 万英镑，为了提升社会主义和费边社的目标，韦伯利用这笔资金建立了伦敦政治经济学院（又称“伦敦经济学院”，London School of Economics）。韦伯很少将这些资金用于宣传，而是主要用于客观、公正的调查与研究以及开设教学讲座。韦伯曾在《1898 年伦敦大学法》的颁布过程中起到过重要作用，在他的努力下，伦敦政治经济学院也在 1900 年顺利成为伦敦大学的一所学院，此时学院人数已

① S. Gordon Wilson. *The University of London and Its Colleges*. London: University Tutorial Press, 1923, p. 69.

② S. Gordon Wilson. *The University of London and Its Colleges*. London: University Tutorial Press, 1923, p. 70.

③ 费边社是英国的一种社会主义组织，成立于 1884 年 1 月 4 日，其 4 名成员悉尼 · 韦伯及其妇人贝亚特丽 · 韦伯（Beatrice Webb, 1858—1943）、费边社领袖格雷厄姆 · 沃拉斯（Graham Wallas, 1858—1932）和大文豪萧伯纳（George Bernard Shaw, 1856—1950）都是伦敦政治经济学院的创办者。

达到400多人。韦伯还曾建议伦敦大学理事会设立政治经济学部，这在英国大学中尚属首次。伦敦政治经济学院的教师也成了新学部的主要成员。

关于伦敦的10所医学院，大多诞生于传统的行会教育（详见表1.1，除去大学学院和国王学院的医学院），其历史大多都比伦敦大学的历史要长，仅有圣·玛利亚医院医学院和皇家自由医院医学院成立于19世纪后半叶。不得不指出的是，医学部的重组一度使伦敦大学的改革陷入了难以自拔的困境。起初，大学提议在南肯辛顿建立一所医学科学研究所（Institute of Medical Sciences），集中伦敦的前临床医学教学资源，为此还公开申请了经费。4年后，经费从7万英镑增加至37.5万英镑，但该计划还是失败了，原因不是资金不足而是缺少各个医学院的支持，它们拒绝大学总部任何集权管理的计划。1907年，好不容易募集到的资金又不得不返还给了捐赠者。一位评论者指出：“医学院之间不正当的竞争、经费的削减、各种猜忌与嫉妒，不仅一次地活跃在改革之中。”① 随着圣·乔治、威斯敏斯特和查令十字医院医学院拒绝给大学学院和国王学院提供前临床教学，各医学院之间正常合作的方式也逐渐减少。大学建立中央医学科学研究所的计划失败后，作为该计划的遗留部分的生理学实验室于1902年正式成立，但却不规则地建在了帝国协会（Imperial Institute）②。作为大学的一部分但又不与学院建立联系，生理学实验室是大学所有管理者中唯一一个学术研究群体，由生理学家A.D.沃勒（A.D.Waller）任实验室主任，他从妻子的家族中获得了大笔资金来运营实验室，后来卷入了大学的争论当中，1923年被迫关闭了该实验室。

20世纪初，加入伦敦大学的学院逐渐增多。1905年，伦敦热带医学院成为伦敦大学的学院，隶属于医学部中的热带医学；1905年，利斯特预防医学研究所成为伦敦大学的学院，隶属于医学部，从事卫生和病理学研究；1907年，北伦敦医学院（即大学学院医院）成为伦敦大学的学院，隶属于医学部；1907年，东伦敦学院成为伦敦大学的学院，隶属于文学部、理学部和工程学部；1908年，皇家陆军医学院成为伦敦大学的学院，隶属于医学部；1909年，国王学院医学院成为伦敦大学的学院，隶属于医学部；1910年，伦敦日间培训学院成为伦敦大学的学院，隶属于文学部，1932年改名为伦敦大学教育研究所；1911年，皇家牙科医院和口腔外科学院成为伦敦大学的学院，隶属于医学部。值得一提的是，1899年，伦敦大学委员会还曾邀请

① Negley Harte. *The University of London, 1836 – 1986: an illustrated history*. London: The Athlone Press, 1986, p. 178.

② 帝国协会与帝国学院同处在南肯辛顿，1907年新成立的帝国学院就在帝国协会的旁边建立了新校舍，直到20世纪60年代，帝国协会才成为帝国学院的一部分。

伦敦的四大律师会馆加入，希望像美国和欧洲大陆的法学院那样，在伦敦建立一所法学院，但四大律师会馆并没有接受委员会的提议，致使伦敦大学法学部的力量较为薄弱。

通过政府的整合与重组，伦敦大学的规模迅速扩大，它的联邦制几乎覆盖了伦敦的所有高等教育机构，伦敦大学俨然变成了一所庞大的大学联邦。因此，号称“欧洲第一大都市”的伦敦已不再被一所大学遮蔽，而是变成了一座以伦敦大学总部为中心、由众多学院紧密围绕在一起的大学城（University Town）。在这座大学城里的学生统称为“内部生”，统一颁发伦敦大学“校内学位”。1908 年，伦敦大学的内部生已达到 4000 多人，超过了牛津大学和剑桥大学的规模，成了英国规模最大的大学。但是，重组后的伦敦大学在迅速扩张的同时也带来了不少问题。例如，悉尼·韦伯认为，很难使人们相信有一所伦敦大学存在，尽管它的规模在世界上可以排到第四或第五。[①] 重组后的伦敦大学在人们心目中普遍缺乏完整的形象，而且它的内部结构也较为松散，缺乏整体性，深受人们诟病，这一点成了伦敦大学此后改革的重要方向之一。

2. 优化内部管理机构，扩大理事会和学部

改组后的伦敦大学与改组前相比，有两个显著的不同特点：一是下属学院的数量增多，由 1836 年建校时的两所变成了整个伦敦的高等教育机构；二是大学总部的职能增多，在单一的考试功能的基础上增加了教学和科研功能。这两个特点必然会导致大学内部组织机构与职能的变动。

理事会是大学的最高管理机构。由于学院的增多，考虑到各学院的权力与地位关系，政府不得不在理事会中增加各个学院的代表，这就使得理事会成员的数量进一步扩大。1836 年伦敦大学成立之初，理事会人数共有 38 名（包括校长和副校长），此后半个多世纪以来，理事会的人数一直没有变化，只是内部成员的离去与填补。1900 年重组后的伦敦大学理事会扩充至 56 名（包括校长），其成员涉及政府官员、毕业生、学院领导、学部教师、校外学者、城市管理者等。从中可以看出，理事会人数的扩充、成员分布广泛，极大地削弱了理事会过分官僚化的倾向，使原先的教学学院和渴望参与大学管理的校外人士、毕业生等有机会参与大学的管理。此外，为了加强大学的教学与科研功能，理事会内部进行了进一步的分工，设立了三个常务委员会，即促进大学教学扩展委员会、学术委员会和外部学生委员会，分管教学与科研、校内和校外学位工作。这表明了理事会内部结构开始分化，形成了分

---

① Negley Harte. *The University of London, 1836 – 1986: an illustrated history*. London: The Athlone Press, 1986, p. 180.

层、分类管理以及精细化的特点。

此外，理事会还任命了副校长和行政长官（Principal Officer）分别主管大学事务。1901 年，著名化学家亨利·罗斯科爵士[①]再次当选伦敦大学副校长，他是伦敦大学重组后的第一任副校长。罗斯科提议将副校长的任期延长至两年，但仍然是没有薪水的。理事会接受了罗斯科的提议，同时任命了一位行政长官。理事会赋予了行政长官对大学行政管理的主要权力，可以向理事会及其三个常务委员会建议涉及大学内外组织与发展的所有事务。起先，负责草拟大学法案与章程的委员会提名伦敦郡议会技术教育委员会的威廉·加尼特[②]教授为大学的行政长官，但新组建的理事会没有接受他们的提名，而是任命了皇家科学院物理学家阿瑟·吕克尔爵士[③]。1901 年 7 月，阿瑟·吕克尔以行政长官的身份参加了重组后伦敦大学理事会的第一次会议，建议加强大学办公配置，提高工作效率。此后，作为大学的第一任行政长官阿瑟·吕克尔为重组中大学总部的行政改革事业做出了重要贡献。

大学组成学院的增多不仅意味着理事会的扩充、权力的分散，而且更重要的是大学整体教学范围的扩大，教授学科知识与内容的增多，这就意味着学部的进一步扩大。1836 年伦敦大学成立之初设立了文、法、医三个学部，1858 年设立理学部，1877 年设立了音乐学部，1898 年又设立了神学部、工程学部和政治经济学部。神学部以及神学位的设立解决了国王学院长期存在的尴尬困境。神学部的及时恢复是一些杰出教师努力争取的结果，如 W. E. 柯林斯（W. E. Collins）等。[④] 尽管政治经济学和工程学被单独划分成学部，但它们的学位仍然附属于理学学位之下，分别为工程学理学士和经济学理学士。按照各学院不同的学科与专业，同一学院可以分属于不同学部，例如大学学院和国王学院就隶属于多个不同的学部；不同学院也可以分属于同一个学部，例如大学学院、国王学院和皇家科学院同属于理学部；但学部成员由大学的教师组成，而大学的教师又分为两类，即被任命的教师和被认可的教师。

---

① 亨利·罗斯科爵士（Sir Henry Roscoe,1833—1915），皇家学会会员，曾是伦敦大学学院的一名学生，后在海德堡大学获得博士学位，1857—1885 任曼彻斯特欧文斯学院化学教授，1896—1902 年任伦敦大学副校长。

② 威廉·加尼特（William Garnett,1850—1932），曾经担任过伦敦大学的考官和其他一些大学的教师，1893—1904 年担任伦敦郡议会技术教育委员会的秘书和教育顾问。

③ 阿瑟·吕克尔爵士（Sir Arthur Rücker,1848—1915），皇家学会会员，利兹约克学院的创始人，皇家科学院物理学教授，1901—1908 年担任伦敦大学第一任行政长官，任职期间，他要求每年 2000 英镑的薪水并保证有 3 个月的休假。

④ Gordon Huelin. *King's College London*, *1828 - 1978*. London: University of London, King's College, 1978, pp. 37 - 38.

为了促进教学与考试的紧密联系，在1900年的大学重组中还成立了32个分支学科的委员会，主要负责向理事会提供教学与研究、考试与学位等问题相关的建议。它们包括神学委员会，希腊语和拉丁语语言文学委员会，东方语言文学委员会，中世纪和现代语言文学委员会，历史学委员会，考古学委员会，哲学研究委员会，教学理论、实践与教育史委员会，建筑学委员会，法律委员会，政治经济科学委员会（含商业和工业），音乐委员会，初级医学研究委员会，中级医学研究委员会，高级研究委员会，牙科学委员会，药剂学委员会，卫生与公共健康委员会，数学委员会（含天文学和航海），物理学委员会，化学与化学工业委员会，地质学委员会（含岩石学、古生物学和矿物学），植物学委员会（含古植物学），动物学和比较解剖学委员会（含古动物学），生理学委员会，人类学委员会，自然地理学、政治和商业地理学委员会，土木和机械工程学委员会，电气工程学委员会，船舶工程与造船学委员会，矿业和冶金委员会，农学委员会。重组后，随着新学科的兴起以及科学知识分类的加速，学科委员会的数量也不断增多，例如1902年成立的人体解剖和形态学委员会、1906年成立的兽医学委员会、1909年成立的建筑学和精细工艺研究委员会、1911年成立的心理学委员会等等。学科委员会的设立有效地解决了长期存在的教学与考试相分离的弊端，提升了大学的教学与科研水平，在一定程度上也保障了高水平的学位标准。

政府通过《1898年伦敦大学法》这一妥协性的法案，把整个伦敦地区的高等教育机构整合到伦敦大学的联邦制体系之下，实现了资源的有效配置与共享，因此，从这方面来看，该法案在调整伦敦高等教育布局上具有重要意义，扩大了伦敦大学的整体规模，让它的校内学位制度覆盖整个伦敦大都市，使更多的人可以申请它的校内学位，解决了伦敦各个学院没有学位授予权的问题。但政府在重组伦敦高等教育结构的过程之中也存有一定的盲目性，一味地偏重规模的扩大而忽视了学院的教学水平与质量，把那些不具备高等教育资质的机构（如那些规模较小的神学院等）纳入到伦敦大学的联邦制体系之内，这就招致了原先具有大学规模的机构的强烈反对，他们认为与那些资质较低的学院一起申请伦敦大学的学位会降低大学学位的标准。这是伦敦大学日后改革的重要动因之一。

（二）对外扩张

《1898年伦敦大学法》赋予了伦敦大学自19世纪50年代以来发起的对外扩张以正式的法律依据与制度保障。这是伦敦大学自建校以来的重大制度创新，在世界高等教育史上留下了卓越的功绩。因此，如果要从渊源上来分析，笔者认为伦敦大学的校外学位制度也可以被看作是“无边界的高等教育”（Borderless Higher Education）① 的最早的现代起源。

1858 年的《第三特许状》取消了申请伦敦大学学位（医学学位除外）所必需的由大学认可的学院颁发的课程结业证明，标志着伦敦大学的学位正式向所有人开放。随着一系列《增补特许状》的颁布，伦敦大学的学位不仅面向伦敦及英国本土的申请者开放，而且还面向英属海外殖民地和英联邦国家的申请者开放。政府的这些举措虽然惠及了那些渴望接受高等教育的“弱势群体”，但却遭到大多数毕业生和学院的强烈反对，他们认为此举可能降低伦敦大学的学位标准，打击学生在校获取正规的自由教育的积极性，并且对那些已经获得学位的人产生了不公。这表明，政府在伦敦大学的改革中更注重高等教育的对外扩张，致力于满足更多的人对高等教育的诉求，但在这一过程中也没有放松教育标准，而是严把考试关，保证伦敦大学学位的高标准。《1898 年伦敦大学法》将在伦敦大学的“学院”中学习的学生称之为“校内生”，同时把在其他地方或不在“学院”中学习的学生称之为“外部生”，并授予通过相关考试的这类学生以特有的校外学位。后者就是伦敦大学著名的校外学位制度。该学位制度有两个显著特点：一是完全根据考试成绩评定；二是校外学位与校内学位的标准一致。为有效地实施校外学位制度，伦敦大学理事会还专门成立了外部学生委员会，负责与“外部生”相关的工作，如组织考试、拟定课程大纲、任命考官、赋予相关特权等。

在新大学运动中诞生的一大批城市学院在成立初期都没有学位授予权，它们的学生大多选择攻读伦敦大学的校外学位。伦敦大学学院是英国新大学运动的开端，在此之后，英国各大城市相继成立大学学院，例如 1851 年成立的曼彻斯特欧文斯学院、1865 年成立的埃克塞特大学学院、1874 年成立的利兹约克郡学院、1876 年成立的布里斯托尔大学学院、1880 年成立的伯明翰梅森学院、1881 年成立的利物浦大学学院和诺丁汉大学学院、1892 年成立的雷丁大学学院、1897 年成立的谢菲尔德大学学院、1902 年成立的赫尔大学学院等。这些新大学以新兴的工业化城市为依托，以实施科学与技术教育为主导，培养致力于城市经济发展的实用型人才，如技术人员、管理者等，因此它们通常又被称为城市学院。这些城市学院在成立之初都经历过一个学徒期，这期间它们与伦敦大学有着密切的联系。伦敦大学提供了良好的

① “无边界的高等教育”主要指传统高等教育形式的结构性和地理性正在瓦解，变得可以渗透或没有边界。详见赵中建：《无边界的高等教育——访英国伦敦大学教育学院黎安琪教授》，《全球教育展望》2002 年第 1 期。

学位吸引力，甚至它的入学考试都成了一种有价值的资格证明。① 进入20世纪以后，英格兰各城市大学学院都先后获得皇家特许状，成为正式大学，拥有了自己的学位授予权，见表6.1。可以说，伦敦大学的校外学位制度为城市学院向城市大学的转型提供了重要的学位保障，有效地弥补了新大学在学徒期中学位制度的空缺。

表6.1　20世纪初新成立的大学一览表

大学	特许状授予年份	原大学学院及创办年份
伯明翰大学	1900	梅森学院，1880
曼彻斯特大学	1903	欧文斯学院，1851
利物浦大学	1903	利物浦大学学院，1881
利兹大学	1904	约克郡学院，1874
谢菲尔德大学	1905	谢菲尔德大学学院，1897
布里斯托尔大学	1909	布里斯托尔大学学院，1876
雷丁大学	1926	雷丁大学学院，1892
诺丁汉大学	1948	诺丁汉大学学院，1881
南安普顿大学	1952	哈特雷学院，1862
埃克塞特大学	1955	埃克塞特大学学院，1865
莱斯特大学	1957	莱斯特大学学院，1917
贝尔法斯特大学	1909	皇后学院，1849

资料来源：顾明远、梁忠义主编，王承绪分卷主编：《世界教育大系·英国教育》，长春：吉林教育出版社2000年版，第466页。

在20世纪初的重组过程中，伦敦大学在国内外设立自己的考试中心，为全世界范围内的学生提供高等教育机会，见表6.2。从1901年至1910年期间，伦敦大学在世界各地设立校外学位考试中心，使得成千上万的殖民地和英联邦国家的学生可以通过业余学习的方式来攻读伦敦大学的校外学位。自1900年以后，殖民地考试的申请人数逐年扩张，从1901年的65人，增加至1914年的285人、1918年的662人、1920年的897人、1921年的1156人。同时，理事会也深刻认识到了殖民地考试的重要性，认为通过鼓励这种

① David R. Jones. *The Origins of Civic Universities: Manchester, Leeds and Liverpool*. Yale University, Ph. D. Thesis, 1988, p. 278.

校外学位制度，可以为那些被孤立的海外学生提供有价值的服务，而且那里学生的人数就相当于一所小的大学。[①]

表 6.2 1901—1910 年伦敦大学在世界各地设立的校外学位考试中心

殖民地及英联邦国家	具体地点
加拿大	维多利亚、温尼伯、金斯顿、哈利法克斯、纽芬兰
西印度群岛	百慕大、巴哈马、金斯顿、格林纳达、安蒂加、圣露西亚、巴巴多斯
南美	特立尼达、圭亚那
亚洲	香港、槟榔屿、锡兰（今斯里兰卡）、阿拉哈巴德
印度洋	塞舌尔群岛、毛里求斯
非洲	塞拉利昂、阿克拉、拉各斯、开普敦、约翰内斯堡、斯泰伦博希、彼得马里茨堡
欧洲	马耳他
澳大利亚	墨尔本、悉尼、珀思、布里斯班、古尔本
新西兰	惠灵顿、奥克兰、克莱斯特彻奇、帕默斯顿、达尼丁

资料来源：王承绪编著：《伦敦大学》，长沙：湖南教育出版社 1995 年版，第 77 页。

重组后 20 年，伦敦大学授予校外学位的人数成倍地增加。1900 年授予学位总数为 534 人；1912 年的内部毕业生为 657 人，外部毕业生为 629 人；1923 年的内部毕业生为 1903 人，外部毕业生为 1111 人。1910 年，伦敦大学的外部学生委员会报告指出，自 1901 年大学在 43 个殖民地中心举行校外考试，并且国内的考试中心数量从 1898 年的 95 个增加至 1909 年的 143 个。[②]各地考试中心的普遍设立为世界各地除伦敦之外的考生申请伦敦大学的校外学位提供了便利。由于学习方式灵活、多变，适合成年人的学习特点，所以这种制度更受到成年人的青睐，他们是伦敦大学校外学位制度的支持者和受益人。因此，伦敦大学校外学位制度是成人教育的重要模式之一，有效地推动了 20 世纪初大学推广教育运动的蓬勃发展。伦敦大学是第一所响应大学推广教育运动的大学。[③] 大学推广教育运动在 20 世纪第一个十年中仍然保持

① Yoshiko Namie. *The role of the University of London Colonial Examinations between 1900 and 1939, with special reference to Mauritius, the Gold Coast and Ceylon*. University of London, Ph. D. Thesis, 1989, p. 122.

② Percy Dunsheath and Margaret Miller. *Convocation in the University of London: the first hundred years*. London: The Athlone Press, 1958, p. 153.

③ 张新生著：《英国成人教育史》，济南：山东教育出版社 1993 年版，第 217 页。

着良好的发展态势，平均每年多达5万人受益，这与伦敦大学的校外学位制度有着莫大的关联。

关于校外生的学习方式，人们普遍误认为外部生获取伦敦大学校外学位的途径只有通过自学。然而事实上，自学只是他们学习方式的一种，有的人则是在大学或其他机构进行短期学习，接受相关课程的教育。据统计，1904至1909年期间，只有28.5%的外部学位申请者以独立自学的方式参加考试；15.3%的人在大学的学院学习课程（但不是规定内部生的全日制课程）和11.1%的人在有大学认可的教师的机构中学习课程；11.7%的人来自其他大学（一项证据显示城市大学学院和大学的增长并没有使伦敦的校外学位减少）；还有31%的人来自那些与大学没有任何联系的教育机构。①

伦敦大学在国内外广泛设立的考试中心为英国“二战”后高等教育的大众化发展做出了重要贡献。据相关统计，在国内外注册为伦敦大学外部生的人数，包括申请期中考试、一级学位考试、研究生证书与文凭以及高级学位考试的人，从1932年的11296人增加至1957年的22682人。总数在1956年达到最高的24957人。② 毋庸置疑，伦敦大学的校外学位制度在历史上具有重要意义，推动了高等教育的早期大众化发展，为普及高等教育方面做出过卓越贡献。但是，随着高等教育大众化的推进，高等教育机构的多样化使得越来越多的人可以选择进入校园学习，或根据自己的喜爱选择其他教育方式，从而逐渐取消了对这种校外学位模式的依赖，最终它完成了自身的使命，淡出了历史的舞台。

（三）重组中的调试与争论

20世纪第一个十年，伦敦大学基本上完成了《1898年伦敦大学法》及其相关章程与条例规定的重组目标。但在这期间，新的问题与争论又开始产生，导致重组的过程并不十分顺利。阻碍大学重组与发展的首先是大学的形象问题，其次是关于大学校址的争论。

1. 完善大学形象

重组后的伦敦大学的规模超越了牛津大学和剑桥大学，成了英国最大的大学。但很难使人们相信伦敦有一所真正的大学，原因在于重组后的伦敦大学缺乏像传统的牛津大学与剑桥大学那样的受公众广泛认可的大学形象，它

---

① Percy Dunsheath and Margaret Miller. *Convocation in the University of London: the first hundred years*. London: The Athlone Press, 1958, p. 153.

② Percy Dunsheath and Margaret Miller. *Convocation in the University of London: the first hundred years*. London: The Athlone Press, 1958, p. 154.

往往被人们称为是世界上最大的委员会和小组委员会的集合体。所谓的伦敦大学就是一个被庞大的理事会控制的机构，代表不同组成学院的意见，而且各个学院几乎对每一个议题都持有不同看法，学院与大学之间缺乏有效的关联机制与组织，不能形成一个有机统一的整体，各个学院的学生也十分分散、各自为政。因此，大学在重组过程中不断调试内部的组织构成，想方设法来完善自身的形象。

伦敦大学的首任行政长官阿瑟·吕克尔爵士编辑出版了《伦敦大学公报》（*London University Gazette*），以此作为大学对外通报信息的官方文件。1902 年，重组后的首任副校长亨利·罗斯科爵士获赠了一根由英格兰著名的银器匠奥马尔·拉姆斯登（Omar Ramsden）设计的精美的权杖，作为副校长在举行各种仪式时候的权威地位之象征。为了加强国际的学术交流，1906 年6 月大学安排了一次重要的“法国学术访问”，邀请了“法国许多科学与文化精英”来到伦敦“建立两国更紧密的学术联系”。大学官方还在外交部和伦敦西部的温莎（Windsor）举行招待会，庆祝他们与法国之间建立的学术“友好协议”（entente cordiale）①，这标志着“巴黎大学与比她更新的后代建立了联系”。1907 年 5 月，伦敦大学的代表又去了巴黎，作为一次官方回访。在那年的毕业典礼（又称为“学位授予日”）后，伦敦大学在威斯敏斯特大教堂举行了第一次宗教仪式，这在一定程度上引发了人们对大学的无教派基础产生一些争议，尽管大学官员穿上礼服参加了此次集会，但这不被认为是一次官方的活动。1909 年，为了积极推动重组后的大学具有传统大学的外部标志，大学与一位绅士达成了一项建立“伦敦大学出版社”的协议，他对出版事业一无所知，但却十分精明，早早地就注册了这个名字。1910 年，大学还设立了校方发言人②职位，负责“用拉丁语和英语发表演讲”，由 E. A. 加德纳③教授担任该职位，直到 1932 年他才离职，“一战”期间曾经中止过。④

伦敦大学继续通过各种方式完善着自身的形象。1903 年伦敦大学拥有了自己的图书馆。H. S. 福克斯韦尔（H. S. Foxwell）是大学学院政治经济学教授，是一位杰出的图书收藏家，他用一生的大部分时间来收集图书，构建了

① “友好协议”（entente cordiale）是 1904 年 4 月 8 日英法两国政府签订的一系列友好条约，标志着两国关系继几个世纪的战争、爱与恨之后的新的开端。

② 校方发言人（Public Orator）是英国大学的一种传统的官方职位，在公共场合代表大学发言。牛津大学的该职位可追溯至 1564 年，负责授予荣誉学位，针对每一位获此学位的人发表演讲。

③ E. A. 加德纳（E. A. Gardner,1862—1939）是英国考古学家，1905—1909 年、1913—1915 年两次担任伦敦大学文学部部长，1924—1926 年担任伦敦大学副校长。

④ Negley Harte. *The University of London, 1836 – 1986: an illustrated history*. London: The Athlone Press, 1986, pp. 180 – 181.

自己的图书馆，总数超过了5万册，主要是关于经济学的书籍。1901年，戈德史密斯公司（Goldsmiths' Company）花了1万英镑购买了福克斯韦尔的图书馆，命名为“戈德史密斯经济文学图书馆”（Goldsmiths' Library of Economic Literature）。此后，戈德史密斯公司继续资助福克斯韦尔收集图书，1903年将经济文学图书馆捐赠给了伦敦大学，1906年伦敦大学图书馆在帝国协会正式开放。出售图书馆后，福克斯韦尔还建立了自己的第二个图书馆，并于1929年又以4万英镑的价格卖给了哈佛大学。值得一提的是，戈德史密斯公司还将自己1891年创办的工艺和娱乐学会（Technical and Recreative Institute）捐赠给了伦敦大学，1905年更名为戈德史密斯学院（Goldsmiths' College），正式成为伦敦大学的一部分，但到1988年才成为伦敦大学的一所学院。从这里就可以看出，重组后的伦敦大学是一种复杂的结构形式，虽然有很多学院被纳入到伦敦大学的联邦制体系之下，但有的学院可以称之为伦敦大学的学院（School），有的学院则不可以，只能作为伦敦大学的一个特殊部分而存在，再后来就有了所谓的“研究所”（Institution）的诞生。

1905年，大学成立了学生代表委员会（Students' Representative Council），该组织代表学生的利益，负责在学生与大学官方之间提供一种被认可的交流方式，同时促进各学院之间的交往；是年，还成立了伦敦大学音乐学会（University of London Musical Society），并在帝国协会的礼堂举行了第一次音乐会。1906年，大学成立了体育协会（Athletic Union），开启了各个学院之间体育活动的优良传统；同年，又成立了大学联合学会（University Union Society），但它没能获得自己的活动场所，而且其活动仅限于在各类学院之间举办巡回辩论会。除了上述之外，其他一些有助于完善大学形象的学会和社团也相继成立，如1909年成立的学院间法学学生学会（Inter-Collegiate Law Students' Society）、1910年成立的国际象棋俱乐部（Chess Club）和1911年成立的女子游泳俱乐部（Women's Swimming Club）。1909年，大学成立就业指导委员会（Appointments Board），为毕业生和在校生的求职和获取工作提供帮助，并且协调大学与学院之间为学生就业所做的工作。在重组后的这些年中，有一个奇怪的现象是：大学的“未毕业生”开始出现在大学唯一正式的公开场合——学位授予日上，他们“在集会上喧闹、嘈杂的表现”成了学位授予议程中的重要特色。大学的副校长曾提及他们的“激情洋溢的表现”，认为他们“那些诙谐的行为举止大大地活跃了我们的议程”[①]。因此，在20世纪的最初十年里，大学意识到了要有一个学生团体，无论它的学生

① Negley Harte. *The University of London, 1836 – 1986: an illustrated history*. London: The Athlone Press, 1986, p. 181.

是多么的分散，但团体成员都是诚心诚意加入的。1914 年，大学为毕业生和官员建立了“大学俱乐部”（University Club），进一步提升了作为一个社区的大学生活，该俱乐部位于高尔街，地址比南肯辛顿更靠近伦敦市中心。

1908—1909 年爆发的“棕狗事件”有力地促进了在各学院的学生中间发展大学统一的精神。1903 年，一场著名的诽谤诉讼案彻底地澄清了大学学院的生理学家为了实验目的而仁慈地使用狗的任何罪名。但是在 1906 年，反对活体解剖者将一个“棕狗”塑像竖立在伦敦巴特西的娱乐广场上。1907 年，学生聚集起来，手举标语，游行示威，反对活体解剖，其中有些人由于行为过激而受到了行政处罚。事件持续发酵，越发复杂，此时一些激进的反对者扰乱了当时蒸蒸日上的女权运动中的一次会议，破坏了桌椅和水壶，还打伤了一位管家。受女权运动的影响，该事件才逐渐平息。“棕狗事件”联合了伦敦所有学院的学生，这在之前是从没有过的现象，直到 1910 年，那尊“棕狗”塑像才被移除。该事件在无意之中加强了各学院学生之间的联系，形成了团结一致的精神，有力地证明了伦敦大学是一个完整的、统一的组织，从而巩固和完善了大学的整体形象。

2. 关于大学校址的争论

如同 19 世纪最后 20 年中的争论一样，重组后的伦敦大学的各个学院在各项讨论中大多从自身的利益出发来考虑问题，总是将利益的绳索拉向自己的一边，其中以大学学院与国王学院的争权夺利最为明显。有人指出，大学学院和国王学院“已经渐渐地把同床者的被褥拉到了自己的一边，并且一直抱怨校外同床者的一些令人无法忍受的主张”，这使得不少人对大学未来的发展深表担忧。久而久之，旧时考试对抗教学的二重性争论就演变成了大学对抗学院的新的二重性矛盾，而且大学还不时受到“校内”和“校外”两方面利益的双重折磨。最后，这些矛盾都聚焦到了大学校址问题的争论上。

伦敦大学总部的地址自建校以来搬迁过数次。1836 年，伦敦大学总部设在萨默塞特府；1853 年搬迁至玛堡府；1856 年搬迁至伯林顿府；1870 年又搬迁至由维多利亚女王亲自揭牌成立的伯林顿花园。伦敦大学的每次搬迁都意味着大学规模的进一步扩大。19 世纪 70 年代，参加伦敦大学学位考试的人数不到 2000 人，到 19 世纪 90 年代末，考生已超过 6000 人。伦敦大学在伯林顿花园的校舍所承受的压力与日俱增，越来越不能满足大学扩张的需要，而掌管大学财务的国家财政部在 1889 年就拒绝为大学兴建额外的校舍提供任何资助。为了获得必要的实验室，大学调查了南肯辛顿的皇家科学院的新设施，准备在此建立大学实验室，但政府仍然不提供资助。直到 1898 年霍尔丹使大学法案顺利通过后，校址问题才有了转机。霍尔丹利用自己的国会议员身份，在政府、大学和帝国协会中间相互调解、协商，努力争取让帝国协会为伦敦大学提供充足而庄严的校舍。帝国协会是为庆祝维多利亚女王统治50周年而建立的，由于从一开始就把大笔资金用于华丽的建筑装饰上，使整个工程很快就陷入了经济危机。1898年，政府出面资助帝国协会，同时建议它提供一大部分建筑，用来解决伦敦大学的校舍问题。1899年，大学同意迁入帝国协会，但在那以后的30年内，这次搬迁被证实为一场“灾难性”的迁移。

随着20世纪初大学的重组与扩展以及考生人数的急剧膨胀，伦敦大学在帝国协会的校舍也已不能满足时代的需求。帝国协会的房子大多是“临时的”木质和铁质结构，主要是为当时的庆典活动而建造的，所以它那光鲜华丽的外表不具实用性，并不适合于伦敦大学长期的办公和组织考试。投入使用不久后，问题就暴露无遗。木质结构的房屋经过高温、阴雨天气之后，室内环境极不适合考生考试，高温、发霉等恶劣现象长期存在。大学曾用“冰桶”来降低考场的温度，但收效甚微，经常有些考生因昏倒或难以支撑而不得不离开考场。甚至，消防队也建议大型的纪念活动不应在这里举行，但多年来他们还是不得不这么做。伦敦大学校长罗斯伯里伯爵认为：“与任何公共使用的目的相比，那里更适合种植热带地区的树蕨类植物……”1910年，一则报道曾指出：“在阴暗、发霉的地下室举行考试，其入口处就像古代的地下墓穴。”① 不仅考生的考试环境极差，大学管理人员大多也是在木板相隔的房间里办公，其环境同样不容乐观。尽管如此，但理事会内部并没有达成对校址问题的一致意见。1905年秋，一群人秘密协商，大学获得了帝国协会在南肯辛顿的所有建筑，同时建议花费10万英镑在原来破旧的校舍的背面建立一座新的大礼堂。但后来任伦敦大学副校长的格雷戈里·福斯特爵士等人都表示反对，他们认为大学的总部必须设在伦敦的中心，可以让每个出租车司机都知道大学的位置，而且还应位于大英博物馆附近，以及贝德福德、国王学院等规模较大的学院周围。校长罗斯伯里伯爵虽然对帝国协会的校舍颇有微词，但他还是赞成大学的总部应该设立在南肯辛顿。1906年3月，校长罗斯伯里伯爵主持了一次重要的理事会会议，召集众人为南肯辛顿辩护，赞成的人包括国家财政部秘书等。理事会的两拨人各持己见，互不妥协，由于该会议的议程还涉及工程学部的设立、校外学位的代表与教师的矛盾、帝国协会的财政危机等，使得校址问题变得异常复杂、悬而未决。

大学多次向政府请愿，要求扩建校舍，改善环境，虽然财政部同意为大学的扩充提供充足的校舍，但却迟迟没有动静。1909年，政府任命以霍尔丹

---

① Negley Harte. *The University of London, 1836 - 1986: an illustrated history*. London: The Athlone Press, 1986, p. 187.

为主席的皇家委员会，负责“调查伦敦大学现存组织的运作以及存在于伦敦的、提供给中等教育年龄以上的男女学生的其他高等教育（普通、专业和技术）设施；考虑应为存在于大都市的教学型和研究型大学提供什么；针对伦敦大学及其合并的学院、帝国理工学院、大学的其他学院以及各类受到关注的公共机构和团体之间最终应存在的关系，提出建议；并进一步对有利于大学组织与机构的任何变革提出建议”①。除了霍尔丹之外，该委员会还有其他7名成员，他们都与伦敦大学毫无关系，其中阿尔弗雷德·米尔纳（Alfred Milner）是一名出色的政治家；罗伯特·罗默爵士（Sir Robert Romer）是一名上诉院的法官；劳伦斯·柯里（Laurence Currie）是一名银行家；W. S. 麦考密克爵士（Sir W. S. McCormick）是苏格兰大学卡内基托管会（Carnegie Trust）秘书，后来担任大学拨款委员会的第一任主席；E. G. 萨金特（E. G. Sargant）是一名教育家，与米尔纳的关系甚笃；而著名历史学家、伦敦主教曼德尔·克莱顿（Mandell Creighton）的遗孀则是一位法定的女性成员。从这些人的身份上可以发现，霍尔丹皇家委员会中没有医学专业成员，这与伦敦大学重视医学教育的传统极不相符，对皇家委员会开展工作也是极为不利的。事实证明，至1913年提出报告这四年期间，霍尔丹皇家委员会就像悬在伦敦大学上空的不祥之云，使所有决议的拖延都变得合法化。

1911年底，霍尔丹皇家委员会发表了中期调查报告，激发了校址问题的进一步讨论。霍尔丹委员会认为，无论大学未来的组织与机构如何发展，人们都应该承认和接受它是一所伟大的公立大学，这是一件具有全国性意义的重要事件。因此，他们建议这样的大学应拥有永久性、独立的总部大楼，保证充足的校舍，其设计应符合它的庄严性和重要性，其地址应便于它的工作、显示它的名字以及自我管理。显然，帝国协会的校舍不能满足他们的要求，它的地址不在伦敦的中心，不适合做伦敦大学的总部。该报告指出：“帝国协会位于包围大学大部分重要的机构的圆周的西边，我们还证明它的偏僻位置给那些关心大学运作的人带来诸多不便，而且浪费时间，不利于大学的发展。校舍与帝国协会共用，人们都知道后者的名字，且在公共心目当中它们从来没有与大学联系在一起。校舍的管理受制于女王陛下的工作处（Your Majesty's Office of Works），所以大学并不是自己校舍的主人。”该报告还建议，大学“应该在一个中心位置获取尽可能大的校址，并且要为重组后的大学建造校舍，它将是人们认可和接受它是一所伟大的公立大学的可视化

① Negley Harte. *The University of London, 1836 - 1986: an illustrated history*. London: The Athlone Press, 1986, p. 185.

标志"[①]。

在发表报告的同时，霍尔丹已经秘密为伦敦大学选定了校址。在得到英国首相的个人同意下，霍尔丹私下组建了一个托管会（trustees），其成员包括校长罗斯伯里伯爵等人。托管会主要负责筹集资金，购买贝德福德公爵（Duke of Bedford）急于出售的位于伦敦市中心的一块土地——布鲁姆斯伯里。但是，霍尔丹的这些秘密行动并没有事先与理事会协商。在1912年3月的理事会会议上，副校长威廉·约伯·柯林斯爵士对托管会无视理事会的行为大发雷霆，随即提出辞职申请。虽然柯林斯的辞职在当时没能获得批准，但在几个星期后的副校长选举中，他以一票之差没有能够再次连任。同时，评议会也指责校长罗斯伯里伯爵入选托管会，声称他背叛了之前支持的南肯辛顿。霍尔丹报告遇到了强大阻力和信任危机，理事会拒绝了把大学总部设在布鲁姆斯伯里的方案以及已经获得的捐款，转而支持留在南肯辛顿。

霍尔丹委员会的最终报告发表于1913年3月，此时大学校址问题仍然没有解决。最终的报告对大学的现行组织与结构提出了重要改革，核心建议是"由一些学部组成的教学型大学应该尽可能集中在一个地方"，改革的目的是使各个组成学院和大学的部门紧密联系在一起，围绕在大学的总部周围。报告建议用学部和学科重组伦敦的所有教学资源，并且用一个全新的中央集权体制取代各个独自发展的现存机构。从本质上看，报告建议用学部取代学院，理事会变成一个由15人组成的更小的执行委员会，在一个由大约200名代表组成的董事会（Court）管理下。改革后的伦敦大学在很大程度上可以控制各个从事教学的学院，学院必须视大学为他们的出纳员和他们教授的"雇主"。财政、资产和一般政策的控制权掌握在一个由一些门外汉和学者组成的执行委员会手中。但关于课程、考试之类的学术权力委托给校级的学部和学科董事会，以此来打断各个学院根深蒂固的利益。[②]

作为爱丁堡大学和哥廷根大学的校友，霍尔丹深受苏格兰大学和德国大学办学模式与理念的影响，他建议按照英国城市大学的模式来改革伦敦大学。霍尔丹因试图把伦敦大学德国化而遭到严厉指责，从而引起了大学内部改革的强烈争议。1913年8月，英国教育委员会（Board of Education）成立了一个部门委员会，由财政部前秘书乔治·默里爵士（Sir George Murray）任主席，决定采取霍尔丹的建议，改革伦敦大学。可惜由于第一次世界大战

---

① Negley Harte. *The University of London, 1836 - 1986: an illustrated history*. London: The Athlone Press, 1986, p. 190.

② Eric Ashby and Mary Anderson. *Portrait of Haldane at Work on Education*. London and Basingstoke: The Macmillan Press, 1974, p. 107.

的爆发，导致部门委员会的任务不得不中止，霍尔丹报告就此流产。虽然霍尔丹报告没有真正付诸实施，但其中的核心思想却影响了“一战”后伦敦大学改革的大抵方向。

二、“二战”前伦敦大学的发展

“一战”期间，伦敦大学的发展几乎处于停滞阶段。大学师生的注意力大都转移到了战争上，大批学生弃学从军，入学人数的锐减导致了大学的学费收入严重下降，使之只能在财政部的接济下勉强维持运转。“一战”后，伦敦大学及下属学院在20世纪20年代获得了蓬勃发展，学生人数比“一战”前显著增多，学院规模扩大，并在20世纪30年代末达到顶峰，这不仅是学费收入增加的结果，也是从政府获得的拨款逐年增加的结果。“二战”前，政府改革伦敦大学的整体趋势是加强大学对各个学院的集权管理。

（一）从停滞到复苏

1914年7月，第一次世界大战的爆发阻碍了政府改革伦敦大学的计划，霍尔丹委员会改组伦敦大学的报告也不得不被搁置起来。随着战争的爆发，大学的人力资源开始向战争上转移，许多师生积极响应国家的号召，纷纷入伍参军。据统计，战争爆发的第一年就有226名学生牺牲。同年11月，副校长威尔莫特·帕克·赫宁汉姆爵士（Sir Wilmot Parker Herringham）就脱下了象征副校长职位的礼服，穿上中校制服，负责指挥一个陆军医院。不久后，他就投身于法国的前线战争，接任副校长的是医学部部长阿尔弗雷德·皮尔斯·古尔德爵士（Sir Alfred Pearce Gould）。古尔德拥有中校军衔，在地方自卫队的综合医院当一名军医，主要负责外科手术。两年后，古尔德也辞职去了法国。1915年，伦敦大学的行政长官吕克尔去世，接替他的是著名矿物学家亨利·亚历山大·迈尔斯爵士（Sir Henry Alexander Miers）。作为大学的第二任行政长官，迈尔斯由于不堪烦琐的行政重负和大学内部的冲突压力，刚上任不久就辞职了。为了节省开支，该职位在“一战”期间一直空缺着。

战争导致大学的入学人数锐减，这就意味着大学的学费收入严重减少。虽然财政部提供了一部分拨款勉强维持大学的基本运转，但理事会还是决定停止战争期间大学的一切活动。“一战”期间，伦敦大学仅有的一些发展都与国王学院有关。1908年，国王学院在南肯辛顿建立了单独的女子学院，但霍尔丹认为这个完全没有必要，应该把该学院的一部分建设成为大学的家政与社会科学部（University Department of Household and Social Science）。1915

年，新校舍建在了坎普顿的山冈上，不再属于国王学院，1928 年成为大学独立的学院。从 1914—1918 年间，大多数学院的学生数量都在减少，唯独新建的家政与社会科学部的人数在不断增多，它为前线战争训练护士，提供了许多军需服务型人才。国王学院校长罗纳德·蒙塔古·巴罗斯（Ronald Montagu Burrows）是一名杰出的考古学家，在他的影响下，国王学院成了支持东欧人民民族自决的重要学术团体。捷克斯洛伐克独立领袖托马斯·马萨里克（Thomas Masaryk）在流放期间被国王学院收留，并为他提供了一个无薪的教授职位，从事斯拉夫研究，1915 年成立了斯拉夫和东欧研究院（School of Slavonic and East European Studies），1932 年成为伦敦大学的研究所。1916 年，伦敦大学还组建了东方研究院（School of Oriental Studies），整合了大学学院和国王学院关于东方研究方面的教学资源，后来成为著名的亚非研究所。

第一次世界大战结束后，伦敦大学开始复苏，进入发展阶段，主要表现在政府拨款增加、学生数量增多、校舍扩建等方面。19 世纪 80 年代，在全国各地兴起的大学学院面临着资金压力，低廉的学费和地方税收很难维持大学的运转，它们要求政府拨款资助，1889—1890 年度保守党同意每年拨款 15000 英镑，由大学学院拨款委员会（Committee on Grants to University Colleges）分配给各个学院。1911—1915 年，财政部拨款已经达到 148000 英镑。第一次世界大战“是一场维护英国殖民帝国的既得利益的战争，但却是一场对英国来说得不偿失的战争”①。表面上看，战争的巨大投入增加了军需物资的生产，刺激并拉动了经济的发展。但事实上，从英国内部经济状况分析来看，英国也为战争付出了惨痛的代价。庞大的军费开支引起了财政赤字剧增，政府开始大量发行国债和纸币，导致物价普遍上涨，使得通货膨胀在“一战”期间最为严重。战后爆发的经济危机也是英国从战前“极盛时代”走向相对衰弱的特征之一，最终使英国丧失了世界第一经济强国的称号，英帝国逐渐走向解体。但令人感到奇怪的是，在战后经济力量严重削弱、国内阶级矛盾日益激化等恶劣情况下，英国政府对高等教育的资助却有增无减。

1919 年，大学拨款委员会成立，取代了之前的大学学院拨款委员会，主要任务是分配财政部提供给大学的拨款。在它成立的首个年度，即 1919—1920 年度，共有 39 所英格兰院校、4 所威尔士学院、5 所苏格兰院校和 4 所爱尔兰院校获得超过 100 万英镑的财政部拨款。其中，伦敦获得拨款的院校有 24 所（包括伦敦大学总部），牛津大学与剑桥大学从 1923—1924 年度才

---

① 罗志如、厉以宁著：《二十世纪的英国经济“英国病”研究》，北京：人民出版社 1982 年版，第 27 页。

开始接受政府拨款。1920—1921年度，伦敦大学总部及下属学院获得政府议会拨款的总额为304235英镑，占学校总收入的30.2%，占全国政府议会总拨款的33.6%。① 1931—1935年度，伦敦获得政府的拨款总额为556000英镑，剑桥获得107500英镑，牛津获得97500英镑。因此，可以看出，“一战”后，政府及社会各界对高等教育（尤其是伦敦大学及其下属学院）的关注显著增强，无论是地方拨款还是议会拨款，无论是集体资助还是个人捐赠都有所增加；而且从拨款数量上来看，伦敦大学及其下属学院已然成为英格兰高等教育的主体部分。

第一次世界大战结束后，另一个对高等教育产生重要影响的现象就是学校开始恢复工作，学生陆续走进校园，而且之前弃学从军的人也得以重返校园，继续完成自己的学业，从而导致大学的在校生人数迅速攀升。

“一战”期间空闲的行政长官一职到1920年才有了新的人选。1917年，副校长古尔德辞职后，由盖伊医学院的前院长库珀·佩里爵士（Sir Cooper Perry）接任。紧接着，库珀·佩里又在1920—1926年担任了伦敦大学的行政长官，他曾指出“一战”后的伦敦大学几乎呈现出了“几何级数增长”。大学学院的学生人数在“一战”前夕刚刚超过2000人，到20世纪20年代初早已超过了3000人；到1923年，国王学院的学生人数超过了4000人；贝德福德学院在1913年迁入摄政公园之前从未超过300人，但到20世纪20年代已达到600人。伦敦大学其他各类学院的人数都出现了类似的增长现象，20世纪初至“一战”前伦敦大学内部学生的人数持续增加，“一战”期间内部生人数大幅下降，“一战”后至“二战”前内部学生人数又开始持续增加，达到前所未有的最高值，见表6.3。

表6.3 1902—1941年伦敦大学的内部生人数

年度	1902—1903	1905—1906	1910—1911	1915—1916	1920—1921	1925—1926	1930—1931	1935—1936	1938—1939	1940—1941
内部生人数/人	2004	2987	4424	3621	8099	9400	11452	13579	14587	8960

资料来源：Negley Harte. *The University of London, 1836 - 1986: an illustrated history*. London: The Athlone Press, 1986, pp. 197, 241.

学费收入是伦敦大学最重要的经济来源。在1920—1921年度，伦敦大学内部生的学费总收入占所有收入的37.5%，政府议会拨款居次。因此，战

① Negley Harte. *The University of London, 1836 - 1986: an illustrated history*. London: The Athlone Press, 1986, p. 199.

后学生数量的陡增直接增加了大学的学费收入。政府拨款增加和学费收入提升为伦敦大学及其下属学院战后的扩建与进一步发展提供了重要的经费保障。大学学院的扩建工作是从 19 世纪的七八十年代就开始的，学院的北侧和南侧都修建起了两翼，与西侧高尔街上的工程学、建筑学和统计学教学楼形成了一个四合院式的校园，后又继续向北和向西扩建。20 世纪 20 年代以后，大学学院又向东延伸至戈登广场（Gordon Square），南边则扩建至托灵顿（Torrington）。此次扩建的经费主要来自洛克菲勒基金会提供的 37 万英镑巨额捐助，这是大学学院自建校以来获得的最大一笔捐助。1923 年，位于西南角、沿着高尔街新建的解剖学大楼正式开放，为大学学院解剖学的发展提供了重要空间。这是“二战”前大学学院最大规模的发展。“一战”后，类似于大学学院这样的扩张在其他学院也都或多或少地出现过，例如伦敦政治经济学院的主建筑在 1922 年完成，到 1937 年，它的校舍面积已经增加了 2.5 倍。

从第一次世界大战结束后至第二次世界大战期间，不仅各个下属学院出现了较大规模的扩建与发展，而且伦敦大学总部也有了进一步的发展，如成立了一种不同于“学院”（School）的新型机构——“研究所”（Institute）；伦敦大学联邦也有了进一步的扩张，如 1920 年伯克贝克学院成为伦敦大学的学院、1925 年药剂学院成为伦敦大学的学院等。

自德国柏林大学创办以来，研究型大学的模式受到全世界大学的效仿与传播，各国的知名学者纷纷来到德国求学，进而令整个世界的学术中心都聚焦到了德国，终使德国的综合国力有了很大的提升。为了阻止优秀的学生流向德国、吸引他们来到英国求学，英国政府也想方设法来扭转这一趋势。1917 年，全英大学会议在帝国协会举行，会议建议引进德国的哲学博士学位（PhD）制度，授予那些“致力于不少于两年全日制高级学习或研究工作的人”，以避免他们去德国追求这样的学位。本以为伦敦大学会因为自身的复杂结构而很难快速地做出抉择，但出乎意料的是，伦敦大学在 1919 年就接受了该项建议，1921 年第一次授予 16 名学生哲学博士学位，此后便迅速普及开来。

1921 年，历史研究所（Institute of Historical Research）的成立是“一战”后伦敦大学借鉴德国大学模式的重要成果，它标志着伦敦大学也重视除了自然科学之外的研究领域。历史研究所在伦敦大学的所有组成学院中是一种特殊的模式，它直接在大学理事会的管理下运行，而不是受学院的管理，或作为学院的一部分。这种模式更加关注教学与研究的联系，其目的是培养专业型人才，因此研究生教育也从这个时候开始出现。事实上，这种“研究所”模式正是霍尔丹想要建立的，以教学与科研为中心，联合各个学院中同一专业的教师与学生，集中在大学的统一管理之下，也就是由大学总部来集权管理。历史研究所的创始人是大学学院的宪政史教授阿尔伯特·弗雷德里克·波拉德（Albert Frederick Pollard），他曾是《英国名人传记词典》（*Dictionary of National Biography*）的主编，还创办了英国历史协会等，是一名杰出的历史学家。虽然历史研究所的校舍十分简陋且不引人注意，但在波拉德的带领下，到1921年已经整合了各个学院的大多数历史研究资源。不久后，伦敦大学历史研究所就发展成为全国乃至全世界著名的历史研究中心之一。

至“二战”前，除了历史研究所外，伦敦大学还吸收和成立了四个研究所。1919年，英国著名的俄罗斯语言文学史家伯纳德·佩尔斯爵士（Sir Bernard Pares）任斯拉夫和东欧研究院院长，他使斯拉夫和东欧研究院从国王学院独立出来，先后入驻历史研究所的简陋校舍、托灵顿广场，最后在1932年顺利成为大学的研究所，1938年搬入大学理事会在布鲁姆斯伯里的新校舍。1902年，伦敦郡议会创办了伦敦日间培训学院，作为教师培训和教育问题研究的中心。1910年，伦敦大学接受它为一所学院，但是在法律上和在财政上都是受伦敦郡议会的控制。随后，英国著名教育学家托马斯·沛西·能爵士（Sir Thomas Percy Nunn）逐渐使它成为全国教育学教学与研究的中心，1932年成为伦敦大学的研究所，1938年搬入理事会大厦。考陶尔德艺术研究所（Courtauld Institute of Art）是1932年由著名的艺术收藏家塞缪尔·考陶尔德（Samuel Courtauld）捐助新成立的研究所。1937年，伦敦大学的考古学研究所（Institute of Archaeology）在摄政公园的圣·约翰·洛奇（St. John's Lodge）成立，由英国考古学家莫蒂默·惠勒爵士（Sir Mortimer Wheeler）和他的第一任妻子、考古学家特莎·惠勒（Tessa Wheeler）创办。

除了成立研究所，大学还进一步扩大它的联邦制，将伯克贝克学院等接受或重组为大学的学院。伯克贝克学院的前身是1823年乔治·伯克贝克博士在伦敦创办的工人讲习所，1885年入驻费达巷（Fetter Lane）后，更注重教学水平的提高，在教学内容上更侧重理工科学院的课程，1920年成为伦敦大学的学院，仅招收半日制和晚间上课的学生。1842年，为了培养实践型的药剂师，大不列颠药剂学会建立了药剂学院（School of Pharmacy），1925年成为伦敦大学的学院，同时大学还设立了药剂学学士学位（BPharm）。1921年，伦敦大学建议成立国家医学研究所，后来却成立了卫生学院，并与原有的伦敦热带医学院合并成立了新的伦敦卫生与热带医学院（London School of Hygiene and Tropical Medicine），1929年从洛克菲勒基金会获得资助建立了新校舍。1931年，英国研究生医学院（British Postgraduate Medical School）成立，并且作为伦敦大学的学院，依附在一个普通的医院。

伦敦大学的校外学位制度在20世纪20年代以后也有较大发展。1920年，在外交部的要求下，大学在全世界范围内设立考试点，如1920年在上海和耶路撒冷、1922年在天津、1923年在巴格达和伊斯坦布尔以及后来的亚历山大市、曼谷、伊斯法罕、布宜诺斯艾利斯、雅典、吉达、北京、开罗等地都设立了伦敦大学的考试点。到1937年，海外共有79个伦敦大学学位考试和入学考试中心，以及4908名申请者。① 因此，到20世纪30年代末，不仅伦敦大学的校内学位制度发展迅速，而且它的校外制度也有进一步的扩张。

（二）中央集权体制改革

从“一战”后伦敦大学的扩张中，我们可以发现大学不再满足于仅仅作为统管各个学院的联邦，事实上各个学院并不愿意接受大学理事会的监管；而是开始建立真正属于自己的研究所，这是一种集权化的改革趋势，与战前霍尔丹报告提出的按照德国大学模式改革的建议不无关系。的确，“一战”后伦敦大学一系列的发展与扩张都是在大学中央集权制改革的政策下形成的。

虽然霍尔丹报告因“一战”爆发而没有生效，但各个学院都十分清楚霍尔丹改革伦敦大学的根本意图，就是要彻底削弱各个学院的自治管理，用学部和系科里取代分散的学院建制，由大学总部统一集权管理，所以理事会出台的各项集权化改革的主张都会遭到它们的极力反对。事实上，各个学院是渴望改革的，但对霍尔丹这种激进的改革方式很难接受。1924年1月，首次组阁的英国工党政府任命了查尔斯·特里维廉爵士（Sir Charles Trevelyan）为教育委员会主席，此时霍尔丹已经被擢升为大法官和上议院领袖。7月30日，查尔斯·特里维廉爵士向内阁递交了一份组建伦敦大学部门委员会的建议，建议中指出：

> 我渴望能够推出有关立法，使伦敦大学的管理建立在一个令人满意的基础之上……1909年任命了一个强大的皇家委员会，由现在的大法官负责，1913年提出报告……我已经回顾了现在的情况并且选择了一些最重要的学术团体，与之协商过了。他们强烈渴望在许多方面做出改革，但他们也存在一种普遍的感觉，鉴于长期的忽视，现在需要重新考虑霍尔丹委员会的一些调查结果。因此我希望内阁同意任命一个部门委员会……我应该建议参考如下：“要考虑皇家委员会调查伦敦大学教育的最终报告……指出什么是伦敦大学

① Negley Harte. *The University of London, 1836 – 1986: an illustrated history*. London: The Athlone Press, 1986, p. 238.

现存组织中最需要的重大改革和以什么基础来建立一个法定委员会，来为大学起草新的章程。”①

8月5日的内阁会议（霍尔丹也在场）接受了查尔斯·特里维廉爵士的建议，同意组建一个部门委员会，任命农业专家厄恩利勋爵（Lord Ernle）为主席，但仅召开了一次会议，厄恩利勋爵就以健康不佳为由辞职了，改由教育委员会主席、国会议员爱德华·希尔顿·扬（Edward Hilton Young）接替他的职位。爱德华·希尔顿·扬是乔治·扬的儿子，后者在19世纪80—90年代伦敦大学教学与考试的争论中扮演过重要角色。部门委员会的其他7名成员都是一些关心伦敦大学改革的人，如大学的第二任行政长官亨利·亚历山大·迈尔斯、后来担任大学副校长和行政长官的赫伯特·莱特福特·伊森爵士（Sir Herbert Lightfoot Eason）、历史研究所的创始人阿尔伯特·弗雷德里克·波拉德等，他们都充分意识到了改革伦敦大学的重要性和紧迫性。

“一战”后，伦敦大学面临新的形势与挑战，各种类型的学院加入伦敦大学联邦，学院的质量参差不齐，1900年重组的理事会越发不能充分控制这个庞大而复杂的机构。据统计，理事会每年要处理5000多份决议，而每项决议平均花费4.5秒的时间。② 很明显，大学内部的组织与结构出现了问题，没有能充分履行职责，而且忽略了许多细节方面的东西。因此，由希尔顿·扬主持的部门委员会对伦敦大学组织结构的改组就成了他们的主要任务。经过调查、讨论与协商，1926年3月部门委员会提出了希尔顿·扬报告。该报告建议成立一个由16人组成的财政委员会（Finance Council），后来改为董事会（Court），管理大学的收入和财产，负责获取和分配财政部的拨款，因为大学拨款委员会的拨款是大学及各个学院的重要收入，但在现存组织结构下，理事会和各个学院是单独直接从大学拨款委员会申请拨款的。财政委员会的成员共16名，包括校长、副校长、评议会主席、理事会任命6名成员、政府和伦敦郡议会的6名代表、财政委员会自己选举1名代表。大学各学院只有认可由财政委员会统一接受和分配来自政府拨款的权力，才可以维持现存的地位。关于理事会的构成，部门委员会建议取消校外机构的代表，增加7所非医学机构的代表各1名，医学院联合任命2名代表，还有5名增补代表且包括2名学院代表。同时，希尔顿·扬报告还建议理事会下设两个新的常务委员会：一个是学院委员会（Collegiate Council），由副校长、行政长官

---

① Eric Ashby and Mary Anderson. *Portrait of Haldane at Work on Education*. London and Basingstoke: The Macmillan Press, 1974, p. 159.

② Negley Harte. *The University of London, 1836 - 1986: an illustrated history*. London: The Athlone Press, 1986, p. 212.

和学院的代表组成；另一个是入学和学院考试委员会（Matriculation and Schools Examination Board）。理事会有权代表所有常务委员会的行政权。部门委员会的成员们充分认识到了大学在过去25年中所取得的成就以及当前面临的突出问题，他们提出了许多建议来提高大学组织结构内部的工作效率，使之更被完整地认可为一所联邦制大学，同时保留大学的校外学位制度，且不以任何形式进行限制或缩减。

希尔顿·扬委员会提出的建议很大程度上是参考了霍尔丹委员会的建议，其主旨就是要加强大学中央的集权领导，例如取消学院单独申请政府拨款的权利，由大学统一管理与分配，这是一种明显的集权制改革政策。因此，从部门委员会成立之初到希尔顿·扬报告提出期间，理事会和评议会就一直存在反对意见。评议会强烈反对组建这个法定委员会，要求由理事会来制定大学当前组织结构的改革方案；就希尔顿·扬报告而言，他们认为组建一个董事会来控制大学的财政会产生不利的影响，理事会的重组也是一个严重的错误。理事会很早就告知教育委员会主席希尔顿·扬，他们不会接受他的报告，因为该报告是不切实际的，剥夺了理事会控制大学的真实权力，使大学的组织机构更为复杂。理事会担心法定委员会会实施希尔顿·扬报告中的建议，所以迅速组建了一个委员会，商讨大学改革的问题，但刚开了两次会议就被告知，基于希尔顿·扬报告的法案已经被递交至上议院。1926年8月，法案获得上议院批准，同年12月份《1926年伦敦大学》正式颁布。政府已经被伦敦大学的事务折腾得疲惫不堪，所以在很短的时间内就使法案生效了。理事会中许多人不满政府的决策，在法案颁布后就毅然辞职了，如大法官阿特金（Lord Justice Atkin）、罗伯特·麦考尔爵士（Sir Robert McCall）等。

尽管霍尔丹委员会报告与部门委员会报告在很多方面具有相似性，伦敦大学的议会代表欧内斯特·格雷厄姆－利特尔爵士（Sir Ernest Graham－Little）甚至在下议院的辩论中声称，部门委员会报告就是“霍尔丹委员会报告的嫡系后代”；但是二者存在根本的改革理念不同。从表面上看，霍尔丹委员会报告的流产是由于“一战”爆发引起的，但从深层次上来看，部门委员会报告比霍尔丹委员会报告更为缓进，这种缓慢、渐进的改革模式更符合英国社会发展的特点。可以说，基于部门委员会报告的《1926年伦敦大学法》的颁布实现了霍尔丹委员会集权化改革伦敦大学的理想，但在组织模式上，部门委员会却没有按照霍尔丹委员会的设计方案来改组伦敦大学。霍尔丹委员会想要用学部来组织大学，部门委员会则保留了大学的半独立的机构；霍尔丹委员会实际上想要在学部之上建立起学术权威，部门委员会则保留了一个强大的学术委员会；霍尔丹委员会想要削减大学的校外派，部门委员会则考虑到政策和历史原因，让外部派继续存在。这些就是希尔顿·扬报告及

《1926 年伦敦大学法》比霍尔丹报告较为缓进的地方，因而能在当时的背景下较易颁行。

《1926 年伦敦大学法》任命了以大法官托马斯·汤姆林（Thomas Tomlin）为主席的委员会来制定伦敦大学的新章程，委员会成员还包括前任副校长和行政长官库珀·佩里、教育学教授沛西·能、乔赛亚·斯坦普爵士（Sir Josiah Stamp）等其他 7 人；同时还规定，委员会制定的章程要基本上与希尔顿·扬报告的内容一致，并且要服从于任何有利于大学的修订。以托马斯·汤姆林为主席的委员会充分考虑大学内部关于改革的意见，制定了多份草案，交至理事会和评议会讨论，并且及时做出修订。例如，要求召开评议会特殊会议的人数从 20 人增加至 50 人，行政长官是理事会的当然成员，非医疗机构的代表增加了两所女子学院——皇家霍洛威学院和韦斯特菲尔德学院，等等。当然，有些建议也没有被采纳，如大学的外部委员会要求评议会主席成为理事会所有常务委员会（包括学院委员会）的当然成员。可以看出，委员会的工作十分灵活，善于调节大学内部矛盾，使各方力量都趋于均衡，从而保证了制定章程的工作顺利而有序地展开。1928 年 7 月，委员会制定的第四稿草案也是最后一稿草案在下议院顺利通过，同时递交至枢密院审核。1929 年 3 月 21 日，国王陛下会同枢密院正式通过了新的章程。

在最终批准的伦敦大学章程中，董事会的组成没有变化，还是 16 名成员；理事会的人数缩减至 54 名或 55 名[①]，其中包括 4 名当然成员（校长、副校长、评议会主席和行政长官）、学部教师选举的 17 名（文学部和理学部各 4 名，医学部 3 名，工程学部 2 名，神学部、法学部、音乐学部和经济学部各 1 名）、9 所最大的学院的校长（大学学院、国王学院、贝德福德学院、伯克贝壳学院、东伦敦学院[②]、帝国学院、伦敦经济学院、皇家霍洛威学院和韦斯特菲尔德学院）、12 所普通医学院联合任命的 2 名、评议会任命的 17 名、大学学院和国王学院任命的 2 名以及增选成员 4 名。理事会下设 5 个常务委员会：除了原先的学术委员会和外部学生委员会之外，还有重组的大学扩展和导师班委员会、入学和学院考试委员会和学院委员会。学院委员会由所有学院的校长组成，共 36 名。[③]

20 世纪 30 年代以后，伦敦大学在管理体制上出现的最重要变化就是形成了由董事会和理事会领导的大学内部双重管理体制。董事会负责大学的全

---

① 实际是 54 名，因为副校长通常是在其中一个类别之下被任命的理事会成员，如作为 9 所最大的学院的校长代表之一。

② 1934 年，东伦敦学院改名为女王玛丽学院。

③ Negley Harte. *The University of London, 1836 – 1986: an illustrated history*. London: The Athlone Press, 1986, pp. 216 – 217.

部财务，包括监管、控制和处理大学的所有财产、资金和投资；理事会仍然是大学学术事务的最高管理和执行机构，但它是在一个新的均衡的两院体制下共享联邦制大学的控制权。大学拨款委员会和伦敦郡议会是大学及各个学院最大的资助来源，其中伦敦郡议会还任命了董事会的代表，他们均同意将其拨款通过董事会来统一分配，而不是分开地单独与大学和各个学院打交道。各个学院继续保持独立的地位，但大学的联邦总部被授予了更强大的中央管理权，这充分体现了伦敦大学当局在“二战”前采取集权化体制改革的重要思路。此外，值得一提的是，伦敦大学的第一任董事会主席是苏格兰著名律师休·麦克米伦（Hugh Macmillan）。麦克米伦是一名才华横溢的演说家，出色地完成了董事会的部门职责。新职位成立之初面临的各种困难和敏感的问题都被他谨慎而巧妙地解决了，为董事会未来的存在与发展奠定了基础；同时，在筹集资金、购买布鲁姆斯伯里校址的过程中，麦克米伦也立下了汗马功劳。

（三）大学校址问题的解决

1. 大学校址的选定

关于伦敦大学校址问题的争论由来已久，“一战”前以霍尔丹为主席的皇家委员会也没能解决这一棘手的问题，霍尔丹提出的购买伦敦市中心布鲁姆斯伯里的计划因理事会的强烈反对而泡汤。“一战”结束后，反对伦敦大学总部迁出南肯辛顿的力量依然强大，大学校址的选定成了 20 世纪 20 年代以后伦敦大学进一步发展与扩张中不可回避的而且是争论最激烈的问题之一。

1920 年，英国教育委员会主席费舍尔①向政府提出一项建议，试图要求政府对大学履行自己的责任。该项建议是想让政府从贝德福德公爵那里购买被政府 1912 年拒绝的那块地及其北边的部分（向北穿过戈登广场，一直到托灵顿广场的南边）。其中，含道路和空地在内共有 11 英亩②，可以用来建立一个“大学区”（University Quarter），供大学总部、学院和研究所使用。费舍尔希望在这个中央区域建立起一座引人注目的学术大厦，使之可以激发和唤起伦敦人和海外参观者们的日益匮乏的想象力和创造力。在费舍尔的建议下，1921 年政府花了 42.5 万英镑从贝德福德公爵那里购买了整块土地，但其中还包含一项合约，即如果这块土地没能在 1926 年 4 月前使用，贝德

---

① 赫伯特·阿尔伯特·劳伦斯·费舍尔（Herbert Albert Laurens Fisher，1865—1940）是英国著名历史学家、教育学家和自由党政治家，是《1918 年教育法案》的主要推动者，1913—1917 年担任谢菲尔德大学副校长，1916—1922 年担任英国教育委员会主席等。

② 1 英亩≈4046.86 平方米。

福德公爵将重新获得它的所有权。事情发展到这里，大学的校址问题似乎已经尘埃落定，但在接下来的5年中，大学陷入了非比寻常的决策困境。事实上，当期限已过时，布鲁姆斯伯里这块地又回到了贝德福德公爵的手中，伦敦大学失去了占有这块校址的最佳时机。

有许多因素导致了这次大学与布鲁姆斯伯里擦肩而过，如资金、争议、偏见等。费舍尔的建议有一项前提条件，就是国王学院必须搬进布鲁姆斯伯里校区，这样才能使大学总部的两侧被它合并的国王学院和大学学院占据，显示出大学统一的整体形象。但国王学院并不愿意搬入新校区而且也没有多余的资金建立新校舍，更重要的是，国王学院所有资产的控制权在其委员会手中，大学理事会无权干涉。此外，政府为大学提供布鲁姆斯伯里校址的另一个条件是要求国王学院和帝国协会把各自的校舍留给政府的行政部门使用。这就意味着，国王学院将要放弃自己的“百年老宅”，到一个完全陌生的环境，并且随时可能面临无家可归的威胁。政府在这方面也有考虑，1924年同意给予国王学院37万英镑的补偿经费，但这仅是在布鲁姆斯伯里建立新校舍所需资金的1/3，显然国王学院不会接受。因此，布鲁姆斯伯里校址在国王学院这边被拒绝了。

国王学院反对大学迁入布鲁姆斯伯里是出于自身原因考虑的，并没有对大学本身过多地出言责难。除国王学院之外，反对大学总部迁入布鲁姆斯伯里的最主要力量来自理事会中的“外部派”。对于他们而言，像大学学院、国王学院之类的领导者都在理事会中占据要职，这些人都是“内部派”的主要代表，是他们极其讨厌的人，这些人的意见也是他们一贯反对的。大学迁入布鲁姆斯伯里意味着离大学学院更近，更符合“内部派”的利益，而在“外部派”的心目中，南肯辛顿才是伦敦大学的象征。“外部派”与“内部派”的争辩日趋激烈，理事会中的大部分人似乎都不愿意向布鲁姆斯伯里屈服。为了阻止大学迁入布鲁姆斯伯里，有些人提出把大学迁入正在出售的荷兰公园（Holland Park）和肯伍德（Ken Wood），但政府并没有提供资金购买两地。

针锋相对的两个阵营——“内部派”和“外部派”，以两种不同的学生管理条例的封皮颜色作为区分标记，红色代表“内部派”，蓝色代表“外部派”。1925年6月，理事会正式拒绝了政府提供的布鲁姆斯伯里校址，此后政府也没再和大学商议，1926年3月就将布鲁姆斯伯里退还给了贝德福德公爵，同时得到了返还的42.5万英镑。

布鲁姆斯伯里校址的流产对大学的两个机构产生了实质性的重要影响。和大学学院、国王学院之类的学院不一样，即使失去了新校址，它们仍然可以在自己的校址内不受外界干扰地从事教学与研究工作；可是，新成立的历史研究所和伦敦大学学生会（University of London Union）[①] 十分渴望用新校址来改善它们的环境，“一战”期间历史研究所和学生会均坐落在马利特街（Malet Street）的破旧小屋里，可谓是“同病相怜”。历史研究所和学生会联合起来，公开表示抗议。历史研究所所长波拉德在获悉布鲁姆斯伯里校址失败时正好在与首相斯坦利·鲍德温（Stanley Baldwin）召开英美历史学家研讨会，随后他便开始四处发表巡回演讲，为新校址的失去而鸣不平，同时波拉德还使他的演讲渗透至各种强大的社团之中，以扩大他的影响，激起更强烈的抗议。学生会则开展游行示威，并在 1926 年 3 月举行了一个“布鲁姆斯伯里周末”，形成了超过 3000 名学生的盛大集会。学生们手拉手组成人墙，用象征“内部派”利益的红色带子围住了布鲁姆斯伯里校址。这是伦敦历史上最大的学生游行示威，奇怪的是却被当时的媒体给忽略了。[②]

在校址问题的争论中，大学主要领导者的意见极为重要，尤其是副校长。因此，1926 年 6 月的副校长选举成了布鲁姆斯伯里校址在这个复杂的环境中成败的关键。此时，伦敦经济学院的校长威廉·贝弗里奇爵士（Sir William Beveridge）是“内部派”的后起之秀，成了副校长的热门人选。贝弗里奇爵士在 3 月份的理事会中推动了一项决议，企图说服政府恢复对大学提供新校址的资金资助，至少是贝德福德公爵退回来的 42.5 万英镑中的一部分。他提议组建一个由资质较老的理事会成员组成的代表团去游说政府，贝弗里奇谦虚地将自己排除在代表团之外。但在 6 月的游说中，贝弗里奇还是以代表团成员的身份面对财政部部长温斯顿·丘吉尔（Winston Churchill）的挑战。丘吉尔先是愤怒指责大学失去布鲁姆斯伯里完全是咎由自取，政府已为此事花费了大量时间与精力，而大学却把政府置于不可信任的危境当中，政府刚从中解放出来，因此也不打算再为大学制订任何计划。后来在贝弗里奇的多次请求下，丘吉尔终于答应拨款贝德福德公爵退回的一半资金 21.25 万英镑，用于发展南肯辛顿校区。

在副校长的选举中，“外部派”的代表格雷厄姆 - 利特尔爵士被提名为副校长的候选人，是贝弗里奇的主要竞争对手。格雷厄姆 - 利特尔爵士是伦敦大学在下议院中的议员，曾极力阻挠《1926 年伦敦大学法》的颁布，反对大学的任何集权制管理，同时也反对大学迁出南肯辛顿。如果格雷厄姆 - 利特尔当选副校长，则意味着大学将永远失去布鲁姆斯伯里。“内部派”的

---

① 伦敦大学学生会（University of London Union）成立于 1921 年，前身是 1906 年成立的大学联合学会，是欧洲最大的学生联盟。早期在各个学院举办巡回辩论会，居无定所，经常被安置在一些临时的居所里，直到 1957 年才在马利特街上建立起自己固定的活动场所。

② Negley Harte. *The University of London, 1836 – 1986: an illustrated history*. London: The Athlone Press, 1986, p. 206.

力量迅速集结，在大学学院校长格雷戈里·福斯特的带领下，力保贝弗里奇成为副校长的候选人。在这场副校长职位的争夺战中，贝弗里奇以26比21的选票击败了格雷厄姆－利特尔，顺利当选伦敦大学副校长。这意味着布鲁姆斯伯里也将迎来最后的胜利。

贝弗里奇当选副校长之后，他清楚地知道把丘吉尔拨给伦敦大学的经费用于发展南肯辛顿校区是完全不切实际的，是在浪费资金。贝弗里奇重拾了霍尔丹委员会报告关于伦敦大学校址问题的观点，认为帝国协会的建筑不适合大学总部的发展，作为一所具有统一精神的大学，其总部必须是靠近市中心的。南肯辛顿校区偏离了中心，削弱了其结构的整体性，会使人们感觉大学是陌生的、偏远的，同时也使师生们在不必要的路程中耗费时间与精力，大学的管理也会脱离教学与研究的重心。因此，贝弗里奇认为伦敦市中心的布鲁姆斯伯里才是伦敦大学总部的最佳地点。

此时，大学想要获取布鲁姆斯伯里还存在一个较大的障碍——资金问题，最终洛克菲勒基金会向大学伸出了援助之手。1926年底，贝弗里奇去了纽约为伦敦经济学院寻求洛克菲勒基金会的资助，同时他也成功地劝说了洛克菲勒基金会向大学捐助40万英镑，用于购买校址且不含任何附带条件。1927年2月，理事会以21比18的选票勉强通过了大学迁入布鲁姆斯伯里的决议。3月，“外部派”还试图拒绝洛克菲勒基金会的捐助，以阻止大学的搬迁，但在格雷戈里·福斯特和贝弗里奇的极力争辩下，“内部派”再次以26比10的选票完胜“外部派”，大学校址终于尘埃落定。然而，此时的贝德福德公爵似乎不太愿意在短时间内出售布鲁姆斯伯里，但大学最终还是以52.5万英镑的价格购得了布鲁姆斯伯里，比原来的价格高出10万英镑。在1927年5月的毕业生晚宴上，此消息被公布于众，引起了一片欢呼。①

2. 理事会大厦的建设

1929年的伦敦大学新章程颁布后，在7月份理事会与新组建的董事会的第一次会议中，与会人员讨论的主要问题就是商定伦敦大学将在布鲁姆斯伯里建立校址的问题。

建设布鲁姆斯伯里校址的首要任务就是先关闭各种各样纵横交错的道路，彻底消除路权问题。大学花了两年时间来做这件事情，后经与霍尔本行政区委员会（Holborn Borough Council）协商，只留了一条通向堪佩尔街（Keppel Street）的路线。建设一个好的校区，除了地址较为重要外，还要选

① 王承绪在《伦敦大学》第88页中指出，由洛克菲勒基金会资助40万英镑购买了整个布鲁姆斯伯里；在第90页中又指出，政府从贝德福德公爵那里以425000英镑买下了布鲁姆斯伯里全部地基。笔者认为这些说法均不准确。

择一位合适的建筑师，并且要使新校舍的设计既符合伦敦这座城市的特色又符合大学所处的这个时代的特色。副校长贝弗里奇指出，新校区的设计应能唤起人们与科学的明确相关性、年轻人的自由与严肃以及对梦幻般的艺术殿堂的憧憬。这是一项极具挑战性的任务。为了能挑选到合适的建筑师，董事会没有采取公开竞选的方式，而是决定自己选择建筑师，并且用两套方案来筛选候选人：先是在原来的位置上审查建筑，其次在餐桌上审查建筑师。[①] 1931 年 2 月，理事会派遣副校长贝弗里奇和行政长官埃德温·戴勒爵士（Sir Edwin Deller）到英格兰和威尔士考察各式各样的建筑和名胜古迹，包括市政厅、学术建筑、学校、医院、大教堂等。参观完后，他们兴致勃勃地草拟了一份四名建筑师的名单。董事会的首任主席麦克米伦安排了四次宴会，分别对四名建筑师进行单独审查。最终，顺利通过两次审查的人是伦敦地铁站的著名建筑师查尔斯·亨利·霍尔登（Charles Henry Holden）。

霍尔登因设计伦敦地铁站而出名，在 20 世纪 20—30 年代他设计了约 40 座现代化的地铁站，后来凭借伦敦公交公司总部大楼的设计荣获了 1929 年英国皇家建筑师学会颁发的奖章。霍尔登对伦敦大学并不陌生，早些年他曾参与设计了国王学院的家政与社会科学部，而此次担任的是整个大学的总设计师，因此，这对他来说也是一种极大的挑战。为了能设计出令人满意的作品，霍尔登在与麦克米伦会餐前就已经提出了一份关于伦敦大学设计的初步草案，后又经过一年的艰辛努力，整个计划才顺利完成。新校区的规划大致是一座巨大的波特兰砖石结构的脊柱从戈登广场跨越至蒙塔古广场（Montague Place），最后是一座高塔，它是伦敦的最高建筑物。新建的校舍将提供给大学的行政办公、图书馆、大礼堂和学生会，还有教育研究所、斯拉夫和东欧研究所、历史研究所、考陶尔德艺术研究所和考古研究所。霍尔登把这份布鲁姆斯伯里校址的设计当作他一生中最伟大的作品。1932 年，霍尔登说："从建筑学的角度来看，这种类型的计划为把各式各样的机构圆满地组织成一个大的整体提供了巨大的可能性，虽然整个计划令人敬佩，但它仍然是不完整的……建筑的设计起源于计划的自然体现，主要是我们自己努力的结果。各个部分安排得井然有序，而整体的特征却出奇的平淡，这对各式各样的机构产生了一种古典的偏爱，连同窗户和门洞的错落有致的安排及其他重要的特征，都被和睦地呈现在大英博物馆和周围的建筑物面前。"[②] 据估

---

① Negley Harte. *The University of London, 1836 – 1986: an illustrated history*. London: The Athlone Press, 1986, p. 219.

② Negley Harte. *The University of London, 1836 – 1986: an illustrated history*. London: The Athlone Press, 1986, pp. 219 – 220.

算，实现整个计划可能需要花费 20 ~ 30 年的时间和约 300 万英镑的资金。因此，这是一份理想化的设计方案，在实际建设过程中并不能在短时期内全部完成。

理事会在接到这个方案后，甚为欣喜，认为这个方案已经满足了行政长官埃德温·戴勒提出的“双重目的”，即“集中了我们各式各样的活动以及在大城市追求学术与心智的可视化的标志与象征”。因此，大学随即表示同意。布鲁姆斯伯里校址的设计方案得到了社会各界许多人的认可，他们认为新的设计符合伦敦这个大都市的身份，实现了现代性和庄严性的统一。功能主义建筑师埃里克·门德尔松（Erich Mendelsohn）致信霍尔登说，他“被深深地吸引了，并且坚信伦敦没有比这更出色的建筑了”①。但是反对者的声音也依然存在，他们认为伦敦大学自始至终就是一个庞大而丑陋的怪物。霍尔本行政区议员 T. L. 亨伯斯通（T. L. Humberstone）曾是大学的行政人员，他认为这样的设计是非常愚蠢的而且是狂妄自大的。像这样类似的恶语攻击时不时地出现在校舍的整个建设过程之中以及大学以后的发展之中。还有更为专业的或中肯的批评。著名建筑史学家尼古劳斯·佩夫斯纳（Nikolaus Pevsner）认为这种风格“属于一种陌生的、半传统的、悬而未决的现代主义”，还有“奇怪的巨大支撑物”和使他“困惑”的小阳台；而且，“该方案在某种程度上不具有查尔斯·霍尔登设计的小地铁站的气势和意蕴”②。霍尔丹的友人、丹麦建筑师斯滕·艾勒·拉斯马森（Steen Eiler Rasmussen）指出，拥有这个扩张性的设计，“伦敦大学将渐渐吞没那些越来越多的老房子，并且这个总部——贝德福德公爵投资改善民居用的房子——已经呈现出了完全不同的特征”③。

霍尔登的设计方案既受人敬佩又受人指责，但是自 20 世纪 30 年代以后伦敦大学再也不那么容易被人们忽略了，这是一个不争的事实。大学很快进入了动工建设阶段。1933 年 6 月，国王乔治五世为伦敦大学举行奠基仪式，这是一个值得纪念的日子，场景华丽而庄重，师生们奏歌欢庆，祈愿大学发展一切顺利。但此时正逢世界经济大萧条，不足的建校资金给大学的发展蒙上了一层阴影。作为大学财政主管的董事会主席麦克米伦积极为大学建设募集资金，调动各项经费，统筹分配，优先考虑大学总部的建设项目，在困难时期使大学的整体建设有了较为可靠的资金供给。1927 年，大学学院在百年

---

①③ Free Encyclopedia. Senate House (University of London) [EB/OL]. http://www.isnare.com/encyclopedia/Senate_ House_ (University_ of_ London), 2013-12-12.

② Negley Harte. *The University of London, 1836-1986: an illustrated history*. London: The Athlone Press, 1986, p. 221.

校庆[①]之际向大学申请了50多万英镑的资助，但1930年麦克米伦仅拨付了不到一半的资金；1929年，国王学院在百年校庆之际向大学申请了35万英镑的资助，但1933年麦克米伦仅拨付了6.5538万英镑。此外，麦克米伦在伦敦等地公开发表演讲，呼吁人们捐款资助大学的发展，并且获得了显著的效果，例如伦敦郡议会拨给大学总部25万英镑且又增拨给教育研究所和伯克贝克学院20万英镑，米德尔塞克斯郡议会拨款10万英镑用于建设图书馆，伦敦金融城公司捐助10万英镑用于建设大礼堂（Great Hall），来自50个城市同业公会的捐款总数超过了7.5万英镑，伦敦商业公司捐助了12万英镑，等等。据统计，在1933—1938年期间，伦敦大学获得来自各类公共和私人的捐助总额超过了100万英镑。这些资金理应可确保布鲁姆斯伯里校址上的理事会大厦可以在大学的百年校庆来临之际及时建成。

伦敦大学的校庆之日是从1836年《第一特许状》的颁布时间算起的，即每年的11月28日，但1936年的百年校庆之日却意外地提前了。其原因主要有两个方面：一是因为国王乔治五世在1936年初去世，他生前已经同意开放校舍，所以将校庆提前是为了迎合国王的遗愿；二是因为11月份正值各校上课期间，不便于其他大学代表出席校庆典礼，所以校庆之日被提到了暑假之前。这样，伦敦大学的百年校庆之日就定在了6月27日至7月3日。来自全世界的190多所知名大学和学术机构的代表参加了伦敦大学的百年校庆，巴黎大学的路易斯·卡扎米安（Louis Cazamian）教授被邀请发言，他对伦敦大学的建立与发展过程的总结十分精辟。路易斯·卡扎米安说：

> 伦敦大学的建立深植于两个持续改变人们生活的运动：民主与科学的出现。在这所大学的精神与传统中，这所大学所蕴含的精神和传统浸渍在最不可毁灭的民主的灵魂之中：那就是爱，它渴望把共同的文化遗产带给地球上所有的儿童。在那种精神与被珍藏的传统中，还有科学家的奉献；他的宗教追求曾经一代一代地传播，都是无涉利益的知识。种类和数量繁多的学术团体嫁接到单一的树干上，现在在白天的日光下绽放；学院、研究院、研究所、实验室、医院的活动被集中在这个母校的宽阔延伸的臂膀中，它们是其伟大功勋的见证者。[②]

然而，遗憾的是理事会大厦并没有因应校庆时间的提前而完工，因此伦敦大学的百年庆典不得不在一个没有中心装饰的地方举行。直到庆典结束几

① 大学学院的百年校庆之日是在1926年，但由于经济衰退，被迫延迟至1927年举行。

② University of London. *University of London, 1836－1936: Centenary Commemorative Volume*. London: The Chiswick Press, 1936, p. 51.

周后，行政办公室才从帝国协会迁入新的理事会大厦，董事会和理事会分别在10、11月份举行了搬迁后的第一次会议。大学渐渐发现没有足够的后续资金来实现霍尔登的全部计划，为了节省开支，霍尔登又修正了原先的方案，把校址南段的波特兰石建筑留给了位于中央的理事会大厦塔，在北边用更经济的砖头设计了一系列的分离式建筑，保留了托灵顿广场作为"大学的花园"。1937年，塔的建筑完成并竖起了旗杆；同年，图书馆的建筑也已接近尾声，1938年10月大量的书籍从帝国协会搬入布鲁姆斯伯里。在1938—1939年这一学年中，理事会大厦有过一段华丽而简短的时期，外部灯光炫彩夺目，内部灯光错落有致，还有两个盛装的男童在入口处警戒。乔治五世曾说，整座校舍非常像一艘战舰，而彼时它更像一艘配置非常齐全的远洋客轮，这学期末就驶向了战争。1939年，正在使用的理事会大厦并没有完全竣工，"二战"的爆发使它注定不可能正式开放。

本章小结——困境与出路

20世纪初，伦敦大学的重组迎来了进一步的发展与扩张，大学联邦制扩大，下属学院数量增多，新的研究所成立，学科门类齐全，一所新型的联邦制大学正在崛起；再到1929年实行新的大学章程，在治理模式上，伦敦大学就形成了一种由董事会与理事会组成的内部双重领导体制，下设的小组委员会数量增多，分管不同事务，这比之前单一的理事会领导体制具有更大的优越性。但在"二战"前伦敦大学所取得的这些发展并不是一帆风顺的，改革的弊端在当时就已埋下伏笔，而且一些老的争论问题一直都存在，没有彻底解决，只是在不同时期争论的激烈程度不同而已。这些老的争论问题最终都归结为集权与分权的矛盾。"二战"前伦敦大学表现出了强烈的集权化管理倾向，这是它陷入各种难以自拔的困境的根本原因。从世界近代教育史的发展历程来看，教育的集权与分权问题可以说是一个"世纪难题"，它就像一个钟摆，在不同的历史时期呈现出左右摇摆的现象，过于集权和过于分权都是不利的，似乎只有它摆至中间那个位置才更有利于教育的发展，从而实现集权与分权的均衡、协调发展。集权化发展到一定程度时必然会转向分权化，因此摆脱"二战"前伦敦大学改革的各种困境的根本出路就是分权改革，并且只有在大学总部的集权管理与各个学院的分权管理过程中寻找一种平衡机制，才能保证改革的顺利进行。

第七章　从伦敦大学百年史看近代英国高等教育改革与发展的特点及趋势

从伦敦大学的百年史来看，其改革与发展既是一部政府对高等教育改革的历史，又是一部高等教育自身发展的历史。英国政府干预高等教育的历史久远，但直到19世纪二三十年代才逐渐表现得更为明显。经过百年的历史演变与发展，英国政府对高等教育的关注至“二战”前已成常态化趋势，如任命皇家委员会考察大学、颁布大学法改革大学、建立拨款委员会间接调控等，可以说，具有现代化某些特点的英国高等教育在“二战”前就已形成。其中，伦敦大学就是一个典型代表。

一、近代英国高等教育改革的特点——自发性、消极性、妥协性和开放性

从创办历程来看，伦敦大学与英国古典大学不同，前者是政府颁布特许状组建的管理团体，从事拟定考试大纲、组织考试、授予学位等工作，以行政事务为主；而后者则是历史上逐渐形成的学术团体，深受传统文化的影响，其封闭性和保守性不言而喻。因此，与古典大学相比，政府改革伦敦大学具有较强的可切入性。这种可切入性表现为在其百年的办学过程中政府通过多个特许状、增补特许状及法案来改革伦敦大学，而在同时期的古典大学中这种频繁的改革则是较为罕见的。政府对伦敦大学的频繁改革反映出了近代英国高等教育改革的一些基本特点，如改革动力的自发性、应对改革的消极性、改革策略的妥协性和改革模式的开放性。

（一）改革动力的自发性

虽说伦敦大学是政府一手创办的，且因坚持教考分离的原则而经常被认为是组织考试、授予学位的“政府部门”，但政府对伦敦大学的改革从一开始就不是主动的，而是被动的，是大学内部主动发起的一种自下而上的改革。在多次改革中，政府都是在内外重重压力的包围之下才不得不出手干预的，这种内部需求式的改革模式体现了近代英国高等教育改革动力的自发性

特点。

1826年，伦敦大学学院以“公司”名义正式成立，但由于没有特许状，缺乏存在的合法性依据，致使学院很少受到人们的认可，发展较为缓慢。学院领导者深知这张特许状的重要性，并积极努力申请特许状，可在保守派的阻挠之下，这一夙愿始终难以实现。相反，国王学院在创办不久后，就获得了保守派政府颁发的特许状，赢得了良好发展的先天优势，但由于不少教师英年早逝等客观原因，国王学院的发展也不尽如人意。在围绕世俗与宗教的斗争中，国王学院要求改革的欲望并不强烈，它的目标主要是培养商业从业者，或者为获取学位或圣职做准备；大学学院则强烈要求政府颁发特许状并赋予学位授予权，以获取真正的大学地位，这是它要求政府改革的主要内容。众所周知，彼时的伦敦高等教育以大学学院和国王学院为主导，但政府对二者的态度是完全不一样的，如果执政党是保守的托利党，则支持国王学院；如果执政党是改革的辉格党，则支持大学学院。事实上，在那个时代托利党的势力明显强于辉格党，直到19世纪30年代以后辉格党才开始再次集结，重新掌权，一跃成为主张改革的自由党。因此，在大多数时候政府都是支持国王学院的，而对大学学院的改革诉求则置若罔闻。就在伦敦的高等教育陷入难以自拔的困境时，英国的政治环境发生了变化，要求改革（包括教育改革）的呼声此起彼伏，由大学学院发起的、自下而上的高等教育改革诉求在政府层面得到了积极的回应，通过一系列的讨论与协商，政府改革的方案终于出台，伦敦大学由此正式诞生，这标志着伦敦的高等教育发展进入了政府管理阶段。

19世纪中叶，伦敦大学的内部不断扩张，激发了政府颁布《增补特许状》，准许英属殖民地的考生参加伦敦大学的学位考试，促进了伦敦大学向海外延伸，使之逐渐从一所全国性大学发展为一所帝国性大学。这期间，最重要的发展是科学教育改革，这也是大学内部人员发起的，为适应社会市场对人才的需求而要求政府设立理学部及科学学位，最终由政府颁布特许状予以确定科学教育发展的方向。在理学部的建立过程中，时任生理学和比较解剖学考官的著名科学家托马斯·赫胥黎发挥了关键作用。赫胥黎首先联合一批科学精英，联名向大学理事会提出申请，要求在考试科目中增加实验科学的内容，理事会同意了他们的申请，随即向政府建议修改特许状。其次，赫胥黎在给政府的请愿书中极力为他提出的以文、法、神、医和理这五个人类知识的分支做出辩解。最终，政府才在《第三特许状》中同意授予理学学位。在女子高等教育的改革中，由伦敦大学毕业生组成的评议会发挥了重要作用。在评议会的推动下，政府接连颁布了两个《增补特许状》，逐步实现了女性对伦敦大学学位的渴求。

在《1898年伦敦大学法》成功颁布的过程中，伦敦大学自发性的改革诉求更是表露无遗。19世纪70—80年代，伦敦大学考试制度的弊端日益突出，一些下属学院的教师发起了一场针对大学结构与功能的争论，要求变单一考试功能的伦敦大学为教学与考试相结合兼管科研的大学。在争论进入白热化阶段时，大学邀请政府组建皇家委员会，考察伦敦大学的具体问题。经过两个皇家委员会的轮番考察，终于达成了改革的共识，《1898年伦敦大学法》正式颁布，一所教学与考试相结合兼管科研的联邦制大学即将在世纪之交诞生。在后来的《1926年伦敦大学法》的颁布过程中，同样先是大学内部发起的改革诉求，再提交政府审议，最后才得以实施。

从伦敦大学的改革历程来看，不难发现，伦敦大学改革的动因来自大学的内部需求，属于内源发展，通常表现为一种自下而上的改革诉求。“所谓内源发展，是指一个国家高等教育发展的动力主要来自于内部，来自于该国本身经济、政治、文化以及教育发展所产生的客观需要。”① 因此，伦敦大学的改革是内部自发的而不是外部强制的，其改革的动力具有明显的自发性特征。

这种自下而上的改革又被称为“上升型改革”②。这种内部需求式的改革一旦得到政府批准与认可，那么在政策的实施过程中遇到的阻力就较小，能较好地实现改革的目的，达到预期的效果。与之相反的就是“下延型改革”，是由政府自上而下推动的，在国家权力的影响下政府向大学内部贯彻实施的改革，因此它具有强制性的特点。如果国家推行的改革与大学内部需求的改革不一致或违反大多数人的利益，那么改革中遇到的阻力就可想而知，且不说能达到什么样的预期效果，就是要自上而下地完整实施这项改革也是十分困难的。英国高等教育之所以出现这种“上升型改革”模式而不是“下延型改革”模式，主要原因在于英国是一个典型的分权制国家，政治体制上是采取三权分立，这种模式在欧美发达国家较为普遍，如英国、美国等。“下延型改革”是集权制国家的主要特征，表现为大学外部的政府积极推动改革的进程，这种模式在后发型国家中较为普遍，如中国、日本等。与“下延型改革”相比，自发性的“上升型改革”更有利于促进国家高等教育的内涵式发展。

两种不同的改革模式反映的是两个不同国家的政治体制，各自都有相互适应的不同的政治环境，“下延型改革”与集权制国家相配，“上升型改革”与分权制国家相配。因此，我国在借鉴这种改革模式的过程中要切忌完全照

---

① 张斌贤：《中外近代高等教育发展动力的比较》，《高等教育研究》1997年第6期，第83页。

② 唐玉光、房剑森著：《高等教育改革论》，桂林：广西师范大学出版社2002年版，第96页。

搬。但这两种与政治体制相匹配的改革模式并非水火不容，如果能把“上升型改革”巧妙地运用至高校内部改革之中，在宏观上仍然以政府贯彻的“下延型改革”为主，那么在“上下一致”的情况下，改革与发展稳步推进，我国高等教育的内涵式发展将会有重大突破。

（二）应对改革的消极性

在应对伦敦大学自下而上发起的改革诉求时，政府并没有积极做出果断决策，而是受政治等因素的影响多采取缓兵之计，因为教育问题从来就不是英国政府首要关注的问题，这就导致大学从政府获取改革的法理依据（特许状或法案）的过程是艰难而漫长的。因此，英国政府对高等教育改革的态度是消极的、被动的、拖延的。

伦敦大学学院从1826年成立到1836年获取特许状，整整用了十年时间。在这期间，以布鲁厄姆为首的校务委员会为大学学院申请特许状付出了长期的努力与汗水，他们相互商议，起草并修订特许状草案，同时四处奔波、风尘仆仆，在议会中竭尽全力去争辩、游说议员，目的就是使特许状草案早日顺利通过。可是，政府对他们的辛勤付出却熟视无睹，一再拒绝特许状的批准，或是由于党派偏见或是由于政务繁忙而无暇顾及或是由于其他原因。当然，其中最重要的原因还是政治因素——大学学院的改革诉求与托利党的执政理念相悖，而支持大学学院的辉格党在那时又没能成为真正掌握实权的执政党。但是特许状迟迟没有获批并不完全是由于辉格党未能上台执政所导致的，1830年辉格党也曾短暂地上台执政过，可它急于推动议会改革，根本无暇顾及教育改革。因此，无论是托利党还是辉格党，都没有把教育改革作为首要问题来考虑，他们对待教育改革的消极态度是两党的共性特征，也是英国政府对待高等教育改革的一贯做法。

在女性申请伦敦大学学位的过程中，受保守主义思想的影响，政府对待改革的诉求同样是消极的、拖延的和保守的。1856年，怀特小姐致信大学理事会，要求准许自己成为伦敦大学学位的申请者，遭拒；1862年，伊丽莎白·加勒特申请参加伦敦大学的入学考试，遭拒；1863年，评议会内部讨论，女性可以参与牛津和剑桥的地方考试，结果不令人满意；1866年，大学内部通过女性考试的相关规定，1867年获得政府颁发的《增补特许状》，但女性仍不能获取学位，只能获取能力证书；1874年，评议会认可了女性可以申请伦敦大学学位，1878年政府再次颁发特许状，准许女性申请伦敦大学学位。这是一个艰难的过程，前后共历时22年。代表毕业生利益的评议会的表现是积极的、进步的，但代表政府利益的理事会的表现则是消极的、迟疑的，其内部的保守主义思想是阻碍伦敦女性高等教育改革的主要因素。

英国政府改革高等教育的消极、被动、拖延的态度在19世纪末伦敦大学结构与功能的争论中表现得更为明显。从19世纪70年代初的争论开始，到《1898年伦敦大学法》的颁布结束，伦敦大学用了至少25年的时间才迎来了政府的改革。1870年，大学迁入伯林顿花园之后，教学与考试的矛盾就开始显现；1873年，财政大臣罗伯特·洛为纯考试机构的伦敦大学进行辩护，普莱费尔提出反对意见；19世纪70年代中期，大学学院的教师加入反对大学考试功能的行列；19世纪70年代末，评议会参与了这场争论；进入19世纪80年代，大学内部形成了改革同盟，并起草了改革的多种方案，如促进会计划、评议会计划、理事会计划、阿尔伯特大学特许状草案等等。理事会的参与引起了政府的关注，在大学的恳请下，1888年政府组建了皇家委员会负责改革伦敦大学，以失败而告终。1892年，政府再次组建皇家委员会，重新考察伦敦大学，1894年提出了富有建设性意义的报告，但仍然存在争议。又经过四年的努力，政府终于在1894年报告的基础之上出台了改革伦敦大学的法案。在法案出台的整个过程中，大学内部争论了十几年，政府同样用了十几年的时间才颁布了改革伦敦大学的法案。这足以反映政府改革伦敦大学的消极性。

在伦敦大学每一次重大改革中，政府的反应都是消极的，这种消极、被动的应对态度除了源自党派偏见之外，还有更深层次的文化因素，即英国根深蒂固的自由主义传统。19世纪是英国自由主义发展的黄金时期，尤以边沁、密尔父子等人主张的功利主义为主要表现形式。英国政府在各项事业的改革中都贯彻着这一思想，自由主义可以说是无孔不入，“在经济上主张不干涉主义，放任主义即自由经营、自由贸易、自由竞争，反对政府干预私人经济；在政治上主张政治改革，扩大议会民主；在思想上主张言论自由、思想自由、出版自由；在宗教问题上主张宗教信仰自由”①。由此看来，英国政府对待高等教育改革的消极态度也就不难理解了。

依一般的眼光来看，“消极”“被动”“拖延”等都是贬义词，预示着不好的征兆，用这种消极、被动、拖延的态度来应对改革肯定是不可取的，似乎不值得我们吸收与借鉴，其实不然。从另一个角度来看，“消极”“被动”和“拖延”还有一层意思就是“等待”“冷静”“缓进”“观察”等，充分发挥这些优势就形成了英国社会改革特有的模式，即渐进性改革模式。这是英国率先实现现代化的重要法宝。高等教育改革是英国社会改革的一部分，尽管没有成为社会改革的首要内容，但也不可避免地受到这种渐进性改革模

① 孙鼎国、王杰主编：《西方思想3000年》（下），北京：九州图书出版社1998年版，第1898页。

式的深刻影响。

渐进式改革是原发型现代化国家（如英国、美国等）的特点，由内部自然发展而生成。与之相对的是激进式改革，由外部强行实施，主要是后发型国家（如苏联、日本等）的特点。就变革的利害而言，渐进式改革往往优于激进式改革。渐进式改革表面上是消极、被动，但实际上是缓慢推进、逐步实施、稳中求变，正所谓“摸着石头过河”。改革开放以来，我国经济体制改革走的就是这条渐进式的改革之路，取得了显著成效。在教育领域，我国也在借鉴这种分阶段的渐进式改革模式（如各时期的教育规划纲要等），但改革中的问题仍然十分突出。个中缘由肯定很多，如果从改革模式的选择上来分析就会发现，改革模式过分单一化是其重要原因之一。事实上，与激进式改革相比，渐进式改革虽然优势明显，但也有弊端，而激进式改革并非一无是处，它也有成功的案例，如英国开放大学的创办彻底变革了教学方式等。因此，在高等教育改革中必须修正唯渐进式改革是从的偏见，尤其是在大变革的小变革中，正确、果断的决策显得十分重要。根据由量变到质变的唯物主义观点，只有通过小规模的激进式变革才能实现大规模的渐进式变革。

（三）改革策略的妥协性

高等教育系统是一个复杂的结构，在改革过程中势必会遇到各个要素之间的利益冲突，面对两种矛盾如何选择解决策略成为改革成败的关键。英国政府在伦敦大学的两次重大改革中所采取的改革策略都表现出了妥协性的特点：一次是1836年颁布《第一特许状》，成立了伦敦大学；另一次是1898年颁布《1898年伦敦大学法》，成立了联邦制伦敦大学，实现了伦敦大学的现代转型。政府通过妥协性的策略，较好地度过了改革的艰难期，巧妙地均衡了各方利益，从而达到了以最小的代价实现最大的利益的效果。所谓的妥协性策略就是在一组矛盾中尽量保持中立，不偏袒任何一方，让矛盾的双方同时存在，通过合并、共存的方式，从中探索改革与发展的第三条道路。

19世纪20—30年代，伦敦有两所相互竞争的大学，一所是以世俗化为特色的伦敦大学学院，另一所则是以宗教教育为基础的伦敦国王学院，二者围绕世俗与宗教的斗争持续了十余年，它们共同构成了伦敦大学的前身。1836年，政府颁布了《第一特许状》，表面上缓解了长期以来世俗与宗教的矛盾，实际上并没有从根本上彻底解决这对矛盾，世俗性和宗教性一直都还是这两所学院的重要办学特色。政府只不过是采取了一种妥协性的策略，搁置世俗与宗教的矛盾，另组建一所既不进行世俗教学也不进行宗教熏陶而只进行组织考试和授予学位的大学，这样不仅满足了大学学院对学位授予权的渴望，而且照顾到了国王学院的尴尬处境，将二者同时都接收为伦敦大学的下属学院，均衡了二者的地位，在公众面前显示了政府公正严明、不偏袒任何一方的态度。这就是政府在第一次改革伦敦大学中所采取的妥协性策略，通过此策略，政府努力做到中立原则，另行开辟了伦敦大学未来改革与发展的除世俗与宗教两个方向之外的第三条道路，即纯考试机构的大学发展之路。

妥协意味着折中、让步，它本身就有贬义的一面，因此，英国政府采取妥协性的策略是有弊端的，1836 年的改革注定是一次不彻底的改革。到 19 世纪最后 20 年，这一弊端开始显现，早期两所学院之间世俗与宗教的矛盾逐渐转化为学院与大学之间教学与考试的矛盾。这次是伦敦大学史最重要的改革，大学内部争论了 10 余年，在政府层面又争论了 10 余年，最终才达成了通过颁布法案来改革伦敦大学的共识，可见，《1898 年伦敦大学法》的生成着实是一个难产的过程。综观这次改革的前前后后，政府还是一如既往地采取了消极、被动、拖延的态度，其中妥协与折中的策略表现为允许教学与考试这对矛盾的双方同时存在，将其融合为伦敦大学的双重功能，并且兼顾大学的科研功能，在大学总部建立研究所，加强大学的科学研究功能，试图将纯考试机构的伦敦大学改革为教学与考试相结合兼顾科研的联邦制大学。这条注重科研功能的联邦制大学发展之路就是政府为伦敦大学未来的改革与发展而开辟的那条除了教学与考试两个功能之外的第三条道路。值得注意的是，政府此次改革还解决了 1836 年遗留下的问题，即成立神学部、授予神学位，满足了国王学院对学位的诉求，更为公正地安置了国王学院在伦敦大学中的地位。

从中至少可以证明以下两点：其一，英国政府改革的妥协性策略既是一种缓兵之计，也是一种自由放任政策，这种妥协性策略给予了政府足够的时间来思考与决策，也给予了大学自身发展的充分自由，政府观望大学自身发展的整体趋势，顺势而动，从而做出的决策也就较易被大学接受。其二，英国政府在改革时机的选择上恰到好处，因为它巧妙地避开了矛盾争论的最激烈阶段，选择在教学与考试争论激烈的时候解决之前遗留下来的世俗与宗教的矛盾，这时人们的注意力完全不在宗教问题上，而只有国王学院为之努力奋斗，政府满足它的诉求即可，也不会招致强烈的反对。

改革是一个除旧布新的过程，但在具体的新、旧冲突面前，盲目的除旧或布新都会带来很大风险，而最保险的方法就是采取妥协性的策略，让二者同时共存，在妥协中探索新的出路。英国是一个原发型的现代化国家，在传统与变革之间，英国选择了妥协的路，这是英国社会发展的一种模式。① 英国高等教育改革亦是如此，遵循着这条妥协性改革的路线。伦敦大学的两次富有深刻意义的变革都是在妥协和让步中进行的，矛盾的双方都没有完全打垮或击败对方，就在双方争执到不可开交之时，政府开始干预，但政府也没有偏袒任何一方，而是保持中立，在妥协中另辟蹊径，试图通过第三条道路来融合双方长久以来存在的激烈矛盾。英国政府通过这两次明智的妥协成功地改革了伦敦大学，实现了伦敦大学从近代到现代的转型，使之逐渐迈入世界一流大学的行列。可见，妥协达成融合、融合蕴含妥协是近代英国高等教育改革的重要特点。

从某种程度上来说，妥协性的改革策略是高等教育自身组织系统所规约的。高等教育系统之所以会长期保持一种相对稳定的状态，就是高等教育内部各个要素相互妥协的结果，而它的每次重大变革也是妥协的结果。正如美国著名学者伯顿·R. 克拉克所说："就高等教育而言，任何重大事业的成功都是各种互相矛盾的价值观念彼此妥协的结果。高等教育的组织系统本身就显然是一个妥协的产物。"② 高等教育系统的复杂性已毋庸置疑，其中蕴含着各种价值观和利益的相互妥协，然而，这种妥协大多被人们忽视，或仅被理解为贬义词，忽略其积极意义，不难推测，缺乏合适的妥协是高等教育改革乃至高等教育现代化陷入困境的重要原因之一。因此，充分认识妥协和利用妥协对我国高等教育改革及其现代化具有重要意义。

（四）改革模式的开放性

从 1836 年伦敦大学的诞生到《1926 年伦敦大学法》的颁布，政府在改革伦敦大学过程中采取的是"下延型改革"模式，这种模式具有较强的开放性和包容性特点，如准许授予非国教徒学位、在殖民地设置考试点、准许女性申请学位等，不仅受教育群体在扩大，而且教育内容、教育方式也逐渐多样化。

首先，在大学的招生对象上表现出开放性。1826 年伦敦大学学院的创办是以服务于广大中等阶级为宗旨的，其世俗化的特征也折射出了对不同教派的包容性，允许各个教派的信徒进入学院学习，一举打破了国教派对英国高等教育的长期垄断。1836 年在此基础上创办的伦敦大学延续了大学学院的办

---

① 钱乘旦、陈晓律著：《英国文化模式溯源》，上海：上海社会科学院出版社 2003 年版，第 2 页。

② ［美］伯顿·R. 克拉克著，王承绪等译：《高等教育系统——学术组织的跨国研究》，杭州：杭州大学出版社 1994 年版，第 284 页。

学宗旨，《第一特许状》中明确指出："对于我们忠诚的所有阶级和教派的臣民，毫无区别地激励他们追求一种正规和自由的教育课程。"① 这表明政府充分肯定了大学学院世俗化、包容性的办学方针，从一开始就为伦敦大学未来的改革与发展奠定了开放性的基础。1850 年，政府颁布《增补特许状》，准许英国境内及属地的所有院校可以报考伦敦大学学位，表明了政府改革伦敦大学的目的在于向国内所有人开放它的学位。1858 年的《第三特许状》有一个重大意义就是取消了对课程结业证书的要求，医学学位除外，这意味着伦敦大学学位面向全世界开放，所有人都可以申请它的学位。从伦敦，到全国及属地，再到全世界，政府逐步实现了改革伦敦大学让其面向所有人开放的目的。

其次，在大学的教育内容上表现出开放性。1826 年伦敦大学学院设置的 8 大门类、31 门学科在 1836 年的《第一特许状》中基本上得到了政府的认可，随之成立文、法、医 3 个学部并授予相应学位，唯独把神学排除在外，但政府在《第一特许状》明确指出，大学的目的是"为了宗教和道德的进步以及实用知识的提升"，这说明也强调了神学知识的重要性，并将其视为伦敦大学的办学目的之一。经过 19 世纪 50 年代科学教育思潮的影响，政府在 1858 年成立了理学部，准许大学颁发理学学位，这给予了科学知识巨大的发展空间，极大地促进了科学事业的发展。1877 年，又成立了音乐学部。在《1898 年伦敦大学法》中，政府正式设置了神学部及神学学位，同时还增设了工程学部和政治经济学部及其相应学位。从 1836 年的 3 个学部到 20 世纪初的 8 个学部，政府改革伦敦大学使其形成了一个十分庞大的、开放的学科体系，甚至在早期被排斥的神学知识也被列入了大学的学科体系，这足以证明政府改革伦敦大学的开放性和包容性。

再次，在教育方式上表现出政府改革的开放性。1898 年，政府首次明确设立了伦敦大学校外学位制度，形成了一种大学内外同一标准、不同类别的双重学位制度。该制度给传统的校内课堂教学方式带来了巨大挑战。校外学位制度主要适用于在伦敦地区之外申请伦敦大学学位的人，其学习方式较为开放，可以选择就近的教学机构进行学习，也可以选择自学或半脱产的方式完成规定的学业课程，只要通过与校内学位标准一致的考试就可获得学位。政府设置校外学位制度的目的就是要扩大高等教育的受惠范围，让更多不便于来到伦敦求学的人可获得伦敦大学的教育，同时彻底改革了传统的课堂教学方式，开创了自主学习的早期实践模式，为后来的远程教育和开放大学的

① First Charter, 1836. //University of London. *University of London: the historical record, 1836 - 1912*. London: Hodder & Stoughton, 1912, p. 26.

发展奠定了重要基础。

英国政府改革伦敦大学的开放性与包容性是由自由贸易时代社会市场的需求所决定的。在19世纪自由主义的黄金时代，英国政府深入贯彻自由贸易的原则，从不强行干预市场秩序，放任其自然发展，导致市场完全处于一种自由运转的状态。自由市场意味着自由竞争、趋利避害、适者生存，人类的需求成了市场发展的方向标，人类的不同需求导致了市场的多元化发展。那些越能满足人类需求的行业就越能获得比其他行业更好的发展机遇，尤其是那些在工业革命中涌现的、由新兴技术支持的行业，如矿业、铁路、制造业等。这类行业的专业型人才的培养由传统的行会教育转移到了近代的大学教育，伦敦大学学院是这一创举的最早发起者。大学学院在创办之初就开设了语言学、物理学、地质学、矿物学、植物学、工程学、医学等现代语言课程和实用课程，不分教派地招收广大的中等阶级子弟入校学习，1836年政府正式授予这些毕业生相应的学位。政府意识到大学学院世俗化、实科化的教学内容所培养的毕业生更能满足社会市场的需求，随即将其学位授予权扩大至全国及海外属地。因此，在政府开放性政策的指引下，伦敦大学在第一个百年中就迎来了井喷式的发展。

从整个历史过程来看，英国政府对伦敦大学的开放性改革不是一步到位或一蹴而就的，而是分阶段逐步实施的。第一阶段为1825年伦敦大学学院的倡议至1836年伦敦大学的成立；第二阶段为19世纪50年代至70年代，扩大学位授予范围，增设学部；第三阶段为19世纪80年代至20世纪初，继续扩大学部组织，增设校外学位制度。改革实际上就是一个由传统、保守向现代、开放转变的过程，显然这个过程需要分阶段来实施，不可一蹴而就。近代英国高等教育改革的开放性与包容性在多数情况下表现为传统与现代共存的局面（如宗教与世俗共存、考试与教学共存等），这就形成了英国高等教育现代化的显著特征。

二、近代英国高等教育发展的趋势——实科化、多元化、大众化和集权化

作为近代英国高等教育改革的开路先锋，伦敦大学毫无疑问地见证并引领了近代英国高等教育发展的整体趋势，即在教育内容上实科化、在大学功能上多元化、在教育对象上大众化和在管理体制上集权化的总体趋势。

（一）教育内容的实科化

实科即理工科。英国高等教育机构以牛津大学和剑桥大学为源头，二者

自中世纪诞生以来均以文、法、神、医四科为主要教育内容，排斥一切实科内容，因此两所老大学自然而然也就与以技术创新为动力的工业革命的关系相去甚远。虽然剑桥大学在16世纪起就引入了自然科学教习，但与古典学科相比，其在大学中的地位显然没有受到应有的重视。随着不信奉国教者学园的兴起，一些像物理学、机械学等这样的自然学科和一些培养手工艺人的商业学科开始出现在了学园当中，但到19世纪学园已渐渐衰落。直到1826年，伦敦大学学院委员会拟定了第一份纯世俗化的课程设置表，标志着近代英国高等教育的世俗化、实科化的进程正式开启。在它的带领下，英格兰各主要城市纷纷建立大学学院，开设实科课程，从而掀起了近代英国史上第一次新大学发展运动。

1858年，伦敦大学在全英所有高校中率先设立了理学部，将理科课程从庞杂的文学部中完全独立出来，正式给予理科与其他三科[①]在大学中同等重要的地位，这一创举极大地推动了科学教育事业的发展，为工程学等学科的创立与发展奠定了重要基础。而此时的牛津大学与剑桥大学也在政府的干预下尝试改革，但困难重重、步履维艰。在科学教育思潮的勃兴之下，牛津运动的主将约翰·亨利·纽曼正在为捍卫自由教育与科学大师赫伯特·斯宾塞、托马斯·赫胥黎等人争论大学的理念问题。然而，科学教育的发展犹如破竹之势，锐不可当，纽曼的努力是在为英国传统的精英教育做辩护，已然不能扭转科教发展之大势。1898年，根据大学法案的规定，伦敦大学又设立了工程学部，在老大学中被视为“下等”学科的工程学在伦敦大学中得以被正名，从而获得在大学发展的巨大空间。20世纪初以后，随着帝国理工学院和女王玛丽学院的成立、合并与加入，伦敦大学理工科的科研水平达到了前所未有的新高度，处于全国领先地位。

正当伦敦大学的理工科蓬勃发展之时，牛津大学还在为其古典学科而沾沾自喜。1903年，皇家科学院的力学和数学教授约翰·佩里（John Perry）指责道：“牛津大学故步自封、毫无生机、盲目崇拜，很明显，科学方法的缺乏随处可见。……牛津大学不仅脱离技术教育，而且脱离非常好的知识——这个运动仅是一个征兆，即贸易和制造业不再像过去那样远离它们自己的现象；在所有国家，它们被按照科学规律组织起来。她总是炫耀般地使自己远离制造业和商业。几乎令人不可思议的是，一所以文化的博大为目标的大学竟然嘲笑那些使英格兰稳居世界前列的知识。”[②] 随着19世纪各大城

① 当时伦敦大学还没有设立神学部，只有文、法和医3个学部。

② Michael Sanderson. *The Universities in the Nineteenth Century*. London and Boston: Routledge & Kegan Paul, 1975, pp. 235 -236.

市兴起的大学学院在“一战”后开始升格大学，两所老大学才感到自身危机的存在，继而逐步寻求变革的出路，走向实科化发展的道路。迫于外界压力和害怕失去国家与社会的支持，剑桥大学开始与工商业界建立联系，改进传统的数学课程，使之变得更加实用，1905 年还开设了采矿专业。牛津大学行动较为迟缓，先是建立就业指导机构，推荐学生去学校任教和到工商业中去工作，直到 1908 年才开设了工程学学位课程，这是全英格兰大学中最后一个开设该课程的。第二次世界大战使政府对在大学里发展技术课程有了直接兴趣。[①]“二战”后，政府清醒地意识到国家整体实力已经明显落后于欧洲大陆和美国，遂着力发展技术教育，加强理工科学生的培养，并确定了在战后十年内技术人员翻一番的目标。

毋庸置疑，伦敦大学开创并引领了近代英国高等教育实科化的发展趋势，它为英国工商业的发展做出了重要贡献，首先是提供了促进工业发展的许多科技发明，其次是输送了一批杰出的工业科学家。例如，著名化学家约翰·弗雷德克里·丹尼尔发明了温度计、电池等；著名物理学家查尔斯·惠特斯通发明了光学立体镜、有线电报等；工程学教授伊顿·霍奇金森（Eaton Hodgkinson）擅长铸造，发明了工字梁、长对角架等；著名物理学家詹姆斯·克拉克·马克斯威尔（James Clerk Maxwell）构建了电磁辐射理论，在电学、磁学和光学领域都有杰出贡献；等等。“一战”前，面对许多不利因素，伦敦大学保持与工业关系的纪录是其杰出的成就之一。[②] 伦敦大学为英国近代工业所做出的科学贡献是卓越的，大部分都涉及“新”工业的创新与发展，尤其在电学、航空、染色、摄影、化学与原油工程等领域。因此，伦敦大学在促进英国工业结构的多样化发展中也扮演着重要角色。

（二）教育功能的多元化

一般认为，现代高等教育主要有三大功能：教学、科研和社会服务。教学功能扮演着传递知识的角色，科研功能扮演着创造知识的角色，而社会服务功能扮演着运用知识的角色。高等教育这三大功能不是在同一时间、同一地点形成的，而是有先后之分，且有各自不同的形成背景。自古希腊的高等教育机构诞生之时就同其他各级各类教育机构一样具有传递文化知识的功能，只是传递的文化知识的高深层次不同而已；直到 19 世纪初，德国大学

① ［美］马丁·威纳著，王章辉、吴必康译：《英国文化与工业精神的衰落：1850—1980》，北京：北京大学出版社 2013 年版，第 185 页。

② Michael Sanderson. The University of London and Industrial Progress, 1880 - 1914. *Contemporary History*, Jul. 1, 1972, p. 260.

的改革才将科研功能引入大学，获得巨大成功，一举扭转了中世纪大学的衰败迹象，从此教学与科研功能相结合的理念被全世界的高等教育机构广为效仿。至于社会服务功能，有学者提出："大学的社会服务功能首先萌发于美国。从赠地学院运动到康奈尔大学和威斯康星大学所表现出的大学社会服务功能，在 20 世纪以后很快就影响了其他西方国家乃至整个世界的大学教育，并得到普遍的认同和效仿。"① 笔者认为，该段引文的前一句话值得商榷。

一个较为广泛的共识是自 1862 年赠地学院运动及 1912 年"威斯康星理念"提出之后大学的社会服务功能开始受到越来越多的人关注，逐渐发展为现代大学赖以生存的第三大功能。众所周知，美国最早的大学是从英国移植过去的，因此大学的社会服务功能似乎也可从英国大学中找到历史的轨迹，例如伦敦大学。大学的社会服务功能的源头可以追溯至伦敦大学的一些下属医学院中。在英格兰，早期的医学教育仅在医院进行，随着人口的增多，这种传统的医学教育模式不能满足社会需要，从而催生了一种以医院为依托的医学院教育模式，医学院培养的医生专门为医院服务。伦敦大学最早的医学院是创办于 1553 年的圣·托马斯医院医学院，像这样的医学院伦敦大学共有十多所，而且它们大多创办于 1836 年伦敦大学成立之前。伦敦大学在与医院之间建立起了医学院，专为医院输送合格的职业医生，从而为医学教育的发展创造了新的模式。如果专为医院培养医生算作一项社会服务的话，那么大学的社会服务功能则起源于伦敦大学。不仅如此，伦敦大学学院首次开设的纯世俗化课程也是为社会市场需求而服务的。我国近代留英教育家余家菊曾感叹道："其以社会福利为鹄的之精神，今犹昔也。"② 由此可见伦敦大学当时的社会服务功能对现今的启示与借鉴意义。因此，伦敦大学的创办也为大学功能的多元化发展起到了重要作用。

德国大学的洪堡式改革主张教学与科研相结合，这里的科研指的是纯粹的学术研究，洪堡主张大学应该与社会保持一定距离。但这种模式被英国借鉴之后发生了微妙的变化，加强了大学与社会的联系。1826 年，按照德国大学模式创办的伦敦大学学院在课程设置上更倾向于社会市场需求，如现代语言和实科课程，从而延续了早期不信奉国教者学园的办学特点；1828 年，在反对大学学院世俗化的基础上创办了伦敦国王学院，在课程设置上除增设了宗教课程之外与大学学院别无二致，如商业原理与实践、绘画、矿物学等。此外，为了适应医学教育改革的需求，大学学院和国王学院分别在 1832 年

① 单中惠主编、杨捷副主编：《外国大学教育问题史》，济南：山东教育出版社 2006 年版，第 25－26 页。

② 余家菊著：《英国教育要览》，上海：上海中华书局 1925 年版，第 189 页。

和1838年创办了各自的医学院。可以说，在1836年皇家伦敦大学成立之前，作为伦敦大学前身的两所学院就具有了现代大学的教学、科研及社会服务功能。1836年之后，一所纯考试机构的伦敦大学正式诞生，原来学院继续保持着教学、科研和社会服务三项功能，在此基础上又增加了考试功能，但新大学的诞生不可避免地影响到了学院的三项功能，久而久之，受大学考试功能指引的学院背离了早期为社会市场需求而服务的宗旨，逐渐发展为功能单一的教学机构，随之便产生了关于高等教育结构与功能的大辩论。辩论的最终结果是产生了一所教学与考试相结合、兼顾科研的联邦制伦敦大学，这样伦敦大学的发展又重新回到德国大学的办学模式上了，不仅有教学与科研功能，还增加了社会服务与考试功能。虽然在官方的办学理念中一直未提及大学的社会服务功能，但伦敦大学的办学实践却是始终指向社会服务的。首先伦敦大学的考试功能本身就是面向许多社会考生服务的，其次它还创办了专门面向社会服务的人才培养机构，例如1915年创办的家政与社会科学部，为“一战”提供了大批军需服务型人才。因此，在伦敦大学的百年历史中，大学功能的演变走过了一条从多元到单一、再到多元的循环上升的发展之路。

20世纪以来，西方高等教育的发展已不再仅仅体现为某一种功能，而趋于多元功能，其主要表现为“教学功能的凸显，科研功能的加强，社会服务功能的发展”①。不可否认的是，大学功能的多元化也是近代英国高等教育发展的整体趋势之一。作为近代英国高等教育改革的引路人，伦敦大学在诞生之前就表现出多元化发展的趋势，尽管后来曾被单一的考试功能所抑制，但20世纪初重组后的伦敦大学无疑再次引领了近代英国高等教育功能的多元化发展之趋势。

（三）教育对象的大众化

1973年，马丁·特罗提供了高等教育大众化理论，认为高等教育从精英向大众的转移是历史的必然趋势，在高等教育毛入学率低于15%时是一种精英型高等教育，高于15%时才进入高等教育大众化阶段。1963年发表的《罗宾斯报告》被认为是英国高等教育大众化的宣言。该报告发表前英国的高等教育毛入学率仅为5%左右，而美国已经超过了30%，日本达到了10%左右。但到20世纪70年代中期，英国高等教育的毛入学率就超过了15%，

① 单中惠主编、杨捷副主编：《外国大学教育问题史》，济南：山东教育出版社2006年版，第38页。

正式迈入了高等教育大众化时代。[①] 深受传统文化制约的英国高等教育之所以能在短短的十几年内实现大众化，很大程度上是因为制约英国高等教育大众化发展的因素在“二战”前就被彻底扫除了。

高等教育大众化的指标是高等教育毛入学率的高低，即在校生人数占相应学龄人口总数比例。从历史上来看，垄断英国高等教育数百年的牛津大学和剑桥大学只招收少数群体的贵族阶层，像牛顿这样的寒门出身学生极其有限，按照马丁·特罗的理论，英国两所老大学属于典型的精英型高等教育。抑制近代英国高等教育早期大众化进程的因素主要有三个：一是出身限制，二是宗教限制，三是性别歧视。这也是导致英国高等教育毛入学率较低的直接原因。英格兰两所老大学在统治高等教育的过程中采取的做法是非贵族出身的人不收、非国教徒不收，从而将广大的中等阶级及不信奉国教者排除在高等教育的范围之外，至于女性更是自古就被排除在高等教育范围之外。因此，英国高等教育大众化发展的第一步就是要破除出身限制、宗教限制和性别歧视。而在破除这三个方面的限制中，牛津大学与剑桥大学的行动表现得都极为迟缓。

在 19 世纪 50 年代的著名改革中，政府成立的皇家委员会考察两所老大学时指出，牛津大学学生数量少的原因是：大学仍然以宗教课程为中心，导师必须是牧师，传统专业日益衰落，如已不开设医学专业；学校消费过高，不仅大学收费而且学院也要收费，再加上其他生活费用，这显然不是一般中下层阶级所能负担得起的；入学者必须信奉国教的 39 条教规，尽管剑桥允许非国教派者入学，但还是无法获取学位。为此，皇家委员会呼吁取消宗教限制。在随后出台的法案中，1856 年剑桥大学取消了入学者和学位申请者必须声明、宣誓或支持宗教的要求，神学学位除外；取消了大学议员必须是国教徒的限制；取消对奖助学生的宗教限制，但对研究员及攻读硕士、博士学位的人仍有限制。直到 1871 年政府颁布《大学宗教审查法案》（The Universities Tests Act），废止了牛津、剑桥、达勒姆三所大学的宗教考试，使得非国教徒也可获取学位、担任职位等，此后老大学的宗教色彩才开始慢慢褪去。此外，1868 年起允许学生搬出学校，住入廉价的住房，并对穷学生获得奖学金的限制予以放宽，以便使有才能但上不起大学的学生有机会进牛津、剑桥求学。[②] 总体来说，老大学的改革是从 19 世纪后半叶才起步的，但它的

---

① 相关数据来源于谢作栩著：《中国高等教育大众化发展道路的研究》，福州：福建教育出版社 2001 年版，第 73、81、93 页。

② 张泰金著：《英国的高等教育历史·现状》，上海：上海外语教育出版社 1995 年版，第 39 页。

过程是极其缓慢的。例如，剑桥大学 1921 年才准许女性申请学位；牛津大学 1920 年才准许女性成为大学的全职成员，但剑桥大学更为保守，直到 1948 年秋学期才认可她们。[①] 各种传统束缚及政府缓慢的改革政策都是"二战"后英国高等教育毛入学率一直低于美、日等发达国家的重要原因。

然而，相比于两所老大学，伦敦大学的改革是从 19 世纪上半叶就启动的，而且总是走在英国高等教育发展的前列，尤其在高等教育早期大众化方面。伦敦大学学院在 1828 年开学之际就一举打破了统治英国高等教育数百年的宗教束缚——允许非国教徒进入大学学习，同时还打破了英国传统高等教育招收的身份限制——只需缴纳少量学费任何人都可以入学，这为英国广大的中等阶级人群敞开了高等教育的大门。1836 年，政府颁发特许状，正式赋予了大学学院存在的合法性，同时另颁特许状，向这些非国教徒及中等阶级出身的学生授予学位。政府改革伦敦大学的开放性与包容性第一次强烈地触动了保守的两所老大学，随即批判之声如雨点般砸向伦敦大学，但这仅仅是伦敦大学改革的一个开始，更具震撼性的改革还在后面。1850 年，伦敦大学将其学位授予范围扩散至全英及海外属地；1858 年，取消课程结业证明，学位正式向世界所有人开放。1878 年，伦敦大学率先正式向女性开放学位考试，比牛津、剑桥早了近半个世纪。1912 年，伦敦大学首次授予女性教授头衔；1948 年，首次任命女性担任联邦制伦敦大学的校长。女性占高等教育入学人数的半壁江山，因此，准许女性进入高等教育领域是高等教育大众化的必由之路。而伦敦大学在这方面的贡献不仅是惊世骇俗的，更是不可磨灭的。

从改革的进程上来看，很显然，两所老大学的迟缓行动是在伦敦大学改革的带动下迫于外在压力而不得不进行的变革。伦敦大学率先开启了英国高等教育早期大众化的进程，它的不断改革为"二战"后英国高等教育大众化的发展扫清了重重障碍，如克服宗教限制、不问出身只需缴纳少量学费就可入学、准许女性入学等，从而为英国高等教育大众化的实现奠定了重要基础。

（四）教育体制的集权化

近代以来，随着民族国家的兴起，西方各国开始构建自己的国民教育体系，加强政府对国民教育的引导与控制，以努力提升国民素质为目标，在全世界掀起了一场教育体制集权化的改革浪潮。德国是国民教育体系发展中的

---

① S. J. Curtis and M. E. A. Boultwood. *An Introductory of English Education since 1800*. London: University Tutorial Press, 1964, p. 348.

领先者，到19世纪30—40年代就建立了一个完整的国家控制体系；法国是集权制教育体系的典型代表，在19世纪早期公立学校就占支配地位，国家与地方各级的一体化管理已经形成，但小学教育的发展到1882年《费里法案》的颁布才确立了免费、义务和普及的原则；美国是联邦制国家，各州独立的教育体系在1830—1860年间已基本形成。然而，英国在这场声势浩大的国民教育体系的建立过程中的反应仍是极其迟缓的。正如英国比较教育学家安迪·格林所说："英格兰和威尔士在建立国家公立教育体系方面要落后于欧洲大陆其他各国大半个世纪。"① 尽管英国政府在19世纪就开始间断性地干预教育的发展，但始终没能建立起一个充分的公立教育体系，直到1902年法案的颁布，高度统一的教育管理体系才逐渐明朗。早在18世纪就出现的欧洲大陆国家教育体系的集权化发展刺激了19世纪英国政府对教育的干预，但英国教育的集权化发展则真正开始于20世纪以后。

英国是一个分权制的国家，在政治体制上采取立法权、司法权和行政权三权分立的模式。从理论上来讲，"政体"和"治体"是国家体制的两个方面，且往往并不一致，因此在分权制的政体中可以表现出集权制的一面，但这种"集权"是分权体制下的"有限集权"，而不是"专制集权"。近代以来，西方国家的议会分权民主政治有一种向行政集权民主政治转变的趋势，"如果国家要对某一领域行使决定性的强制权力，并且要以这种方式永久性地影响一个人的生活前景的话，那么立宪过程就应该在切实可行的范围内维持原初状态中的平等代表制"②。这样一来，近代英国教育的集权化改革就容易理解了。当然，英国教育改革的集权化程度并不像集权制国家那样十分明显，它所形成的国民教育体系是一种"以地方行政为主导的中央行政与地方行政之间职责分明的'伙伴关系'"③。

从整体上讲，近代英国高等教育的集权化改革相对滞后于初等、中等教育改革。在初等教育方面，1833年英国政府第一次拨款2万英镑用于资助私人捐助的初等学校，此后拨款金额逐年增加；1839年成立枢密院教育委员会，负责拨款的使用和分配；1858年成立纽卡斯尔委员会（Newcastle Commission），负责调查1858—1861年间的国民教育状况；1862年颁布《修正法案》（Revised Code），进一步规范了拨款的使用与分配；1870年《初等教育法》（Elementary Education Act）的颁布，标志着近代英国国民初等教育体系

① ［英］安迪·格林著，王春华等译，朱旭东校：《教育与国家形成：英、法、美教育体系起源之比较》，北京：教育科学出版社2004年版，第13页。

② ［美］约翰·罗尔斯著，何怀宏等译：《正义论》，北京：中国社会科学出版社2003年版，第219－220页。

③ 贺国庆等主编：《外国教育史》，北京：高等教育出版社2009年版，第353页。

正式确立；从19世纪80年代起，英国政府开始逐步推行强制、免费的初等教育；1918年颁布的《费舍教育法》(Fisher Act) 首次明确了教育立法的实施"要考虑到建立面向全体有能力受益的人的全国公共教育制度"[①]。英国早期中等教育以私人捐助创办的文法学校 (Grammar School) 为主，后来又从中发展出著名的公学 (Public School)，还有一些私立学校 (Private School) 等。1861年，英国政府成立克拉伦登委员会 (Clarendon Commission)，负责考察1861—1864年间英国九大公学的发展状况；1864年，又成立汤顿委员会 (Taunton Commission)，负责考察公学和初等学校之外的所有学校的教育状况，主要涉及为广大中等阶级服务的中等学校；1869年《捐助学校法案》(Endowed School Act) 的颁布促进了近代英国中等教育体系的形成；20世纪前后，英国政府相继颁布两个教育法案成立了教育委员会，主管初等、中等和职业教育；1902年颁布的《巴尔福教育法》(Balfour Act) 明确了地方教育当局享有设立公立中等学校的权力。

虽然英国政府在19世纪就开始对大学进行拨款资助，甚至还颁布特许状和法案改革大学，但却始终没有形成专门管理高等教育的中央机构。20世纪初，随着大批城市学院升格为大学，政府的拨款不断增加。这表明政府对高等教育的关注强度和频度逐渐增大，同时意味着政府对高等教育改革的力度也在增强。第一次世界大战使政府认识到了大学对促进社会发展和国家繁荣具有不可忽视的巨大价值，于是增加了对大学的拨款资助。在这样的背景下，1919年成立的大学拨款委员会被看作是大学与政府之间矛盾的"缓冲器"，它负责"调查联合王国大学教育的财政需求，并就议会为满足他们的需求而划定的拨款的使用向政府提出建议"[②]，但并不能直接控制与管理大学。1946年，大学拨款委员会又增加了新的职能，即"收集、考察和提供一切有关国内外大学教育的信息；在与大学和其他相关团体协商的基础上，协助准备和制定有助于大学发展的这类计划，有时这类计划可能是为了确保使大学充分适合国家的需求而被要求的"[③]，从而获得了制定、执行计划的实权，这表明政府试图进一步加强对大学教育的间接控制。第二次世界大战给英国的高等教育带来了毁灭性的灾难，重建与恢复高等教育是政府战后十年的首要工作。20世纪60年代以后，又一轮新大学运动的兴起为英国高等教

① [澳] W. F. 康内尔著，张法琨等译：《二十世纪世界教育史》，北京：人民教育出版社1990年版，第377页。

② Christine Helen Shinn. *Paying the Piper: the development of the University Grants Committee, 1919 - 1946*. London and Philadelphia: Falmer Press, 1986, pp. 43 - 44.

③ Christine Helen Shinn. *Paying the Piper: the development of the University Grants Committee, 1919 - 1946*. London and Philadelphia: Falmer Press, 1986, p. 279.

育的发展注入了新的活力，政府集权化改革的步伐渐渐加快，以《罗宾斯报告》为标志开启了“二战”后政府改革高等教育的新局面。

就个体而言，20世纪前后英国政府主要关注的高等教育机构是伦敦大学，而它的集权化改革也是从那个时代开始逐渐加强的。19世纪末，政府两次组建皇家委员会——塞尔伯恩委员会和考珀委员会，负责考察伦敦的高等教育状况，为改革伦敦大学提出建议。塞尔伯恩委员会没有解决的问题在考珀委员会的报告中形成了较为一致的共识，此外，考珀委员会还提出通过法案而不是特许状来改革伦敦大学的建议。最后，在国会议员霍尔丹的努力下，基于考珀委员会报告的《1898年伦敦大学法》正式颁布，这标志着伦敦大学集权制改革的开始，如将两个原先相互分离的教学与考试功能相结合，细化内部组织结构，完善大学的外部形象，加强大学的整体凝聚力，等等。20世纪初，伦敦大学的重组如火如荼地开展，但重组中不乏新问题的出现，1909年政府再次成立了以霍尔丹为主席的皇家委员会，负责考察重组后伦敦高等教育急需改革的问题。1913年，霍尔丹委员会提出了一份仿照德国大学集权制改革的方案，获得政府的认可，并准备付诸实施，但受到“一战”影响而被迫终止。“一战”后，入学人数增加，大学规模扩大，旧的体制已不能适应新的环境，改革势在必行。1924年，首次组阁的工党政府组建了一个部门委员会，负责改革伦敦大学。1926年，部门委员会提出了一份希尔顿·扬报告，并很快通过立法程序形成了《1926年伦敦大学法》。希尔顿·扬报告及《1926年伦敦大学法》借鉴了霍尔丹委员会报告的内容，但改革的措施不像霍尔丹倡导的那样激进，并没有打破原有的院系结构，而是在保留原来学院的基础上新成立了一个统管大学资金和财产的董事会，形成了由理事会和董事会组成的大学内部双重管理体制，从而有力地加强了大学中央的集权领导。此次改革对学院的最大影响是政府对各个学院的拨款将通过大学来进行统一分配，这是“二战”前伦敦大学集权制改革的重要体现。

综上所述，伦敦大学是英国高等教育的一部分，而且是走在英国高等教育改革前沿的一部分。它肩负着改革的历史使命，在借鉴德国大学改革的经验基础上为“二战”后英国高等教育的集权化改革不仅奠定了基础而且还指明了方向，加速了英国高等教育的现代化进程。总之，“二战”后英国高等教育发展的诸多趋势都能在伦敦大学的百年史中发现其根源或反映。除了实科化、多元化、大众化和集权化之外，近代英国高等教育的发展还有多样化、市场化、国际化等趋势，而这些趋势也隐藏在伦敦大学的百年史中。例如，高等教育结构的多样化表现在联邦制伦敦大学既有独立的学院又有设在总部的研究所；高等教育的市场化表现在伦敦大学早期课程设置的世俗化；高等教育的国际化表现在伦敦大学特有的校外学位制度。因此，伦敦大学走过的百年历程既体现了近代英国高等教育改革的基本特点，又引领了近代英国高等教育发展的整体趋势。

本章小结——改革的弄潮儿

纵观伦敦大学的改革史，一方面其整个过程呈现出自发性、消极性、妥协性及开放性等特点，说明英国近代高等教育改革是复杂的、曲折的；另一方面伦敦大学始终走在英国高等教育改革的前沿，又说明伦敦大学推行的若干改革代表英国近代高等教育改革的大方向，具有重大而深远的历史意义和影响。这是本研究得出的重要结论之一。从早期采取的惊世骇俗之举——不开设宗教课程，到19世纪50年代科学教育以及女子高等教育的改革，再到20世纪初的集权化改革，无不体现出伦敦大学自诞生之初就形成的锐意进取、开拓创新之精神，不愧为近代英国高等教育改革的弄潮儿。从世界高等教育的整体发展来看，近代英国高等教育的发展是受欧洲大学改革影响的，尤其是德国柏林大学，在借鉴国外大学教育发展经验的基础上，再结合本国的社会发展特点，通过借鉴、吸收和本土化的过程，从而形成了英国高等教育现代化所独有的特色。具体而言，其特色至少可以归纳为四个方面：（1）缓慢、渐进的改革模式；（2）自下而上的改革路径；（3）矛盾与冲突通过妥协来达到缓解，直至融合；（4）改革的结果以传统与现代并存为基本特征。伦敦大学是近代英国高等教育改革与发展的一个典型性个案，通过对其百年历史的回顾与总结，清晰地呈现出近代英国高等教育改革的基本特点和发展的整体趋势，同时也折射出英国高等教育现代化的某些基本特点。

结　语

伦敦大学在近代英国高等教育史上具有极其重要的地位，它的每一次富有深刻意义的变革都对近代英国高等教育的改革与发展产生了巨大的影响，如不设置宗教课程、准许女性申请学位、设立理学部等。具体而言，大致可归纳为以下几点：

第一，打破古典大学对高等教育的垄断，为近代英国高等教育的发展注入了新的活力。1828 年伦敦大学学院的诞生揭开了近代英国新大学运动的帷幕。在它的引领之下，此后乃至 20 世纪初期英国各大城市如伯明翰、曼彻斯特、利物浦、利兹等地迅速创办起大学学院。新大学之所以“新”就在于它的目标是培养符合社会市场急需的实用人才，而不是古典大学所培养的牧师、政治家等统治人才。从这个意义上来讲，伦敦大学学院的创办促进了大学为社会服务的功能的发展。需要指明的是，这些新大学在创办初期均没有学位授予权，1836 年成立的伦敦大学以提供学位考试为基本职能，从而为它们解决了学位授予权的问题。直到 20 世纪上半叶，这批大学学院都从伦敦大学的学位考试制度中获益，由此才顺利度过了“学徒期”，获得特许状、升格为大学并拥有学位授予权。

第二，打破宗教教育的基础地位，促进古典大学的变革。自古以来，宗教教育就是英国各级各类教育的基础，即便是到 19 世纪，宗教教育在高等教育中仍然占有不可忽视的地位。1828 年成立的伦敦大学学院首次不开设宗教课程，不以宗教知识而以社会急需的实用知识为主要教学内容，开启了近代英国高等教育发展的世俗化进程。1836 年伦敦大学的诞生意味着无须宗教考试就可获得大学学位，把神学知识从大学的学位考试中彻底剥离出去，给予世俗化的科学知识以强大的发展空间，这深深地触动了统治英格兰高等教育数百年的牛津大学和剑桥大学，迫使它们敞开封闭的象牙塔，迎接科学教育的繁荣发展。19 世纪 50 年代英格兰两所古典大学的著名改革就是在以伦敦大学的创办为动力的刺激下的反应，随后，古典大学的每次重要变革都深受伦敦大学改革的影响。

第三，打破古典学科体系，促进科学教育的大繁荣。自中世纪大学诞生以来，以文、法、神、医四大门类知识组成的古典学科体系在欧洲大学中一直延续了数百年，早期萌芽的自然科学知识都被划分在文学部之中。工业革命的爆发促进了技术的革新，丰富了实用知识的类型，从而加速了近代自然科学知识的迅速分化。久而久之，古典大学的文学部就变得十分庞杂，不仅包括文法、修辞、辩证法、几何、算术、天文、音乐等古典知识，而且包括机械学、物理学、化学、工程学、电磁学等新兴的自然科学知识。但由于古典知识长期占据着大学课程的正统地位，导致新兴的自然科学知识在大学文学部中始终未能获得应有的重视与发展。直到 1858 年伦敦大学理学部和理学学位的设置才打破了古典学科体系的格局，给予了自然科学知识在大学发展的强大空间，促进了近代科学教育的大繁荣。此外，1900 年伦敦大学还设置了工程学部和政治经济学部，为近代大学学科体系的形成做出了重要贡献。

第四，打破各种入学限制，促进高等教育的早期大众化。1828 年，伦敦大学学院面向广大的中等阶级子弟和非国教徒开放；1836 年，伦敦大学准许广大的中等阶级子弟和非国教徒申请它的学位；1850 年，伦敦大学准许“所有人”都可以申请它的学位，包括英属海外殖民地的考生；1878 年，伦敦大学第一次准许女性申请它的学位。众所周知，伦敦大学作为牛津大学与剑桥大学的备选而深受那些直到 19 世纪和 20 世纪仍然因各种因素而被古典大学排斥在外的那群人的欢迎，其中包括天主教徒、不信奉国教的新教徒、犹太教徒和无宗教信仰者；女性；工人阶级背景的男性；想在他们家庭附近学习的那些人，无论是在伦敦本地区的还是在大不列颠和英帝国其他城市的。① 伦敦大学打破了宗教信仰、阶级出身、性别歧视、地域限制等束缚古典大学变革与发展的种种弊病，为“二战”后英国高等教育的大众化发展做出了不可磨灭的贡献。

总之，1836 年伦敦大学的创办树立了近代英国高等教育史上的重要里程碑，它开辟了一条不同于牛津大学和剑桥大学的现代大学发展之路，为实现英国高等教育的现代化做出了卓越贡献。进入 20 世纪以后，伦敦大学逐渐向一所庞大的联邦制大学发展，其下属学院包括普通学院、医学院和其他高等教育机构，尽管在整体上呈现出“百花齐放”的繁荣景象，但它的内部矛盾仍然存在，这就是大学总部与各个学院的从属关系。大学总部渴望加强集权化的管理，努力完善大学的整体形象，而下属学院则希望获得更大的办学自主权，但又因学位授予权的问题而不得不依赖于大学总部。“二战”前伦敦大学的集权化改革断绝了下属学院与大学拨款委员会的直接联系，使之只

---

① Carol Summerfield and Mary Elizabeth Devine. *International Dictionary of University Histories*. Chicago and London: Fitzroy Dearborn Publishers, 1998, p. 522.

能从大学总部获得政府的拨款，但这一政策并没有实施多久。随着城市学院逐渐升格为大学并获得独立的地位，“二战”后不久下属学院便恢复了直接从大学拨款委员会获得拨款的权力。伦敦大学总部与下属学院的这种由远及近、由近及远的关系是近代英国高等教育集权改革与分权改革的重要体现之一。但无论下属学院是从大学总部获得拨款，还是从大学拨款委员会直接获得拨款，整个联邦制伦敦大学都与政府保持着越来越密切的联系，即大学从政府获得的拨款占大学总收入的比例逐渐增加。

伦敦大学是近代英国新大学的典型代表，它与政府的关系实质上就是新大学与政府的关系。这种关系是通过大学拨款委员会来连接的，以培养实用人才为目标的新大学在成立之初就面临经济困难，政府为了满足社会市场对这类人才的需求，通过大学拨款委员会来资助新大学的发展，从而达到间接调控的目的。在社会市场的驱动下，以大学拨款委员会为“缓冲剂”的新大学与政府的关系变得越来越密切，这也推动了古典大学的内部变革，并促进了它们积极向政府靠拢，与之保持密切联系，以做出符合政府需求、适应社会变化的改革。但在这个过程中，新大学与古典大学对待政府的态度是不同的，这是因为新大学在创办之初就是以培养社会上急需的实用人才为目的的，它渴望与政府保持密切联系，这样就可以获得更多的拨款，实现它的办学目标；而古典大学则不屑于实用知识，对政府的干预是唯恐避之不及。从学术研究的本质来讲，古典大学需要捍卫它的学术自治传统，不希望政府过多地干预它的内部事务；但从大学发展的现状来讲，大学又急需政府的拨款资助，以便维持并推动学术研究。这样，古典大学就处于一种自相矛盾的困境当中。在借鉴新大学与政府关系的基础上，古典大学也开始通过大学拨款委员会来接受政府的拨款，政府也通过这一手段缓慢地引导古典大学的自身变革，从而较好地调和了古典大学学术自治与脱离社会的矛盾。不难发现，新大学还促进了古典大学与政府保持密切联系。因此，从政府与大学的关系这个角度来分析，伦敦大学同样是走在近代英国高等教育改革与发展的前列。可以说，没有伦敦大学的诞生就没有古典大学的复兴，没有伦敦大学的创新改革也就没有英国高等教育现代化的实现。

附　录

附录1　伦敦大学百年大事记

1825年2月　托马斯·坎贝尔在《泰晤士报》上发表了致国会议员亨利·布鲁厄姆的公开信，首次提出在伦敦创办一所“大伦敦大学”的计划。

1826年2月　《伦敦大学创办计划书》发布。

1828年2月　乔治·多伊利博士提议在伦敦建立第二所以“伦敦国王学院”命名的大学。

1828年10月　伦敦大学学院（当时称为“伦敦大学”）正式开学。

1829年8月　伦敦国王学院获得特许状。

1831年10月　伦敦国王学院正式开学。

1836年11月　政府颁布《第一特许状》，合并了伦敦大学学院和伦敦国王学院，成立了皇家伦敦大学；同时，另授特许状给伦敦大学学院。

1837年12月　政府颁发《第二特许状》，对《第一特许状》进行了修订。

1838年11月　伦敦大学举行第一次入学考试，共23人参加，有22人通过。

1839年5月　伦敦大学举行第一次文学学士学位考试，共17人参加，全部通过。

1849年　伊丽莎白·杰西·里德在贝德福德广场创办了一所女子学院，后来成为伦敦大学著名的贝德福德学院。

1850年7月　政府颁发《增补特许状》，英属海外殖民地的考生可以申请伦敦大学的学位。

1853年　伦敦大学总部从萨默塞特府搬迁至玛堡府。

1856年　伦敦大学总部又迁至伯灵顿府。

1858年4月　政府颁布《第三特许状》，设置理学部和理学学位，并成立评议会。

1865年　伦敦大学在英属殖民地毛里求斯举行第一次入学考试。

1867 年 8 月　政府颁布《增补特许状》，准许伦敦大学授予女性能力证书。

1870 年　伦敦大学总部搬迁至伯灵顿花园。

1877 年　伦敦大学建立音乐学部。

1878 年 5 月　政府颁布《增补特许状》，准许伦敦大学授予女性学位。

1879 年　68 名女性参加了伦敦大学第一次没有性别之分的入学考试，51 人通过。

1882 年　韦斯特菲尔德学院正式创办，后加入伦敦大学联邦。

1884 年 5 月　伦敦教学型大学促进会成立。

1886 年　皇家霍洛威学院正式创办，后加入伦敦大学联邦。

1888 年 5 月　政府组建了以塞尔伯恩勋爵为主席的皇家委员会，负责调查伦敦“是否需要任何类型的新大学或需要何种权力来提升伦敦的高等教育”。

1892 年 4 月　政府组建了以考珀勋爵为主席的皇家委员会，负责再次考察伦敦大学。

1894 年 8 月　伦敦政治经济学院正式创办，后加入伦敦大学联邦。

1898 年 8 月　政府颁布《1898 年伦敦大学法》，将伦敦大学改革为一所教学与考试相结合兼顾科研的联邦制伦敦大学。

1899 年　伦敦大学总部从伯灵顿花园迁至帝国协会。

1900 年　伦敦大学增设政治经济学部、工程学部和神学部。伦敦大学学院、伦敦国王学院、贝德福德学院、皇家霍洛威学院、皇家科学院、怀依东南农学院、中央技术学院、伦敦政治经济学院以及 10 所医学院成为联邦制伦敦大学最早的一批学院。

1905 年　伦敦热带医学院和利斯特预防医学研究所分别成为伦敦大学的一所学院。

1907 年 7 月　政府颁布特许状，合并了皇家科学院（包括皇家矿业学院）和中央技术学院，成立了帝国理工学院，次年成为伦敦大学的一所学院。

1909—1913 年　政府组建了以霍尔丹为主席的皇家委员会，负责改革伦敦大学。

1910 年　伦敦日间培训学院（1932 年更名为教育学院）成为伦敦大学的一所学院。

1913 年 3 月　霍尔丹皇家委员会正式发布调查报告，建议按照德国大学模式来改组伦敦大学。

1915 年　伦敦国王学院成立斯拉夫和东欧研究所，后独立成为伦敦大学的研究所。

1916 年　伦敦大学成立东方研究院，后来成为著名的亚非研究所。

1920 年　伯克贝克学院成为伦敦大学的一所学院。

1921 年　伦敦大学成立历史研究所。

1924—1926 年　政府组建了以爱德华·希尔顿·扬为主席的部门委员会，负责改革伦敦大学。

1925 年　药剂学院成为伦敦大学的一所学院。

1926 年 12 月　政府颁布《1926 年伦敦大学法》，设置董事会，管理大学的财产、资金、投资等。

1927 年　伦敦大学以 52.5 万英镑的价格购买了布鲁姆斯伯里校址。

1929 年 3 月　伦敦大学颁布新的章程，形成了理事会和董事会共管的双重领导体制。

1931 年　理事会任命查尔斯·亨利·霍尔登为伦敦大学校址的总设计师。

1932 年　伦敦大学成立考陶尔德艺术研究所。

1936 年　伦敦大学的理事会大厦部分竣工，大学总部开始从帝国协会陆续迁入布鲁姆斯伯里。

附录 2　《伦敦大学创办计划书》（1826 年）译文[①]

伦敦大学的计划现已十分成熟。为管理其事务而选举的委员会认为他们一定要在公众面前展示伦敦大学的轮廓，以便公共教学的朋友有最充分的机会来决定这所大学应在多大程度上得到他们的支持，并考虑在哪些细节上他们有可能做出改进。

股票认购者的数量和姓名充分显示了大学强烈的功利信念，这种信念流行于那个阶层的人群中间，大学尤其注定是他们的；同时在致力于大学的建设过程中，他们既考虑到了他们自己的利益也考虑到了公共的利益。

伦敦市与丹麦王国、萨克森王国、汉诺威王国以及符登堡王国有几乎相等的人口，且在财富上远远超过各国；它们各自至少拥有一所兴旺的大学。假设最近 5 年的年增长率和 10 年前的相同，那么当前的人口肯定不少于 1400000 人[②]，其中 40000 名男性处于 16～21 岁之间；这通常是大学教育的

① 本文译自 Negley Harte and John North, *The World of UCL, 1828 - 2004*. London: UCL Press, 2004, pp. 35 - 37.

② 根据 1821 年的统计，数量是 1274000 人。——原注。

时期。可以充分肯定的是，在其他地方没有同等数量的青年，其中绝大部分渴望自由教育（liberal education），并且他们有资格接受这种教育，很容易在国内获得它的所有益处，在其他地方则不易能获得。其他地方更没有把知识作为一种渴望的目标，或者作为一种满意的资源、一种改进的方法，或者作为一种实现诚实而有用的志向之手段。把如此大量的将来从事社会中最重要职业的明智青年排除在自由教育的最高明的方法之外，是我们公共机构的缺陷。如果这缺陷长期流行且不为人知，那它将危及每一个有理智的人。总之，无论就智力、财富还是人口来说，伦敦都堪称文明世界中的第一流城市。同时，它既是最需要一所大学的地方，也是唯一没有一所大学的伟大首都。

公共演讲（Public Lectures），连同教授的考试和学生的相互指导，将组成这所大学的一般制度。有此打算，让教授获得的收入首先主要来自且尽可能全部来自他们的学生所支付的学费，并且他们将用良好的行为举止来履行其职责。为了增加教学的权威性和启发性，我们保证教授必须是有杰出才能和良好声誉的人，这样大学就可以用那种方式来激励和指导他们处于上升中的优秀才能达到卓越，并且快速、便捷地传授必须共享的知识给所有天才的学生。教授的数量、学生特殊学习知识的分配以及参加讲座的顺序都没有最终确定，并且其中一些内容起初必须部分地依据申请者的资格来确定，通过对不同种类的教学需求来永久地规范其中的所有事项。一些教授职位今后将得到巩固；更多的职位随着时间的推进很可能再细分；由于发现的进步和社会对知识不断增加的渴望，许多全新的职位必将毫无疑问地被提出。现在，教学课程将由语言学（Languages）、数学（Mathematics）、物理学（Physics）、精神与道德科学（the Mental and the Moral Sciences），还有英格兰法（Law of England）、历史学（History）和政治经济学（Political Economy）组成；还包括医学教育（Medical Education）目标中的各种分支学科。在这些学习分类中，无论是基于相关学科，还是基于主要聘请的全部教师，我们都没有刻意严格遵循一种逻辑顺序。我们没有完全忽略这些因素，我们的主要目标是为了教学的方便，当前的目的要比科学的编排更重要；即使这个精心设计的编排既没有一个新的科学术语也没有一个新的目标分类。

一些语言学的分支学科可能仅由那些因特殊目的而需要这些知识的人学习，并且在这一门类中，它一般适用于寻找减轻劳动的每一种方法，大多数人通过这种减轻劳动的方法来达到他们应使自己具备的精通程度。但是人类语言结构的本身就是最有价值的沉思目标之一；各种语言的比较使它们各自更容易被理解，也解释了各民族的密切关系，并扩大和丰富了每一种强有力的理解；甚至，细微的、看似无用的单词学习都可以培养辨别力和精确性；

同时，在文学领域把语言当作工具，对原始模型的思考不仅有助于有天赋的年轻人培养鉴赏力，而且通常有益于扩展和提升人类的才能。

作为一项推理能力的训练和一种人类进步的正确手段，数学科学（Mathematical Sciences）具有如此公正的价值，以至于如果他们没有提出最普通和实用的文学对深奥推理的依赖性的经典案例，那么他们的赞许似乎就是对读者的判断力的不敬。几何学的基本命题曾经只是想象推测的，但它们对航海的速度和安全大有裨益，现在对此熟悉的人为了当前明显的实用性需求都将不会轻易蔑视任何真理。

确定物理学的分类是一件相当困难的事情。它是一门庞大的科学，更确切地说是一类科学，存在于通过感觉观察事物（不包括人）中的最普遍的事实知识之中。在这些表象中有一些是算术学科，且在教学过程中必须要与数学混合在一起；其他一些主要是通过实验来发现和证明的；物理观察中一部分涉及明显的质量运动，而另一部分则涉及感觉不到的粒子或我们只有通过其结果才能知道的介质的相互作用；并且，大部分是在结构的统一性和运动的那些重要特质中被发现的，它们区分着植物和动物的生命。本省地区的教授职位分类的增加尽管大大适应了教学的实践目的，但却受到上述一些因素的影响。

由于物理科学（Physical Sciences）的目标是查明通过感觉观察事物中的最普遍的事实，这是思维的对象，所以精神科学则试图查明关于思维或情感的最普遍事实，弄清楚人类如何通过自己的意识来思维。

由于其重要性和复杂性，这部分知识的再分类是令人十分向往的，但所有事实之间的相互紧密联系使得它变得异常困难。

建议设置一个单独的逻辑学教授职位（Professorship of Logic），不仅因为它能提供归纳论证的法则和诡辩法的测试，而且更能提供精神疗法，通过这种方法，它可以缓慢地消除偏见并巩固正确判断的习惯。

或许，修辞学（Rhetoric）或说服的艺术（Art of Persuasion）也可能及时获得一个单独的教授职位，它的主要目的是使那些严厉指责别人的人和误入歧途的崇拜者不受欺骗，他们把它视为一种华而不实的虚饰；给年轻人的心智灌输有益健康的保证，当他受道德指引且服从逻辑时，它将是使真理流行和使美德令人愉悦的艺术；把信念转变为说服；并且使完整的人包括情感和理解，参与到真理智慧的一边。

道德科学的共同目标是决定指导人类自发行动的法则。一般情况下，它们可以被再分为伦理学（Ethics）和法学（Jurisprudence）；然而，很少能精确地追踪到这些科学之间的重要区别，更不用说稳定地观察了。伦理学的直接目标是那些我们认可为道德的或不认可为不道德的心智习性的知识，并且来自有益或有害的行为通常所表现出来的习性知识。特殊行为由它们自身产生的动机来评估。伦理学是与人类的整个个性和行为共同发展的。它是美德和责任的科学；是那些值得称赞的习性的科学，而且是有理智的人所义不容辞的行动步骤的科学，除了法律禁令的内容和国民政府的权威。

法学的第一目标（从广义上来说）是确定权利，或者是确定控制人或事物的那部分权力，为了公众的福利，这些人或事物被分配至每一个个体。第二目标是决定这些权利中的哪些违法行为在其对社会的影响和作用中是有害的，以至于需要用对足够惩罚的恐惧来加以预防。它是权利和犯罪的科学；它以政府授权为先决条件，并且在直接控制人类相互影响的外部行为方面受到限制。伦理学尽管有一个更广泛的范围，但却更简单和普遍地关注它的目标。在其更有限的范围内，法学在更多的观点中考虑它的目标；描述更精确的法则，因此它被迫做出精细甚至微妙的区别。道德科学的这两个分支的困惑导致了伦理学理论（Theory of Ethics）的混乱，并且恶化了法律的实践。

英格兰法的学习已经局限于首都有数个世纪了，在那里单独地拥有一个连续的机会在法庭上观察其管理，并在私人指导下获取特殊分支学科的技能。通过联合演讲和考试必将提高在伦敦学习法律的独特优势，同时法律和普通知识的系统教学将提供给法律专业的那些分支学科，但这些内容现在并不向大都市的青年开放，普遍是由于他们共有的困难。

独立的团体彼此之间相互应该遵守的行为准则，并且其中的合理性被文明国家普通认可，这就构成了人们在喻义上称作的国际法（Law of Nations）。

政治哲学（Political Philosophy）考虑的是涉及统治者和被统治者之间的权利和义务，可顺便由伦理学教授来讲授。

按照一种不影响严格方法的编排，历史学和政治经济学可被归类为道德科学的部分或其附件。历史学的精确知识不可能通过演讲来交流。但是通史（General History）的纲要、学生历史阅读的指导、地理学（Geography）和编年学（Chronology）的辅助科学，连同关于钱币学（Numismatics）和文书学（Diplomatics）的知识以及历史批判（Historical Criticism）的法则都将为教授提供宽阔的视野。

政治经济科学力图查明调控财富生产、分配和消费的法则，或者调控依靠劳动获得且人类需求或渴望的外界事物的法则。它现在具有太多真实的价值以至于不需要任何其他评论。不仅如此，运用其原则的偶然性困难以及因困难而产生的不同意见，形成了努力学习一门对社会福祉必不可少的科学的新理由，并且由于它完全依靠事实，所以全部困惑最终必须通过精细的观察和准确的语言来解决。

对于必须学习的医学专业（Profession of Medicine）的所有分支学科而

言，欧洲最大的城市拥有独特而不可估计的优势。医学院仅仅存在于大城市。获取解剖学知识、医学经验和灵活的外科手术的方法必须以与城市规模精确匹配的比例增长。此时，普通医师中的绝大部分人没有获得学位，没有把自己限制于专业的单一分支中；但英格兰的整个常规实践都掌握在他们手中，用一两年的时间就从伦敦的演讲中获取了他们的系统教学，同时他们中的许多人进入了医院。他们年平均大约有700次演讲。许多教授一直或现在是具有非常杰出能力的人；并且，因此而受教育的医师群体，毫无疑问地具有令人十分尊敬的知识和技能。这二者的相互反射作用不能来证实：如果现在散布在伦敦各处的最具卓越才能的教师逐渐被吸引到一所大学当中，通过较亲密的竞争、较高的薪水和更广泛的声誉来刺激他们最大限度地发挥他们的才能；那么，医学教育就可以得到改进。文明世界的最大城市并不是它的第一所医学院，除了当前杰出教师的分散现状以外，这还可以归于什么原因?

想要成为一名科学专业的土木工程师（Civil Engineer）的年轻人，这个专业最近由于人类的聪明才智已经被提升至了很高的地位，并且用它对公众的这种显著优势来训练；与那些注定要从事医学实践的人几乎有同样强烈的理由，他们渴望在这座城市获取一个大学教育的体制，在一流大师的指导下单独地训练他们的技能和专业。

委员会的事业依靠个人的自愿捐助，经过一个季节的公共困难之后，现在则依赖于更坚实的保障。这使他们很受鼓舞而不是沮丧。令他们感到满意的是，大学的优势的经验将适时为它提供可以使其管理变得方便的合法特权。为了从学科中获得其他神学院期待的良好效果，委员会信任家庭的权力和父母的关心：对于他们来说，在这所为任何宗教信仰的年轻人提供了同等入学机会的大学中，宗教教育的重要职责必定且理所当然地被遗弃。这种关心总是最好的，无论是从什么地方获取它；如果伦敦的居民首先成为大学的主要建立者，那么这种关心将毫无疑问地充分满足每一个目的。当它的荣誉吸引了许多来自全国和殖民地的学生时，教授的住所可提供那些私人教学的方法和家庭监管，这在其他地方已被发现是父母关系的极好替代品，并且这个年龄阶段中最赫赫有名的人也不厌弃参与其中。他们不是不愿意，大学授予的专业精通程度和道德品行证书的价值，在当前至少应取决于公众在判断、知识、警惕、正直和教授方面所持有的意见。

最后，委员会相信，他们现在将为一所大学打下基础，这所大学充分适合于传授自由教学给那些现在被排除在大学之外的人的历代子孙，并且很可能既不保留古老的机械学习课程，也不忽视由于理性的进步而进入人们视野的任何新的科学；具有这样的重要性，即把每一类知识都来源于邻近学科的说明和装饰与优势相结合，提供外在帮助以及图书馆、博物馆和实验室的配置的所有人将获得这种优势；那里在名誉和薪水方面将有足够的前景来满足雄心壮志，并且聘请最有能力的教授，施展其毕生的才华；因此，它可能有利于使教育中最杰出的领域还原至追求的最终和最高目标中间的自然等级；在那里，勤奋的最低缓解必须给予连续危险的警告，并且为了个人目的而滥用其资源的企图不可能不中断旨在被滥用的资源供给。在那里，富裕的收入和对功勋事业持有普通信念的辉煌荣誉之间的密切联系可能很快就为教师的能力提供一个永久的保障，激励他们不断进步，同时也给予了大学一种防腐剂，以免腐朽衰退。

Ⅰ. 语言		Ⅴ. 精神科学	
1	希腊语言、文学和风俗习惯		
2	罗马语言、文学和风俗习惯	18	人类心理的哲学
3	英国文学和写作	19	逻辑学
4	东方语言，分为：	Ⅵ. 道德科学	
	A. 从地中海到印度河的语言		
	B. 从印度河到布拉马普特拉河的语言	20	道德哲学和政治哲学
5	法国语言和文学	21	法学，包括国际法
6	意大利和西班牙文学	22	英国法，（也许）有关于宪法的讲座
7	德国与北方文学	23	罗马法
Ⅱ. 数学		Ⅶ. 政治经济学	
8	初等数学		
9	高等数学	24	政治经济学
Ⅲ. 历史学		Ⅷ. 医学科学	
10	历史学		
Ⅳ. 物理学			
11	数学物理	25	解剖学
12	实验物理	26	生理学
13	化学	27	外科学
14	地质学和矿物学	28	产科学和妇幼疾病
15	植物学和植物生理学	30	药学
16	动物学和比较解剖学	31	疾病的性质和治疗
17	自然科学对艺术的应用	32	大学一联系到医院就开设临床讲座

（根据委员会的命令签名）

托马斯·科茨（Thomas Coates）

陈述这所大学授予发起者的特权和优势，无论他们的贡献是认购股票还是捐助资金，这都是他们应得的。

那份协议契据（Deed of Settlement）为业主提供了充分保护，使之避免了超过他们各自捐助的资金总额的所有债务。当大学授予委员会强大权力时，也会在行使权力过程中针对任何不当行为插入每一种合适的检查，这些权力包括任命审计人员的权力以及为了修订委员会的议程和采取这些新的细则与条例而召开的业主的普通会议和特殊会议，这是在大学发展中可能会被时常要求的。

因此，业主的权利和特权在这个契约下被简要地概括为：

1. 举荐1名学生的真正权利；关于每份股票，要以这种递减的利率每年支付，并且受制于委员会制定的这些规定与限制。

2. 股票的利息不超过剩余收入的4%英镑（如果有的话）。

3. 股票转让和遗赠的特权。

4. 在投票表决中，拥有1份股票的业主享有1票权；5份股票则有2票权；10份或10份以上的股票则有3票权。在选举中，享有特权让代理人投票。

50英镑及以上的捐助者享受业主的所有特权和优势，除了关于他们利息转让和遗赠的特权，且在任何表决中最多享有1票权。

此外，业主和捐助者将有权私自进入图书馆和大学的各类收藏室。

附录3 《第一特许状》（1836年）译文[①]

承蒙上帝恩典，大不列颠及爱尔兰联合王国的国王、信仰的捍卫者威廉四世，为本法案即将面向所有人而祝福。

鉴于我们已经将其视为我们王室的责任，为了宗教和道德的进步以及实用知识的提升，对于我们忠诚的所有阶级和教派的臣民，毫无区别地激励他们追求一种正规和自由的教育课程；同时考虑到许多人是在首都和我们联合王国的其他地方从事或完成他们的学业的，把这些设施提供给他们是有利的，并且授予他们这些荣誉和奖励也是公正的，因为这可以促进他们坚持这些值得称赞的追求。现在你们知道，其目的是借助考试的方式，确定哪些人通过学习这些教育课程已经精通了文学、科学和艺术，并用学术学位（Aca-

① 本文译自University of London. *University of London: the historical record, 1836 – 1912*. London: Hodder & Stoughton, 1912, pp. 26 – 30.

demical Degrees）奖赏他们，以此作为各自成就和与之相称的荣誉之证明。

借助我们有特权的王室以及我们特殊的仁慈、真正的学识和独立完成的会议提案，根据本法案，为了我们、我们的继承者和继任者，我们决定授予、宣布和任命以下人员：我们真正信任和敬爱的表亲，威廉·卡文迪什（William Cavendish），伯灵顿伯爵（Earl of Burlington）；真正尊敬的神父，爱德华（Edward），达勒姆大主教（Lord Bishop of Durham）；真正尊敬的神父，威廉（William），奇切斯特大主教（Lord Bishop of Chichester）；我们真正信任和敬爱的议员，亨利（Henry），布鲁厄姆和沃克斯男爵（Baron Brougham and Vaux）；还有，我们信任和敬爱的乔治·比德尔·艾里（George Biddel Airy），绅士，我们的皇家天文学家和皇家学会会员；安德鲁·阿莫斯（Andrew Amos），绅士，讼务律师；托马斯·阿诺德（Thomas Arnold），神学博士；约翰·奥斯汀（John Austin），绅士，讼务律师；尼尔·阿诺特（Neil Arnott），绅士，医学博士和皇家学会会员；约翰·巴科（John Bacot），绅士，皇家外科医学院成员；弗朗西斯·博福特（Francis Beaufort），绅士，皇家海军上校，海军部水道测量家和皇家学会会员；阿奇博尔德·比林（Archibald Billing），绅士，医学博士和皇家内科医学院会员；威廉·托马斯·布兰德（William Thomas Brande），绅士，皇家学会副主席；詹姆斯·克拉克（James Clark），绅士，医学博士，皇家学会会员；菲利普·塞西尔·克兰普顿（Philip Cecil Crampton）①，绅士，民法博士，皇家学会会员和我们的爱尔兰军医处处长；约翰·道尔顿（John Dalton），绅士，民法博士和皇家学会会员；威廉·恩普森（William Empson），绅士，讼务律师，东印度学院普通政体和英格兰法教授；迈克尔·法拉第（Michael Faraday），绅士，民法博士，皇家学会会员；斯蒂芬·洛夫·哈米克（Stephen Love Hammick）爵士，准男爵，皇家外科医学院成员；约翰·史蒂文斯·亨斯洛（John Stevens Henslow），牧师，文学硕士，剑桥大学植物学教授；康沃利斯·休伊特（Cornwallis Hewett），绅士，医学博士和剑桥大学医学唐宁教授；托马斯·霍奇金（Thomas Hodgkin），绅士，医学博士；弗朗西斯·基尔南（Francis Kiernan），绅士，皇家外科医学院成员；约翰·乔治·肖·勒费夫尔（John George Shaw Lefevre），绅士，皇家学会会员；查尔斯·洛科克（Charles Locock），绅士，医学博士，女王陛下的特派内科医生之一；约翰·威廉·卢伯克（John William Lubbock），绅士，皇家学会的副主席和财务主管；詹姆斯·麦格里戈（James MacGrigor）爵士，准男爵，医学博士，民法博士，皇家学会会员，内科医学院会员，我们的特派内科医生之一和军

① 此处应为菲利普·克兰普顿（Philip Crampton）。——译者注。

医委员会会长；理查德·雷尼·彭宁顿（Richard Rainy Pennington），绅士，皇家外科医学院成员；琼斯·奎恩（Jones Quain），绅士，医学博士；约翰·里道特（John Ridout），绅士，皇家外科医学院成员；彼得·马克·罗热（Peter Mark Roget），绅士，医学博士，皇家学会秘书；纳索·威廉·西尼尔（Nassau William Senior），绅士，我们的最高平衡法院大法官之一和皇家学会会员；约瑟夫·亨利·杰拉德（Joseph Henry Jerrard），法律博士，布里斯托尔学院校长；理查德·希普尚克斯（Richard Sheepshanks），牧师，皇家学会会员；约翰·西姆斯（John Sims），绅士，医学博士；康诺普·瑟尔沃尔（Connop Thirlwall），牧师，剑桥大学三一学院会员；詹姆斯·沃克（James Walker），绅士，皇家学会会员；以及亨利·沃伯顿（Henry Warburton），绅士，下议院成员和皇家学会会员。

在我们王室的意志和愿望期间，我们今后任命为校长、副校长或会员的所有人，正如下文提到的，组成一个政治法人团体，以伦敦大学（The University of London）命名。依据这个法人团体的名字，具有永久的继承权，拥有一枚法团印章；并且在我们、我们的继承者和继任者的每一个法庭上，有权以同样的名字起诉与被起诉、控告与被控告、辩护与被辩护。

同时，我们在此决定任命：以同样的名字，他们及其继任者在法律上有能力获取、购买和拥有他们及其继任者的任何物品、动产或无论什么私人财产；虽然有《没收法》（Statutes of Mortmain），但对他们及其继任者而言，在法律上仍然有能力获取、购买和拥有所有土地、房屋、继承财产以及为了上述大学的突发需要而时常专门使用和占有的财产，还有位于我们大不列颠及爱尔兰联合王国的任何其他土地、房屋、继承财产和无论什么财产，不超过每年一万英镑的价值；每年在获取、购买或拥有同样的资产期间必须估算和查明其价值；同时，他们及其继任者在法律上享有授予、遗赠、转让，或者另行处理所有或部分财产、实产以及属于上述大学的私人财产的权利，也有权处理突发的或与法人团体相关的所有其他事务。

同时，我们决定在此进一步任命：上述政治法人团体由1名校长、1名副校长和这些数量的会员或理事会成员组成，他们是在我们的亲笔签名下我们时常任命的：上述我们真正信任和敬爱的表亲威廉·卡文迪什，伯灵顿伯爵，作为第一任校长；上述约翰·威廉·卢伯克，绅士，作为第一任副校长；以及上述达勒姆大主教爱德华、奇切斯特大主教威廉、布鲁厄姆和沃克斯男爵亨利、乔治·比德尔·艾里、安德鲁·阿莫斯、托马斯·阿诺德、约翰·奥斯汀、尼尔·阿诺特、约翰·巴科、弗朗西斯·博福特、阿奇博尔德·比林、威廉·托马斯·布兰德、詹姆斯·克拉克、菲利普·塞西尔·克兰普顿、约翰·道尔顿、威廉·恩普森、迈克尔·法拉第、斯蒂芬·洛夫·

哈米克爵士、约翰·史蒂文斯·亨斯洛、康沃利斯·休伊特、托马斯·霍奇金、弗朗西斯·基尔南、约翰·乔治·肖·勒费夫尔、查尔斯·洛科克、约翰·威廉·卢伯克、詹姆斯·麦格里戈爵士、理查德·雷尼·彭宁顿、琼斯·奎恩、约翰·里道特、彼得·马克·罗热、纳索·威廉·西尼尔、约瑟夫·亨利·杰拉德、理查德·希普尚克斯、约翰·西姆斯，康诺普·瑟尔沃尔、詹姆斯·沃克和亨利·沃伯顿，作为理事会的第一届成员和会员。

上述大学的校长职位无论何时产生空缺，或者由于死亡、辞职或者由于其他原因，我们将在我们的亲笔签名下提名一位合适、恰当的校长人选，代替产生这种空缺的校长。上述大学副校长的职位是一年制的，之前任命的副校长从1837年7月1日起，一年任期满后将离开他的职位；同时，上述理事会的成员或会员将在上述职位的任期结束前一个月中的某天举行一次例会，目的是发布正式通知，选举另一位合适、恰当的人担任上述大学的副校长，所以通常是一年制的；或者，如果副校长任期未满前有死亡、辞职或其他种类的离职情况，那么将举行一次例会，目的是尽可能方便地发布正式通知，选举另一位合适、恰当的人在余下的时间中担任副校长，当这种死亡、辞职或其他种类的离职情况出现时；这个人必须由出席例会的大部分会员从他们自己当中选举产生，且暂时要得到上述大学校长的认可。

我们预定我们自己为上述伦敦大学的视察者，有权做那些属于视察者的所有事情，通常对于我们来说是合适的。校长、副校长和会员暂时对上述大学的事务、关注点和财产拥有全部的管理权和监督权。同时，在我们这个特许状没有提及的所有事情中，校长、副校长和会员往往以最适于实现上述大学想要的目的的这种方式来处理，这应当是合法的。校长、副校长和会员享有充分的权力来时常制定和修改任何细则和条例（只要不与我们王国的法律，或是我们这个特许状的一般目的和条款不一致），关于学位考试和学位授予，关于召开校长、副校长和会员的会议的方式和时间，总之是关于上述大学的所有其他事情。编订好的所有这些细则和条例，在印上上述大学的法团印章后，就对大学的所有成员和即将被授予学位的申请者具有约束力。所有这些细则和条例必须首先呈报于我们其中的一位国务大臣，并且要得到他的同意与会签。

将来校长、副校长和会员要面对的所有问题都由出席会议的大多数成员决定，而且主席要在任何这样的会议上举行一次投票，如票数相同，还要进行第二轮或决定性投票。在表决的时候，必须要有校长或副校长和5名会员参加，或者在校长和副校长缺席的情况下至少有6名会员参加，否则在任何例会上都不能决定问题。在上述校长、副校长和会员的每一次会议上，校长或在他缺席情况下的副校长作为主席主持会议，或者在二人都缺席的情况下，主席由出席会议的成员或他们中的大部分人选举产生。

上述校长、副校长和会员在他们认为合适的情况下，暂时拥有充分的权力来时常任命和撤销上述大学所有的考官、官员和工作人员。

上述校长、副校长和会员每年至少举办一次学位申请者考试。在每次考试中，申请者由上述校长、副校长和会员从会员中专门任命的考官来考查，或者由他们任命的其他考官来考查；并且每次考试都将从普通知识的许多分支科目来考查申请者，这是上述校长、副校长和会员认为是最适合该考试的科目。

然而，为了文学、科学和艺术的提升，拓展学院和已经建立或今后可能建立的机构的利益是权宜之计，无论是合并的或非合并的，通过将它们与根据我们这个皇家特许状创办的大学相连接来实现这个目的。

我们决定在此进一步任命：所有人被准许为上述伦敦大学授予的文学学士、文学硕士、法律学士或法律博士学位的申请者，前提是向校长、副校长和会员提交一张来自下文提及的任何机构的证书，这意味着申请者已经完成了由上述校长、副校长和会员根据有关条例确定的教学课程。上述证书是由我们称为大学学院（University College）的学院颁发的，或由我们称为国王学院（King's College）的学院颁发的，二者都坐落于伦敦；或者由其他法人的或非法人的机构颁发的，这些机构是为了教育目的而现在或今后建立的，无论是在首都还是在联合王国的其他地方。并且，我们在我们的亲笔签名下，今后将授权这些机构颁发这种证书。

同时，为了授予医学学士和医学博士学位，和为了改进所有分支学科的医学教育，不仅有内科还有外科、助产学和药剂学；我们决定在此进一步任命：上述校长、副校长和会员要时常向我们其中的一位国务大臣报告医学机构和学校的近况，无论是法人的还是非法人的，在我们这个首都或是在我们联合王国的其他地方，来自这个国家或者其他国家的单一的或联合的医学机构和学校；在上述校长、副校长和会员的判断下，准许申请者申请医学学位是合适的、权宜的；同时，在我们上述国务大臣同意这个报告的情况下，准许所有人为上述大学授予的医学学士和医学博士学位的申请者，前提是向上述校长、副校长和会员提交一张来自任何这类机构或学校颁发的证书，这意味着申请者已经完成了由上述校长、副校长和会员根据有关条例确定的教学课程。同时，在我们其中的一位国务大臣的同意下，上述校长、副校长和会员时常改变、更改和修正任何这些报告，例如删除报告中包含的任何上述机构或学校，或者在报告中增加其他机构，这些都是合法的。

上述校长、副校长和会员有权在考试结束后授予文学学士、文学硕士、法律学士、法律博士、医学学士和医学博士学位，并且按照内科、外科、助产学和药剂学这四个分支为医学学位开设考试。同时，上述授予的学位应当收取合理的学费，在我们财务委员会的批准下，时常由上述校长、副校长和会员管理；这些学费应纳入一个总的学费基金（Fee Fund），根据我们的财务委员会的指示和规定来支付上述大学的开支；上述大学的收支账目每年要向我们的财务委员会呈报一次，账目受制约于这种考试；审计由上述财务委员会管理。

在每次申请者的考试结束后，考官应宣布已有资格获得任何上述学位的每位申请者的名字，和表明他已经精通的学科门类（Departments of Knowledge），还有与其他申请者相关的他的精通程度。同时，他将从上述校长那里获得一张由上述伦敦大学盖章和上述校长签名的证书，上面陈述了已声明的细节内容。

在任何情况下，时常制定的关于申请者考试和学位授予的所有细则和条例，必须呈报给我们其中的一位国务大臣，并且要得到他的同意。

最后，为了我们、我们的继承人和继任者，我们在此授予和声明这些专利特许权，或者其中的入学条款①或者详细内容，在所有事务中都是有效的并且具有法律效力，根据同样的真实意图和意义；为了上述大学的最大利益，应该在最合适和最有益的意义上来解释和裁定，就像在我们的所有法庭上还有其他地方一样，尽管在我们这些特许权中有一些是未阐明的、陈述错误的、不确定的或有瑕疵的。以资证明，我们已经使我们的这些特许权具有了专利。

在我们统治的第 7 年 11 月 28 日，在我们的威斯敏斯特宫殿，自我见证。

依据御玺的令状，

埃德蒙兹

附录 4 《第二特许状》（1837 年）译文②

承蒙上帝恩典，大不列颠及爱尔兰联合王国的女王、信仰的捍卫者维多利亚，为本法案即将面向所有人而祝福。

鉴于我们王室的前任国王威廉四世根据他的专利特许权，在上述联合王国的御玺下，载明的日期是他统治的第 7 年 11 月 28 日，在威斯敏斯特决定

① 此处原文是 inrolment，实际上应该是 enrolment。——译者注。

② 本文译自 University of London. *University of London: the historical record, 1836 – 1912*. London: Hodder & Stoughton, 1912, pp. 31 – 35.

授予、宣布和任命如下：他真正信任和敬爱的表亲威廉·卡文迪什，伯灵顿伯爵；真正尊敬的神父爱德华，达勒姆大主教；真正尊敬的神父威廉，奇切斯特大主教；真正信任和敬爱的议员亨利，布鲁厄姆和沃克斯男爵；以及他信任和敬爱的乔治·比德尔·艾里，绅士，他的皇家天文学家和皇家学会会员；安德鲁·阿莫斯，绅士，讼务律师；托马斯·阿诺德，神学博士；约翰·奥斯汀，绅士，讼务律师；尼尔·阿诺特，绅士，医学博士和皇家学会会员；约翰·巴科，绅士，皇家外科医学院成员；弗朗西斯·博福特，绅士，皇家海军上校，海军部水道测量家和皇家学会会员；阿奇博尔德·比林，绅士，医学博士和皇家内科医学院会员；威廉·托马斯·布兰德，绅士，皇家学会副主席；詹姆斯·克拉克，绅士，现在是詹姆斯·克拉克爵士，准男爵，医学博士，皇家学会会员；菲利普·塞西尔·克兰普顿，绅士，民法博士，皇家学会会员和他的爱尔兰军医处处长；约翰·道尔顿，绅士，民法博士和皇家学会会员；威廉·恩普森，绅士，讼务律师，东印度学院普通政体和英格兰法教授；迈克尔·法拉第，绅士，民法博士，皇家学会会员；斯蒂芬·洛夫·哈米克爵士，准男爵，皇家外科医学院成员；约翰·史蒂文斯·亨斯洛，牧师，文学硕士，剑桥大学植物学教授；康沃利斯·休伊特，绅士，医学博士和剑桥大学医学唐宁教授；托马斯·霍奇金，绅士，医学博士；弗朗西斯·基尔南，绅士，皇家外科医学院成员；约翰·乔治·肖·勒费夫尔，绅士，皇家学会会员；查尔斯·洛科克，绅士，医学博士，阿德莱德女王陛下的特派内科医生之一；约翰·威廉·卢伯克，绅士，皇家学会的副主席和财务主管；詹姆斯·麦格里戈爵士，准男爵，医学博士，民法博士，皇家学会会员，内科医学院会员，他的特派内科医生之一和军医委员会会长；理查德·雷尼·彭宁顿，绅士，皇家外科医学院成员；琼斯·奎恩，绅士，医学博士；约翰·里道特，绅士，皇家外科医学院成员；彼得·马克·罗热，绅士，医学博士，皇家学会秘书；纳索·威廉·西尼尔，绅士，我们的最高平衡法院大法官之一和皇家学会会员；约瑟夫·亨利·杰拉德，法律博士，布里斯托尔学院校长；理查德·希普尚克斯，牧师，皇家学会会员；约翰·西姆斯，绅士，医学博士；康诺普·瑟尔沃尔，牧师，剑桥大学三一学院会员；詹姆斯·沃克，绅士，皇家学会会员；和亨利·沃伯顿，绅士，下议院成员和皇家学会会员。在他的王室的意志和愿望期间，他那以后任命为校长、副校长或会员的所有人，正如下文提到的，组成一个政治法人团体，以伦敦大学命名。

现在你们知道，我们根据本法案已经撤销并终止了上述专利特许权，包括其中的每一项细则、规定和所有条款。同时，我们认为这将成为我们王室的责任，为了宗教和道德的进步以及实用知识的提升，对于我们忠诚的所有阶级和教派的臣民，毫无区别地激励他们追求一种正规和自由的教育课程；同时考虑[①]到许多人是在首都和我们联合王国的其他地方从事或完成他们的学业的，把这些设施提供给他们是有利的，并且授予他们这些荣誉和奖励也是公正的，因为这可以促进他们坚持这些值得称赞的追求。现在你们进一步知道，其目的是借助考试的方式，确定哪些人通过学习这些教育课程已经精通了文学、科学和艺术，并用学术学位奖赏他们，以此作为各自成就和与之相称的荣誉之证明。

借助我们有特权的王室以及我们特殊的仁慈、真正的学识和独立完成的会议提案，根据本法案，为了我们、我们的继承者和继任者，我们决定授予、宣布和任命以下人员：上述伯灵顿伯爵威廉·卡文迪什、达勒姆大主教爱德华、奇切斯特大主教威廉、我们真正信任和敬爱的神父诺威奇大主教（Lord Bishop of Norwich）爱德华，以及上述乔治·比德尔·艾里、安德鲁·阿莫斯、托马斯·阿诺德、约翰·奥斯汀、尼尔·阿诺特、约翰·巴科、弗朗西斯·博福特、阿奇博尔德·比林、威廉·托马斯·布兰德、詹姆斯·克拉克爵士（我们的常任内科医生）、我们信任和敬爱的菲利普·克兰普顿（Philip Crampton）（民法博士，皇家学会会员和我们的爱尔兰军医处处长）、约翰·道尔顿、威廉·恩普森、迈克尔·法拉第、斯蒂芬·洛夫·哈米克爵士、约翰·史蒂文斯·亨斯洛、康沃利斯·休伊特、托马斯·霍奇金、弗朗西斯·基尔南、约翰·乔治·肖·勒费夫尔、查尔斯·洛科克、约翰·威廉·卢伯克、詹姆斯·麦格里戈爵士、理查德·雷尼·彭宁顿、琼斯·奎恩、约翰·里道特、彼得·马克·罗热、纳索·威廉·西尼尔、约瑟夫·亨利·杰拉德，我们信任和敬爱的詹姆斯·克雷格·萨默维尔（James Craig Somerville）（医学博士，解剖学督察员）以及上述约翰·西姆斯、康诺普·瑟尔沃尔、詹姆斯·沃克和亨利·沃伯顿。

我们今后任命为校长或会员的所有人，如下文提到的，组成一个政治法人团体，以伦敦大学命名。依据这个法人团体的名字，具有永久的继承权，拥有一枚法团印章；并且在我们、我们的继承者和继任者的每一个法庭上，有权以同样的名字起诉与被起诉、控告与被控告、辩护与被辩护。

同时，我们决定在此任命：以同样的名字，他们及其继任者在法律上有能力获取、购买和拥有他们及其继任者的任何物品、动产或无论什么私人财产；虽然有《没收法》，但对他们及其继任者而言，在法律上仍然有能力获取、购买和拥有所有土地、房屋、继承财产以及为了上述大学的突发需要而时常专门使用和占有的财产，还有位于我们大不列颠及爱尔兰联合王国的任

---

① 此处原文是 considerating，实际上应为 considering。——原注。

何其他土地、房屋、继承财产和无论什么财产，不超过每年一万英镑的价值；每年在获取、购买或拥有同样的资产期间必须估算和查明其价值；同时，他们及其继任者在法律上享有授予、遗赠、转让，或者另行处理所有或部分财产、实产以及属于上述大学的私人财产的权利，也有权处理突发的或与法人团体相关的所有其他事务。

同时，我们决定在此进一步任命：上述法人团体由1名校长、1名副校长和这些数量的会员组成，他们是在我们的或他们的亲笔签名下我们、我们的继承者和继任者时常任命的和在下文包含的权力下理事会成员任命的：上述我们真正信任和敬爱的表亲伯灵顿伯爵威廉·卡文迪什，作为第一任校长；上述约翰·威廉·卢伯克，作为第一任副校长；和上述达勒姆大主教爱德华、奇切斯特大主教威廉、诺威奇大主教爱德华、乔治·比德尔·艾里、安德鲁·阿莫斯、托马斯·阿诺德、约翰·奥斯汀、尼尔·阿诺特、约翰·巴科、弗朗西斯·博福特、阿奇博尔德·比林、威廉·托马斯·布兰德、詹姆斯·克拉克爵士、菲利普·克兰普顿、约翰·道尔顿、威廉·恩普森、迈克尔·法拉第、斯蒂芬·洛夫·哈米克爵士、约翰·史蒂文斯·亨斯洛、康沃利斯·休伊特、托马斯·霍奇金、弗朗西斯·基尔南、约翰·乔治·肖·勒费夫尔、查尔斯·洛科克、约翰·威廉·卢伯克、詹姆斯·麦格里戈爵士、理查德·雷尼·彭宁顿、琼斯·奎恩、约翰·里道特、彼得·马克·罗热、纳索·威廉·西尼尔、约瑟夫·亨利·杰拉德、詹姆斯·克雷格·萨默维尔、约翰·西姆斯、康诺普·瑟尔沃尔、詹姆斯·沃克和亨利·沃伯顿，作为第一届会员。

同时，我们决定进一步任命：校长、副校长和会员暂时组成上述大学的理事会。

同时，我们决定进一步任命：上述大学的校长职位无论何时产生空缺，或者由于死亡、辞职或者由于其他原因，我们、我们的继承者或继任者将在我们或他们的亲笔签名下提名一位合适、恰当的校长人选，代替产生这种空缺的校长。

同时，我们决定进一步任命：上述大学副校长的职位是一年制的，之前任命的副校长从1837年7月1日起，一年任期满后将离开他的职位；同时，理事会的成员将在上述职位的任期结束前一个月中的某天举行一次例会，目的是发布正式通知，选举上述大学的会员中的某个人担任副校长，所以通常是一年制的；或者，如果副校长任期未满前有死亡、辞职或其他种类的离职情况，那么将举行一次例会，目的是尽可能方便地发布正式通知，选举上述会员中的另一个人在余下的时间中担任副校长，当这种死亡、辞职或其他种类的离职情况出现时。

同时，我们决定进一步任命：在任何情况下，如果由于死亡或其他原因导致上述大学的会员人数减少至25名以下，暂时不包括校长和副校长，然而这种情况是会经常发生的；理事会成员将举行一次例会，目的是为了尽可能方便地发布正式通知，选举12名或更多合适、恰当的人成为会员，加入到剩下的会员之中；最后，直到通过这种选举方式使上述大学的会员人数达到36名，不包括上述大学的校长和副校长。

同时，我们预定我们自己、我们的继承者和继任者为上述伦敦大学的视察者，有权做那些属于视察者的所有事情，通常对于我们、我们的继承者和继任者来说是合适的。

同时，我们决定进一步任命：校长、副校长和会员暂时对上述大学的事务、关注点和财产拥有全部的管理权和监督权。同时，在我们这个特许状没有提及的所有事情中，校长、副校长和会员往往以最适于实现上述大学想要的目的的这种方式来处理，这应当是合法的。校长、副校长和会员享有充分的权力来时常制定和修改任何细则和条例（只要不与我们王国的法律，或是我们这个特许状的一般目的和条款不一致），关于学位考试和学位授予，关于召开校长、副校长和会员的会议的方式和时间，总之是关于上述大学的所有其他事情。编订好的所有这些细则和条例，在印上上述大学的法团印章后，就对大学的所有成员和即将被授予学位的申请者具有约束力。所有这些细则和条例必须首先呈报于我们其中的一位国务大臣，并且要得到他的同意与会签。

同时，我们决定进一步任命：将来校长、副校长和会员要面对的所有问题都由出席会议的大多数成员决定，而且主席要在任何这样的会议上举行一次投票，如票数相同，还要进行第二轮或决定性投票。在表决的时候，必须要有校长或副校长和5名会员参加，或者在校长和副校长缺席的情况下至少有6名会员参加，否则在任何例会上都不能决定问题。在上述校长、副校长和会员的每一次会议上，校长或在他缺席情况下的副校长作为主席主持会议，或者在二人都缺席的情况下，主席由出席会议的成员或他们中的大部分人选举产生。

同时，我们决定进一步任命：上述校长、副校长和会员在他们认为合适的情况下，暂时拥有充分的权力来时常任命和撤销上述大学所有的考官、官员和工作人员。

同时，我们决定进一步任命：上述校长、副校长和会员每年至少举办一次学位申请者考试。在每次考试中，申请者由上述校长、副校长和会员从会员中专门任命的考官来考查，或者由他们任命的其他考官来考查；并且每次考试都将从普通知识的许多分支科目来考查申请者，这是上述校长、副校长和会员认为是最适合该考试的科目。

然而，为了文学、科学和艺术的提升，拓展学院和已经建立或今后可能建立的机构的利益是权宜之计，无论是合并的或非合并的，通过将它们与根据我们这个皇家特许状创办的大学相连接来实现这个目的。

我们决定在此进一步任命：所有人被准许为上述伦敦大学授予的文学学士、文学硕士、法律学士或法律博士学位的申请者，前提是向校长、副校长和会员提交一张来自下文提及的任何机构的证书，这意味着申请者已经完成了由上述校长、副校长和会员根据有关条例确定的教学课程。同时，上述证书是由我们称为大学学院的学院颁发的，或由我们称为国王学院的学院颁发的，二者都坐落于伦敦；或者由其他法人的或非法人的机构颁发的，这些机构是为了教育目的而现在或今后建立的，无论是在首都还是在联合王国的其他地方。而且，我们、我们的继承者和继任者在我们或他们的亲笔签名下，今后将授权这些机构颁发这种证书。

同时，为了授予医学学士和医学博士学位，和为了改进所有分支学科的医学教育，不仅有内科还有外科、助产学和药剂学；我们决定在此进一步任命：上述校长、副校长和会员要时常向我们其中的一位国务大臣报告医学机构和学校的近况，无论是法人的还是非法人的，在我们这个首都或是在我们联合王国的其他地方，来自这个国家或者其他国家的单一的或联合的医学机构和学校；在上述校长、副校长和会员的判断下，准许申请者申请医学学位是合适的、权宜的；同时，在我们上述国务大臣同意这个报告的情况下，准许所有人为上述大学授予的医学学士和医学博士学位的申请者，前提是向上述校长、副校长和会员提交一张来自任何这类机构或学校颁发的证书，这意味着申请者已经完成了由上述校长、副校长和会员根据有关条例确定的教学课程。同时，在我们其中的一位国务大臣的同意下，上述校长、副校长和会员时常改变、更改和修正任何这些报告，例如删除报告中包含的任何上述机构或学校，或者在报告中增加其他机构，这些都是合法的。

同时，我们决定进一步任命：上述校长、副校长和会员有权在考试结束后授予文学学士、文学硕士、法律学士、法律博士、医学学士和医学博士学位，并且按照内科、外科、助产学和药剂学这四个分支为医学学位开设考试。同时，上述授予的学位应当收取合理的学费，在我们财务委员会的批准下，时常由上述校长、副校长和会员管理；这些学费应纳入一个总的学费基金，根据我们的财务委员会的指示和规定来支付上述大学的开支；上述大学的收支账目每年要向我们的财务委员会呈报一次，账目受制约于这种考试；审计由上述财务委员会管理。

同时，我们决定进一步任命：在每次申请者的考试结束后，考官应宣布已有资格获得任何上述学位的每位申请者的名字，和表明他已经精通的学科门类，还有与其他申请者相关的他的精通程度。同时，他将从上述校长那里获得一张由上述伦敦大学盖章和上述校长签名的证书，上面陈述了已声明的细节内容。

在任何情况下，时常制定的关于申请者考试和学位授予的所有细则和条例，必须呈报给我们其中的一位国务大臣，并且要得到他的同意。

最后，为了我们、我们的继承人和继任者，我们在此授予和声明这些专利特许权，或者其中的入学条款或者详细内容，在所有事务中都是有效的并且具有法律效力，根据同样的真实意图和意义；为了上述大学的最大利益，应该在最合适和最有益的意义上来解释和裁定，就像在我们的所有法庭上还有其他地方一样，尽管在我们这些特许权中有一些是未阐明的、陈述错误的、不确定的或有瑕疵的。以资证明，我们已经使我们的这些特许权具有了专利。

在我们统治的第 1 年 12 月 5 日，在我们的威斯敏斯特宫殿，自我见证。

依据御玺的令状，

埃德蒙兹

附录 5　《第三特许状》（1858 年）译文[①]

承蒙上帝恩典，大不列颠及爱尔兰联合王国的女王、信仰的捍卫者维多利亚，为本法案即将面向所有人而祝福。

1. 鉴于根据我们的专利特许权，在我们上述联合王国的御玺下，载明的日期是我们统治的第 1 年 12 月 5 日，在威斯敏斯特，我们授予、声明和任命了那时提及的某些人以及自那以后被任命为下文提及的校长或会员的所有人，组成一个名叫伦敦大学的政治法人团体。同时，根据我们上述特许状，我们决定进一步任命：上述大学的校长、副校长和会员暂时享有充分的权力来时常制定和修改任何细则和条例（只要不与我们王国的法律，或是我们这个特许状的一般目的和条款不一致），关于学位考试和学位授予，关于召开校长、副校长和会员的会议的方式和时间，总之是关于上述大学的所有其他事情。编订好的所有这些细则和条例，在印上上述大学的法团印章后，就对大学的所有成员和即将被授予学位的申请者具有约束力。所有这些细则和条例必须首先呈报于我们其中的一位国务大臣，并且要得到他的同意与会签。

---

① 本文译自 University of London. *University of London: the historical record, 1836 – 1912*. London: Hodder & Stoughton, 1912, pp. 39 – 47.

同时，我们决定进一步任命：上述大学的校长、副校长和会员每年至少举办一次学位申请者考试。在每次考试中，申请者由上述校长、副校长和会员从会员中专门任命的考官来考查，或者由他们任命的其他考官来考查。同时，我们因此决定进一步任命：所有人被准许为上述伦敦大学授予的文学学士、文学硕士、法律学士、法律博士学位的申请者，前提是向校长、副校长和会员提交一张来自下文提及的任何机构的证书，这意味着申请者已经完成了由上述校长、副校长和会员根据有关条例确定的教学课程。同时，上述证书是由我们称为大学学院的学院颁发的，或由我们称为国王学院的学院颁发的，二者都坐落于伦敦；或者由其他法人的或非法人的机构颁发的，这些机构是为了教育目的而那时或那以后建立的，无论是在首都还是在联合王国的其他地方。而且，我们的继承者和继任者在我们或他们的亲笔签名下，今后将授权这些机构颁发这种证书。同时，我们决定进一步声明：上述校长、副校长和会员有权在考试结束后授予文学学士、文学硕士、法律学士、法律博士、医学学士、医学博士学位。而且，上述授予的学位应当收取合理的学费，在我们财务委员会的批准下，时常由上述校长、副校长和会员管理；这些学费应纳入一个总的学费基金，根据我们的财务委员会的指示和规定来支付上述大学的开支。鉴于根据我们的专利特许权，在我们上述联合王国的御玺下，载明的日期是我们统治的第 13 年 7 月 7 日，在威斯敏斯特，我们决定扩大上述校长、副校长和会员的权力。

2. 现在你们知道我们已经撤销并终止了，并且根据本法案真正撤销并终止了上述列举的专利特许权，包括每一项细则、规定以及其中各自的事项。同时，我们认为这将成为我们王室的责任，为了宗教和道德的进步以及实用知识的提升，对于我们忠诚的所有阶级和教派的臣民，毫无区别地激励他们追求一种正规和自由的教育课程；同时考虑到许多人是在首都和我们联合王国的其他地方从事和完成他们的学业的，把这些设施提供给他们是有利的，并且授予他们这些荣誉和奖励也是公正的，因为这可以促进他们坚持这些值得称赞的追求。

3. 现在你们进一步知道，其目的是借助考试的方式，确定哪些人通过学习这些教育课程已经精通了文学、科学和艺术，并用学术学位和专业证书（Certificates of Proficiency）奖赏他们，以此作为各自成就和与之相称的荣誉之证明。借助我们有特权的王室以及我们特殊的仁慈、真正的学识和独立完成的会议提案，根据本法案，为了我们、我们的继承者和继任者，我们决定授予、宣布和任命以下人员：我们真正信任和十分敬爱的表亲威廉，德文希尔公爵（Duke of Devonshire）；我们真正信任和真正敬爱的表亲和议员格兰维尔·乔治（Granville George），格兰维尔伯爵；真正尊敬的神父爱德华，莫尔特比大主教（Lord Bishop of Maltby）；真正尊敬的神父康诺普（Connop），圣·戴维斯大主教（Lord Bishop of St. David's）；我们真正信任和敬爱的议员托马斯·巴宾顿（Thomas Babington），麦考利男爵（Baron Macaulay）；我们真正信任和敬爱的议员托马斯，布兰登的蒙蒂格尔男爵（Baron Monteagle of Braddon）；我们真正信任和敬爱的塞缪尔·琼斯（Samuel Jones），奥弗斯通男爵（Baron Overstone）；我们信任和敬爱的安德鲁·阿莫斯，绅士，文学硕士，讼务律师；尼尔·阿诺特，绅士，医学博士，皇家学会会员和我们杰出的内科医生之一；约翰·巴科，绅士，皇家外科医学院会员；我们真正信任和敬爱的议员马修·塔尔博特·贝恩斯（Matthew Talbot Baines）；我们信任和敬爱的阿奇博尔德·比林，绅士，医学博士，皇家学会和皇家内科医学院会员；威廉·托马斯·布兰德，绅士，民法博士和皇家学会会员；詹姆斯·克拉克爵士，准男爵，医学博士，皇家学会会员，我们常任的内科医生；菲利普·克兰普顿爵士（Sir Philip Crampton），准男爵，医学博士，皇家学会会员，我们的爱尔兰军医处处长；迈克尔·法拉第，绅士，民法博士，皇家学会会员；查尔斯·詹姆斯·福斯特（Charles James Foster），绅士，法律博士，讼务律师；我们真正信任和敬爱的议员詹姆斯·罗伯特·乔治·格雷厄姆爵士（Sir James Robert George Graham），准男爵；我们信任和敬爱的乔治·格罗特（George Grote），绅士，民法博士，皇家学会会员；威廉·威西·古尔（William Withey Gull），绅士，医学博士，皇家内科医学院会员；亨利·哈勒姆（Henry Hallam），绅士，文学硕士，皇家学会会员；斯蒂芬·洛夫·哈米克爵士，准男爵，皇家外科医学院会员；约翰·史蒂文斯·亨斯洛，牧师，文学硕士，剑桥大学植物学教授；詹姆斯·海伍德（James Heywood），绅士，文学学士和皇家学会会员；托马斯·霍奇金，绅士，医学博士；弗朗西斯·基尔南，绅士，皇家学会和皇家外科医学院会员；约翰·乔治·肖·勒费夫尔爵士，最高荣誉的巴思勋位的第二级爵士，文学硕士，皇家学会会员；我们真正信任和敬爱的议员乔治·康沃尔·刘易斯爵士（Sir George Cornewall Lewis），准男爵，民法博士；我们信任和敬爱的查尔斯·洛科克爵士，准男爵，医学博士，皇家内科医学院会员，我们的第一位男助产士内科医生；约翰·威廉·卢伯克爵士，准男爵，文学硕士，皇家学会会员；詹姆斯·麦格里戈爵士，准男爵，医学博士，民法博士，皇家学会和皇家内科医学院会员；彼得·马克·罗热，绅士，医学博士，皇家学会和皇家内科医学院会员；我们真正信任和敬爱的议员爱德华·瑞安爵士（Sir Edward Ryan），骑士；我们信任和敬爱的议员纳索·威廉·西尼尔，绅士，文学硕士和讼务律师；我们真正信任和敬爱的议员爱德华·亨利·斯坦利（Edward Henry Stanley）（一般称为斯坦利勋爵）；我们信任和敬爱的詹姆斯·沃克，绅士，法律博士，皇家学会会员；亨利·沃伯顿，绅士，文学硕士，皇家学会会员；和弗雷德里克·约翰·伍德（Frederic John Wood），绅士，法律博士，讼务律师；和今后被任命为校长或会员的所有人，如下文提到的；和根据我们统治的第1年12月5日的上述专利特许权创办的大学授予法律博士、医学博士、文学硕士、法律学士、医学学士或者文学学士学位的所有人；以及根据我们这个皇家特许状创办的大学今后授予任何上述学位的所有人，组成一个政治法人团体，以伦敦大学命名。依据这个法人团体的名字，具有永久的继承权，拥有一枚法团印章；并且在我们、我们的继承者和继任者的每一个法庭上，有权以同样的名字起诉与被起诉、控告与被控告、辩护与被辩护。

4. 同时，我们决定在此任命：以同样的名字，他们及其继任者在法律上有能力获取、购买和拥有他们及其继任者的任何物品、动产或无论什么私人财产；虽然有《没收法》，但对他们及其继任者而言，在法律上仍然有能力获取、购买和拥有所有土地、房屋、继承财产以及为了上述大学的突发需要而时常专门使用和占有的财产，还有位于我们大不列颠及爱尔兰联合王国的任何其他土地、房屋、继承财产和无论什么财产，不超过每年一万英镑的价值；每年在获取、购买或拥有同样的资产期间必须估算和查明其价值；同时，他们及其继任者在法律上享有授予、遗赠、转让，或者另行处理所有或部分财产、实产以及属于上述大学的私人财产的权利，也有权处理突发的或与法人团体相关的所有其他事务。

5. 同时，我们决定在此进一步任命：上述政治法人团体由1名校长、副校长、会员和毕业生组成，其中有36名会员，暂时不包括校长和副校长。会员必须是我们在此任命的这些人，他们是由我们、我们的继承者和继任者在我们或他们的亲笔签名下时常任命为会员的，和在下文包含的权力范围内由理事会成员任命为会员的。同时，毕业生必须是根据我们统治的第1年12月5日的上述专利特许权创办的大学授予上述任何学位的毕业生，以及根据我们这个皇家特许状创办的大学今后授予上述任何学位的人。同时，我们在此任命：上述格兰维尔伯爵格兰维尔·乔治为第一任校长；上述约翰·乔治·肖·勒费夫尔爵士为第一任副校长；以及上述德文希尔公爵威廉、莫尔特比大主教、圣·戴维斯大主教、麦考利勋爵托马斯·巴宾顿、布兰登的蒙蒂格尔勋爵托马斯、奥弗斯通勋爵塞缪尔·琼斯、安德鲁·阿莫斯、尼尔·阿诺特、约翰·巴科、马修·塔尔博特·贝恩斯、阿奇博尔德·比林、威廉·托马斯·布兰德、詹姆斯·克拉克爵士、菲利普·克兰普顿爵士、迈克尔·法拉第、查尔斯·詹姆斯·福斯特、詹姆斯·罗伯特·乔治·格雷厄姆爵士、乔治·格罗特、威廉·威西·古尔、亨利·哈勒姆、斯蒂芬·洛夫·

哈米克爵士、约翰·史蒂文斯·亨斯洛、詹姆斯·海伍德、托马斯·霍奇金、弗朗西斯·基尔南、乔治·康沃尔·刘易斯爵士、查尔斯·洛科克爵士、约翰·威廉·卢伯克爵士、爱德华·瑞安爵士、纳索·威廉·西尼尔、爱德华·亨利·斯坦利（一般称为斯坦利勋爵）、詹姆斯·沃克、亨利·沃伯顿和弗雷德里克·约翰·伍德，作为第一任会员。

6. 同时，我们决定进一步任命和授予：根据我们统治的第1年12月5日的上述专利特许权创办的大学的物品、动产和财产将要变成根据我们这个特许状创办的大学的财产；且根据我们这个特许状创办的大学要支付和偿还根据我们统治的第1年12月5日的上述专利特许权创办的大学的所有欠款和债务；同时，已经由上述最后提到的大学独自地授予任何上述学位的所有人将成为根据我们这个特许状创办的大学的毕业生，并且有权获得各自同样的学位，就像根据我们这个特许状创办的大学授予的学位一样。

7. 同时，我们决定进一步任命：根据我们统治的第1年12月5日的上述专利特许权创办的大学制定的所有细则和条例，在我们的这个特许状颁布之前或之时是有效的，直到我们改变或废除它们之前仍然都是有效的，就如根据我们这个特许状创办的大学的细则和条例一样，并且最后提到的大学在下文中称为大学。

8. 同时，我们决定进一步任命：校长、副校长和会员暂时组成大学的理事会。

9. 同时，我们决定进一步任命：上述大学的校长职位无论何时产生空缺，或者由于死亡、辞职或者由于其他原因，我们、我们的继承者或继任者将在我们或他们的亲笔签名下提名一位合适、恰当的校长人选，代替产生这种空缺的校长；与此同时，校长的职务由副校长代理，或者根据下文包含的条款，由会员代理副校长的职务；副校长或会员所代理副校长和会员的职务具有在此给予校长、副校长和会员一样的所有权力。

10. 同时，我们决定进一步任命：大学副校长的职位是一年制的，之前任命的副校长从1856年7月1日起，一年任期满后将离开他的职位；同时，理事会的成员将在上述职位的任期结束前一个月中的某天举行一次例会，目的是发布正式通知，选举大学的会员中的某个人担任副校长，所以通常是一年制的；或者，如果副校长任期未满前有死亡、辞职或其他种类的离职情况，那么将举行一次例会，目的是尽可能方便地发布正式通知，选举上述会员中的另一个人在余下的时间中担任副校长，当这种死亡、辞职或其他种类的离职情况出现时；直到这种选举结束，副校长的职务暂时由高级会员代理。同时，我们决定进一步任命：根据我们这个特许状提名的会员的资历是由他们的名字在这个特许状中出现的顺序决定的；并且，今后会员资历的任命或选举，由他们的名字在文件或任命文书或选举证书中出现的顺序决定。

11. 同时，我们决定进一步任命：在任何情况下，如果由于死亡或其他原因导致会员的团体中产生空缺，当然这种情况是会经常发生的，那么将以这里提供的方式任命新会员，从而使36名会员的人数保持完整，暂时不包括校长和副校长。

12. 同时，我们决定进一步任命：关于时常发生的所有空缺，当会员的人数达到或超过25名，暂时不包括校长和副校长，在我们的亲笔签名下时常任命1名或多名新的会员，对我们、我们的继承者和继任者来说是合法的。

13. 同时，我们决定进一步任命：直到从评议会（Convocation）根据下文包含的权力来提名产生的名单中选举的大学会员的人数到达或超过9名，我们、我们的继承者和继任者任命的每第2名会员或每2名会员中的1名将从评议会根据下文包含的权力来提名产生的3人名单中选举产生；同时，当一有9名会员暂时被这样选举时，我们、我们的继承者和继任者从那以后任命的每第4名会员或每4名会员中的1名将从前述评议会提名产生的3人名单中选举产生。

14. 同时，我们决定进一步任命：在任何情况下，如果由于死亡或其他原因导致大学会员的人数减少至25名以下，暂时不包括校长和副校长，然而这种情况是会经常发生的；理事会成员将举行一次例会，目的是为了尽可能方便地发布正式通知，选举12名或更多合适、恰当的人成为会员，加入到剩下的会员之中；最后，直到通过这种选举方式使这个大学的会员人数达到36名，不包括大学的校长和副校长。但是，由理事会这样选举产生的会员总人数至少有四分之一是从评议会提名的人员名单中选举产生，这个名单的人数是从中选举的人数的3倍。

15. 同时，我们决定进一步任命：大学的以下毕业生暂时组成大学的评议会，即所有法律博士、医学博士和文学硕士，所有法律学士两年任期，所有医学学士两年任期，所有文学学士三年任期。由根据我们统治的第1年12月5日的上述专利特许权创办的大学授予学位的所有毕业生的任期，从这些学位真正被授予的时间算起，精确地如同根据我们这个特许状创办的大学已经存在并授予了他们同样的学位。

16. 同时，我们决定进一步任命：暂时组成上述大学评议会的毕业生的注册簿，由上述大学的理事会任命的官员以上述大学的理事会时常管理的方式来保存，注册簿是决定有没有权投票的关键性证据。名字出现在注册簿上的任何人，在他要求在评议会中投票的时候都有权投票；名字没有出现在注册簿中的人，在他要求在评议会中投票的时候就无权投票。同时，我们进一步任命和指出：这些毕业生现在和将来要在有关方面支付一定合理的年费，并且在这种情况下，可以自由达成统一意见。在我们财务委员会的批准下，上述理事会联合评议会管理经费。同时，上述理事会可以制定如前所说的这些细则和条例，来剔除上述那些没有缴纳会费的任何类型的毕业生的名字，并且可以根据这些条款恢复这些人的名字，当他们按照这些细则在有关方面规范自己的时候。

17. 同时，我们预定我们自己、我们的继承者和继任者为上述伦敦大学的视察者，有权做那些属于视察者的所有事情，通常对于我们、我们的继承者和继任者来说是合适的。

18. 同时，我们决定进一步任命：校长、副校长和会员暂时对上述大学的事务、关注点和财产拥有全部的管理权和监督权；同时，在我们这个特许状没有提及的所有事情中，校长、副校长和会员往往以最适于实现大学想要的目的的这种方式来处理，这应当是合法的。上述校长、副校长和会员享有充分的权力来时常制定和修改任何细则和条例（只要不与我们王国的法律，或是我们这个特许状的一般目的和条款不一致），关于学位考试和学位授予，关于召开理事会会议和评议会会议的方式和时间，总之是我们这个特许状中没有明确表述的关于大学的所有其他事情。编订好的所有这些细则和条例，在印上大学的法团印章后，就对大学的所有成员和即将被授予学位的申请者具有约束力。所有这些细则和条例必须首先呈报于我们其中的一位国务大臣，并且要得到他的同意与会签。在任何情况下，上述校长、副校长和会员强加于任何人任何强制性的宗教考试或测验都是不合法的。

19. 同时，我们决定进一步任命：将来校长、副校长和会员要面对的所有问题都由出席会议的大多数成员决定，而且主席要在任何这样的会议上举行一次投票，如票数相同，还要进行第二轮或决定性投票。在表决的时候，必须要有校长或副校长和 5 名会员参加，或者在校长和副校长缺席的情况下至少有 6 名会员参加，否则在任何例会上都不能决定问题。在理事会的每一次会议上，校长或在他缺席情况下的副校长作为主席主持会议，或者在二人都缺席的情况下，主席由出席会议的成员或他们中的大部分人选举产生。

20. 同时，我们决定进一步任命：上述校长、副校长和会员在他们认为合适的情况下，暂时拥有充分的权力来时常任命和撤销上述大学所有的考官、官员和工作人员。

21. 同时，我们决定进一步任命：大学的评议会有如下权力，即为以前文提及的方式从评议会提名的名单中任命的每名会员提名 3 名候选人的权力，这是由我们这个特许状规定的；讨论关于大学的所有事务以及针对任何问题发表评议会的意见的权力；接受大学任何新的特许状的权力，或者同意放弃我们这个特许状或者任何新特许状的权力；不过，在任何情况下，对新特许状的接受或对我们这个特许状的放弃，理事会的同意也是必需的；决定管理和记录评议会议程的模式的权力；任命和撤销评议会职员并规定他的职责的权力；除了已经明确提出的，评议会不被授权干涉或控制大学的事务。

22. 同时，我们决定进一步任命，当他们认为合适的时候，理事会应召开一次评议会会议，且每年至少一次。

23. 如果20名或更多的评议会成员，通过他们的书面签名，要求下文规定任命的评议会暂时的主席来召开一次特殊评议会的会议，且这种要求应反映召开这个会议的目的；如果根据他的判断他认为这样做是合适的，那么上述主席召开一次评议会会议就是合法的。

24. 在任何情况下，第一次这种特殊会议之后，根据上文最终条款之规定，不得再召开此类特殊会议，直到最近一次此类特殊会议结束后的三个月期满为止：还有，在任何这种特殊会议上不能讨论任何事情，除了关于召开会议所要讨论的事情。

25. 理事会应该为评议会的会议提供一个合适的地方；并且评议会的任何会议议程都应被递交至理事会的下一次会议上。

26. 评议会的会议通知应以广告或依照理事会时常决定的其他方式发布。无论何时，其中的一位国务大臣都要通知理事会：我们、我们的继承者或继任者想要任命1名或多名会员并且想要呈交给我们、我们的继承者或继任者选举这名或这些会员的一份名单；那么，理事会今后就尽可能方便地召开一次评议会会议；如果要任命一名会员，这种会议将提名3名不是会员的候选人；如果要任命1名以上的会员，这种会议将提名三倍于即将任命会员人数的不是会员的候选人。

27. 同时，我们决定进一步任命，理事会任命1人主持第一次评议会会议，并在这次会议上，出席会议的成员或他们中的大部分人选举产生评议会的常任主席。

28. 评议会主席的职位是3年制的，除非由于死亡、辞职或其他原因而被更早地终止：但主席有资格被重复选任。在上述职位每一个任期的期满前，如主席死亡或辞职，或上述职位出现任何空缺，出席在按期召开的任何会议中的评议会成员，或者他们中的大部分人，将选举1名主席；如果是在任何一名主席的任期内选举，被选举的主席将在这位主席的任期满之后再任该职位3年；如果是在空缺期间选举，那么他的任期将从空缺开始到第3年期满。如果由于某种原因而暂时没能选出主席来继承主席职位，那么最后提到的主席将继续任职，直到他的继任者被任命为止。

29. 如果主席在评议会的会议中缺席，或该职位有空缺，那么在继续议程之前，出席评议会会议的成员或他们中的大部分人将选举1名主席，但他仅在这次会议期间担任该职位。

30. 将来评议会要面对的所有问题都由出席的大多数成员决定，而且主席要在所有这样的会议上举行一次投票，如票数相同，还要进行第二轮或决定性投票。

31. 至少有30位成员出席，否则在任何评议会会议上都不能决定任何问题。

32. 任何评议会的会议都有权休会至未来的某一天。

33. 同时，我们决定进一步任命：上述校长、副校长和会员每年至少举办一次学位申请者考试。在每次考试中，申请者由上述校长、副校长和会员从会员中专门任命的考官来考查，或者由他们任命的其他考官来考查；并且每次考试都将从普通知识的许多分支科目来考查申请者，这是上述校长、副校长和会员认为是最适合该考试的科目。在任何情况下，自我们这些专利特许权的批准之日起3年期满后，会员将不再有资格担任考官，且任何考官都没有资格连续四年以上被重复选举。

34. 同时，伦敦大学已与下述机构建立了联系，即牛津和剑桥大学（The Universities of Oxford and Cambridge），以及这些大学中各自的一些学院和学堂（Colleges and Houses of Learning）；达勒姆（Durham）、爱丁堡（Edinburgh）、格拉斯哥（Glasgow）和圣·安德鲁斯（St. Andrews）大学；阿伯丁的国王学院（The King's College of Aberdeen）；阿伯丁的马歇尔学院（The Marischal College of Aberdeen）；都柏林大学（The University of Dublin）；爱尔兰的女王大学（The Queen's University in Ireland）；悉尼大学（The University of Sydney）；伦敦大学学院；伦敦国王学院；贝尔法斯特的女王学院（The Queen's College at Belfast）；戈尔韦的女王学院（The Queen's College at Galway）；科克的女王学院（The Queen's College at Cork）；伍绍的圣·卡斯伯特学院（St. Cuthbert's College，Ushaw）；斯托尼赫斯特学院（Stonyhurst College）；伦敦曼彻斯特新学院（Manchester New College，London）；奥斯科特的圣·玛丽奥斯学院（St. Mary's College，Oscott）；卡洛的圣·帕特里克学院（St. Patrick's College，Carlow）；韦尔附近的圣·艾德蒙学院（St. Edmund's College，near Ware）；伯明翰附近的莫斯利，斯普林希尔学院（Spring Hill College）；摄政公园学院（The College，Regent's Park），后称为斯特普尼学院（Stepney College）；巴思附近坡下的伟大的圣·格雷戈里学院（College of St. Gregory the Great）；切森特的亨廷顿女伯爵学院（Countess of Huntingdon's College at Cheshunt）；布里斯托尔的浸信会学院（The Baptist College at Bristol）；布拉德福德附近崖下的艾尔代尔学院（Airedale College）；

罗瑟勒姆的新教反对者学院（Protestant Dissenters' College at Rotherham）；喀麦登的长老会学院（Presbyterian College at Caermarthen）；基尔肯尼的圣·基兰学院（St. Kyran's College，Kilkenny）；哈德斯菲尔德学院（Huddersfield College）；兰开夏郡独立学院（Lancashire Independent College）；谢菲尔德附近的威斯利学院（Wesley College，near Sheffield）；伯明翰女王学院（Queen's College，Birmingham）；汤顿的卫斯理学院（Wesleyan Collegiate Institution，Taunton）；普利茅斯的西部学院（Western College，Plymouth）；汤顿的英格兰西部反对者私立学院（West of England Dissenters' Proprietary School，Taunton）；瑟勒斯的圣·帕特里克学院（St. Patrick's College，Thurles）；伦敦新学院（New College，London）；曼彻斯特欧文斯学院（Owens College，Manchester）；贝德福德语法学校（Bedford Grammar School）；布雷肯独立学院（Brecon Independent College）；约克郡的布拉福德，霍顿学院（Horton College）；海克尼神学院（Hackney Theological Seminary）；布雷肯特维卡学院（Trevecca College，Brecon）；恩尼斯的普林菲尔德学院（Springfield College，Ennis）；斯托福德主教高等学校（Bishop Stortford Collegiate School）；伦敦工人学院（Working Men's College，London）；多伦多大学（The University of Toronto）；和利物浦女王学院（Queen's College，Liverpool）。我们决定进一步任命：被准许为由上述大学授予的文学学士、文学硕士、法律学士和法律博士学位申请者的人必须满足校长、副校长和会员的要求，即他们已经在上述任何机构各自完成了由上述校长、副校长和会员根据有关条例确定的教学课程。

35. 同时，我们决定进一步任命：在我们其中的一位国务大臣的同意下，校长、副校长和会员增加最后提及的任何其他机构与伦敦大学相联系，并且通过删除其中包含的任何机构来时常改变、更改和修正与上述大学相联系的机构的名单，这些都是合法的。

36. 我们决定进一步任命：没有在与上述大学相联系的任何机构中接受教育的人被准许为入学考试的申请者，申请由上述伦敦大学在此授予的任何学位，医学学位除外；在这种情况下，由上述校长、副校长和会员根据有关条例来时常确定这些受制于在此包含的附带条件和限制条件的条例。

37. 同时，为了授予医学学士和医学博士学位，和为了改进所有分支学科的医学教育，不仅有内科还有外科、助产学和药剂学；我们决定在此进一步任命：上述的校长、副校长和会员要时常向我们其中的一位国务大臣报告医学机构和学校的近况，来自这个国家或者其他国家的单一的或联合的医学机构和学校；在上述校长、副校长和会员的判断下，准许申请者申请医学学位是合适的、权宜的，这份报告将得到上述大臣的批准；同时，没有人被准许为上述大学授予的医学学士或医学博士学位的申请者，除非他们满足上述校长、副校长和会员的要求，即他们已经在任何一所或更多的这种机构或学校完成了由上述校长、副校长和会员根据有关条例确定的教学课程；同时，在我们其中的一位国务大臣的同意下，上述校长、副校长和会员时常改变、更改和修正任何这些报告，例如删除报告中包含的任何上述机构或学校，或者在报告中增加其他机构，这些都是合法的。

38. 同时，我们决定进一步任命：上述校长、副校长和会员有权在考试结束后授予一些学士、硕士和博士学位，包括文学、法律、科学、医学、音乐和其他门类的学科，除了神学。这是由上述校长、副校长和会员根据有关条例时常确定的；同时，上述授予的学位应当收取合理的学费，在我们财务委员会的批准下，时常由上述校长、副校长和会员管理。

39. 同时，我们决定进一步任命：在每次申请者考试结束后，考官应该宣布已有资格获得任何上述学位的每位申请者的名字，连同上述校长、副校长和会员时常确定的这些细节；同时，他将从上述校长那里获得一张由上述伦敦大学盖章和上述校长签名的证书，或者在他缺席或无行为能力的时候由副校长签名，并且他所获得的学位将被陈述，连同上述校长、副校长和会员认为适合在其中陈述的其他细节，如果有的话。

40. 同时，我们决定进一步任命：上述校长、副校长和会员也有权授予任何上述学位作为同等学位（*Ad Eundem* Degrees）；但是如果没有评议会的同意，那么不能使上述授予的学位的获得者在任何情况下有资格成为或变成评议会的一员。

41. 同时，我们决定进一步任命：上述校长、副校长和会员有权在考试结束后授予各门分支学科的专业证书，这些学科的分支是由上述校长、副校长和会员根据有关方面制定的条例来时常确定的；同时，除了在我们这个特许状中提及和规定的学位申请者的考试之外，上述校长、副校长和会员时常可为从事这些学科分支研究的人和上述专业证书的申请者举行考试，这种考试受制于上述校长、副校长和会员根据有关方面时常制定的条例；同时，在每次这种考试中，申请者由上述校长、副校长和会员任命的考官来考查，并且在每次申请者考试结束后，考官应该宣布已有资格获得任何上述证书的每位申请者的名字，连同上述校长、副校长和会员时常确定的这些细节；同时，他将从上述校长那里获得一张由上述伦敦大学盖章和上述校长签名的证书，或者在他缺席或无行为能力的时候由副校长签名，并且关于他所获得的证书的知识门类将被陈述，连同上述校长、副校长和会员认为适合在其中陈述的其他细节，如果有的话。同时，这种专业证书应当收取合理的学费，在我们财务委员会的批准下，时常由上述校长、副校长和会员管理。

42. 同时，我们决定进一步任命：所有的费用应该纳入一个总的学费基金，根据我们的财务委员会的指示和规定来支付上述大学的开支；大学的收支账目每年要向我们的财务委员会呈报一次，账目受制约于这种考试；审计由上述财务委员会管理。

43. 任何情况下，时常制定的关于上文提及的任何事情的所有条例，必须呈报给我们其中的一位国务大臣，并且得到他的同意和会签，正如根据我们上述特许状规定的。

44. 最后，为了我们、我们的继承人和继任者，我们在此授予和声明这些专利特许权，或者其中的入学条款或者详细内容，在所有事务中都是有效的并且具有法律效力，根据同样的真实意图和意义；为了大学，应该在最合适和最有益的意义上来解释和裁定，就像在我们的所有法庭上还有其他地方一样，尽管在我们这些特许权中有一些是未阐明的、陈述错误的、不确定的或有瑕疵的。以资证明，我们已经使我们的这些特许权具有了专利。

在我们统治的第 21 年 4 月 9 日，在我们的威斯敏斯特宫殿，自我见证。

依据女王陛下的命令，

埃德蒙兹

附录 6 《第四特许状》（1863 年）译文[①]

承蒙上帝恩典，大不列颠及爱尔兰联合王国的女王、信仰的捍卫者维多利亚，为本法案即将面向所有人而祝福。

1. 鉴于根据我们的专利特许权，在我们上述联合王国的御玺下，载明的日期是我们统治的第 1 年 12 月 5 日，在威斯敏斯特，我们授予、声明和任命了那时提及的某些人以及自那以后被任命为下文提及的校长或会员的所有人，组成一个名叫伦敦大学的政治法人团体。同时，根据我们上述特许状，我们决定进一步任命：上述校长、副校长和会员有权在考试结束后授予文学学士、文学硕士、法律学士、法律博士、医学学士、医学博士学位。同时，鉴于根据我们的专利特许权，在我们上述联合王国的御玺下，载明的日期是我们统治的第 13 年 7 月 7 日，在威斯敏斯特，我们扩大了上述校长、副校长和会员的权力。同时，鉴于根据我们的专利特许权，在我们上述联合王国的御玺下，载明的日期是我们统治的第 21 年 4 月 9 日，在威斯敏斯特，我们废除和终止了上文陈述的上述专利特许权。同时，我们决定授予、声明和

① 本文译自 University of London. *University of London: the historical record, 1836 – 1912*. London: Hodder & Stoughton, 1912, pp. 48 – 57.

任命：那时提及的某些人，和自那以后被任命为下文提及的校长或会员的所有人，和根据我们统治的第1年12月5日的上述专利特许权创办的大学授予法律博士、医学博士、文学硕士、法律学士、医学学士或文学学士学位的所有人，以及根据我们那个皇家特许状创办的大学自那以后可能授予任何上述学位的所有人，组成一个政治法人团体，以伦敦大学命名。同时，我们决定进一步任命：校长、副校长和会员有权在考试结束后授予一些学士、硕士和博士学位，包括文学、法律、科学、医学、音乐和其他一些知识门类，除了神学；这是由上述校长、副校长和会员根据有关条例时常确定的。

2. 现在你们知道我们已经撤销并终止了，并且根据本法案真正撤销并终止了上述列举的、我们统治第21年4月9日的专利特许权，包括每一项细则、规定以及其中各自的事项；而不是让此时撤销的任何专利特许权重新生效。同时，我们认为这将成为我们王室的责任，为了宗教和道德的进步以及实用知识的提升，对于我们忠诚的所有阶级和教派的臣民，毫无区别地激励他们追求一种正规和自由的教育课程；同时考虑到许多人是在首都和我们联合王国的其他地方从事和完成他们的学业的，把这些设施提供给他们是有利的，并且授予他们这些荣誉和奖励也是公正的，因为这可以促进他们坚持这些值得称赞的追求。

3. 现在你们进一步知道，其目的是借助考试的方式，确定哪些人通过学习这些教育课程已经精通了文学、科学、艺术和其他门类的知识，并用学术学位和专业证书奖赏他们，以此作为各自成就和与之相称的荣誉之证明。借助我们有特权的王室以及我们特殊的仁慈、真正的学识和独立完成的会议提案，根据本法案，为了我们、我们的继承者和继任者，我们决定授予、宣布和任命以下人员：我们真正信任和十分敬爱的表亲威廉，德文希尔公爵；我们真正信任和真正敬爱的表亲和议员格兰维尔·乔治，格兰维尔伯爵；真正尊敬的神父康诺普，圣·戴维斯大主教；我们真正信任和敬爱的议员托马斯，布兰登的蒙蒂格尔男爵；我们真正信任和敬爱的塞缪尔·琼斯，奥弗斯通男爵；我们亲爱的约翰，沃德豪斯男爵（Baron Wodehouse）；尼尔·阿诺特，绅士，医学博士，皇家学会会员和我们杰出的内科医生之一；约翰·巴科，绅士，皇家外科医学院会员；我们信任和亲爱的阿奇博尔德·比林，绅士，医学博士，皇家学会和皇家内科医学院会员；威廉·托马斯·布兰德，绅士，民法博士和皇家学会会员；詹姆斯·克拉克爵士，准男爵，医学博士，皇家学会会员，我们常任的内科医生；迈克尔·法拉第，绅士，民法博士，皇家学会会员；查尔斯·詹姆斯·福斯特，绅士，法律博士，讼务律师；我们信任和敬爱的乔治·格罗特，绅士，民法博士，皇家学会会员；威廉·威西·古尔，绅士，医学博士，皇家内科医学院会员；斯蒂芬·洛夫·

哈米克爵士，准男爵，皇家外科医学院会员；詹姆斯·海伍德，绅士，文学硕士和皇家学会会员；托马斯·霍奇金，绅士，医学博士；威廉·霍普金斯（William Hopkins），绅士，文学硕士，法律博士和皇家学会会员；乔治·杰塞尔（George Jessel），绅士，文学硕士，讼务律师；乔治·约翰逊（George Johnson），绅士，医学博士，皇家内科医学院会员；弗朗西斯·基尔南，绅士，皇家学会和皇家外科医学院会员；约翰·乔治·肖·勒费夫尔爵士，最高荣誉的巴思勋位的第二级爵士，文学硕士，法律博士，皇家学会会员；我们真正信任和敬爱的议员乔治·康沃尔·刘易斯爵士，准男爵，民法博士；我们信任和敬爱的查尔斯·洛科克爵士，准男爵，医学博士，皇家内科医学院会员，我们的第一位男助产士内科医生；我们真正信任和敬爱的议员罗伯特·洛（Robert Lowe），文学硕士；约翰·威廉·卢伯克爵士，准男爵，文学硕士，皇家学会会员；蒂莫西·斯密斯·奥斯勒（Timothy Smith Osler），绅士，法律学士，讼务律师；詹姆斯·佩吉特（James Paget），绅士，皇家学会和皇家外科医学院会员；理查德·奎恩（Richard Quain），绅士，医学博士，皇家内科医学院会员；彼得·马克·罗热，绅士，医学博士，皇家学会和皇家内科医学院会员；我们真正信任和敬爱的议员爱德华·瑞安爵士，骑士，文学硕士，皇家学会会员；我们信任与敬爱的纳索·威廉·西尼尔，绅士，文学硕士和讼务律师；我们真正信任与敬爱的议员爱德华·亨利·斯坦利（一般称为斯坦利勋爵）；约翰·斯多亚（John Storrar），绅士，医学博士；我们信任和敬爱的爱德华·特纳·博伊德·特威斯尔顿（Edward Turner Boyd Twisleton），绅士，文学硕士；我们信任和敬爱的詹姆斯·沃克，绅士，法律博士，皇家学会会员；和弗雷德里克·约翰·伍德，绅士，法律博士，法讼务律师；和今后被任命为校长或会员的所有人，如下文提到的；和根据我们统治的第1年12月5日的上述专利特许权创办的大学授予法律博士、医学博士、文学硕士、法律学士、医学学士或文学学士学位的所有人；和根据我们统治的第21年4月9日的上述专利特许权创办的大学授予任何上述学位的所有人，或科学博士或科学学士学位；以及根据我们这个皇家特许状创办的大学今后授予任何上述学位或者其他学位的所有人，组成一个政治法人团体，以伦敦大学命名。依据这个法人团体的名字，具有永久的继承权，拥有一枚法团印章；并且在我们、我们的继承者和继任者的每一个法庭上，有权以同样的名字起诉与被起诉、控告与被控告、辩护与被辩护。

4. 同时，我们决定在此任命：以同样的名字，他们及其继任者在法律上有能力获取、购买和拥有他们及其继任者的任何物品、动产或无论什么私人财产；虽然有《没收法》，但对他们及其继任者而言，在法律上仍然有能力获取、购买和拥有所有土地、房屋、继承财产以及为了上述大学的突发需要而时常专门使用和占有的财产，还有位于我们大不列颠及爱尔兰联合王国的任何其他土地、房屋、继承财产和无论什么财产，不超过每年一万英镑的价值；每年在获取、购买或拥有同样的资产期间必须估算和查明其价值；同时，他们及其继任者在法律上享有授予、遗赠、转让，或者另行处理所有或部分财产、实产以及属于上述大学的私人财产的权利，也有权处理突发的或与法人团体相关的所有其他事务。

5. 同时，我们决定在此进一步任命：上述政治法人团体由 1 名校长、副校长、会员和毕业生组成，其中有 36 名会员，暂时不包括校长和副校长。会员必须是我们在此任命的这些人，他们是由我们、我们的继承者和继任者在我们或他们的亲笔签名下时常任命为会员的，和在下文包含的权力范围内由理事会成员任命为会员的。同时，毕业生必须是根据我们统治的第 1 年 12 月 5 日的上述专利特许权创办的大学和根据我们统治的第 21 年 4 月 9 日的上述专利特许权创办的大学分别授予上述任何学位的毕业生，以及根据我们这个皇家特许状创办的大学今后授予任何学位的人。同时，我们在此任命：上述格兰维尔伯爵格兰维尔·乔治为第一任校长；上述乔治·格罗特为第一任副校长；以及上述德文希尔公爵威廉、圣·戴维斯大主教，布兰登的蒙蒂格尔勋爵托马斯、奥弗斯通勋爵塞缪尔·琼斯、伍德豪斯勋爵约翰、尼尔·阿诺特、约翰·巴科、阿奇博尔德·比林、威廉·托马斯·布兰德、詹姆斯·克拉克爵士、迈克尔·法拉第、查尔斯·詹姆斯·福斯特、威廉·威西·古尔、斯蒂芬·洛夫·哈米克爵士、詹姆斯·海伍德、托马斯·霍奇金、威廉·霍普金斯、乔治·杰塞尔、乔治·约翰逊、弗朗西斯·基尔南、约翰·乔治·肖·勒费夫尔爵士、乔治·康沃尔·刘易斯爵士、查尔斯·洛科克爵士、罗伯特·洛、约翰·威廉·卢伯克爵士、蒂莫西·斯密斯·奥斯勒、詹姆斯·佩吉特、理查德·奎恩、彼得·马克·罗热、爱德华·瑞安爵士、纳索·威廉·西尼尔、爱德华·亨利·斯坦利（一般称为斯坦利勋爵）、约翰·斯多亚、爱德华·特纳·博伊德·特威斯尔顿、詹姆斯·沃克和弗雷德里克·约翰·伍德，作为第一任会员。

6. 同时，我们决定进一步任命和授予：根据我们统治的第 21 年 4 月 9 日的上述专利特许权创办的大学的物品、动产和财产将要变成根据我们这个特许状创办的大学的财产；并且，根据我们这个特许状创办的大学，如根据我们统治的第 21 年 4 月 9 日的上述专利特许权创办的大学基于某种信任拥有的财产一样，要基于最后提及的大学所持有的同样信任才能拥有这些财产；并且要支付和偿还上述最后提及的大学的所有欠款和债务。同时，已经由上述最后提到的大学或根据我们统治的第 1 年 12 月 5 日的上述专利特许权创办的大学分别授予任何上述学位的所有人将成为根据我们这个特许状创办的大学的毕业生，并且有权获得各自同样的学位，就像根据我们这个特许权创办的大学授予的学位一样。

7. 同时，我们决定进一步任命：根据我们统治的第 21 年 4 月 9 日的上述专利特许权创办的大学或其中的评议会制定的所有细则、条例和现行规定（standing orders），以及在我们的这个特许状颁布之前或之时是有效的条款，直到我们改变或废除它们之前仍然都是有效的，就如根据我们这个特许权创办的大学或其中的评议会分别制定的细则、条例和现行规定一样；并且这个最后提到的大学在下文中被称为大学。

8. 同时，我们决定进一步任命：校长、副校长和会员暂时组成大学的理事会。

9. 同时，我们决定进一步任命：上述大学的校长职位无论何时产生空缺，或者由于死亡、辞职或者由于其他原因，我们、我们的继承者或继任者将在我们或他们的亲笔签名下提名一位合适、恰当的校长人选，代替产生这种空缺的校长；与此同时，校长的职务由副校长代理，或者根据下文包含的条款，由会员代理副校长的职务；副校长或会员所代理副校长和会员的职务具有在此给予校长、副校长和会员一样的所有权力。

10. 同时，我们决定进一步任命：大学副校长的职位是一年制的，之前任命的副校长从 1861 年①7 月 1 日起，一年任期满后将离开他的职位；同时，理事会的成员将在上述职位的任期结束前一个月中的某天举行一次例会，目的是发布正式通知，选举大学的会员中的某个人担任副校长，所以通常是一年制的；或者，如果副校长任期未满前有死亡、辞职或其他种类的离职情况，那么将举行一次例会，目的是尽可能方便地发布正式通知，选举上述会员中的另一个人在余下的时间中担任副校长，当这种死亡、辞职或其他种类的离职情况出现时；直到这种选举结束，副校长的职务暂时由高级会员代理。同时，我们决定进一步任命：根据我们这个特许状提名的会员的资历是由他们的名字在这个特许状中出现的顺序决定的；并且，今后会员资历的任命或选举，由他们的名字在文件或任命文书或选举证书中出现的顺序决定。

11. 同时，我们决定进一步任命：在任何情况下，如果由于死亡或其他原因导致会员的团体中产生空缺，当然这种情况是会经常发生的，那么将以这里提供的方式任命新会员，从而使 36 名会员的人数保持完整，暂时不包括校长和副校长。

12. 同时，我们决定进一步任命：关于时常发生的所有空缺，当会员的

① 应为 1862 年。——原注。

人数达到或超过25名，暂时不包括校长和副校长，在我们的亲笔签名下时常任命1名或多名新的会员，对我们、我们的继承者和继任者来说是合法的。

13. 同时，我们决定进一步任命：直到从评议会根据我们统治的第21年4月9日的上述专利特许权中包含有关方面权力的范围内或者下文包含的权力范围内提名产生的名单中选举出来的大学会员的人数总共到达或超过9名，我们、我们的继承者和继任者任命的每第2名会员或每2名会员中的1名将从评议会根据下文包含的权力来提名产生的3人名单中选举产生；同时，当一有9名会员暂时被这样选举时，我们、我们的继承者和继任者从那以后任命的每第4名会员或每4名会员中的1名将从前述评议会提名产生的3人名单中选举产生。

14. 同时，我们决定进一步任命：在任何情况下，如果由于死亡、辞职或其他原因导致大学会员的人数减少至25名以下，暂时不包括校长和副校长，然而这种情况是会经常发生的；理事会成员将举行一次例会，目的是为了尽可能方便地发布正式通知，选举12名或更多（如果需要的话）合适、恰当的人成为会员，加入到剩下的会员之中；最后，直到通过这种选举方式使这个大学的会员人数达到36名，不包括大学的校长和副校长。但是，由理事会这样选举产生的会员总人数至少有四分之一是从评议会提名的人员名单中选举产生，这个名单的人数是从中选举的人数的3倍。

15. 同时，我们决定进一步任命：大学的以下毕业生暂时组成大学的评议会，即所有法律博士、医学博士和文学硕士，所有法律学士两年任期，所有医学学士两年任期，所有文学学士三年任期，所有的科学博士、所有的科学学士三年任期，以及持有大学今后授予其他学位的所有毕业生；根据评议会以下文提供的方式决议，这些学位被认为是进入评议会的资格证书。由根据我们统治的第1年12月5日的上述专利特许权创办的大学或根据我们统治的第21年4月9日的上述专利特许权创办的大学授予学位的所有毕业生的任期，从这些学位真正被授予的时间算起，精确地如同根据我们这个特许状创办的大学已经存在并授予了他们同样的学位。在任何情况下，已经从评议会注册簿中剔除或排除姓名的毕业生，根据我们统治的第21年4月9日的上述特许状中的条例或细则，将不能成为评议会成员，直到根据我们这个特许状中存在的条例和细则恢复他的名字为止。

16. 同时，我们决定进一步任命：暂时组成上述大学评议会的毕业生的注册簿，由上述大学的理事会任命的官员以上述大学的理事会时常管理的方式来保存，注册簿是决定有没有权投票的关键性证据。名字出现在注册簿上的任何人，在他要求在评议会中投票的时候都有权投票；名字没有出现在注册簿中的人，在他要求在评议会中投票的时候就无权投票。同时，我们进一步任命和指出：这些毕业生现在和将来要在有关方面支付一定合理的年费，并且在这种情况下，可以自由达成统一意见。在我们财务委员会的批准下，上述理事会联合评议会管理经费。同时，上述理事会可以制定如前所说的这些细则和条例，来剔除上述那些没有缴纳会费的任何类型的毕业生的名字，并且可以根据这些条款恢复这些人的名字，当他们按照这些细则在有关方面规范自己的时候。

17. 同时，我们预定我们自己、我们的继承者和继任者为上述伦敦大学的视察者，有权做那些属于视察者的所有事情，通常对于我们、我们的继承者和继任者来说是合适的。

18. 同时，我们决定进一步任命：校长、副校长和会员暂时对上述大学的事务、关注点和财产拥有全部的管理权和监督权；同时，在我们这个特许状没有提及的所有事情中，校长、副校长和会员往往以最适于实现大学想要实现的目的的这种方式来处理，这应当是合法的。上述校长、副校长和会员享有充分的权力来时常制定和修改任何细则和条例（只要不与我们王国的法律，或是我们这个特许状的一般目的和条款不一致），关于学位考试和学位授予，关于召开理事会会议和评议会会议的方式和时间，总之是我们这个特许状中没有明确表述的关于大学的所有其他事情。编订好的所有这些细则和条例，在印上大学的法团印章后，就对大学的所有成员和即将被授予学位的申请者具有约束力。所有这些细则和条例必须首先呈报于我们其中的一位国务大臣，并且要得到他的同意与会签。在任何情况下，上述校长、副校长和会员强加于任何人任何强制性的宗教考试或测验都是不合法的。

19. 同时，我们决定进一步任命：将来校长、副校长和会员要面对的所有问题都由出席会议的大多数成员决定，而且主席要在任何这样的会议上举行一次投票，如票数相同，还要进行第二轮或决定性投票。在表决的时候，必须要有校长或副校长和 5 名会员参加，或者在校长和副校长缺席的情况下至少有 6 名会员参加，否则在任何例会上都不能决定问题。在理事会的每一次会议上，校长或在他缺席情况下的副校长作为主席主持会议，或者在二人都缺席的情况下，主席由出席会议的成员或他们中的大部分人选举产生。

20. 同时，我们决定进一步任命：上述校长、副校长和会员在他们认为合适的情况下，暂时拥有充分的权力来时常任命和撤销上述大学所有的考官、官员和工作人员。

21. 同时，我们决定进一步任命：大学的评议会有如下权力，即为以前文提及的方式从评议会提名的名单中任命的每名会员提名 3 名候选人的权力，这是由我们这个特许状规定的；评议会有权在认为合适的情况下让评议会的缺席成员通过选票来进行这份名单的提名，用这种方式或达到这种效果，以这种方式署名、传递、检查和记录，并服从评议会时常确定的这些条例和规定但不表决任何其他事情：讨论关于大学的所有事务以及针对任何问题发表评议会的意见的权力；基于理事会建议的这些条款，决定关于认可的权力，认可在我们这个特许状下今后将要授予的任何学位（不包括上述文学、法律、医学和科学学位）作为评议会准入的资格；接受大学任何新的特许状或增补特许状的权力，或者同意放弃我们这个特许状或者任何新特许状或增补特许状的权力；不过，在任何情况下，对新特许状或增补特许状的接受或对我们这个特许状或任何新的特许状或增补特许状的放弃，理事会的同意也是必需的；决定管理和记录评议会议程的模式的权力；任命和撤销评议会职员并规定他的职责的权力；除了在此已经明确提出的，评议会不被授权干涉或控制大学的事务。

22. 同时，我们决定进一步任命，当他们认为合适的时候，理事会应召开一次评议会会议，且每年至少一次。

23. 如果 20 名或更多的评议会成员，通过他们的书面签名，要求下文规定任命的评议会暂时的主席来召开一次特殊评议会的会议，且这种要求应反映召开这个会议的目的；如果根据他的判断他认为这样做是合适的，那么上述主席召开一次评议会会议就是合法的。

24. 在任何情况下，第一次这种特殊会议之后，根据上文最终条款之规定，不得再召开此类特殊会议，直到最近一次此类特殊会议结束后的三个月期满为止：还有，在任何这种特殊会议上不能讨论任何事情，除了关于召开会议所要讨论的事情。

25. 理事会应该为评议会的会议提供一个合适的地方；并且评议会的任何会议议程都应被递交至理事会的下一次会议上。

26. 评议会的会议通知应以广告或依照理事会时常决定的其他方式发布。无论何时，其中的一位国务大臣都要通知理事会：我们、我们的继承者或继任者想要任命 1 名或多名会员并且想要呈交给我们、我们的继承者或继任者选举这名或这些会员的一份名单；那么，理事会今后就尽可能方便地召开一次评议会会议；如果要任命一名会员，这种会议将提名 3 名不是会员的候选人；如果要任命 1 名以上的会员，这种会议将提名三倍于即将任命会员人数的不是会员的候选人。

27. 上述查尔斯·詹姆斯·福斯特是第一任评议会主席。

28. 评议会主席的职位是 3 年制的，除非由于死亡、辞职或其他原因而被更早地终止：但前文命名的主席在 1864 年 5 月 1 日之后举行的第一次评议会会议之后离开他的职位。主席有资格被重复选任。在上述职位每一个任期的期满前，如主席死亡或辞职，或上述职位出现任何空缺，出席在按期召开的任何会议中的评议会成员，或者他们中的大部分人，将选举 1 名主席；如果是在任何一名主席的任期内选举，被选举的主席将在这位主席的任期满之后再任该职位 3 年；如果是在空缺期间选举，那么他的任期将从空缺开始到第 3 年期满。如果由于某种原因而暂时没能选出主席来继承主席职位，那么最后提到的主席将继续任职，直到他的继任者被任命为止。

29. 如果主席在评议会的会议中缺席，或该职位有空缺，那么在继续议程之前，出席评议会会议的成员或他们中的大部分人将选举 1 名主席，但他仅在这次会议期间担任该职位。

30. 将来评议会要面对的所有问题由出席的大多数成员决定，并服从于此前包含的关于会员任命名单的条款；同时，主席要在所有这样的会议上举行一次投票，如票数相同，还要进行第二轮或决定性投票。

31. 至少有 30 位成员出席，否则在任何评议会会议上都不能决定任何问题。

32. 任何评议会的会议都有权休会至未来的某一天。

33. 同时，我们决定进一步任命：上述校长、副校长和会员每年至少举办一次学位申请者考试。在每次考试中，申请者由上述校长、副校长和会员从会员中专门任命的考官来考查，或者由他们任命的其他考官来考查；并且每次考试都将从普通知识的许多分支科目来考查申请者，这是上述校长、副校长和会员认为是最适合该考试的科目。在任何情况下，会员将不再有资格担任考官，且任何考官都没有资格连续四年以上被重复选举。

34. 同时，根据我们统治的第 21 年 4 月 9 日的上述专利特许权创办的和根据我们这个特许状重组的伦敦大学，与下述机构建立了联系，即牛津和剑桥大学，以及这些大学中各自的一些学院和学堂；达勒姆、爱丁堡、格拉斯哥和圣·安德鲁斯大学；阿伯丁大学（The University of Aberdeen）；都柏林大学；爱尔兰的女王大学；悉尼大学；伦敦大学学院；伦敦国王学院；贝尔法斯特的女王学院；戈尔韦的女王学院；科克的女王学院；伍绍的圣·卡斯伯特学院；斯托尼赫斯特学院；伦敦曼彻斯特新学院；奥斯科特的圣·玛丽奥斯学院；卡洛的圣·帕特里克学院；韦尔附近的圣·艾德蒙学院；伯明翰附近的莫斯利，斯普林希尔学院；摄政公园学院，后称为斯特普尼学院；巴思附近坡下的伟大的圣·格雷戈里学院；切森特的亨廷顿女伯爵学院；布里斯托尔的浸信会学院；布拉德福德附近崖下的艾尔代尔学院；罗瑟勒姆的新教反对者学院；喀麦登的长老会学院；基尔肯尼的圣·基兰学院；哈德斯菲尔德学院；兰开夏郡独立学院；谢菲尔德附近的威斯利学院；伯明翰女王学院；汤顿的卫斯理学院；普利茅斯的西部学院；汤顿的英格兰西部反对者私立学院；瑟勒斯的圣·帕特里克学院；伦敦新学院；曼彻斯特欧文斯学院；贝德福德语法学校；布雷肯独立学院；利兹附近的罗顿学院（Rawdon College），以前的约克郡的布拉福德，霍顿学院；海克尼神学院；布雷肯特维卡学院；恩尼斯的普林菲尔德学院；斯托福德主教高等学校；伦敦工人学院；多伦多大学；和利物浦女王学院。我们决定进一步任命：被准许为由上述校长、副校长和会员根据下文包含的权力决定授予的文学学士、文学硕士、法律学士、法律博士、科学学士、科学博士和其他学位（除了医学和外科医学学位）申请者的所有人必须满足校长、副校长和会员的要求，即他们已经各自完成了在与上述大学相联系的任何上述机构，或与上述大学暂时相联系的任何下文提及的其他机构中的教学课程，这些教学课程是由上述校长、副校长和会员根据有关条例时常确定的。

35. 同时，我们决定进一步任命：在我们其中的一位国务大臣的同意下，校长、副校长和会员通过删除其中包含的任何机构或增加任何其他机构到其中来时常改变、更改和修正与上述大学相联系的机构的名单，这些都是合法的。

36. 我们决定进一步任命：没有在与上述大学暂时相联系的任何上述机构中接受教育的人被准许为入学考试的申请者，申请由上述伦敦大学在此批准授予的任何学位，医学或外科医学学位除外，在这种情况下由上述校长、副校长和会员根据有关条例来时常确定这些受制于在此包含的附带条件和限制条件的条例。

37. 同时，为了颁发医学学士、医学博士、外科医学硕士学位的目的，和为了改进所有分支的医学教育，不仅有内科还有外科、助产学和药剂学；我们决定在此进一步任命：上述的校长、副校长和会员要时常向我们其中的一位国务大臣报告医学机构和学校的近况，来自这个国家或者其他国家的单一的或联合的医学机构和学校；在上述校长、副校长和会员的判断下，准许申请者申请医学学位是合适的、权宜的，这份报告将得到上述大臣的批准；同时，没有人被准许为上述大学授予的医学学士、医学博士或外科医学硕士学位的申请者，除非他们满足上述校长、副校长和会员的要求，即他们已经在任何一所或更多的这种机构或学校完成了由上述校长、副校长和会员根据有关条例确定的教学课程；没有人被准许为外科医学硕士学位的申请者，除非他之前获得了上述大学的医学学士学位；同时，在我们其中的一位国务大臣的同意下，上述校长、副校长和会员时常改变、更改和修正任何这些报告，例如删除报告中包含的任何上述机构或学校，或者在报告中增加其他机构，这些都是合法的。

38. 同时，我们决定进一步任命：上述校长、副校长和会员有权组织考试，并且在考试结束后以这种模式，在申请者符合他们时常决定的这些条件下授予一些或者诸如他们认为合适的文学学士和硕士学位，法律、科学、医学和音乐学士和博士学位，以及外科医学硕士学位；同时也授予一些任何门类知识的学士、硕士和博士学位，除了神学，这是由上述校长、副校长和会员根据有关条例时常确定的；且无论这些门类的知识是否包含文学、法律、科学、医学和音乐学位或其中任何学位的任何门类知识，都是根据我们这个特许状授予的。同时，关于这些考试和学位或二者之一，应当分别收取合理的学费，在我们财务委员会的批准下，时常由上述校长、副校长和会员管理。

39. 同时，我们决定进一步任命：在每次申请者考试结束后，考官应该宣布已有资格接受任何上述学位的每位申请者的名字，连同上述校长、副校长和会员时常确定的这些细节；同时，如果获得上述校长、副校长和会员的另外批准并且他们认为合适的话，那么每位申请者将从上述校长那里获得一张由上述伦敦大学盖章和上述校长签名的证书，或者在他缺席或无行为能力的时候由副校长签名，并且上述校长、副校长和会员允许他获得的学位将被陈述，连同上述校长、副校长和会员认为适合在其中陈述的其他细节，如果有的话。

40. 同时，我们决定进一步任命：上述校长、副校长和会员也有权授予任何上述学位作为同等学位；但是如果没有评议会的同意，那么不能使上述授予的学位的获得者在任何情况下有资格成为或变成评议会的一员。

41. 同时，我们决定进一步任命：上述校长、副校长和会员有权组织考试，并且在考试结束后以这种模式，在申请者符合他们时常决定的这些条件下授予各门分支学科的专业证书，这些学科的分支是由上述校长、副校长和会员根据有关方面制定的条例来时常确定的；同时，除了在我们这个特许状中提及和规定的学位申请者的考试之外，上述校长、副校长和会员时常可为从事这些学科分支研究的人和上述专业证书的申请者举行考试，这种考试受制于上述校长、副校长和会员根据有关方面时常制定的条例；同时，在每次这种考试中，申请者由上述校长、副校长和会员任命的考官来考查，并且在每次申请者考试结束后，考官应该宣布已有资格接受任何上述证书的每位申请者的名字，连同上述校长、副校长和会员时常确定的这些细节；同时，如果获得上述校长、副校长和会员的另外批准并且他们认为合适的话，他将从上述校长那里获得一张由上述伦敦大学盖章和上述校长签名的证书，或者在他缺席或无行为能力的时候由副校长签名，并且关于上述校长、副校长和会员允许他获得的证书的一门或多门分支学科将被陈述，连同上述校长、副校长和会员认为适合在其中陈述的其他细节，如果有的话。同时，关于这些考试和专业证书或二者之一，应当分别收取合理的学费，在我们财务委员会的批准下，时常由上述校长、副校长和会员管理。

42. 同时，我们决定进一步任命：所有的费用应该纳入一个总的学费基金，根据我们的财务委员会的指示和规定来支付上述大学的开支；大学的收支账目每年要向我们的财务委员会呈报一次，账目受制约于这种考试；审计由上财务述委员会管理。

43. 任何情况下，由校长、副校长和会员时常制定的关于上文提及的任何事情的所有细则和条例，必须呈报给我们其中的一位国务大臣，并且得到他的同意和会签，正如根据我们上述特许状规定的。

44. 最后，为了我们、我们的继承人和继任者，我们在此授予和声明这些专利特许权，或者其中的入学条款或者详细内容，在所有事务中都是有效的并且具有法律效力，根据同样的真实意图和意义；为了大学，应该在最合适和最有益的意义上来解释和裁定，就像在我们的所有法庭上还有其他地方一样，尽管在我们这些特许权中有一些是未阐明的、陈述错误的、不确定的或有瑕疵的。以资证明，我们已经使我们的这些特许权具有了专利。

在我们统治的第 26 年[①] 1 月 6 日，在我们的威斯敏斯特宫殿，自我见证。

依据女王陛下的命令，

埃德蒙兹

附件 7　《1898 年伦敦大学法》（1898 年）译文[②]

各位委员被任命来审查所提交的有关伦敦格雷沙姆大学的特许状草案，他们的报告已提出了重建伦敦大学的建议，以及任命法定委员会的建议。因此，为此目的，以最荣耀的女王陛下的名义，经上议院、下议院提议并同意，本届议会授权制定如下条规。

1. 委员的任命

1.1　命名一个委员会为伦敦大学委员会（University of London Commissioners），它由下列人员组成：

真正尊敬的贺拉斯（Horace）阁下，戴维男爵；

真正尊敬的曼德尔（Mandell）阁下，伦敦大主教；

① 此处原文是“day”，实际上应为“year”。——译者注。

② 本文译自 University of London. *University of London: the historical record, 1836－1912*. London: Hodder & Stoughton, 1912, pp. 62－69.

威廉·罗伯茨爵士（Sir William Roberts），医学博士，伦敦大学会员；

欧文·罗伯茨爵士（Sir Owen Roberts），民法博士；

理查德·克拉弗豪斯·杰布（Richard Claverhouse Jebb），绅士，文学博士，剑桥大学希腊语钦定讲座教授；

迈克尔·福斯特（Michael Foster），绅士，医学博士，皇家学会会员，剑桥大学生理学教授；

爱德华·亨利·巴斯克（Edward Henry Busk），绅士，文学硕士，法律学士，伦敦大学评议会主席；

还有一位女王陛下为委员会任命的秘书。

1.2　无论何时，如果委员中出现空缺，女王陛下有权任命某人填补空缺，但如果该届议会在任期内，被任命者的名字应在被任命后的10天内公布于议会两院；否则，被任命者的名字应在下一届议会成立后的10天内予以公布。

1.3　如果委员会认为有必要依据本法履行其职责，那么经财务大臣认可，委员会可任命或雇佣上述人员，也可解雇任何被任命或雇佣的人员。

2. 委员会的开支

委员会秘书以及被任命或雇佣的所有人员将获得报酬，其酬金由财务大臣分配；上述报酬以及经财务大臣依据本法而批准的委员会的所有开支，均由议会提供。

3. 委员的任期和议程

3.1　本届委员会的权力将延续到1899年末而不再延期；经枢密院建议，并通过本届委员会申请，女王陛下可合法地延续本届委员会的权力至她认为合适的时间，但不得超过1900年末。

3.2　依据本法，委员会列名首位的是委员会主席；如果由于任何原因停止任为委员，或者在任何会议中缺席，那么出席每一次会议的委员将选举一位主席。

3.3　在一次会议上，有3名或3名以上的委员出席，委员会即可行使其权力。

3.4　在一次会议上，如果对某个问题票数相等的情况，会议主席可就此问题举行第二轮或决定性投票。

3.5　委员会应有一枚公开的、具有法律效力的印章。

3.6　仅仅由于委员会中缺少个别委员，委员会的任何决定仍被视为有效的；但无论何时，只要委员会成员的人数少于5名，委员会将中止行使其权力。

4. 委员会的权利和责任

4.1 委员会必须根据上文提及的报告方案，制定伦敦大学的章程和条例。但是必须隶属于本法案一览表中第Ⅰ部分中详细说明或指示的修订条款，以及任何其他有利于他们的修订条款。这些修订条款是经审查自上述报告之日以来在伦敦大学教育体系发生的变化之后，由理事会、评议会或伦敦大学50名毕业生代表制定的，或者是受任何团体或个人直接影响的。

4.2 在制定章程和条例中，委员会务必保证，条款必须充分涉及本法案一览表中第Ⅱ部分详细说明或指示的各项事务。

4.3 依据委员会的意见，在制定这些章程或条例之前，他们应采取最适合于促进他们做出陈述的措施。

4.4 无论是由委员会还是由下文提及的理事会制定的章程或条例，都不应为了获取特权或强制宗教信仰而批准资金的分配。无论如何，在他们任何合适的情况下，委员会都不应阻止大学分配资金用于任命一位大学教师、支付实验室开支或购买仪器，尽管大学的各学院已经为教师配备了一定的条件。

4.5 无论议会的法案、宪章、契据或者其他文书中有任何条款，本法案制定的章程和条例都是有效的。

5. 章程和条例的批准

5.1 当委员会已制定好章程或条例时，应发布一个通知并告知获取其复印件的地方。这个通知应刊登在伦敦公报（London Gazette）上，并且章程或条例一公布就应递交至议会两院，直到女王陛下在议会中批准之后才能生效。

5.2 如果议会两院在章程或条例公布于众后的在40天内（不包括休会时间）提出申请，请求女王否定她同意的章程或条例，或其中的部分内容，那么申请撤销的章程或条例，或其中的部分内容则不可进一步实施，但是本条款对制定新的章程或条例不存在偏见。

5.3 伦敦大学的理事会或评议会，或者直接受这些章程或条例影响的任何个人或团体，可在伦敦公报发布通知之后的三个月内，请求女王陛下在议会中撤销她赞同的全部或部分内容。

5.4 女王陛下在议会中可把这些请求提交至枢密院委员会（Committee of the Privy Council），要求委员会当面或通过律师来听取申请人的意见，并在议会中专门向女王陛下报告请愿的事务。

5.5 因此，女王陛下有权根据枢密令声明她同意章程或条例中的全部或部分内容，或者表示她不同意其中的全部或部分内容，但是任何不同意都不应对制定新的章程或条例产生偏见。

5.6 本条款中任何申请的费用由受理申请的委员会管理。

6. 委员取证和建议的权力

如果他们认为是合适的，委员会可以取证于由他们直接处理的任何事件；同时，如果他们认为是合适的，委员会可经常向女王陛下递交一份报告或多份报告，阐述任何建议。在他们看来，提出这些意见是为了更好地行使特此委托给他们的任何权力。

7. 修订章程和条例的权力

委员会的权力期满之后，大学的理事会将有权制定章程和条例，改变或增补委员会制定的任何章程或条例。如下所示：

7.1 只有在理事会代替委员会的情况下，根据本部分制定的章程才服从于前述部分的条款。

7.2 在根据本部分制定任何章程之前，它的草案必须与评议会商议，如在2个月内反馈至理事会，那么评议会的意见必须考虑。在计算2个月的期限时，8月和9月是不被计算在内的。

7.3 根据本部分制定的条例只要与根据本法案制定的和暂时有效的章程不一致，那就是无效的。

8. 关于怀依学院的条规

为了本法案和上文提及的报告的目的，怀依东南农业学院具有这些特权。因为如坐落于伦敦的行政郡县之内就应有这些特权。

9. 有关律师会馆和合并的法律学会的保留条款

本法案不得影响或授权干涉任何律师学院或合并的法律学会的权利或特权。

10. 保留现任会员的权利

现任会员保留他们的会员身份至终身，但不再同时兼任理事会成员。

11. 简略标题

本法案被称为《1898年伦敦大学法》。

附一览表

第I部分

给予生效的条规

在制定章程和条例的过程中，委员会应给予以下条规生效。

理事会

1. 理事会由校长和其他成员组成，任命如下：

根据枢密院的建议女王陛下任命的4名；

评议会任命的17名，包括评议会主席1名，其他16名是根据各自学院的已注册毕业生的比例（由法定委员会决定），通过亲自递交或现在邮寄选票的方式选举产生；

皇家内科医学院和外科医学院各2名；

4所律师学院各1名和2名来自合并的法律学会；

大学学院和国王学院各2名；

1名来自伦敦公司；

2名来自伦敦郡议会；

1名来自伦敦城市和行会机构的委员会；

16名来自学院。

假设上述提及的任何团体没有履行在此任命的权力，在这种情况下，女王陛下必须根据枢密院的建议，行使权力。

2. 理事会是大学的最高管理者和执行者。大学的所有财产由理事会管理，同时（除了后来特别指出的）理事会拥有大学和它的所有事务及职能的全部管理权。前提是：

（a）不得采用或强加宗教测验，并不可以宗教观点为理由给予入学申请者以任何偏见；

（b）没有通过考试或其他充足测验的学生将不被允许申请任何学位，也不被允许授予任何荣誉或同等学位，除非在特殊情况下，理事会认为适合授予这个学位；

（c）不得以性别为理由歧视某人。

3. 理事会有三个常务委员会：

3.1　学术委员会是大学内部学生委员会；

3.2　外部学生委员会是那些大学学生的委员会，无论是学院还是非学院的学生，他们都不是大学的内部学生；

3.3　促进大学教学发展的常务董事会。

校长、副校长和评议会主席是上述所有委员会的当然成员。

这三个委员会的功能是提供咨询。

学术委员会

4. 这个委员会由以下人员组成：学部任命的16名理事会成员、3名当然成员和理事会选举的1名或多名理事，使成员人数达到20名。

外部学生委员会

5. 这个委员会由以下人员组成：评议会任命的理事会中16名成员（不包括评议会主席）、3名当然成员和理事会选举的多名理事，使成员人数达到28名。

促进大学教学发展的董事会

6. 这个委员会由3名当然委员和理事会选举的理事组成。

评议会

7. 除了在上述报告中明确的那些成员之外，评议会成员还包括未来获取高于学士学位的毕业生。

大学的教师

8. 大学的教师应是：

(a) 教授，助理教授，高级讲师和讲师，直接任命为大学的官员；

(b) 坐落于校舍方圆30英里范围之内的公共教育机构的教学人员，必须得到理事会的认可，经学术委员会商议之后，方可作为大学的教师。

在以上情况下，委员会决定谁将首先被认可为大学教师。

内部学生

9. 大学的内部学生是指已被大学录取的学生，在大学的1所或多所学院里，或者在1名或多名获得认可的大学教师的指导下学习大学认可的课程。

学 部

10. 委员会首先要确定学部是什么，和什么样的教师可成为各自学部的成员。

学部的人数和配置通常由理事会决定。

学部由以下人员组成：

10.1 由大学任命的教授，助理教授，高级讲师和讲师；

10.2 大学的其他教师，通常是由理事会认可的职员。

理事会将这些成员分配至他们各自的学部，且任何人无权投票同时选举多于1名职员。

学科委员会

11. 学科委员会的建立是为了大学科目的学习。

每一个学科委员会的成员由理事会从以下成员中任命：

(a) 在委员会规定的科目中，从事教学或组织考试的职员；

(b) 教授委员会规定科目的其他大学教师。

理事会也可任命他们认为合适的其他人，但不能超过委员会全体人数的四分之一。

每一个委员会的称职代表必须保证是大学的教师，不得属于大学的其他学院。

1 名教师可以被委任给多个委员会。

考　试

12. 除非理事会通常根据条例或对一门特殊科目根据法规另外决定，否则内部和外部学生将各自分别举行考试，同时各自的证书和文凭要声明申请者是作为内部学生通过考试的，还是作为外部学生通过考试的。但授予的学位要尽可能代表同样的成就和学识标准。本条例的草案要与评议会、学术委员会和外部学生委员会商议。

在所有的考试中，如果可行，理事会为每一门科目至少任命 1 名不是大学教师的考官。

第Ⅱ部分

制定条规的事项

1. 充分保护所有班级学生的兴趣，无论是外部学生还是内部学生，无论是学院的学生还是非学院的学生。

2. 认可作为充分合格的大学教师和在大学教学的讲师进入坐落于校舍方圆 30 英里范围之内的公共教育机构教学，无论这些机构是不是大学的学院。

3. 包括在合适的条例下，作为大学的内部学生，他们是已被大学录取的学生，在大学的 1 所或多所学院里，或者在 1 名或多名获得认可的大学教师的指导下学习大学认可的课程。

4. 理事会、所有学习科目的学术委员会以及大学所有学院的教师组织都应有预期的代表。

参考文献

一、英文文献

(一) 史料类

[1] Edward Copleston. *A Reply to the Calumnies of the Edinburgh Review against Oxford, Containing an Account of Studies Pursued in that University*. Oxford: Printed for the Author; and fold by J. Cooke, and J. Parker; and J. Mackinlay, London, 1810.

[2] Edward Copleston. *A Second Reply to the Calumnies of the Edinburgh Review*. Oxford: Printed for the Author; and fold by J. Cooke, and J. Parker; and J. Mackinlay, London, 1810.

[3] Edward Copleston. *A Third Reply to the Calumnies of the Edinburgh Review*. Oxford: Printed for the Author; and fold by J. Cooke, and J. Parker; and J. Mackinlay, J. Murray, and F. C. & J. Rivington, London, 1811.

[4] Leonard Horner. *Statement by the Council of the University of London, Explanatory of the Nature and Objects of the Institution*. London: Printed by Richard Taylor, Red Lion Court, Fleet Street. For Longman, Rees, Orme, Brown, and Green; and John Murray, Albemarle Street, 1827.

[5] University of London. *Description of the Building for the University of London, from the Report of the Council to the Proprietors, 30th September 1828*. London: Richard Taylor, 1828.

[6] John Conolly. *An Introductory Lecture Delivered in the University of London, on Thursday, October 2, 1828*. London: John Taylor, 1828.

[7] Hyman Hurwitz. *An Introductory Lecture Delivered in the University of London, on Tuesday, November 11, 1828*. London: John Taylor, 1828.

[8] A Subscriber. *Remarks on the Objects of Public Education; Respectfully Addressed to the Provisional Committee for Conducting the Intended Establishment of King's College, London*. London: Printed for C. and J. Rivington, St. Paul's Church-Yard, and Waterloo-Place, Pall-Mall, 1828.

[9] Rev. Thomas Dale. *An Introductory Lecture Delivered in the University of Lon-*

don, on Friday, October 24, 1828 (Fourth Edition). London: Printed for John Taylor, Bookseller and Publisher to the University of London, so, Upper Gower Street, 1829.

[10] James Yates. *Outlines of a Constitution for the "University of London," Proposed for the Consideration of the Proprietors, Donors, and Professors*. London: Baldwin and Cradock, 1832.

[11] Peter Bayne. *Documents Relating to the Settlement of the Church of England by the Act of Uniformity of 1662*. London: W. Kent and Co., 1862.

[12] Henry Reeve. *A Journal of the Reigns of King George Ⅳ and King William Ⅳ, Vol. Ⅲ*. London: Longmans, Green, and Co., 1874.

[13] W. M. Torrens. *Memoirs of the Rt Hon. William, 2nd Viscount Melbourne, Vol. Ⅱ*. London: Macmillan and Company, 1878.

[14] W. H. Allchin. *An Account of the Reconstruction of the University of London (Part Ⅰ)*. London: H. K. Lewis, 1905.

[15] W. H. Allchin. *An Account of the Reconstruction of the University of London (Part Ⅱ)*. London: H. K. Lewis, 1911.

[16] W. H. Allchin. *An Account of the Reconstruction of the University of London (Part Ⅲ)*. London: H. K. Lewis, 1912.

[17] University of London. *University of London: the historical record, 1836 – 1912*. London: Hodder & Stoughton, 1912.

[18] Viscount Haldane. *The Conduct of Life and Other Addresses*. Toronto: The Musson Book Company Limited, 1914.

[19] The Universties Bureau of the British Empire. *The Universities of the United Kingdom of Great Britain and Ireland*. London: Published by His Majesty's Stationery Office, 1918.

[20] King's College (London). *The Charter and By-laws of King's College, London*. London: Gilbert & Rivington, 1930.

[21] University of London. *University of London, 1836 – 1936: Centenary Commemorative Volume*. London: The Chiswick Press, 1936.

[22] Lord Robbins. *Higher Education: Report of the Committee appointed by the Prime Minister under the Chairmanship of Lord Robbins*, London: Her Majesty's Stationery Office, 1963.

[23] Michael Sanderson. *The Universities in the Nineteenth Century*. London and Boston: Routledge & Kegan Paul, 1975.

[24] David Cressy. *Education in Tudor and Stuart England*. London: Edward

Arnold, 1975.
[25] John Stuart Maclure. *Educational Documents: England and Wales, 1816 to the present day (4th Ed.)*. London and New York: Methuen, 1979.
[26] Patricia Hollis. *Women in Public: Documents of the Victorian Women's Movement, 1850 – 1900*. London: G. Allen & Unwin, 1979.
[27] A. Aspinall & E. Anthony Smith. *English Historical Documents, 1783 – 1832, Vol. XI*. New York: Oxford University Press, 1969.
[28] G. M. Young & W. D. Handcock. *English Historical Documents, 1833 – 1874, Vol. XII (Part I)*. New York: Oxford University Press, 1969.
[29] W. D. Handcock. *English Historical Documents, 1833 – 1874, Vol. XII (Part II)*. New York: Oxford University Press, 1969.

(二) 报刊类

[1] *Edinburgh Review*
[2] *Macmillan's Magazine*
[3] *Nature*
[4] *Westminster Review*
[5] *The London University Magazine*
[6] *The Spectator*
[7] *Times*
[8] *The British Critic*

(三) 著作类

1. 教育史和英国教育

[1] Katharine Coman and Elizabeth Kimball Kendall. *A History of England for High Schools and Academies*. London: Macmillan & Co., Ltd., 1899.
[2] Ellwood P. Cubberley. *The History of Education*. Boston: Houghton Mifflin Company, 1920.
[3] John William Adamson. *A Guide to the History of Education*. New York: The Macmillan Company, 1920.
[4] J. Dover Wilson. *The Schools of England: a study in renaissance*. London: Sidgwick & Jackson, 1928.
[5] John William Adamson. *English Education, 1789 – 1902*. Cambridge: Cambridge University Press, 1930.
[6] F. A. Cavenagh. *James & John Stuart Mill on Education*. Cambridge: Cam-

bridge University Press, 1931.

[7] London County Council. *The London Education Service (10th Ed.)*. London: The County Hall, 1939.

[8] Maxwell Garnett. *The World We Mean to Make and the Part of Education Making It*. London: Faber and Faber, 1943.

[9] George Haines, Ⅳ. *German Influence Upon English Education and Science, 1800 - 1866*. Connecticut: The Stonington Publishing Company, Inc., 1957.

[10] Brian Simon. *Studies in the History of Education 1780 - 1870*. London: Lawrence & Wishart, 1960.

[11] H. C. Barnard. *A History of English Education: from 1760*. London: University of London Press, 1961.

[12] S. J. Curtis and M. E. A. Boultwood. *An Introductory of English Education since 1800*. London: University Tutorial Press, 1964.

[13] W. H. G. Armytage. *Four Hundred Years of English Education*. Cambridge: The Cambridge University Press, 1964.

[14] Joan Simon. *Education and Society in Tudor England*. Cambridge: Cambridge University Press, 1966.

[15] E. Dobbs. *Education and Social Movements, 1700 - 1850*. New York: Sentry Press, 1969.

[16] Joan Simon. *The Social Origins of English Education*. London: Routledge & Kegan Paul, 1970.

[17] D. O'Malley. *The History of Medical Education*. California: University of California Press, 1970.

[18] S. Leslie Hunter. *The Scottish Educational System (2 ed.)*. Oxford, New York: Pergamon Press, 1971.

[19] Cyril Bibby. *T. H. Huxley on Education*. Cambridge: At the University Press, 1971.

[20] Brian Simon. *The two nations and the educational structure, 1780 - 1870*. London: Lawrence & Wishart, 1974.

[21] John Lawson and Harold Silver. *A social history of education in England*. London: Methuen & Co. Ltd., 1978.

[22] Brian Simon. *The Politics of Educational Reform, 1920 - 1940*. London: Lawrence & Wishart, 1978.

[23] Robert Montgomery. *A New Examination of Examinations*. London, Henley

and Boston: Routledge and Kegan Paul, 1978.

[24] G. Paz. *The Politics of Working-class Education in Britain, 1830 - 1850*. Manchester: Manchester University Press, 1980.

[25] Joan N. Burstyn. *Victorian Education and the Ideal of Womanhood*. London: Croom Helm, 1980.

[26] W. F. Connell. *A History of Education in the Twentieth Century World*. New York: Columbia University, Teachers College Press, 1980.

[27] James Bowen. *A History of Western Education (vol. 3): the modern West (Europe and the new World)*. London: Methuen, 1981.

[28] Rosemary O'Day. *Education and Society 1500 - 1800: the social foundation of education in the early modern Britain*. London and New York: Longman Group, 1982.

[29] Harold Silver. *Education as History: interpreting nineteenth-and twentieth-century education*. London & New York: Methuen, 1983.

[30] Detlef K. Muller, Fritz Ringer and Brian Simon. *The Rise of the Modern Educational System - Structural Change and Social Reproduction 1870 - 1920*. Cambridge: Cambridge University Press, 1987.

[31] W. B. Stephens. *Education in Britain, 1750 - 1914*. New York: St. Martin's Press, 1998.

[32] Jane McDermid. *The Schooling of Girls in Britain and Ireland, 1800 - 1900*. New York: Routedge, 2012.

2. 高等教育和大学史

[1] Karl Pearson. *The New University for London*. London: T. Fisher Unwin, 1892.

[2] Irene Parker. *Dissenting Academies in England: their rise and progress and their place among the educational systems of the country*. Cambridge: Cambridge University Press, 1914.

[3] Sir Gregory Foster. *The University of London: history, present resources and future possibilities*. London: University of London Press, 1922.

[4] S. Gordon Wilson. *The University of London and Its Colleges*. London: University Tutorial Press, 1923.

[5] Earl Herbert Cressy. *The University of London and Christian Higher Education in East China*. Shanghai: Christian Educational Association, 1925.

[6] Parke Rexford Kolbe. *Urban Influences on Higher Education in England and

the United States. New York: Macmillan, 1928.

[7] Hugh Hale Bellot. *University College London, 1826 – 1926*. London: University of London Press, 1929.

[8] F. J. C. Hearnshaw. *The Centenary History of King's College, London, 1828 – 1928*. London: George G. Harrap & Co., 1929.

[9] Sir Charles Grant Robertson. *The British Universities*. London: Ernest Ben, Limited, 1930.

[10] Herbert McLachlan. *English Education under the Test Acts: being the history of the Nonconformist Academies, 1662 – 1820*. Manchester: Manchester University Press, 1931.

[11] Ernest Barker. *Universities in Great Britain*. London: Student Christian Movement Press, 1931.

[12] Margaret J. Tuke. *A History of Bedford College for Women 1849 – 1937*. Oxford: Oxford University Press, 1939.

[13] Imperial College of Science and Technology. *Centenary of the Imperial College of Science and Technology: a short history of the college, 1845 – 1945*. London: Imperial College of Science and Technology, 1945.

[14] S. D. Stirk. *German Universities – Through English Eyes*. London: Victor Gollancz Press, 1946.

[15] George E. Kneller. *Higher Learning in Britain*. Berkeley and Los Angeles: University of California Press, 1955.

[16] Percy Dunsheath and Margaret Miller. *Convocation in the University of London: the first hundred years*. London: The Athlone Press, 1958.

[17] James Henderson Burns. *Jeremy Bentham and University College*. London: The Athlone Press, 1962.

[18] Sydney Cain. *The History of the Foundation of the London School of Economics and Political Science*. London: London School of Economics and Political Science, 1963.

[19] Eric Ashby and Mary Anderson. *Universities: British, Indian, African: a study in the ecology of higher education*. London: Weidenfeld and Nicolson, 1966.

[20] Sir James Mountford. *British Universities*. Oxford: Oxford University Press, 1966.

[21] Sydney Caine. *British Universities: purpose and prospects*. London: The Bodley Head, 1969.

[22] Hugh Hale Bellot. *The University of London: a history*. Bristol: Western Printing Services, 1969.

[23] Harold Silver & S. John Teague. *The History of British Universities, 1800 - 1969: excluding Oxford and Cambridge, a bibliography*. London: Society for Research into Higher Education, 1970.

[24] H. Halsey and M. A. Trow. *The British Academics*. Cambridge: Harvard University Press, 1971.

[25] John Roach. *Public Examinations in England, 1850 - 1900*. Cambridge: Cambridge University Press, 1971.

[26] Michael Sanderson. *The Universities and British Industry 1850 - 1970*. London: Routledge and Kegan Paul, 1972.

[27] Robert E. Bell, Gerald Fowler and Kenneth Little. *Higher education in Great Britain and Ireland*. London and New York: Taylor & Francis, 1973.

[28] W. Roy Niblett. *Universities between Two Worlds*. London: University of London Press, 1974.

[29] Eric Ashby and Mary Anderson. *Portrait of Haldane at Work on Education*. London and Basingstoke: The Macmillan Press, 1974.

[30] Lawrence Stone. *The University in Society (vol. 1 Oxford and Cambridge from the 14th to the Early 19th Century)*. Princeton: Princeton University Press, 1975.

[31] Robert O. Berdahl. *British Universities and the State*. New York: Amo Press, 1977.

[32] Gordon Huelin. *King's College London, 1828 - 1978*. London: King's College London, 1978.

[33] Negley Harte and John North. *The World of University College London, 1828 - 1978*. London: University College London, 1978.

[34] Negley Harte. *The Admission of Women to University College London: a centenary lecture*. London: University College, 1979.

[35] Konrad Hugo Jarausch. *The Transformation of Higher Learning, 1860 - 1930: expansion, diversification, social opening, and professionalization in England, Germany, Russia, and the United States*. Chicago: University of Chicago Press, 1983.

[36] Willis Rudy. *The Universities of Europe, 1100 - 1914*. London and Toronto: Associated University Presses, 1984.

[37] Negley Harte. *The University of London, 1836 - 1986: an illustrated histo-*

ry. London: The Athlone Press, 1986.

[38] Christine Helen Shinn. *Paying the Piper: the development of the University Grants Committee, 1919 – 1946*. London and Philadelphia: Falmer Press, 1986.

[39] Caroline Bingham. *The History of Royal Holloway College, 1886 – 1986*. London: Constable, 1987.

[40] Tony Becher. *British Higher Education*. London: Allen & Unwin, 1987.

[41] F. M. L. Thompson. *University of London and the World of Learning, 1836 – 1986*. London: The Hambledon Press, 1990.

[42] Negley Harte and John North. *The World of UCL, 1828 – 1990*. London: University College London, 1991.

[43] Sheldon Rothblatt & Bjorn Wittrock. *The European and American University since 1800: historical and sociological essays*. Cambridge: Cambridge University Press, 1993.

[44] Brian Salter & Ted Tapper. *The State and Higher Education*. London: The Woburn Press, 1994.

[45] F. M. G. Willson. *Our Minerva: The Men and Politics of the University of London, 1836 – 1858*. London: The Athlone Press, 1995.

[46] Michael Sanderson. *Education, Economic Change and Society in England 1780 – 1870*. Cambridge: Cambridge University Press, 1995.

[47] R. D. Anderson. *Universities and Elites in Britain since 1800*. Cambridge: Cambridge University Press, 1995.

[48] Carol Summerfield and Mary Elizabeth Devine. *International Dictionary of University Histories*. Chicago and London: Fitzroy Dearborn Publishers, 1998.

[49] Mary Hankel and Brenda Little. *Changing Relationships between Higher Education and the State*. London and Philadelphia: Jessica Kingsley Publisher, 1999.

[50] Michael Sanderson. *Education and Economic Decline in Britain 1870 to the 1990s*. Cambridge: Cambridge University Press, 1999.

[51] Hans de Wit. *Internationalization of Higher Education in the United States of America and Europe: a historical, comparative, and conceptual analysis*. Connecticut: Greenwood Press, 2002.

[52] F. M. G. Willson. *The University of London, 1858 – 1900: the politics of senate and convocation*. Suffolk: The Boydell Press, 2004.

[53] Keith Vernon. *Universities and the State in England, 1850 – 1939*. London and New York: Routledge, 2004.

[54] Negley Harte and John North. *The World of UCL, 1828 – 2004*. London: UCL Press, 2004.

[55] Walter Rüegg. *A History of the University in Europe: Volume 3, Universities in the Nineteenth and Early Twentieth Centuries (1800 – 1945)*. Cambridge: Cambridge University Press, 2004.

[56] R. D. Anderson. *European Universities from the Enlightenment to 1914*. Oxford and New York: Oxford University Press, 2004.

[57] Anne Sliwka. *Transplanting Liberal Education: The foundation and development of Liberal Arts Colleges in Western India*. Frankfurt am Main: Peter Lang GmbH, 2004.

[58] Robert Anderson. *British Universities: past and present*. London: Hambledon Continuum, 2006.

[59] Carmelo Mazza, Paolo Quattrone and Angelo Riccaboni. *European Universities in Transition: issues, models and cases*. Massachusetts: Edward Elgar Publishing, 2008.

[60] Graeme C. Moodie and Rowland Eustance. *Power and authority in British Universities*. London: Routledge, 2012.

[61] John Goddard and Paul Vallance. *The University and the City*. New York: Routledge, 2013.

3. 其他

[1] Leslie Stephen, ed. *Dictionary of National Biography*. London: Smith, Elder, & Co., 15 Waterloo Place, 1885.

[2] Ernest Albee. *A History of English Utilitarianism*. London: Swan Sonnenschein & Co., 1902.

[3] W. B. Selbie. *Nonconformity: Its Origin and Progress*. London: Williams & Norgate, 1912.

[4] Percy Alfred Harris. *London and Its Government*. London and Toronto: J. M. Dent and Sons Ltd., 1913.

[5] George Machulay Trevelyan. *British History in the Nineteenth Century (1782 – 1901), Fifth Impression*. London: Longmans Green and Co., 1924.

[6] H. De B. Gibbins. *The Industrial History of England (Twenty-Seventh Edition)*. London: Methuen & Co. Ltd., 1929.

[7] Eric Ashby. *Technology and the Academics*. London: Macmillan, 1958.
[8] Francis E. Mineka. *The Earlier Letters of John Stuart Mill, 1812 – 1848*. London: Routledge & Kegan Paul, 1963.
[9] Bruce Mazlish. *James and John Stuart Mill: father and son in the nineteenth century*. New York: Basic Books, 1975.
[10] Joseph Ben-David. *Centers of Learning: Britain, France, Germany, United States*. New York: Mcgraw-Hill Book Company, 1977.
[11] Patricia Hollis. *Women in Public: documents of the Victorian Women's Movement, 1850 – 1900*. London: G. Allen & Unwin, 1979.
[12] T. W. Heyck. *The Transformation of Intellectual Life in Victorian England*. London: Croom Helm, 1982.
[13] Edward Royle. *Modern Britain: a Social History, 1750 – 1997*. London: Arnold, 1997.

（四）期刊论文

[1] The Editor. London University, and London Colleges and Schools of Science. *Macmillan's Magazine*, Oct., 1867, pp. 417 – 432.
[2] J. G. Fitch. Women and the Universities. *The Contemporary Review*, Vol. 58, 1890, pp. 240 – 255.
[3] Michael Sanderson. The University of London and Industrial Progress, 1880 – 1914. *Contemporary History*, Jul. 1, 1972, pp. 243 – 262.
[4] Michael Omolewa. The Promotion of London University Examination in Nigeria, 1887 – 1951. *The International Journal African Historical Studies*, Vol. 13, No. 4, 1980, pp. 651 – 671.
[5] Shirley C. Gorden. Studies at Queen's College, Harley Street, 1848 – 1868. *British Journal of Educational Studies*, Vol. 3, No. 2, May, 1955, pp. 144 – 154.
[6] H. Sykes. A. D. Waller and the University of London Physiological Laboratory. *Medical History*, Vol. 33, 1989, pp. 217 – 234.
[7] Elizabeth R. Valentine. The Founding of the Psychological Laboratory, University College London: "Dear Galton … Yours truly, J Sully". *History of Psychology*, Vol. 2, No. 3, 1999, pp. 204 – 218.
[8] Christopher Stray. The Shift from Oral to Written Examination: Cambridge and Oxford, 1700 – 1900. *Assessment in Education: Principles, Policy & Practice*, Vol. 8, No. 1, 2001, pp. 33 – 50.

[9] Matthew Mercer. Dissenting Academies and the Education of the Laity, 1750 – 1850. *History of Education*, Vol. 30, No. 1, 2001, pp. 35 – 58.

[10] Malcolm Tight. Re-writing History: The University of London as a Global Institution in the Nineteenth, Twentieth and Twenty-First Centuries. *International Perspectives on Higher Education Research*, Vol. 3, 2005, pp. 289 – 306.

[11] Stanley Gelbier. Dentistry and the University of London. *Medical History*, Vol. 49, 2005, pp. 445 – 462.

[12] Richard Aldrich. The New Education and the Institute of Education, University of London, 1919 – 1945. *Paedagogica Historica: International Journal of the History of Education*, Vol. 45, 2009, pp. 485 – 502.

(五) 学位论文

[1] F. G. Brook. *The University of London, 1820 – 1860, with Special Reference to Its Influence on the Development of Higher Education.* University of London, Ph. D. Thesis, 1958.

[2] David R. Jones. *The Origins of Civic Universities: Manchester, Leeds and Liverpool.* Yale University, Ph. D. Thesis, 1988.

[3] Yoshiko Namie. *The role of the University of London Colonial Examinations between 1900 and 1939, with special reference to Mauritius, the Gold Coast and Ceylon.* University of London, Ph. D. Thesis, 1989.

[4] Mark Nicholas Pendleton. *"A place of teaching and research": University College London and the origins of the research university in Britain 1890 – 1914.* University of London, Ph. D. Thesis, 2001.

[5] Ben E. Hancock. *The role of Philanthropy in the development of British universities during the Victorian Period (1851 – 1919).* University of Virginia, Ph. D. Thesis, 2004.

[6] Ji Wenhua. *New University Extension Movement: A Contributor to the Modernization of British Higher Education.* Sichuan International Studies University, M. A. Thesis, 2010.

(六) 网站

[1] http://www.london.ac.uk/

[2] http://www.kcl.ac.uk/

[3] http://www.ucl.ac.uk/

[4] http://hansard.millbanksystems.com/

二、中文文献

(一) 译著类

1. 史料类

[1] 张芝联选译:《1815—1870 年的英国》,北京:商务印书馆 1961 年版。
[2] 吴元训编:《中世纪教育文选》,北京:人民教育出版社 1989 年版。
[3] [美] E. P. 克伯雷选编,任宝祥、任钟印主译:《外国教育史料》,武汉:华中师范大学出版社 1991 年版。
[4] 辜燮高等选译:《1689—1815 年的英国》(下册),北京:商务印书馆 1997 年版。
[5] 夏之莲主编:《外国教育发展史料选粹》(上、下册),北京:人民教育出版社 1999 年版。
[6] 华东师范大学教育系、浙江大学教育系合编:《西方古代教育论著选》,北京:人民教育出版社 1999 年版。
[7] 任钟印主编:《西方近代教育论著选》,北京:人民教育出版社 1999 年版。

2. 教育史与比较教育

[1] [英] 诺伍德著,李鼎声译:《英国教育制度》,北京:商务印书馆 1934 年版。
[2] [日] 高冈实著,陈清泉译:《英国之成人教育》,北京:商务印书馆 1937 年版。
[3] [英] 阿道夫·洛著,许孟瀛译述:《演变中之大学教育》,北京:商务印书馆 1945 年版。
[4] [英] 巴葛著,张芝联译:《英国大学》,北京:商务印书馆 1948 年版。
[5] [苏] 克腊斯诺夫斯基著,杨岂深译:《夸美纽斯的生平和教育学说》,北京:人民教育出版社 1957 年版。
[6] [苏] 弗·斯·阿兰斯基、弗·普·拉普钦斯卡娅合著,荣卿译:《英国的国民教育制度》,北京:人民教育出版社 1965 年版(内部发行)。
[7] [英] W. O. L. 斯密斯著,夏邦俊译:《英国的教育》,台北:台湾开明书店 1968 年版。
[8] [美] 巴巴拉·伯恩等编著,上海师范大学外国教育研究室译:《九国高等教育》,上海:上海人民出版社 1973 年版。
[9] [英] 阿什比著,滕大春、滕大生译:《科技发达时代的大学教育》,北京:人民教育出版社 1983 年版。

[10]［美］菲利浦·G. 阿特巴赫著，符娟明、陈树清译：《比较高等教育》，北京：文化教育出版社1985年版。
[11]［德］鲍尔生著，滕大春、滕大生译：《德国教育史》，北京：人民教育出版社1986年版。
[12]［英］奥尔德里奇著，诸惠芳等译：《简明英国教育史》，北京：人民教育出版社1987年版。
[13]［英］邓特著，杭州大学教育系外国教育教研室译，王承绪校：《英国教育》，杭州：浙江教育出版社1987年版。
[14]［加］约翰·范德格拉夫等编著，王承绪等译：《学术权力——七国高等教育管理体制比较》，杭州：浙江教育出版社1989年版。
[15]［加］许美德、［法］巴斯蒂等著，朱维铮等译：《中外比较教育史》，上海：上海人民出版社1990年版。
[16]［澳］W. F. 康内尔著，张法琨等译：《二十世纪世界教育史》，北京：人民教育出版社1990年版。
[17]［英］伊丽莎白·劳伦斯著，纪晓林译：《现代教育的起源和发展》，北京：北京语言学院出版社1992年版。
[18]［美］伯顿·R. 克拉克著，王承绪等译：《高等教育系统——学术组织的跨国研究》，杭州：杭州大学出版社1994年版。
[19]［摩洛哥］扎古尔·摩西主编，梅祖培、龙治芳等译：《世界著名教育思想家》（第二卷），北京：中国对外翻译出版公司1995年版。
[20]［荷］弗兰斯·F. 范福格特主编，王承绪等译：《国际高等教育政策比较研究》，杭州：浙江教育出版社2001年版。
[21]［美］菲利浦·G. 阿特巴赫著，人民教育出版社教育室译：《比较高等教育：知识、大学与发展》，北京：人民教育出版社2001年版。
[22]［美］克拉克·克尔著，王承绪译：《高等教育不能回避历史——21世纪的问题》，杭州：浙江教育出版社2001年版。
[23]［美］亚伯拉罕·弗莱克斯纳著，徐辉、陈晓菲译：《现代大学论——美英德大学研究》，杭州：浙江教育出版社2001年版。
[24]［美］约翰·S. 布鲁贝克著，王承绪等译：《高等教育哲学》，杭州：浙江教育出版社2001年版。
[25]［美］伯顿·克拉克著，王承绪译：《探究的场所——现代大学的科研和研究生教育》，杭州：浙江教育出版社2001年版。
[26]［英］约翰·亨利·纽曼著，徐辉等译：《大学的理想》（节本），杭州：浙江教育出版社2001年版。
[27]［英］斯宾塞著，胡毅、王承绪译：《斯宾塞教育论著选》，北京：人

民教育出版社 2004 年版。
[28] [英] 托·亨·赫胥黎著，单中惠、平波译：《科学与教育》，北京：人民教育出版社 2004 年版。
[29] [英] 安迪·格林著，王春华等译，朱旭东校：《教育与国家形成：英、法、美教育体系起源之比较》，北京：教育科学出版社 2004 年版。
[30] [英] 安迪·格林著，朱旭东、徐卫红等译：《教育、全球化与民族国家》，北京：教育科学出版社 2004 年版。
[31] [加] 本杰明·莱文著，项贤明、洪成文译：《教育改革——从启动到成果》，北京：教育科学出版社 2004 年版。
[32] [英] 玛丽·亨克尔、布瑞达·里特主编，谷贤林等译：《国家、高等教育与市场》，北京：教育科学出版社 2005 年版。
[33] [日] 天野郁夫著，陈武元译：《高等教育的日本模式》，北京：教育科学出版社 2005 年版。
[34] [英] 伊丽莎白·里德姆－格林著，李子修译：《剑桥大学简史》，济南：山东画报出版社 2007 年版。
[35] [比利时] 希尔德·德·里德－西蒙斯主编，张斌贤等译：《欧洲大学史·中世纪大学》（第一卷），保定：河北大学出版社 2007 年版。
[36] [比利时] 希尔德·德·里德－西蒙斯主编，贺国庆等译：《欧洲大学史·近代早期的欧洲大学（1500—1800）》（第二卷），保定：河北大学出版社 2008 年版。
[37] [英] 乔伊·帕尔默主编，任钟印、诸慧芳译：《教育究竟是什么？——100 位思想家论教育》，北京：北京大学出版社 2008 年版。
[38] [德] 弗里德里希·包尔生著，张弛、郄海霞、耿益群译：《德国大学与大学学习》，北京：人民教育出版社 2009 年版。
[39] [英] 杰勒德·德兰迪著，黄建如译：《知识社会中的大学》，北京：北京大学出版社 2010 年版。
[40] [英] 海斯汀·拉斯达尔著，邓磊译：《中世纪的欧洲大学——博雅教育的兴起》（第三卷），重庆：重庆大学出版社 2011 年版。
[41] [美] 约翰·S. 布鲁巴克著，单中惠、张强译：《教育问题史》，济南：山东教育出版社 2012 年版。
[42] [日] 寺崎昌男等编著，王海涵、黄敏编译：《中外校史编纂要览》，上海：复旦大学出版社 2012 年版。
[43] [美] 谢尔顿·罗斯布莱特著，别敦荣译：《现代大学及其图新——纽曼遗产在英国和美国的命运》，北京：北京大学出版社 2013 年版。
[44] [英] 约翰·密尔著，孙传钊、王晨译：《密尔论大学》，北京：商务

印书馆2013年版。

3. 其他

[1] [德] 马克思、恩格斯著，中共中央马克思恩格斯列宁斯大林著作编译局译：《马克思恩格斯全集》（第2卷），北京：人民出版社1957年版。

[2] [英] 班加明·法灵顿著，张景明译：《弗朗西斯·培根》，北京：生活·读书·新知三联书店1958年版。

[3] 北京大学哲学系外国哲学史教研室编译：《十六—十八世纪欧洲各国哲学》，北京：生活·读书·新知三联书店1958年版。

[4] [英] 洛克著，关文运译：《人类理解论》，北京：商务印书馆1958年版。

[5] [英] J. L. 哈孟德、L. B. 哈孟德著，韦国栋译：《近代工业的兴起》，北京：商务印书馆1959年版。

[6] [英] A. L. 莫尔顿、G. 台德著，叶周等译：《英国工人运动史，1770—1920》，北京：生活·读书·新知三联书店1962年版。

[7] [德] 马克思、恩格斯著，中共中央马克思恩格斯列宁斯大林著作编译局译：《马克思恩格斯全集》（第11卷），北京：人民出版社1962年版。

[8] [英] R. G. 甘米奇著，苏公隽译、张自谋校：《宪章运动史》，北京：商务印书馆1979年版。

[9] [美] 亨·托马斯、达·李·托马斯著，陈仁炳译：《伟大科学家的生活传记》，南京：江苏科学技术出版社1980年版。

[10] [英] J. D. 贝尔纳著，伍况甫等译：《历史上的科学》，北京：科学出版社1983年版。

[11] [英] J. D. 贝尔纳著，陈体芳译，张今校：《科学的社会功能》，北京：商务印书馆1986年版。

[12] [英] 欧内斯特·巴克著，黄维新等译，南木校：《英国政治思想：从赫伯特·斯宾塞到现代》，北京：商务印书馆1987年版。

[13] [以色列] 本-戴维著，赵佳苓译：《科学家在社会中的角色》，成都：四川人民出版社1988年版。

[14] [英] 阿萨·勃里格斯著，陈叔平等译：《英国社会史》，北京：中国人民大学出版社1991年版。

[15] [英] 雷蒙德·威廉斯著，吴松江、张文定译：《文化与社会》，北京：北京大学出版社1991年版。

[16] [英] W. H. B. 考特著，方廷钰等译：《简明英国经济史（1750年至1939年）》，北京：商务印书馆1992年版。

[17] [英] C. W. 克劳利编，中国社会科学院世界历史研究所组译：《新编剑桥世界近代史》（第九卷），北京：中国社会科学出版社 1992 年版。
[18] [德] 彼得·贝格拉著，袁杰译：《威廉·冯·洪堡传》，北京：商务印书馆 1994 年版。
[19] [英] 玛格丽特·柯尔著，何世鲁、马爱农译，马清槐校：《欧文传》，北京：商务印书馆 1995 年版。
[20] [英] 索利著，段德智译，陈修斋校：《英国哲学史》，济南：山东人民出版社 1996 年版。
[21] [英] 克拉潘著，姚曾廙译：《现代英国经济史》（上卷·第一分册），北京：商务印书馆 1997 年版。
[22] [美] 威尔·杜兰著，幼狮文化公司译：《世界文明史：拿破仑时代》（第 11 卷），北京：东方出版社 1998 年版。
[23] [英] 梅尔茨著，周昌忠译：《十九世纪欧洲思想史》（第一卷），北京：商务印书馆 1999 年版。
[24] [英] 诺尔曼·P. 巴利著，竺乾威译：《古典自由主义与自由至上主义》，上海：上海人民出版社 1999 年版。
[25] [英] 佩里·安德森著，郭方、刘健译：《从古代到封建主义的过渡》，上海：上海人民出版社 2001 年版。
[26] [英] 佩里·安德森著，刘北成、龚晓庄译：《绝对主义国家的谱系》，上海：上海人民出版社 2001 年版。
[27] [英] E. P. 汤普森著，钱乘旦等译：《英国工人阶级的形成》，南京：译林出版社 2001 年版。
[28] [德] 卡尔·雅斯贝斯著，朱更生译：《卡尔·雅斯贝斯文集》，西宁：青海人民出版社 2003 年版。
[29] [美] 弗朗西斯·福山著，黄胜强、许铭原译：《历史的终结者及最后之人》，北京：中国社会科学出版社 2003 年版。
[30] [英] 亚当·斯密著，谢祖钧等译：《国富论——国民财富的性质和起因的研究》，长沙：中南大学出版社 2003 年版。
[31] [美] 约翰·罗尔斯著，何怀宏等译：《正义论》，北京：中国社会科学出版社 2003 年版。
[32] [英] 安东尼·阿巴拉斯特著，曹海军等译：《西方自由主义的兴衰》，长春：吉林人民出版社 2004 年版。
[33] [英] 约翰·格雷著，曹海军、刘训练译：《自由主义》，长春：吉林人民出版社 2005 年版。
[34] [英] 玛丽·沃斯通克拉夫特著，王蓁译：《女权辩护》，北京：商务

印书馆 2007 年版。
[35] [英] 约翰·斯图尔特·穆勒著，汪溪译：《妇女的屈从地位》，北京：商务印书馆 2007 年版。
[36] [英] 克里斯托弗·哈维、科林·马修著，韩敏中译：《19 世纪英国：危机与变革》，北京：外语教学与研究出版社 2007 年版。
[37] [英] 玛格丽特·沃特斯著，朱刚、麻晓蓉译：《女权主义简史》，北京：外语教学与研究出版社 2008 年版。
[38] [英] 屈勒味林著，钱端升译：《英国史》（下册），北京：中国社会科学出版社 2008 年版。
[39] 新华通讯社译名室编：《英语姓名译名手册》（第四版），北京：商务印书馆 2009 年版。
[40] [英] 安德鲁·朗利著，吴静译：《艺术为证之维多利亚时代》，天津：天津教育出版社 2011 年版。
[41] [美] 马丁·威纳著，王章辉、吴必康译：《英国文化与工业精神的衰落：1850—1980》，北京：北京大学出版社 2013 年版。
[42] [英] 亨利·莱昂斯著，陈先贵译，罗丽青校：《英国皇家学会史》，昆明：云南省机械工程学会和云南省学会研究会出版，出版时间不详。

（二）报刊类

[1]《中华图书馆协会会报》1931 年第 6 卷第 6 期。
[2]《教育周刊》1933 年第 142 期。
[3]《先导半月刊》1933 年第 1 卷第 8 期。
[4]《世说》1942 年第 4 期。
[5]《教育通讯月刊》1948 年第 5 卷第 9 期。
[6]《高教研究丛刊》（第十二期），《英国的大学》，杭州大学高等教育研究室 1985 年。

（三）编著类

1. 英国历史与文化

[1] 林举岱著：《英国工业革命史》，上海：上海人民出版社 1979 年版。
[2] 罗志如，厉以宁著：《二十世纪的英国经济“英国病”研究》，北京：人民出版社 1982 年版。
[3] 蒋孟引主编：《英国史》，北京：中国社会科学出版社 1988 年版。
[4] 钱乘旦著：《第一个工业化社会》，成都：四川人民出版社 1988 年版。
[5] 周敏凯著：《十九世纪英国功利主义思想比较研究》，上海：华东师范

大学出版社 1991 年版。
[6] 王觉非著：《近代英国史》，南京：南京大学出版社 1997 年版。
[7] 孙鼎国、王杰主编：《西方思想 3000 年》（下），北京：九州图书出版社 1998 年版。
[8] 钱乘旦、刘金源著：《寰球透视：现代化的迷途》，杭州：浙江人民出版社 1999 年版。
[9] 钱乘旦等著：《日落斜阳：20 世纪英国》，上海：华东师范大学出版社 1999 年版。
[10] 王章辉著：《英国文化与现代化》，沈阳：辽宁教育出版社 1999 年版。
[11] 钱乘旦、陈晓律著：《英国文化模式溯源》，上海：上海社会科学院出版社、成都：四川人民出版社 2003 年版。
[12] 赵琳著：《西方宗教文化》，武汉：武汉大学出版社 2005 年版。
[13] 潘迎华著：《19 世纪英国现代化与女性》，杭州：浙江人民出版社 2005 年版。
[14] 刘成、刘金源、吴应宏著：《英国：从称霸世界到回归欧洲》，西安：三秦出版社 2005 年版。
[15] 胡景钊、余丽嫦著：《十七世纪英国哲学》，北京：商务印书馆 2006 年版。
[16] 陈绪纲著：《法律职业与法治——以英格兰为例》，北京：清华大学出版社 2007 年版。
[17] 张本英著：《自由帝国的建立——1815—1870 年英帝国研究》，合肥：安徽大学出版社 2009 年版。
[18] 裔昭印等著：《西方妇女史》，北京：商务印书馆 2009 年版。
[19] 余家菊著：《英国史》，长沙：岳麓书社 2011 年版。
[20] 孔新峰著：《从自然之人到公民：霍布斯政治思想新诠》，北京：国家行政学院出版社 2011 年版。
[21] 阎照详著：《英国政治制度史》，北京：人民出版社 2012 年版。
[22] 钱乘旦、许洁明著：《英国通史》，上海：上海社会科学院出版社 2012 年版。
[23] 顾肃著：《自由主义基本理念》（修订版），南京：译林出版社 2013 年版。
[24] 马桦著：《英国文官考试制度研究》，成都：四川大学出版社 2013 年版。

2. 教育史与比较教育

［1］余家菊著:《英国教育要览》，上海：上海中华书局 1925 年版。

［2］郑若谷编:《明日之大学教育》，上海：上海南华图书局 1929 年版。

［3］王云五主编、欧阳祖经著：《欧美女子教育史》，上海：商务印书馆 1930 年版。

［4］杨廉著:《西洋教育史》，上海：上海中华书局 1930 年版。

［5］王克仁著:《西洋教育史》，上海：中华书局 1939 年版。

［6］任宝祥编:《外国教育史提要》（上册），重庆：西南师范学院教育系教育史教研组 1958 年版。

［7］上海师范大学教育系《外国教育发展史资料》（近现代部分）编译组编:《外国教育发展史资料》（近现代部分），上海：上海人民出版社 1976 年版。

［8］林清江著:《英国教育》，台北：台湾商务印书馆 1972 年版。

［9］《外国教育丛书》编写组：《六国著名大学》，北京：人民教育出版社 1979 年版。

［10］《外国教育丛书》编写组:《高等教育与社会发展》，北京：人民教育出版社 1980 年版。

［11］蔡克勇编:《高等教育简史》，武汉：华中工学院出版社 1982 年版。

［12］编译馆主编:《教育史》，台北：正中书局 1982 年。

［13］谢觉一、乔有华编著：《简明外国教育史》，济南：山东教育出版社 1984 年版。

［14］符娟明主编：《比较高等教育》，北京：北京师范大学出版社 1987 年版。

［15］吴式颖等编:《外国教育史简编》，北京：教育科学出版社 1988 年版。

［16］朱潮主编：《中外医学教育史》，上海：上海医科大学出版社 1988 年版。

［17］滕大春主编:《外国近代教育史》，北京：人民教育出版社 1989 年版。

［18］方克明编:《外国教育简史》，杭州：杭州长征印刷厂 1989 年印装。

［19］戴本博主编：《外国教育史》（中、下册），北京：人民教育出版社 1990 年版。

［20］王军、滕星主编:《世界教育史大事记》，北京：职工教育出版社 1990 年版。

［21］马骥雄著:《外国教育史略》，北京：人民教育出版社 1991 年版。

［22］赵曙明编著:《西方国家教育新进展》，武汉：湖北教育出版社 1991 年版。

[23] 滕大春主编：《外国教育通史》（第四卷），济南：山东教育出版社 1992 年版。

[24] 王承绪、徐辉主编：《战后英国教育研究》，长沙：江西教育出版社 1992 年版。

[25] 王天一等编著：《外国教育史》（上册），北京：北京师范大学出版社 1993 年修订版。

[26] 徐辉、郑继伟编著：《英国教育史》，长春：吉林人民出版社 1993 年版。

[27] 张新生著：《英国成人教育史》，济南：山东教育出版社 1993 年版。

[28] 梅人朗主编：《中外医学教育比较》，上海：上海医科大学出版社 1993 年版。

[29] 徐汝玲主编：《外国教育史教程》，北京：教育科学出版社 1994 年版。

[30] 殷企平著：《英国高等科技教育》，杭州：杭州大学出版社 1995 年版。

[31] 张泰金著：《英国的高等教育历史・现状》，上海：上海外语教育出版社 1995 年版。

[32] 王承绪编著：《伦敦大学》，长沙：湖南教育出版社 1995 年版。

[33] 陈孝彬主编：《外国教育史》，北京：人民教育出版社 1996 年版。

[34] 杨汉清、韩骅编著：《比较高等教育概论》，北京：人民教育出版社 1997 年版。

[35] 徐宗林、周愚文编著：《教育史》，台北：五南图书出版公司 1997 年版。

[36] 贺国庆著：《德国和美国大学发达史》，北京：人民教育出版社 1998 年版。

[37] 黄福涛：《欧洲高等教育近代化——法、英、德近代高等教育制度的形成》，厦门：厦门大学出版社 1998 年版。

[38] 张慧明编著：《中外高等教育史研究》，长沙：湖南大学出版社 1998 年版。

[39] 滕大春著：《外国教育史和外国教育》，保定：河北大学出版社 1998 年版。

[40] 袁锐锷、张季娟编著：《外国教育史纲》，广州：广东高等教育出版社 1998 年修订版。

[41] 吴式颖主编：《外国教育史教程》，北京：人民教育出版社 1999 年版。

[42] 于富增主编：《国际高等教育发展与改革比较》，北京：北京师范大学 1999 年版。

[43] 顾明远、梁忠义主编，王承绪分卷主编：《世界教育大系・英国教

育》，长春：吉林教育出版社 2000 年版。
[44] 顾明远、梁忠义主编，史静寰分卷主编：《世界教育大系·妇女教育》，长春：吉林教育出版社 2000 年版。
[45] 谢作栩著：《中国高等教育大众化发展道路的研究》，福州：福建教育出版社 2001 年版。
[46] 吴氏颖、任钟印主编：《外国教育思想通史》（第八卷），长沙：湖南教育出版社 2002 年版。
[47] 李罡、高益民主编：《中外教育史简编》，北京：民族出版社 2002 年版。
[48] 唐玉光、房剑森著：《高等教育改革论》，桂林：广西师范大学出版社 2002 年版。
[49] 黄福涛主编：《外国高等教育史》，上海：上海教育出版社 2003 年版。
[50] 贺国庆等著：《外国高等教育史》，北京：人民教育出版社 2003 年版。
[51] 施晓光编著：《西方高等教育思想进程》，哈尔滨：黑龙江人民出版社 2003 年版。
[52] 许美德、潘乃容主编：《东西方文化交流与高等教育》，南京：南京师范大学出版社 2003 年版。
[53] 王晓阳著：《大学社会功能比较研究》，北京：高等教育出版社 2003 年版。
[54] 邢克超主编：《共性与个性——国际高等教育改革比较研究》，北京：人民教育出版社 2004 年版。
[55] 诸惠芳主编：《外国教育史纲要》，北京：人民教育出版社 2004 年版。
[56] 贺国庆、谢长法主编：《简明中外教育史教程》，保定：河北大学出版社 2004 年版。
[57] 贺国庆等著：《外国高等教育史》（第二版），北京：人民教育出版社 2006 年版。
[58] 杨春梅著：《英国大学课程改革与发展》，北京：北京理工大学出版社 2006 年版。
[59] 郭为藩著：《转变中的大学：传统、议题与前景》，北京：北京大学出版社 2006 年版。
[60] 张建新著：《高等教育体制变迁研究——英国高等教育从二元制向一元制转变探析》，北京：教育科学出版社 2006 年版。
[61] 米俊魁著：《大学章程价值研究》，青岛：中国海洋大学出版社 2006 年版。
[62] 单中惠主编：《外国大学教育问题史》，济南：山东教育出版社 2006 年版。

[63] 袁锐锷著：《外国教育史新编》，广州：广东高等教育出版社 2006 年版。
[64] 吴式颖、褚宏启主编：《外国教育现代化进程研究》，太原：山西教育出版社 2006 年版。
[65] 陈洪捷著：《德国古典大学观及其对中国的影响》（修订版），北京：北京大学出版社 2006 年版。
[66] 彭小云主编：《伦敦大学》，北京：军事谊文出版社 2007 年版。
[67] 张斌贤、刘慧珍主编：《西方高等教育哲学》，北京：北京师范大学出版社 2007 年版。
[68] 谢兰荣主编：《中外教育简史》，西安：陕西师范大学出版社 2007 年版。
[69] 黄福涛主编：《外国高等教育史》（第二版），上海：上海教育出版社 2008 年版。
[70] 潘懋元主编：《现代高等教育思想的演变——从 20 世纪至 21 世纪初期》，广州：广东高等教育出版社 2008 年版。
[71] 黄建如著：《比较高等教育——国际高等教育体系变革比较研究》，北京：社会科学文献出版社 2008 年版。
[72] 王杰主编：《中外大学史教程》，天津：天津大学出版社 2008 年版。
[73] 王保星主编：《外国教育史》，北京：北京师范大学出版社 2008 年版。
[74] 林玉体著：《西洋教育史》，台北：文景书局 2008 年新修订 13 版。
[75] 王保星著：《西方教育十二讲》，重庆：重庆出版社 2008 年版。
[76] 张斌贤主编：《外国教育史》，北京：教育科学出版社 2008 年版。
[77] 周采编著：《外国教育史》，上海：华东师范大学出版社 2008 年版。
[78] 周愚文著：《英国教育史：近代篇（1780—1944）》，台北：学富文化事业有限公司 2008 年版。
[79] 王立科著：《英国高校招生考试制度研究》，武汉：华中师范大学出版社 2008 年版。
[80] 杨东平编：《大学二十讲》，天津：天津人民出版社 2009 年版。
[81] 贺国庆等主编：《外国教育史》，北京：高等教育出版社 2009 年版。
[82] 吴德勤等：《中外教育简史》，合肥：安徽大学出版社 2009 年修订版。
[83] 易红郡著：《英国教育的文化阐释》，上海：华东师范大学出版社 2009 年版。
[84] 瞿葆奎主编，孟宪承著：《孟宪承文集·卷三·大学教育》，上海：华东师范大学出版社 2010 年版。

［85］张斌贤主编：《外国高等教育名著研读》，北京：高等教育出版社 2010 年版。
［86］刘海峰、史静寰主编：《高等教育史》，北京：高等教育出版社 2010 年版。
［87］上海财经大学高等教育研究所编：《世界知名院校调研报告·伦敦经济学院》，上海：上海财经大学出版社 2010 年版。
［88］于洪波等主编：《简明中外教育史》，济南：山东人民出版社 2010 年版。
［89］滕春与著：《西洋近世教育史》，台北：心理出版社 2010 年版。
［90］李立国著：《工业化时期英国教育变迁的历史研究——以教育与工业化的关系为视角》，桂林：广西师范大学出版社 2010 年版。
［91］马陆亭、范文曜主编：《大学章程要素的国际比较》，北京：教育科学出版社 2010 年版。
［92］湛中乐主编：《通过章程的大学治理》，北京：中国法制出版社 2011 年版。
［93］吴结编：《英国大学与政府关系研究》，广州：世界图书广东出版公司 2011 年版。
［94］贺国庆主编：《西方大学改革史略》，石家庄：河北教育出版社 2011 年版。
［95］黄建如著：《发达国家高等教育体系变革比较研究》，广州：广东高等教育出版社 2011 版。
［96］雷通群著，单中惠特编：《西洋教育史》（下册），福州：福建教育出版社 2011 年版。
［97］陈锋主编：《外国教育史》，北京：北京大学出版社 2012 年版。
［98］周常明著：《牛津大学史》，上海：上海交通大学出版社 2012 年版。
［99］刘亮著：《剑桥大学史》，上海：上海交通大学出版社 2012 年版。

（四）期刊论文

［1］邬大光：《理性主义与功利主义的冲突与选择——西方高等教育思想演变的理论反思》，《高等教育研究》1989 年第 4 期。
［2］朱文富：《“日不落帝国”的衰微与高等教育》，《黑龙江高教研究》1990 年第 4 期。
［3］许洁明：《近代英国两次议会改革之比较》，《思想战线》1994 年第 2 期。
［4］齐平、吴金昌：《从冲突到融合——西方高等教育理性主义与功利主义

关系演变的启示》,《江苏高教》1994 年第 5 期。
[5] 许杰明:《近代英国高教发展史中的两种价值取向评析》,《史学月刊》1997 年第 1 期。
[6] 韩先梅:《新大学运动的意义及其现代启示》,《江西教育科研》1997 年第 2 期。
[7] 张斌贤:《中外近代高等教育发展动力的比较》,《高等教育研究》1997 年第 6 期。
[8] 曹宪忠:《社会契约理论:霍布斯与洛克之不同》,《文史哲》1999 年第 1 期。
[9] 陈学飞:《外国高等教育史研究五十年回眸》,《高等教育研究》1999 年第 5 期。
[10] 单中惠:《试析十九世纪英国科学教育与古典教育的论战》,《清华大学教育研究》2000 年第 2 期。
[11] 赵轶峰:《历史分期的概念与历史编纂学的实践》,《史学集刊》2001 年第 4 期。
[12] 陈发梅、吴福光:《十九世纪英国"新大学运动"及启示》,《高教探索》2001 年第 4 期。
[13] 刘海峰:《科举制对西方考试制度影响新探》,《中国社会科学》2001 年第 5 期。
[14] 赵中建:《无边界的高等教育——访英国伦敦大学教育学院黎安琪教授》,《全球教育展望》2002 年第 1 期。
[15] 丛日云:《论古典自由主义的个人主义精神》,《文史哲》2002 年第 3 期。
[16] 张岂之、谢阳举:《西方近现代大学理念评析》,《高等教育研究》2003 年第 4 期。
[17] 王彩波、靳继东:《西方近代自由主义传统:从霍布斯到约翰·密尔》,《社会科学战线》2004 年第 1 期。
[18] 胡建华:《19 世纪以来英国大学制度改革的基本特征及其分析》,《现代大学教育》2004 年第 2 期。
[19] 洪明:《英国都铎时期大学教育的世俗化》,《高等教育研究》2004 年第 6 期。
[20] 潘懋元、陈兴德:《高等教育理论呼唤高等教育史研究》,《教育研究》2004 年第 10 期。
[21] 辛彦怀、刘志辉:《英国的大学改革与科学复兴》,《外国教育研究》2004 年第 12 期。

[22] 张斌贤:《关于大学史研究的基本构想》,《北京大学教育评论》2005年第3期。
[23] 王建梁:《大学自治与政府干预:英国大学与政府关系的变迁历程》,《清华大学教育研究》2005年第6期。
[24] 周川:《从洪堡到博耶:高校科研观的转变》,《教育研究》2005年第6期。
[25] 王俊翔:《理性主义与功利主义的冲突与融合——西方高等教育思想发展探略》,《高教发展与评估》2006年第1期。
[26] 刘宝存:《理性主义与功利主义大学理念的冲突与融合》,《北京师范大学学报(社会科学版)》2006年第3期。
[27] 朱镜人、汤燕:《边沁功利主义教育思想述评》,《河北师范大学学报(教育科学版)》2007年第1期。
[28] 张卫良:《维多利亚晚期英国宗教的世俗化》,《世界历史》2007年第1期。
[29] 潘懋元、肖海涛:《现代高等教育思想演变的历程——从20世纪到21世纪初》,《高等教育研究》2007年第8期。
[30] 邓云清:《新大学运动与英国高等教育的近代化》,《高等教育研究》2008年第1期。
[31] 柯佑祥:《理性主义、功利主义对现代高等教育发展的影响》,《高等教育研究》2008年第3期。
[32] 张湘洛:《英国大学海外办学实践及启示》,《高等教育研究》2008年第5期。
[33] 邓云清:《伦敦大学与英国高等教育的近代化》,《黑龙江高教研究》2008年第3期。
[34] 宫艳丽:《教育大辩论与英国近代大学改革》,《现代大学教育》2008年第4期。
[35] 胡建华:《大学史研究之于高等教育学科的意义——读张斌贤与贺国庆等翻译的〈欧洲大学史〉》,《高等教育研究》2009年第1期。
[36] 胡玲、陈祖洲:《近代英国中产阶级形成中的问题》,《历史研究》2010年第1期。
[37] 辜庆志:《英国中等阶级形成过程探析》,《史学月刊》2010年第2期。
[38] 杨文斌:《伦敦大学内部治理及改革探析》,《世界教育信息》2010年第10期。
[39] 宫艳丽:《英格兰教育大辩论与高等教育的近代化》,《教育评论》2011年第4期。

[40] 柳友荣:《英国新大学运动及其对我们应用型本科教育的启示》,《高等教育研究》2011 年第 8 期。
[41] 徐善伟:《中世纪欧洲大学生学习及生活费用的考察》,《世界历史》2012 年第 1 期。
[42] 吴结:《英国新大学运动时期大学与政府关系的研究》,《高教探索》2012 年第 4 期。
[43] 贺国庆、何振海:《传统与变革的冲突与融合——西方大学改革二百年》,《高等教育研究》2013 年第 4 期。
[44] 别敦荣:《大学理念与现代大学的嬗变——〈现代大学及其图新〉译者前言》,《现代教育管理》2013 年第 4 期。
[45] 肖朗、袁传明:《伦敦大学建立与近代英国高等教育改革——以第一特许状为考察中心》,《现代大学教育》2013 年第 6 期。该文被中国人民大学复印报刊资料《高等教育》2014 年第 4 期全文转载。
[46] 袁传明:《英国大学章程的世纪演变——〈1900 年伦敦大学章程〉与〈2008 年伦敦大学章程〉之比较》,《比较教育研究》2014 年第 7 期。该文被中国人民大学复印报刊资料《高等教育》2014 年第 9 期全文转载。
[47] 袁传明:《英国大学工程学学科创立的历史考察——以伦敦大学为例》,《高等理科教育》2014 年第 5 期。

(五)学位论文

[1] 刘国卫:《教育移植——伦敦大学移植印度的案例分析》,华中理工大学硕士学位论文,1992 年。
[2] 吴结:《英国政府与大学关系问题研究》,华南师范大学硕士学位论文,2002 年。
[3] 侯翠环:《英国新大学运动及其历史意义》,河北大学硕士学位论文,2005 年。
[4] 李绯:《伦敦大学教育学院发展研究》,华东师范大学硕士学位论文,2006 年。
[5] 万湘:《英国大学制度的演进》,湖南师范大学硕士学位论文,2006 年。
[6] 孙青:《英国女性争取剑桥大学高等教育权利的历程探究(1862—1947)》,河北大学硕士学位论文,2006 年。
[7] 蒋晖:《论英国大学与政府关系的历史演变》,湖南师范大学硕士学位论文,2007 年。
[8] 李宁:《牛津运动初探》,华东师范大学硕士学位论文,2007 年。

[9] 蒋晖：《论英国大学与政府关系的历史演变》，湖南师范大学硕士学位论文，2007 年。
[10] 汤燕：《教育谋求最大多数人最大幸福的通途——19 世纪英国功利主义伦理学家教育思想研究》，河北大学硕士学位论文，2008 年。
[11] 黄鹤：《英国维多利亚时期的城市学院及其社会影响》，湖南科技大学硕士学位论文，2008 年。
[12] 杨阳：《英国女性高等教育的起源与发展（1848—1948）》，南京大学硕士学位论文，2008 年。
[13] 李晶晶：《19 世纪英国传统大学的社会评价及其改革研究——以牛津大学和剑桥大学为例》，华东师范大学硕士学位论文，2008 年。
[14] 左宇希：《伦敦大学组织机构及其特点研究》，吉林大学硕士学位论文，2009 年。
[15] 高欢：《治理理论视角下大学与政府关系研究》，华中科技大学硕士学位论文，2009 年。
[16] 张迎端：《世界高等教育中心的形成及共性分析》，华中科技大学硕士学位论文，2011 年。
[17] 王秋薇：《1780—1870 年英国国民教育思想的演变——以约翰·弥尔为例》，成功大学硕士论文，2011 年。
[18] 刘文莉：《19 世纪中后期英国古典教育与科学教育之争——阿诺德与赫胥黎争论之研究》，复旦大学硕士学位论文，2011 年。
[19] 刘剑：《20 世纪英国宏观大学制度演变研究》，湖南师范大学硕士学位论文，2012 年。
[20] 程蓉：《英国女子高等教育发展研究》，安徽大学硕士学位论文，2012 年。
[21] 徐晋皖：《英国大学章程研究》，西南大学硕士学位论文，2012 年。
[22] 王英：《论工业革命时期的非国教徒》，南京大学硕士学位论文，2013 年。
[23] 孙硕人：《伦敦大学与英格兰高等教育近代化》，内蒙古大学硕士学位论文，2014 年。
[24] 张薇：《苏格兰大学发展研究》，河北大学博士学位论文，2004 年。
[25] 王英：《美国研究型大学早期发展研究——以约翰·霍普金斯大学的创建为中心》，河北大学博士学位论文，2006 年。
[26] 刘兆宇：《19 世纪英格兰高等教育转型研究》，河北大学博士学位论文，2007 年。
[27] 王立科：《英国高等院校招生考试研究》，厦门大学博士学位论文，

2007 年。
[28] 周保利：《19 世纪剑桥大学改革研究》，河北大学博士学位论文，2008 年。
[29] 梁淑红：《利益的博弈：英国高等教育大众化政策的制定过程研究》，华中师范大学博士学位论文，2008 年。
[30] 王宝玺：《19 世纪英国大学制度变革研究》，南京师范大学博士论文，2008 年。
[31] 冯典：《大学模式变迁研究：知识生产的视角》，厦门大学博士学位论文，2009 年。
[32] 高志良：《19 世纪中后期英国科技教育发展研究》，河北大学博士学位论文，2010 年。
[33] 程灵：《二战以来美国对英国高等教育影响的研究——理念迁移与政策借鉴的宏观考察》，福建师范大学博士学位论文，2010 年。
[34] 赵红：《英国的大学与社会（1560—1650）》，东北师范大学博士学位论文，2011 年。
[35] 徐继宁：《英国传统大学与工业关系发展研究》，苏州大学博士学位论文，2011 年。
[36] 武翠红：《传统与变革：英国教育史学历史演变研究》，南京师范大学博士学位论文，2012 年。
[37] 姚琳：《19 世纪中后期英国女子教育研究》，西南大学博士学位论文，2013 年。

后 记

本书是我博士论文的完整部分。2015 年 6 月，我通过博士论文答辩；2016 年 10 月，我的博士论文被中国高等教育学会评为优秀博士学位论文；2017 年 12 月，博士论文将由广东高等教育出版社出版。回顾论文成书的过程，尤要感谢中国高等教育学会和广东高等教育出版社，正是他们对高等教育学科发展的重视和夜以继日的辛勤劳动，才使我这位“外行人”的博士论文得以早日面世。

当然，在博士论文付梓之际，要感谢的人还有许多。首先，我要由衷地感谢我的导师浙江大学教授、博士生导师肖朗。俗话说：“师傅领进门，修行靠个人。”我的导师是一位温文儒雅、淡泊名利的学者，是他把我领进了真正的教育史研究领域，我从他身上学到了许多为人治学之道。在论文的选题、搜集资料、写作和修改过程中，肖老师广博的学识和严谨的学风给了我巨大的指导与帮助，从初稿到最终的定稿，其变化程度完全可以用“面目全非”来形容。令我印象最为深刻的是我发表的第一篇小论文。当我拿回给肖老师修改的小论文时，着实惊呆了，凡是空白的位置（包括页边距）都用红色笔写满了密密麻麻的批语。这份修改稿我一直珍藏着，是我学习的规范和动力。除了我的导师肖朗教授之外，我还要感谢浙江大学教育学院教育史团队的老师，他们包括田正平教授、单中惠教授、周谷平教授、商丽浩教授、赵卫平副教授、陈胜副教授、赵康副教授等。我还要感谢论文的五位匿名评审人，是他们提出了很多中肯的建议才使我的论文更加出彩。感谢答辩委员会主席华东师范大学杜成宪教授，答辩委员会委员华东师范大学王保星教授和王伦信教授。

其次，我还要感谢在搜集资料过程中给予我帮助的许多有名氏和无名氏。众所周知，研究外国教育史最困难的就是文献资料的搜集。在这里，要特别感谢浙江大学图书馆文献传递处的胡晓群、李文波等老师，每次遇到难查文献，她们都能耐心地向我提供帮助，教我如何利用馆际互借服务获取文献。湖南师范大学的易红郡教授在伦敦大学教育学院访学时帮我拍摄的影印资料非常宝贵，在此特别鸣谢。感谢伦敦大学教育学院首席西蒙教育史讲座教授 Gary McCulloch 为我答疑解惑。尤其要感谢华中师范大学退休教授杨汉麟老师，他是我硕士研究生阶段的导师，也是他引领我步入了外国教育史研究的殿堂。还有英国学者 Derek Gillard、英国爱丁堡大学博士生沈其娟、美国宾夕法尼亚州立大学博士生孙靓、美国印第安纳大学联合培养博士生朱鲜峰等，他们都在资料搜集过程中为我提供过不少的帮助。还要感谢谷歌、维基百科等国外搜索引擎的创办者，他们为我们的学术研究提供了许多免费的资源和无偿的服务。

“独学而无友，则孤陋而寡闻。”在杭州求学的三年里，非常有幸能认识以下同学：张礼永、肖菊梅、吴涛、孙岩、罗勇、张寅、薛国瑞、张强、李斌、王恒、阮美玲、徐婷婷、夏永明、刘金华、郝林晓、金玺、徐俊、许伟、沈伟棠、李宇亮、陆秀清、刘璐、孙莹莹、李中敏、赵池、刘雨等等。感谢他们在生活和学业上的相互帮扶，伴我度过了最珍贵的校园时光，祝愿我们的友谊天长地久！在外求学十余年，最挂念的还是家中年迈的父母，他们的健康生活是我安心学习的前提和保障，感谢他们长期以来的支持与鼓励，也祝愿他们健康长寿、幸福快乐！

最后，还要感谢我现在的工作单位扬州大学教育科学学院。学院的领导和同事都对我极为关心，是他们的体贴与帮助让我早日融入了这个温暖的大家庭，以便我有更多的时间来整理书稿。

2017 年 8 月 1 日于
扬州·瘦西湖畔